BIRGIT JASMUND
Die Maitresse

AF203547

atb aufbau taschenbuch

BIRGIT JASMUND, geboren 1967, stammt aus der Nähe von Hamburg. Nach dem Studium der Rechtswissenschaften in Kiel hat das Leben sie nach Dresden verschlagen. Wenn einem dort der Wind so richtig um die Nase weht, hält sie nichts im Haus. Im Aufbau Taschenbuch Verlag sind von ihr bereits die historischen Romane »Die Tochter von Rungholt«, »Luther und der Pesttote«, »Der Duft des Teufels«, »Das Geheimnis der Porzellanmalerin«, »Das Geheimnis der Zuckerbäckerin« und »Das Erbe der Porzellanmalerin« sowie bei Rütten & Loening die Liebesgeschichte »Krabbenfang« erschienen.

1705: Als König August der Starke der jungen Anna Constantia begegnet, ist er beeindruckt von ihrer Schönheit. Sie verlieben sich ineinander, und dank ihrer Klugheit bezieht der König sie auch in seine politischen Entscheidungen ein. Doch als ihr Einfluss wächst, stößt sie am Hof zunehmend auf Neid und Missgunst – und gerät in ein verhängnisvolles Netz von Intrigen.
1731: Die junge Conrada von Tiburti reist nach Stolpen. Dort wird ihre Verwandte, die Gräfin Cosel, gefangen gehalten, und Conrada will den Versuch wagen, sie zu befreien. Als sich unterwegs der charmante Emilius ihrem Unternehmen anschließt, steht sie vor der Frage: Kann sie ihm trauen, oder wird er sie am Ende verraten?

BIRGIT JASMUND

Die Maitresse

Aufstieg und Fall der Gräfin Cosel

HISTORISCHER ROMAN

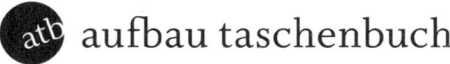

ISBN 978-3-7466-3656-6

Aufbau Taschenbuch ist eine Marke
der Aufbau Verlag GmbH & Co. KG

2. Auflage 2020
© Aufbau Verlag GmbH & Co. KG, Berlin 2020
Umschlaggestaltung www.buerosued.de, München
unter Verwendung von Motiven von © Lee Avison / Trevillion Images
und Castle Stolpen, Saxony, Germany, from C. G. Nestler
Satz Greiner & Reichel, Köln
Druck und Binden CPI books GmbH, Leck, Germany
Printed in Germany

www.aufbau-verlag.de

Für meinen Vater,
der immer nach den Fortschritten gefragt hat
und die Veröffentlichung leider nicht mehr erlebt.

KAPITEL I

· 1731 ·

*A*uf der Burg Stolpen saßen vier Soldaten in der Wachstube und würfelten. In einer Ecke bullerte ein eiserner Ofen. Die Männer hatten ihre Uniformröcke ausgezogen und die Halstücher gelockert. Vor der Tür wehte ein eisiger Februarwind über Bergrücken und Täler, heulte um die Türme der Burg. In den Wäldern knarrten die Tannen, und feine Schneekristalle stachen wie Nadeln in Nasen und Wangen. Binnen Stunden türmten sich mehr als mannshohe Schneewehen auf, anderswo lag der Boden blank. In den Ställen drängte sich das Vieh genauso zusammen wie die Männer in der Wachstube. Das Rauschen des Windes übertönte beinahe das Läuten der Kirchenglocken um sechs Uhr am Abend. Nur einer der Spieler hob den Kopf, die anderen starrten wie gebannt auf die rollenden Würfel.

»Das Abendläuten«, sagte er.

Die anderen horchten nun ebenfalls.

»Was du hast. Ich höre nichts«, widersprach der, der wegen seiner roten Haare Kupferner Hans genannt wurde.

»Sie läuten trotzdem. Zwei von uns müssen gehen.« Der Sprecher schaute sich auffordernd in der Runde um. Er war der Älteste unter den Wachsoldaten und nahm das Privileg für sich in Anspruch, die anderen herumzukommandieren.

Alle schauten beflissen auf den Tisch. Niemand wollte freiwillig vor die Tür gehen, wo die Kälte einem in jeden Knochen fuhr. Egal, ob man einen oder zwei Umhänge trug, einen Schal um Hals und Nase wickelte und sich die Mütze tief ins Gesicht zog, der unbarmherzige Wind fand eine Lücke.

»Nun los!« Der Älteste schaute den Jüngsten in der Runde an. »Wir bekommen Ärger, wenn die Magd mit dem Abendessen vor der Tür der gnädigen Dame warten muss.«

»Ich bin erkältet.« Der Junge, auf dessen Wangen nur wenige Barthaare sprossen, zog demonstrativ die Nase hoch.

Der Blick des Ältesten blieb nun an dem Mann mit dem roten Haar hängen.

»Was interessiert mich das«, murrte der Kupferne Hans. »Ich bin gestern gegangen, und da war das Wetter um keinen Deut besser.«

»Du und der Kupferne Hans gehen«, bestimmte schließlich der Älteste.

»Du bist keiner der vorgesetzten Offiziere und hast gar nichts zu sagen«, widersprach der Bengel und zog erneut die Nase hoch.

»Ich könnte dein Vater sein.«

»Schönen Dank auch. Ein liebender Vater schickt den Sohn nicht in die Kälte hinaus, sondern geht selbst.«

Der Kupferne Hans lachte zu diesen Worten des Milchgesichts. »Was sagst du nun?«, wollte er wissen.

Das Abendläuten war längst verstummt, die Würfel auf dem Tisch vergessen, und der Streit in der Wachstube wurde hitziger. Der Kupferne Hans sprang auf und ballte die Hände zu Fäusten. Er blickte wild um sich, als könne er sich nicht entscheiden, wen sein Schlag zuerst treffen sollte.

»Na, na«, mischte sich der Vierte, der bisher geschwiegen hatte, besänftigend ein. Er kam nicht dazu, mehr zu sagen, denn in diesem Moment flog die Tür auf.

Mit einem Schwall kalter Luft trat Hauptmann Johann Holm ein. Er schüttelte Nässe von Hut und Mantel. Die Soldaten waren aufgesprungen und hatten Haltung angenommen. Holm unterstanden die vierzig Soldaten auf der Festung Stolpen, die für die Bewachung der Gefangenen abgestellt waren. Sein Blick huschte zwischen den Würfeln auf dem Tisch und den Männern hin und her. Er machte keine Anstalten, sie aus ihrer Habachtstellung zu entlassen. Ebenso wenig schloss er die Tür. Schnee wirbelte herein und verwandelte sich in der Wärme in Wassertropfen.

»Was soll das?«, bellte Holm. Sein Blick blieb beim Kupfernen Hans hängen. »Bericht! Warum geht niemand, damit die Frau Gräfin ihr Abendessen erhalten kann? Die Magd steht mit dem Tablett vor der verschlossenen Tür und kann nicht hinein. Wenn ich sie nicht zufällig bemerkt hätte … An wem ist die Reihe, die Tür zu öffnen?«

Keiner antwortete.

»Wer?«

»Wir haben gerade darüber gesprochen«, murmelte der Kupferne Hans.

»Da gibt es nichts zu besprechen. Das Läuten ist längst vorüber. Alle gehen! Sofort!« Holms Stimme war eine stählerne Klinge.

Sie zogen die Röcke ihrer Uniformen an und darüber die Mäntel. Schlugen die Kragen hoch und schoben sich die Mützen tief in die Stirnen. Keiner besaß Handschuhe, wie sie der Hauptmann trug, sie vergruben deshalb die Hände unter den Achseln und stapften hinaus. Holm schmetterte hinter ihnen die Tür zu. Er zog Hut und Mantel aus und ließ sich auf einen der Stühle neben dem Ofen fallen, griff nach den Würfeln auf dem Tisch, wog sie nachdenklich in der Hand. Die Männer waren keine schlechten Kerle, und er hasste es, sie anfahren zu müssen, aber wenn die Disziplin litt …

Er konnte sich gut vorstellen, wie es abgelaufen war. Niemand hatte bei diesem Wetter hinausgehen wollen, um die Räume der Gefangenen aufzuschließen, damit ihr das Abendessen gebracht werden konnte. Hätte er die Magd nicht bemerkt … Er wäre es auch, der das hitzige Temperament der

Gefangenen wegen des verspäteten Abendessens aushalten musste.

* * *

Unermüdlich rüttelte der Sturm an den morschen Fensterrahmen meiner Wohnung im Obergeschoss des Stolpener Zeughauses. Dem Zug und der Kälte konnte ich nur entgehen, indem ich in mehrere Schultertücher gehüllt und mit einer Decke über den Knien dicht neben dem Ofen saß und versuchte zu lesen. Ich hatte mich aber nicht auf das scheußliche Traktat über Gottes Fürsorge für die Pflanzen dieser Welt konzentrieren können. Verfasst hatte es ein Ritter Nathan Leberecht von Scholl gemeinsam mit seinem Sohn, weiland Student der Theologie in Leipzig. Langweilige Passagen über das Aussehen und Wachstum der Pflanzen wechselten ab mit unerträglich schwülstigen über Gottes Gnade, die sich in jedem Grashalm auf wunderbare Weise offenbarte. Ich weiß nicht, wie das unter meine Bücher geraten war.

Das Brausen des Windes übertönte jedes Geräusch. Deshalb schrak ich zusammen, als auf einmal meine Küchenmagd nass und zerzaust im Zimmer stand. Sie knickste mit einem Tablett in den Händen.

»Sie kommt spät«, fuhr ich die Frau an. »Das Abendläuten ist seit einer Weile vorüber.« Die Glocken hatte ich nicht wahrgenommen, aber meine innere Stimme sagte mir, es sei längst über die Zeit für das Abendessen hinaus.

Die Magd knickste ein zweites Mal. »Es tut mir leid, gnädige Frau. Niemand kam, um mir die Tür aufzuschließen. Dann kamen sie endlich – zu viert. Als ich fast erfroren war.«

Sie setzte das Tablett auf dem Tisch ab und begann für mich einzudecken. Derweil inspizierte ich die in Schüsseln und Tiegeln angerichteten Speisen. Was sich meinen Augen darbot …

»Das kann ich nicht essen!«, rief ich aus. Anklagend deutete ich mit dem Finger auf das Tablett.

Alles war kalt! Die Suppe am Rand zu einer Kruste angetrocknet, sie sah nahezu gefroren aus. Statt einen appetitlichen Duft zu verbreiten, waren die Stubenküken von einer Schicht geronnenen Fetts überzogen. Das Gemüse und der Salat sahen aus, als hätte der Koch sie vor drei Tagen zubereitet und seitdem Wind und Wetter ausgesetzt. Einzig die als Dessert gedachten Kuchen und Petits Fours schienen genießbar; vorausgesetzt, der Esser verfügte über starke Zähne.

»Das ist alles gefroren und völlig verdorben! Schaffe Sie das fort und hole Sie mir was anderes. Was noch warm ist.«

Die Magd hielt inne, als hätte sie ein Blitz getroffen. Ihre Finger spielten mit dem Besteck, das sie eben auf den Tisch hatte legen wollen. »Das wird nicht gehen, gnädige Frau. Der Koch hat wegen des Wetters in der Küche das Feuer gelöscht und ist nach Hause gegangen. Ehe er hier auf der Burg einschneit, hat er gesagt.« Zur Bekräftigung ihrer Worte knickste sie und legte das Besteck auf den Tisch.

»Ist dieser Mensch von allen guten Geistern verlassen?«

»Wenn wir die Schüsseln neben den Ofen stellen, wird alles im Nu wieder warm.« Sie beäugte das Tablett über den Tisch hinweg. »Die gnädige Frau müssen mir glauben, dass es nicht meine Schuld war. Es ist die Schuld der Soldaten, die alles pflichtvergessene Kerle sind.«

»Ihre Meinung tut hier nichts zur Sache.« Ich nahm mit spitzen Fingern den Tiegel mit den Stubenküken und stieß ihn in ihre Richtung.

Es war nicht die Schuld dieser Frau, sondern die der nachlässigen Soldaten unter Hauptmann Holms Kommando, aber mein Ärger brauchte ein Ventil, und es war nur sie da. Ich würde ihr bei nächster Gelegenheit einen Taler auf den Tisch legen.

»Das Fett kann ich leicht abkratzen«, gab diese Person zum Besten. »Und auch von der Suppe die Haut abnehmen. Ich werde alles so herrichten, als käme es geradewegs aus der Küche. Die gnädige Frau wird keinen Unterschied merken.« Sie schaute mich mit dem verzweifelten Mut der niederen Stände an. Und knickste.

»Nimm sie das fort.«

Die Magd gehorchte wortlos und zum Glück diesmal knickslos.

»Nein! Den Kuchen soll sie dalassen. Ich will versuchen, mir daran die Zähne auszubeißen.«

Während sie den gedeckten Tisch abräumte, ließ ich unauffällig einen Taler auf das Tablett gleiten. Wieder allein in meiner Wohnung eingeschlossen, zog ich mich mit einem Glas Wein und dem Kuchenteller neben den Ofen zurück.

Gottes Wege sind für die Menschen unbegreiflich, und wir dürfen nicht klagen. Die Mühsal des irdischen Lebens wird uns im Jenseits vergolten. An dieser Hoffnung richtete ich mich immer wieder auf, wenn mir das Dasein zu schwer schien für meine schmalen Schultern.

Ich war nicht immer eine einsame Gefangene gewesen. Es hatte eine Zeit gegeben, da war ich bon ton. Mit einem Heben meiner Augenbraue hatte ich jemanden erhöhen oder vernichten können.

KAPITEL II
· 1731 ·

$\mathcal{C}$onrada stand vor ihrem Vater und fühlte sich, als wäre sie zwölf. Dabei zählte sie genau doppelt so viele Jahre. Zu diesem Gefühl trug bei, dass ihr Vater seine älteste Tochter mit einer Mischung aus Strenge, Enttäuschung und Nachsicht betrachtete, wie er es stets zu tun pflegte, wenn sie sich als Kind über seine Worte hinwegsetzte.

»Du hast es wieder getan!«, warf er ihr vor. In der Rechten hielt er ein zerknittertes Schreiben.

Während sie stand, saß Viktor von Tiburti in einem bequemen Sessel, der linke Fuß, in dem ihn die Gicht plagte, lag auf einem Hocker. Ein mächtiger Kamin trieb die Temperatur in schweißtreibende Höhen – ein erster Tropfen suchte seinen Weg Conradas Wirbelsäule entlang.

Zusätzlich stand neben ihrem Vater ein Kohlebecken, er trug einen wollenen Hausmantel, eine Decke über den Knien und eine Samtkappe.

»Was habe ich getan?«, erkundigte sich Conrada mit ergebener Freundlichkeit, die sie nicht empfand. Sie brachte ihrem Vater die liebenden Gefühle entgegen, wie es sich für eine Tochter gehörte, beobachtete jedoch an sich, wie sie gegenüber seiner umständlichen Art immer ungeduldiger wurde. Es schien ihr keine Lösung zu sein, wenn eine Tochter zu lange im Haus ihrer Eltern – in ihrem Falle nur noch in dem ihres Vaters – lebte. Zum Glück hatte sie eigene Pläne, und in nicht einmal einem Jahr …

»Das hier!« Viktor von Tiburti wedelte mit dem Schreiben.

»Das ist ein Brief, von dem ich weder weiß, was drinsteht, noch, wer ihn geschickt hat.«

»Das ist das vierte Mal, dass du eine Erlaubnis zum Besuch auf der Burg Stolpen beim Geheimen Kabinett erbeten hast. Die letzten beiden Male ohne mein Wissen und ohne meine Erlaubnis, wie ich hinzufügen möchte.«

»Ist es endlich erlaubt worden?« Die Worte entschlüpften Conrada, ehe sie sich ihrer bewusst wurde.

»Nein! Es wird auch nicht erlaubt werden, denn ich verbiete dir, das Geheime Kabinett noch einmal mit einer derartigen Bitte zu belästigen.« Ihr Vater erhob die Stimme, und eine leichte Röte überzog sein Gesicht. »Conrada, Conrada, ich habe dich für verständiger gehalten, aber du willst uns offenbar vor aller Welt der Lächerlichkeit anheimgeben.«

»Ich folge meinem christlichen Gewissen. Sie können es doch auch nicht gutheißen, wenn eine arme Frau, eine Verwandte von uns, seit über fünfzehn Jahren auf einer Festung gefangen gehalten wird. Ohne Prozess und ohne jemals eine Schuld bei ihr festzustellen. Papa, Sie müssen für Gerechtigkeit ihr gegenüber sorgen.«

»Nein!«, wiederholte Viktor von Tiburti stur. »Ich muss mich um den Ruf meiner Töchter sorgen. Soll im Kurfürstentum die Runde machen, wie ... wie ... unmöglich ...« Er blies die Backen auf, weil ihm die Worte fehlten.

»Wir leben ruhig und zurückgezogen fernab des Hofes. Niemand wird sich über uns das ...«, Conrada zögerte vor dem nächsten undamenhaften Wort, »... Maul zerreißen.«

»Du täuschst dich. Bei Hof wird über alles geredet und an kaum jemandem ein gutes Haar gelassen.« Viktor von Tiburti seufzte schwer. »Wie willst du jemals einen standesgemäßen Mann finden, wenn das erst bekannt geworden ist?«

»Machen Sie sich darum keine Gedanken, Papa. Ich habe Pläne für mein Leben, und Heirat ist nicht unbedingt ein Bestandteil darin. Für meine Versorgung bin ich nicht darauf angewiesen, wie Sie sehr gut wissen.« Conrada spielte auf das Bauerngut im brandenburgischen Küstrin an, das sie vor Jahren von ihrem Patenonkel geerbt hatte und über das sie die volle Verfügungsgewalt erhielt, sobald sie fünfundzwanzig Jahre alt wurde.

Ihr Vater wollte davon nichts hören und ging mit keinem Wort auf ihre letzten Sätze ein. »Deine Schwester Julia ist mit einem guten Mann verlobt, und sie wird noch in diesem Jahr heiraten. Es sollte nicht die jüngere Schwester vor der älteren das Elternhaus verlassen.«

»Ein Aberglaube, Papa. Ich wünsche Julia alles Glück dieser Welt.«

»Dir würde eine Ehe guttun. Du hast einen praktischen Hausverstand, mit dem du jede Wirtschaft im Nu auf Vordermann bringst. Ich verstehe nicht, warum das kein Mann erkannt hat, obwohl du zwei Dresdner Saisons mitgemacht hast und bei Hofe vorgestellt wurdest?«

»Ich werde jeden heiratsfähigen Mann als Erstes fragen, ob er über eine unordentliche Hauswirtschaft verfügt, da ich ihm ansonsten nicht die Hand zum Bund fürs Leben reichen kann«, neckte Conrada.

Sie nahm ihrem Vater seine Worte nicht übel. Die beiden Saisons, die sie in der Dresdner Gesellschaft verbracht hatte, um einen standesgemäßen Ehemann zu finden, gehörten zu ihren wenig angenehmen Erinnerungen. All den Opernbesuchen, Bällen, Redouten, Musikabenden, den in Salons verbrachten Vormittagen, Picknickausflügen und Kutschfahrten im Großen Garten hatte sie nichts abgewinnen können. Sie war sich vorher im Klaren gewesen, dass sie mit den breiten Schultern und der stattlichen Größe, dem glatten braunen Haar, der etwas zu breiten Nase und dem ausgeprägten Kinn nicht dem gängigen Ideal der Schönheit entsprach. Die gegenwärtige Mode bevorzugte zierliche Frauen mit Stupsnasen und schwarzen oder blonden Locken. Wie ihre Schwester Julia. In Conradas Dresdner Zeit hatten sich nur wenige Männer für sie interessiert. Alle waren etliche Jahre älter gewesen, einer sogar älter als ihr Vater. Alle waren sie schon einmal verheiratet gewesen, und alle hatten sie Conrada abgestoßen. Ihre Pläne für ihr Leben sahen anders aus. Das Bauerngut bei Küstrin spielte dabei eine große Rolle und ihre Vertraute Serafina.

Im Gegensatz zu ihrer jüngeren Schwester Julia sah sie ihre Erfüllung nicht darin, einen Mann zu angeln. Die blonde Julia hatte sich nicht einmal anstrengen müssen. Mit gerade zwanzig war sie seit drei Jahren mit Martin Immaus verlobt. Theologe und Lehrer an der Lipsiana, der Universität zu Leipzig. Bereits im letzten und vorletzten Jahr hatte es geheißen, die Hochzeit werde demnächst stattfinden. Es war immer etwas dazwischengekommen; Conrada gab nichts mehr auf die baldige Verheiratung ihrer Schwester.

All diese Gedanken sprangen in wenigen Augenblicken durch ihren Geist.

»Stehst du erst deinem eigenen Hauswesen vor, wirst du keine Zeit mehr für diesen Unfug haben.« Viktor von Tiburti schwenkte den Brief. Der fiel zu Boden. Automatisch bückte sich Conrada und hob ihn auf.

»Nur schnell soll es gehen, damit Sie mich aus dem Haus haben und nicht mehr für mich verantwortlich sind«, sagte sie bitter. »Haben Sie mir noch mehr zu sagen, Papa?«

»Ich will nur dein Bestes, Mädchen. Du sollst ein glückliches Leben führen.«

»Das weiß ich.«

»Ich muss ruhen. Lass mich allein.«

Conrada war froh, der schweißtreibenden Hitze des Herrenzimmers und den verkrusteten Ansichten ihres Vaters zu entkommen.

Wenig später saßen sie und ihre Vertraute Serafina in deren Arbeitszimmer im Küchen- und Gesindetrakt des Gutshauses. Die aus Polen stammende Serafina Dhurokina führte die Aufsicht über das weibliche Gesinde des Gutes, ihr unterstanden die Speise-, Geschirr- und Weißwäschekammern. Ein imposanter Schlüsselbund an ihrem Gürtel zeugte von ihrer Stellung als Hausdame.

Viele Stunden hatte Conrada als Kind in diesem auch bei Sonnenschein immer ein wenig düsteren Raum zugebracht. Serafina war ihr mehr Mutter, nachdem ihre eigene bei Julias Geburt gestorben war, als es ihre Erzieherinnen und Gouvernanten je gewesen waren. Davon hatte sie eine Reihe über sich ergehen lassen müssen, und Serafina war seitdem ihr Fels in dieser Brandung.

Beide beugten ihre Köpfe über das Schreiben des Geheimen Kabinetts. Beim Lesen bewegte Serafina die Lippen.

»Was denken diese Herren eigentlich?«, rief sie aus, nachdem ihre Augen über das Blatt gewandert waren. »So unmenschlich kann doch niemand sein und uns nicht einmal einen harmlosen Besuch erlauben. Sie scheinen zu fürchten, wir wollten der Gräfin zur Flucht verhelfen. Wir warten ein Jahr oder ein halbes, bevor du einen neuen Antrag stellst. Irgendwann werden sie sehen, wie viel uns daran liegt, und dann können die feinen Herren in Dresden nicht mehr anders, als es zu erlauben. Sie tun zwar so, als kämen diese Schreiben vom König, aber ich bin mir sicher, er weiß hiervon nichts. Er hätte dir einen Besuch längst erlaubt. Es sind immer diese Hofschranzen.«

Serafina hätte noch minutenlang weitergeredet und einen drastischen Ausdruck an den anderen gereiht, aber Conrada schüttelte den Kopf und berichtete von dem Gespräch mit ihrem Vater. »Derart entschieden habe ich ihn lange nicht mehr erlebt. Nicht seit ihn die Gicht plagt. Als seine Tochter habe ich die Pflicht, ihm zu gehorchen.«

Etwas an Serafinas Worten hatte aber eine Saite in ihr zum Klingen gebracht.

»Das musst du wohl. Die Gräfin einfach ihrem Schicksal überlassen. Verflixt! Seit Jahren schmort sie im Gefängnis, und niemand kümmert sich um sie. Mir blutet das Herz, wenn ich nur daran denke. Wir dürfen sie nicht ihrem Schicksal überlassen. Das wäre unmenschlich.« Serafina klang enttäuscht.

»Das habe ich nicht gesagt. Papa hat mir nur verboten, an das Geheime Kabinett um eine Besuchserlaubnis zu schreiben. Das habe ich nicht mehr vor. Von anderen Dingen hat er nichts gesagt.«

»Du hast eine Idee? Welche?« Die Polin war sofort Feuer und Flamme.

»Du hast mich darauf gebracht. Wenn wir die Gräfin nicht besuchen dürfen, müssen wir etwas anderes versuchen.« Sie senkte die Stimme und flüsterte in Serafinas Ohr.

Die nickte, aber ihre Augen wurden dabei groß und rund. Conrada redete sich immer mehr in Hitze.

Serafina flüsterte zurück: »Auf mich kannst du zählen. Hast du schon einen Plan?«

»Als Erstes müssen wir es schaffen, eigene Wege zu gehen, ohne dass uns jemand draufkommt oder uns vermisst.«

»Wir brechen zu einem Besuch auf, um den uns niemand beneidet. In Wirklichkeit fahren wir ganz woandershin«, schlug Serafina prompt vor.

»Du bist genial!« Conrada umarmte ihre Vertraute.

Anna Constantia von Cosel · 1705

Der Mann im Bett richtete sich erschrocken auf, als sein König auf einmal vor ihm stand. Die Nachtmütze zitterte auf dem schmalen Kopf, und unter einem knielangen Hemd schauten storchendünne Beine hervor. Er verneigte sich so tief, als wollte er vornüber fallen. Noch bevor er sich wieder aufgerichtet hatte, sagte Friedrich August: »Du musst diese Wohnung räumen. Sofort! Die Zimmer werden für eine in Not befindliche Dame benötigt.«

»Sehr wohl. Natürlich. Sofort, Euer Majestät. Fühle mich geehrt, einer Dame behilflich zu sein. Ich eile!« Er richtete sich auf und stolperte dabei beinahe über die eigenen Füße.

Ich selbst stand in der Tür hinter dem König und beäugte die Bleibe, die aus einer Stube, einem Vorzimmer und noch ein oder zwei Kammern bestand. Alles in allem eine recht bescheidene Unterkunft, die da im Fraumutterhaus auf der Kreuzgasse meiner harrte.

Der ursprüngliche Bewohner war inzwischen unter dem aufmerksamen Blick des Königs in eine Hose und einen Hausmantel geschlüpft. Seine nackten Füße steckten in Pantoffeln, und er raffte ein Kleiderbündel zusammen, mühte sich, es in einen Mantelsack zu stopfen, aber immer fiel ein Teil heraus.

»Nur noch einen Augenblick, Euer Majestät, und ich werde verschwunden sein«, keuchte er dabei, hochrot im Gesicht.

Es war ein Anblick, der zum Lachen hätte reizen können, doch mir tat der Mann leid. Es konnte kein angenehmes Gefühl sein, am frühen Morgen – es war gegen fünf Uhr – aus dem Schlaf gerissen zu werden und sich seinem König gegenüberzufinden. Der einen dazu noch aus der Wohnung hinausbeförderte.

»Euer Majestät, entschuldigt«, sagte ich sanft. »Es kommt mir als eine große Härte für diesen armen Mann vor, wenn er wegen mir seine Wohnung verlassen muss. Ich kann anderswo ein Unterkommen finden.« Bei diesen Worten breitete ich anmutig meine Röcke um mich herum aus und deutete einen Knicks an.

Der Blick des Königs, der mich traf, streichelte meine Seele. Er war warm und besorgt. »Das wird diesem Mann ebenso gelingen«, erwiderte er mit seiner tiefen Stimme. »Wir versprachen ihr früher am Abend, sie angemessen unterzubringen, und unsere Versprechen halten wir. Diese Wohnung wird für die ersten Tage und Nächte genügen. Schon bald werden wir etwas Besseres für sie finden.«

»Dieser Herr hat doch auch eine angemessene Wohnung verdient.« Ich deutete auf den Menschen im Morgenrock, der sich nun mit einem Hut und zwei Paar Schuhen abmühte. Dabei neigte ich den Kopf und schaute Friedrich August von unten herauf an. In dieser Haltung kam mein schlanker Hals besonders zur Geltung.

»Ein mildes Herz steht einer Frau gut, aber ihres ist zu milde, sie vernachlässigt sich dabei. Deshalb werden wir für sie sorgen.«

»Ich möchte nur nicht, dass jemandem Ungemach entsteht. Nur im äußersten Notfall nehme ich dies hin und nicht ohne eine Entschädigung für den Betroffenen.« Ich machte Anstalten, mir einen Ring vom Finger zu ziehen.

Der König war mit zwei schnellen Schritten bei mir, ergriff meine Hände und hinderte mich daran.

»Nicht doch, Madame. Das lassen wir nicht zu.« Der König ließ meine Hände wieder los und betrachtete seine eigenen mit gerunzelter Stirn. An jedem Finger außer den Daumen prangte ein Ring.

Ich stand vor ihm, und mein Herz flatterte so sehr, dass es jeder im Raum merken müsste. Ich spürte immer noch Friedrich Augusts Hände auf meinen. Nach außen ließ ich mir meine Erregung nicht anmerken, sondern schaute den König mit einem sanften Blick und halb geöffneten Lippen an. Ich befeuchtete dieselben und beobachtete, wie der König einen schlichten goldenen Ring vom Finger zog. Der Ring saß stramm und ging erst nach einigem Drehen ab. Schließlich hielt Friedrich August den Reif in der Hand, er verschwand fast zwischen seinen kräftigen Fingern.

»Dies wird den guten Mann mehr als entschädigen. Sieht sie das auch so, Madame?«

Der Mann erhielt den Ring, der König verabschiedete sich von mir, und ich sank mit einem Jubelschrei in den einzigen Sessel im Raum. Ein schwieriger Tag endete in einem Triumph.

Hoym, mein Kretin von einem Ehemann, hatte verhindern wollen, dass ich dem König unter die Augen geriet. Nicht etwa, weil ihm irgendetwas an mir lag oder er eifersüchtig über mich wachte, sondern weil er mir keine Freude gönnte. Er hatte deshalb die Einladung der Gräfin Reuß zu einem Ball in der letzten Woche ausgeschlagen und uns mit Unpässlichkeiten entschuldigt. Dabei brannte ich darauf, auf diesen Ball zu gehen, weil der König auch dort sein würde und ich ihm endlich vorgestellt werden konnte, um Zugang zur Hofgesellschaft zu finden.

Die Einladung zum Ball der letzten Nacht hatte die Gräfin Reuß persönlich überbracht. Dafür hätte ich ihr die Hände küssen mögen, denn jetzt konnte Hoym nicht mehr ablehnen. Sie ließ auch durchblicken, dass der König sein Erscheinen an diesem Abend zugesagt habe. Ich schwebte im siebten Himmel, mein Ehemann zwang ein Lächeln auf sein Gesicht. Die Augen erreichte es nicht.

Der Ball fand am Abend des 7. Dezember statt, und bereits am Nachmittag begann ich damit, mich für dieses großartige Ereignis herzurichten. Das Kleid, das ich zu tragen gedachte, musste sorgfältig ausgesucht werden. Groß war meine Auswahl nicht. Ich besaß drei Ballroben. Eine davon schied sofort aus. Darin wirkte ich viel zu altbacken. Mit dem Fuß schleuderte ich sie quer durch das Zimmer.

Blieben die anderen beiden. Die eine aus silbergrauer Seide mit roséfarbiger Spitze an Ärmeln, Ausschnitt und Säumen. Die andere war lindgrün und mit Blüten in einem etwas dunkleren Grün bestickt und in jede Naht ein dunkelgrünes Band eingearbeitet. Diese Robe war meine neueste. Hoym hatte sie noch gar nicht gesehen, aber darauf kam es auch nicht an.

Ich entschied mich für das silbergraue Kleid.

Die Haare ließ ich mir in kleine Löckchen drehen, die mein Gesicht umrahmten, und puderte sie, bis sie so silberweiß waren wie das Kleid. Der Nachmittag war inzwischen verstrichen, und die Zeit, zu der Hoym und ich auf dem Ball erwartet wurden, rückte näher. Ich schickte mein Mädchen aus dem Zimmer, um selbst mit den letztem Handgriffen mein bemerkenswertes Äußeres in ein strahlendes zu verwandeln. Ich zündete alle Kerzen im Zimmer an, die ich finden konnte.

Mit flüssigem Wachs klebte ich sie auf Papierbögen und Schrankecken. Auf der Frisierkommode beleuchteten sie den Spiegel, in dem ich mein Gesicht betrachtete. Erst lächelte ich mir zu, dann streckte ich mir die Zunge raus.

Meine alabasterfarbene Haut war vollkommen glatt und ebenmäßig, nicht verunstaltet durch Flecken, Pusteln oder Sommersprossen. Ich hatte auch nie unter den Pocken zu leiden gehabt, die viele mit vernarbtem Gesicht zurückließen. Gesicht und Hals rieb ich außerdem zweimal am Tag mit Ungarischem Wasser ein und trank auch jeden Morgen ein kleines Glas davon. Auf Hoym konnte ich nicht zählen, um bei Hofe voranzukommen, ich musste mich auf meine eigenen Vorzüge verlassen. Da der König als ein Liebhaber schöner Frauen galt, fühlte ich mich nicht schlecht gewappnet.

Vor mir auf der Kommode lagen sorgsam nebeneinander arrangiert die Preziosen, die ich an diesem Abend zu tragen gedachte. Nur wenige, dank Hoyms Geiz war meine Schmuckschatulle überschaubar. Als Erstes steckte ich mir eine Agraffe mit einem wasserhellen Bergkristall und Eisvogelfedern ins Haar. Den Bergkristall konnte ich als Diamanten ausgeben, bei Kerzenlicht sah niemand den Unterschied. Eine dazu passende Brosche steckte ich am tiefsten Punkt des herzförmigen Ausschnitts fest. Sie sollte den Blick auf mein Dekolletee lenken. Dann hatte ich vier Ringe zur Auswahl.

Ich nahm den ersten in die Hand und hielt ihn in den Schein einer Kerzenflamme. Das Licht brach sich in dem bläulichen Stein.

Ein verbrannter Geruch wehte ins Zimmer. Ich sprang auf und stürzte zur Tür, riss sie auf.

Aus dem Nebenzimmer hörte ich ein Knistern. Rauch drang durch den Türspalt. Die Klinke war schon heiß, als ich nachsehen ging. Im Zimmer selbst loderten die Gardinen und die leinene Wandbespannung. Die Flammen hatten bereits die Decke erreicht, malten schwarze Linien darauf.

»Feuer!«, schrie ich. »Feuer! Zu mir!«

Die ersten beiden Diener kamen die Treppe hochgerannt, hinter ihnen das Küchenmädchen, danach folgte schnaufend die Köchin.

»Wir brauchen die ledernen Wassereimer! Nehmt alle Gefäße! Schnell, schnell!«

Sonst hatte ich mich immer über das halbe Dutzend lederner Eimer geärgert, die im Gang zur Küche standen und in jedem Dresdner Haushalt zur Bekämpfung eines Feuers vorgehalten werden mussten, jetzt war ich froh über sie. Das Gesinde rannte mit Eimern und Gefäßen durch das Haus.

Schnell wurde deutlich: Die Pumpe im Hof lieferte nicht genügend Wasser, um das Feuer zu bekämpfen. Die Flammen schlugen inzwischen zum Fenster hinaus und in den Flur hinein. Das Zimmer sah aus wie der direkte Schlund in die Hölle. Das Geschrei des Gesindes erfüllte das Haus. Ihre Furcht wollte sich wie ein lähmender Mantel um meine Schultern legen. Entschlossen schüttelte ich ihn ab, wenn nicht alles verloren sein sollte, durfte ich nicht den Kopf verlieren. Es blieb auch keine Zeit, mir über die Ursache des Feuers Gedanken zu machen und dass ich nun zum zweiten Mal einen Ball bei der Gräfin Reuß versäumen würde.

Der nächste öffentliche Brunnen befand sich in der Großen Frohngasse. Ich schickte die Diener dorthin, mehr Wasser zu holen. Eigenhändig stand ich nahe am Feuer und schüttete Wasser hinein. Es musste mich jemand wegziehen, damit die

Flammen mich nicht erfassten. Augenblicke später fand ich mich auf der Gasse vor dem Haus wieder.

Ich hörte den Türmer Alarm blasen, und gleich darauf läutete auch die Feuerglocke, die die Handwerksmeister und ihre Gesellen herbeirief. Sie kamen auch gleich darauf mit Eimern und Feuerpatschen gelaufen. Es trafen Schaulustige ein, die sehen wollten, was es vor dem Haus gab. Es war kaum noch ein Durchkommen auf der Gasse. Die Männer, die das Feuer bekämpfen wollten, wurden massiv behindert, während sich die Flammen weiter ausbreiteten. Sie erreichten den Hof, den Dachstuhl. Das Wetter war in den letzten Tagen trocken gewesen, und alles brannte wie Zunder.

Das konnte ich nicht mit ansehen. Die Schaulustigen drängte ich zurück, bis sich eine Gasse bildete, auf der die Brandbekämpfer ungehindert zum Haus und zum Brunnen gelangen konnte. Ich forderte die Männer auf, eine Eimerkette zu bilden, zeigte ihnen, wie. Das Feuer fraß sich trotzdem weiter durch das Haus, aus dem Dach stieg bereits Qualm auf. Auf einmal wurden Rufe laut. Entsetzen schwang in ihnen mit.

»Was ist passiert?« Ich hielt einen vorübereilenden Knecht an. Sein Gesicht war streifig schwarz vom Ruß.

Er wischte sich mit der Hand über die Stirn. »Über den Ställen ist das Stroh und Heu mit einem Knall in Flammen aufgegangen. Wir versuchen, die Pferde herauszubringen.«

»Und?«

»Die armen Biester drehen völlig durch. Die einen wollen wild davonstürmen, die anderen sich nicht vom Fleck rühren. Ich muss weiter.« Er tippte sich kurz grüßend an die Stirn und rannte davon.

Gleich darauf sah ich einige Pferde im Galopp aus dem Hof stürmen. Männer hingen an den Führstricken und versuchten, mit den verzweifelten Tieren Schritt zu halten.

Das Gedränge auf dem Platz vor dem Haus wurde noch größer, als eine vergoldete Karosse ankam. Vier Rappen stampften im Geschirr. Die Kreuzgasse bot kaum genug Platz für die Kutsche. Die Menschen wichen zurück. Die Löscharbeiten gerieten ins Stocken. Das konnte ich nicht hinnehmen. Am Ende brannte noch das ganze Haus ab und mit ihm das Stadtviertel.

»Zu mir! Männer zu mir!«, rief ich und winkte. »Wasser! Wir brauchen hier Wasser! Nicht aufhören! Die Eimerkette!«

Ich schwenkte meine Arme. Die Männer setzten sich wieder in Bewegung. Wasser wurde vom Brunnen herbeigetragen, die Eimerkette kam wieder in Gang.

Nur aus dem Augenwinkel nahm ich wahr, dass ein stattlicher Herr in funkelnder Kleidung die Karosse verlassen hatte. Auch der Bürgermeister war inzwischen eingetroffen und trat auf mich zu. Er flüsterte mir ins Ohr.

»Der König ist gekommen, um sich persönlich von der Bekämpfung des Feuers zu überzeugen. Er ist beeindruckt von Eurem mutigen Einsatz, Madame.«

Ich schaute auf. Der König stand dicht neben mir, und ich versank in einem Hofknicks. In diesem Moment wurde mir bewusst, dass ich mich im Ballkleid um die Löschung eines Brandes bemüht hatte und welchen Anblick ich bieten musste. Das war nicht, was ich den König hatte sehen lassen wollen, aber es war zu spät, mich seinen Augen zu entziehen. Tapfer setzte ich ein Lächeln auf.

»Madame, dank ihrer entschlossenen Umsicht kann das Feuer nun ganz gelöscht werden. Die Gefahr für die Stadt ist gebannt. Nicht viele Frauen besitzen ihren Mut. Ich biete ihr einen Platz in meiner Kutsche an, um zum Ball der Gräfin Reuß zu fahren.«

Ich brachte kein Wort heraus. In der königlichen Karosse fahren … in meinem Aufzug.

Der König hob mich aus dem Knicks hoch, in dem ich noch immer verharrte. Er geleitete mich zur Kutsche. Ein Page klappte den Tritt herunter und half mir hinein. Der König stieg nach mir ein. Die Pferde zogen an.

Der König höchstselbst gab mir sein Taschentuch und hielt einen kleinen Spiegel für mich, damit ich Gesicht und Hände säubern konnte.

Der Ball im Palais Reuß dauerte die ganze Nacht, und stets fühlte ich des Königs Blicke auf mir ruhen.

KAPITEL III
· 1731 ·

$\mathcal{D}$er Winterwind heulte auch um das Herrenhaus des Rittergutes Postelau, trieb den Schnee vor sich her und hatte den weitläufigen Park in ein bizarres weißes Wunderland verwandelt. Nur hinter vier der vielen Fenster schimmerte Licht. Sie gehörten zum großen Esszimmer im Erdgeschoss. Dort hätten am Tisch zwölf oder mehr Personen Platz gefunden. Das Tischtuch bedeckte aber nur ein Ende der Tafel, wo zwei Gedecke einander gegenüberlagen. Kerzenlicht spiegelte sich in Kristallgläsern, und eine Gruppe spielender Delfine aus Bronze bildete den Tischschmuck. Der hochlehnige Stuhl des einen Platzes war durch einen mit Kissen gepolsterten Lehnstuhl ersetzt worden. In zwei Kaminen flackerten die Feuer.

Die Hausherrin betrat auf den Arm ihrer Zofe und einen Gehstock gestützt das Zimmer. Laetitia von Kobsdorff hatte bis vor einem halben Jahr ihre Tage im Bett verbracht, sich allenfalls in einem Sessel ans Fenster tragen lassen. Im Juni 1730 ergab sich allerdings das Erfordernis einer Reise nach Radewitz, und ihr blieb nichts anderes übrig, als ihren

Schmerzen zu trotzen. Seitdem stand sie jeden Tag auf und legte alle Wege im Haus auf ihre Zofe Engelbrecht gestützt zurück. Größere Strecken ließ sie sich in einem Stuhl auf Rädern schieben. Ihre körperliche Schwäche machte sie mit ihrem klaren Verstand wett. Scharf blickende Augen huschten im Esszimmer umher.

»Wo ist mein Enkel?«, rief sie mit kräftiger Stimme.

»Sie meinen den jungen Herrn Emilius von Kobsdorff, gnädige Frau?«, erkundigte sich die Zofe.

»Wen sonst?«

»Er ist nicht hier, gnädige Frau«, antwortete sie mit flacher Stimme.

»Das sehe ich selbst. Aber warum?«

»Das Wetter.« Engelbrecht deutete zu einem Fenster, vor dem wirbelndes Weiß jegliche Aussicht verhinderte. »Bei diesem Wetter macht sich niemand auf den Weg von Dresden nach Postelau.«

»Dieses Sausen und Brausen den ganzen Tag macht einen noch irre im Kopf. Ich werde es im Schlaf noch hören.« Dann setzte Laetitia von Kobsdorff hinzu: »Das bisschen Wind ist kein Grund, seine Großmutter nicht zu besuchen. Nachdem ich ihm geschrieben und ihn für den heutigen Tag hergebeten habe. In meinen jungen Jahren hätte ich nie gewagt, eine Einladung meiner Großmutter zu missachten. Der Nichtsnutz soll mir nur unter die Augen kommen.« Sie ergriff den Stock, der neben ihr am Tisch lehnte, und fuchtelte damit herum. Von unten schlug sie gegen die Tischplatte, gegen den neben ihr stehenden Stuhl. Dann verhakte sich der Stock zwischen den Stuhlbeinen, und sie ließ ihn los.

»Der Koch lässt fragen, ob das Essen aufgetragen werden kann?«, fragte ein stämmiger Diener von der Tür her. »Es ist alles fertig.«

»Es hat wohl keinen Sinn, auf meinen nichtsnutzigen Enkel zu hoffen.« Laetitia von Kobsdorff warf einen wütenden Blick auf den Mann, als wäre das seine Schuld. »Auftragen!«

Der Diener sprang sofort davon. Gleich darauf kamen zwei andere herein, die auf großen Tabletts Schüsseln, Terrinen und Platten brachten. Die ersten beiden Gänge und die Zwischengerichte. Danach hatte Laetitia von Kobsdorff drei weitere Gänge angeordnet. Alles in allem genug, um zwei Dutzend Personen zu beköstigen. Die Gerichte wurden auf den Tisch gesetzt, und der erste Diener des Herrenhauses bot ihr davon an. Sie ließ sich eine winzige Portion Kalbsnieren in Buttersoße und ein Löffelchen sauer eingelegte Zwiebeln auftun. Als mit Käse überbackener Schinkenbraten, eine Gemüseterrine und eine Schale Krebsschwanzsuppe folgen sollten, winkte sie ab, verschmähte auch die Scheibe weißes Brot, die ihr der Diener in einem Korb anbot.

»Ich bin eine alte Frau. Was will er, dass ich alles esse?«, sagte sie unwirsch.

Etwa zur gleichen Zeit, als Laetitia von Kobsdorff auf ihren Enkel wartete, saß dieser in der behaglich durch einen Ofen geheizten großen Wohnstube des Dresdner Arztes Laurenz Schumann und seiner Frau Therese. Die Männer hatten die Beine dem Ofen entgegengestreckt und lümmelten sich gegen Kissen in ihrem Rücken. In den Händen hielten sie Portweingläser, und eine Karaffe mit dem bernsteinfarbenen Getränk stand in Reichweite. Therese Schumann war sichtbar schwanger und verzichtete in dieser Zeit auf Anraten ihres Mannes auf geistige Getränke; in ihrer Tasse dampfte Tee. Ihre Füße ruhten auf einem Kissen, und neben ihr auf dem Sofa stand ein Korb, aus dem seit Wochen unverändert eine Stickerei quoll.

Das Ehepaar hielt nichts von dem viel gepflegten Brauch, dass sich die Damen nach dem Abendessen zu Likör und Tee in einen Salon zurückzogen, während die Herren mit Cognac oder Portwein im Esszimmer blieben. Im Hause Schumann setzten sich alle zusammen nach dem Abendessen in den Salon. Emilius hätte gerne einige Worte mit seinem Freund allein gewechselt und warf Therese deshalb wiederholt Seitenblicke zu. Sie bemerkte nichts davon oder wollte es nicht; jedenfalls rückte sie sich behaglich im Sessel zurecht und nippte am Tee.

Nach dem ersten Glas Portwein steuerte Emilius ohne Umschweife und trotz der Anwesenheit einer Dame auf sein Ziel zu.

»Wir sind uns also einig. Es geht zunächst um zehntausend Taler, die ich dir geben werde. Das ist aber nur eine erste Rate. Weitere folgen. Zuerst werde ich nach Wien reisen. Dort lässt es sich sicher für einen Kobsdorff angenehm leben. Möglicherweise werde ich in die italienischen Fürstentümer weiterreisen. In das Land, wo die Zitronen blühen und der Wein gedeiht. Es hängt davon ab, bis wohin der lange Arm unseres Kurfürsten reicht.« Emilius stellte sein leeres Portweinglas mit einem Knall auf dem Tisch. Das Geräusch verlieh seinen Worten etwas Endgültiges.

»Du willst das alles auf dich nehmen?«, fragte Therese mit einer angenehm weich klingenden Stimme. »Nur um einer kurfürstlichen Laune zu entgehen, willst du dein Zuhause verlassen und unter fremden Menschen leben?«

»Eine kurfürstliche Laune hat mich in diese Lage gebracht.«

»Es waren nur Worte, gesagt im Überschwang eines Nachmittags. Darauf gibt niemand mehr etwas. Am wenigsten der Kurfürst selbst.«

»Das beweist, wie unbelastet du von den Angelegenheiten des Hofes bist«, widersprach Emilius. »Unser aller Herrscher wird sich daran erinnern. Im Zweifel sorgt meine Großmutter dafür. Ihr ist daran gelegen.« Die letzten Worte spuckte er mehr aus als er sie sprach.

»Warum erfüllst du nicht einfach den kurfürstlichen Willen, statt Taler zu verschieben und meinen Mann mit hineinzuziehen?« Therese legte eine Hand auf ihren Bauch.

»Ich soll heiraten?« In seiner Bestürzung wirkte Emilius komisch. Das Ehepaar Schumann konnte sich ein Lächeln nicht verkneifen.

»Das ist, was die meisten Menschen tun«, entgegnete Laurenz. »Aus eigener Erfahrung halte ich es für ein durchaus lohnendes ›Geschäft‹. Das Beste, das ich bisher in meinem Leben abgeschlossen habe.« Er schenkte seiner Frau ein warmes Lächeln.

»Das mag für dich gelten, aber bei mir sieht das anders aus. Mit einer Heirat würde ich nur meiner Großmutter einen Gefallen tun. Das ist das Letzte, was ich in meinem Leben will.« Emilius blickte wild um sich.

»Nimm noch ein Glas Portwein«, riet sein Freund und schenkte ihm auch sogleich ein. »Das wird dich beruhigen.«

»Was ich gar nicht will.« Emilius griff aber trotzdem nach dem Glas und stürzte dessen Inhalt in einem Zug hinunter.

»Fehlt dir am Ende eine gewisse Cousine?«, riet Therese.

Emilius' Kopf schnellte herum. »Niemals! Ich begrüße jeden Tag, an dem ich sie nicht sehen muss. Diese Person hat mir mehr Ärger bereitet als jede andere zuvor in meinem Leben. Ausgenommen meine Großmutter und …«

Bevor Emilius fortfahren konnte, eine endlose Reihe Namen aufzuzählen, unterbrach ihn Therese: »Ich meine nur, sie wäre genau die Richtige, dir den Kopf zurechtzusetzen.«

»Sie hat jemand anderen geheiratet.«

»Ebenfalls auf Geheiß des Kurfürsten, und ihre Ehe ist das reinste Glück.« Der Widerspruch in ihren Worten störte Therese nicht.

»Ihr Stand ist Gehorsam gewöhnt«, erwiderte Emilius. »Ich lasse mir von meinem Kurfürsten gern alles befehlen. Ein Wort, und ich ziehe für ihn in den Krieg, erobere für ihn fremde Länder, sterbe für ihn. Harre regungslos an seiner Seite aus, zahle meine Steuern …«

»Als ob du je einen Taler Steuern gezahlt hast.« Laurenz lachte auf.

»Na gut, das habe ich nicht, aber ich gäbe das Geld mit Freuden, sofern er es von mir verlangte. Nur in einem Punkt lasse ich mir von niemandem hineinreden: wie ich mein Leben zu führen habe. Und dazu gehört auch, mit wem ich es teile. Es ist schließlich von einiger Wichtigkeit, wem ich die Ehre meines Namens angedeihen lasse. Außerdem muss ich eine rechte Zeit meines Lebens mit dieser Dame verbringen. Nicht allzu viel, aber regelmäßige Begegnungen werden sich nicht vermeiden lassen.«

Emilius hatte das mit komischer Verzweiflung in der Stimme gesagt, Therese und Laurenz konnten nicht anders, als lauthals herauszulachen. Die werdende Mutter legte dabei die Hände auf ihren Bauch, als müsse sie das Ungeborene vor so viel Unsinn schützen.

»Ich finde das nicht zum Lachen«, sagte der Gescholtene, konnte sich eines Grinsens jedoch nicht erwehren.

»Eines kann ich dir versichern«, erklärte Laurenz mit mühsam unterdrückter Heiterkeit. »Hast du erst einmal die Richtige gefunden, kannst du gar nicht genug Zeit mit ihr verbringen. Du wirst für jede Minute dankbar sein. Ich weiß, wovon ich spreche. Dir wünsche ich aus vollem Herzen das Gleiche.« Dabei warf er seiner Frau einen liebevollen Blick zu. »Wenn wir bald zu dritt sein werden …«

»Ich bitte dich«, wehrte Emilius ab. »Das ist mehr, als ich ertragen kann. Meine Großmutter befahl mich für den heutigen Tag nach Postelau, damit ich ihr auf einige Tage Gesellschaft leiste. Ich brauche keine Nachfahren, denen es einmal ergehen wird wie mir jetzt.«

»Die gnädige Frau von Kobsdorff hat eine freundliche Einladung ausgesprochen«, korrigierte ihn Therese, einen milden Vorwurf in der Stimme.

»Befiehlt – das stand in dem Schreiben. Bei diesem Wetter soll ich nach Postelau, wo außer ihren Blähungen – Verzeihung, meine Liebe«, er nickte in Thereses Richtung, »nie etwas passiert. Ich erschieße mich besser selbst, ehe ich bei Schnee und Eis auf dem Land festhänge. Das Wetter lässt nicht einmal eine Jagd zu und bessert sich womöglich wochenlang nicht, damit meine Großmutter reichlich Gelegenheit erhält, mich mit einer passenden Kandidatin für eine Heirat zu beglücken. Postelau wird mich unter diesen Umständen nicht sehen.« Emilius schüttelte sich. »Wir machen es wie besprochen, oder ich finde andere Wege. Eine Investition in Schiffe soll lukrativ sein, habe ich gehört. Das eingesetzte Kapital lässt sich bereits auf der ersten Fahrt verdoppeln.«

Gutmütig ließ sich Laurenz auf den Themenwechsel ein. »Manchmal kommt es dazu, aber manchmal verliert man alles. Schiffe haben es an sich, in Unwetter zu geraten, auf Riffe aufzulaufen, die Begehrlichkeit von Piraten zu wecken. Jede Reise birgt Chancen und Risiken.«

»Ich nehme die Chancen und überlasse den anderen die Risiken«, erwiderte Emilius prompt.

»Nicht selten dauert die Reise eines Schiffes drei oder mehr Jahre. Die Investoren erhalten erst Geld, wenn es wieder wohlbehalten in den Heimathafen zurückgekehrt ist.«

»Potz Blitz, was du nicht sagst. Ich frage mich, woher du das weißt?«

»Gehört.« Laurenz ließ seinem Freund einen langen Blick zukommen.

Da Emilius auch nicht länger darauf beharrte, über Geldangelegenheiten zu sprechen, verbrachten sie zu dritt einen vergnügten Abend bei einem Scharade genannten harmlosen Spiel, das mit wenig Geldeinsatz und viel Gelächter einherging.

KAPITEL IV
· 1731 ·

$\mathcal{D}$ie beiden dreiarmigen Kerzenleuchter erhellten gerade einmal den Tisch und die daran sitzende Conrada. Sie trug über ihrem Nachthemd einen wollenen Morgenmantel, ein Tuch um die Schultern und fingerlose Handschuhe gegen die Kälte in ihrem Schlafzimmer. Auf dem Tisch lagen ein Stapel unbeschrifteter Foliobögen, etliche Briefe jüngeren und älteren Datums, eine Feder und ein wohlgefülltes Tintenfass. Eine zweite Feder hielt Conrada in der Hand und strich sich mit der weichen Spitze über die Wange. Sie las einen der Briefe.

»Ich weiß nicht«, sagte sie schließlich halblaut und mehr zu sich selbst.

»Was?«, kam es verschlafen aus einem Sessel. Dort kauerte Serafina in eine Decke gewickelt.

»Du hast geschlafen«, erwiderte Conrada, ohne auf ihre Frage einzugehen. »Während ich mich abmühe.«

»Ich kann dir nicht helfen. Deine Worte. Außerdem habe ich nicht geschlafen.«

»Ich habe es genau gesehen.«

»Dazu ist es viel zu dunkel«, entrüstete sich Serafina. »Was meinst du nun?«

»Ich bin mir nicht sicher, ob es gut ist, Lady Evelyn in diese Sache hineinzuziehen. Das tut man seiner Patentante nicht an.«

»Sie wird nichts davon merken.«

»Trotzdem war sie immer gut zu mir. Wenn Papa nun doch einen Verdacht schöpft, wenn ich auf einmal zu ihr reisen will …?«

Lady Evelyn war die beste Freundin ihrer verstorbenen Mutter gewesen. Verheiratet mit einem englischen Baronet, selbst Mutter einer sechsköpfigen Nachwuchsschar, deren Jüngster noch im Kinderkleidchen steckte, lebte sie auf einem Gut im südenglischen Somerset. Conrada hatte zweimal in ihrem Leben den Sommer dort verbracht, und Lady Evelyns älteste Tochter war einmal in Sachsen zu Besuch gewesen. Zwischen Patentante und Patenkind wurden regelmäßig Briefe gewechselt, und jedes Jahr zu Conradas Namens- und Geburtstag trafen Pakete ein.

»Das wird er nicht. Die Reise nach Calais und mit dem Schiff über den Kanal ist ihm ein Graus, ganz davon zu schweigen, dass er dann in England wäre, wo die Leute komische Sitten pflegen und noch merkwürdiger reden.«

Dem widersprach Conrada nicht, ihre Gedanken wanderten in eine andere Richtung. »Ich fürchte, keine Katastrophe kann groß genug sein, damit Papa uns beide nach Calais und über den Kanal reisen lässt. Tante Evelyn hat selbst eine große Familie, die ihr beistehen kann. Meiner Hilfe wird sie kaum bedürfen.«

»Du hast recht. Zugleich ist es schade, deine Patentante wäre schön weit weg gewesen.« Es war zu hören, wie Serafina sich auf die Lippen biss. »Dein Patenonkel kommt auch nicht infrage. Er lebt ja leider nicht mehr. Es war sowieso seine beste Tat, dir sein Landhaus zu überlassen, alles andere muss dieser Grantler mit den himmlischen Mächten ausmachen. Die Schwester deines Vaters?«

»Tante Ottilie?« Conrada hörte auf, sich mit dem weichen Ende der Feder über die Wange zu streichen. »Sie wohnt in Döbeln. Das ist quasi um die Ecke.«

»Immerhin ist die Elbe dazwischen, die nächste Brücke erst in Dresden. Und kaum etwas bringt ihn leichter aus der Ruhe als ihre muntere Art.«

Das war sehr diplomatisch ausgedrückt für Tante Ottilies kaum je versiegenden Redefluss. Sie war darin das genaue Gegenteil ihres Bruders. Über Conradas Gesicht huschte ein Lächeln. Die Tante war eine gute Wahl.

»Es wird uns nicht schwerfallen, ein Unglück zu erfinden, das ihre Nerven zerrüttet, weshalb sie deiner und meiner Hilfe bedarf.«

»Du und deine Ideen.« Conrada zog einen der unbeschriebenen Foliobögen zu sich heran und tauchte die Feder ins Tintenfass.

»Das habe ich aus ›Die drei Leben des Grifan Bonabur‹. Solltest du auch einmal lesen«, sagte Serafina mit einigem Stolz in der Stimme.

»Die Romane überlasse ich dir.« Conradas Hand mit der Feder zögerte über dem Papier.

»Soll Tante Ottilie über eine Schlammlawine jammern, die über ihr Grundstück hereingebrochen ist und ihren Garten verwüstet hat? Das habe ihre Nerven vollkommen erschüttert, und es müsse sofort jemand kommen, um ihr in dieser schweren Zeit beizustehen.« Conrada zog nachdenklich die Stirn kraus.

»Ob nun krank oder mit einem verschlammten Garten, deine Tante Ottilie würde auf jeden Fall über zerrüttete Nerven klagen und verlangen, dass sich jemand ihrer annehme.«

»Papa darf nur nicht auf die Idee verfallen, sie solle herkommen, um sich hier zu erholen. Deshalb wäre eine Krankheit, die sie zur Bettruhe zwingt, vorzuziehen.«

»Nichts in der Welt wird deinem Vater den Gedanken eingeben, seine Schwester solle herkommen und seine Behaglichkeit stören.«

Dem widersprach Conrada nicht. »Ich schreibe über den verschlammten Garten.«

»Nichts wird deinen Vater sicherer davon abhalten, sie einzuladen. Eine halbe Stunde ihres Geschwätzes über Pflanzen, künstliche Hügel und neu anzulegende Wege werden einen seiner Gichtanfälle heraufbeschwören.«

»Das darf nicht passieren. Wir kämen mindestens zwei Wochen nicht fort. Ich mache also nur einen Teil des Gartens zum Opfer des Schlamms.«

»Du wirst es richtig machen, Äffchen.« Der Kosename stammte aus Conradas Kinderzeit, als sie ein mageres Ding mit ungelenken Armen und Beinen gewesen war, und Serafina ließ es sich nicht nehmen, ihn gelegentlich zu benutzen.

Diesmal tauchte Conrada die Feder ins Tintenfass und begann den Brief ihrer Tante. Wortreich schilderte sie das über den Haushalt hereingebrochene Unglück. Mehrfach strich sie Wörter und Buchstaben aus, ganz so als wäre die Schreiberin beim Verfassen sehr aufgeregt gewesen. Die Feder kleckste, Tinte spritzte. Eifrig schrieb Conrada einige weitere Zeilen, in denen Tante Ottilie mit bebender Hand ihre Verzweiflung ausmalte und dass sie diese schwere Zeit ohne die Stütze einer liebenden Verwandten kaum überstehen könne. Die gärtnerische Arbeit von Jahren in einem einzigen Augenblick zerstört.

Es folgten weitere Absätze, in denen die Tante sich darüber ausließ, wie sehr es ihren vor vier Jahren verstorbenen Gatten, den seligen Franz Gotthold Rauball, leidenschaftlicher Gartengestalter, getroffen hätte. Die prachtvollen Rosen und die Tulipan mit ihrer Farbenvielfalt. Alles, alles dahin.

Zum Schluss unterschrieb Conrada mit einem zittrigen »deine hilflose Schwester Ottilie Rauball«.

Sie legte die Feder beiseite und lehnte sich zurück. Betrachtete kritisch das Schreiben. Seit jeher war ihr das Talent eigen, ihre Handschrift zu verstellen und die anderer Leute nachzuahmen. Einen so langen Brief mit fremder Hand hatte sie jedoch noch nie geschrieben. Ihr Blick huschte zwischen einem echten Brief Tante Ottilies und ihrem hin und her. Sie fand keinen Unterschied.

Serafina erhob sich und tappte hinter sie, legte ihr die Hände auf die Schultern. »Du hast dich selbst übertroffen. Dieser Brief wird uns die notwendige Zeit für unseren Plan verschaffen.«

»Das ist nichts, worauf ich stolz sein sollte. Ich will aber zugeben, es ist mir recht gut gelungen«, sagte Conrada mit gespielter Demut.

»Der Herr hat dir diese Gabe verliehen. Warum willst du sie dann nicht für einen guten Zweck einsetzen? Hinterher reinigst du dein Gewissen in der Beichte.«

»Das ist sehr papistisch gedacht.«

»Einer der Vorteile meines katholischen Glaubens. Soll ich deinem Vater den Brief vor oder nach dem Frühstück geben? Wir können nach dem Mittagessen aufbrechen.«

Conrada legte die Hand auf das Papier. »Ich brauche noch einige weitere Schreiben. Was werden sonst Papa und Julia sagen, wenn sie gar nichts mehr hören, wie es mit der Tante und dem Garten weitergeht. Julia darf nicht auf die Idee verfallen, selbst zu schreiben. Dies lässt sich am besten bewerkstelligen, wenn regelmäßig Briefe von mir eintreffen, die über die Fortschritte am Garten und über die Untröstlichkeit der Tante berichten. Jeder Brief wird damit enden, dass ich meinen Aufenthalt um eine Woche oder zwei verlängern muss, weil die Nerven der Tante noch nicht wieder zu alter Stärke zurückgefunden haben. Zuletzt muss erst der Schnee wegtauen, sonst kann es keine Schlammlawine geben. Diese Geduld müssen wir aufbringen.«

»Ich lasse dich in aller Ruhe schreiben.« Serafina gähnte und zog sich wieder auf ihren Sessel zurück. Schlafen zu gehen, davon wollte sie nichts hören. Wenn sie Conrada schon nicht beim Schreiben helfen konnte, wollte sie sie wenigstens in Gedanken unterstützen, erklärte sie und zog die Decke über sich.

Conrada füllte Bogen um Bogen mit Ereignissen, die es nur in ihrer Phantasie gab.

Es war weit nach Mitternacht, als sie endlich das Tintenfass zuschraubte und Sand über den letzten Brief streute. Ihre Augen schmerzten, und die Finger ihrer rechten Hand waren tintenfleckig.

Leicht rüttelte Conrada die schlafende Serafina an der Schulter, schickte sie in ihr eigenes Schlafzimmer.

Am Frühstückstisch gähnte Conrada mehrfach hinter vorgehaltener Hand. Das geröstete Brot auf ihrem Teller hatte sie bisher eher zerkrümelt als davon gegessen. Nachdem sie zu Bett gegangen war, hatte ihr Herz noch lange Zeit viel zu schnell geschlagen und sie nicht in den Schlaf finden lassen.

Das muntere Gesicht ihrer Schwester, eingerahmt von goldenen Locken, ließ sie ihre Müdigkeit doppelt spüren. Julia führte bereits die zweite Scheibe gebuttertes Röstbrot zum Mund, dazu aß sie Rührei und süßsauer eingelegte Pilze. Allein der Geruch nahm Conrada jeglichen Appetit, obwohl sie die Pilze sonst mochte.

»Du siehst müde aus«, stellte Julia mit glockenheller Stimme fest. Sie stand jeden Morgen vor sechs Uhr auf, weil die frühen Werke gottgefällig seien. So lautete eine der Weisheiten, die ihr Verlobter Martin Immaus ihr unablässig schrieb und die sie aufsaugte wie ein Schwamm das Wasser.

»Ich habe nicht gut geschlafen.«

»Schlechte Träume?«

»Ich habe kaum geschlafen. Wie soll ich da träumen?«

Julia dachte nicht daran, sich von dieser Frage aus dem

Konzept bringen zu lassen. »Dann hast du wieder im Bett gelesen. Wahrscheinlich einen Roman, der dich aufgewühlt hat. Martin Immaus sagt, den Frauen …«

»Serafina liest Romane«, unterbrach Conrada ihre Schwester, ehe die noch mehr Weisheiten ihres Verlobten zum Besten geben konnte.

Julia sprach weiter, als hätte sie nichts gesagt: »… den Frauen steht es nicht gut an, die Nasen in andere Bücher als die Bibel oder Predigtbücher zu stecken. Eine Romane lesende Dame muss verwirrten Sinnes werden.«

»Mir scheinen deine Sinne verwirrt, dass du diesen Unsinn glaubst.«

»Martin Immaus spricht als Gelehrter auf der Basis der Wissenschaft. Wie kannst du da von Unsinn reden? Jedes seiner Worte ist wohl überlegt, und wenn er erklärt, welche Rolle einer wahrhaft christlichen Frau zusteht, tun wir alle gut daran, uns danach zu richten.«

»Ich habe selten Dümmeres gehört«, stieß Conrada böse hervor, obwohl sie genau wusste, damit nur eine weitere frömmelnde Tirade ihrer Schwester herauszufordern.

Bevor es dazu kam, legte sie das Messer nieder und stand auf. »Ich habe einiges zu erledigen.«

Anna Constantia von Cosel · 1705

Das Haus war nicht bis auf die Grundmauern abgebrannt, aber darin wohnen konnte ich auch nicht mehr. Vorläufig musste ich mich im Fraumutterhaus auf der anderen Seite der Kreuzgasse einrichten. Die Brandstätte hatte ich dabei immer vor Augen.

Das Fraumutterhaus hatte seinen Namen erhalten, weil dort im letzten Jahrhundert die Witwe eines Kurfürsten wohnte. Hinter verschlossenen Türen im Erdgeschoss lagerten Kunstschätze. In den oberen Stockwerken befanden sich Wohnungen für kleine Beamte, es wohnte jedoch auch Graf Stratmann, der Gesandte des Kaisers, mit seiner Gemahlin dort. Sie lebten mit mir Wand an Wand.

Der König kam zwei Tage nach dem Brand ins Fraumutterhaus. Offiziell, um einige seiner hier eingelagerten Gemälde anzuschauen, aber ich war mir sicher, dass dies nur vorgeschoben war. In Wirklichkeit wollte er mich sehen. Er blieb dann auch nicht lange im Magazin mit den Bildern, sondern trat alsbald in meine Stube ein.

Seit ich ihn vom Fenster aus ins Haus hatte eintreten sehen, war ich darauf vorbereitet, ihm wieder gegenüberzutreten. In aller Hast hatte ich mich in das einfachere der beiden Tageskleider, die mir im Moment zur Verfügung standen, gekleidet, um einen bescheidenen, aber doch gefassten Eindruck auf ihn zu machen.

Die nicht gerade kleine Stube füllte sich mit seinem Eintritt, obwohl das Gefolge im Flur davor warten musste. Sie spähten durch die offene Tür zu uns herein. Aber die Präsenz des Königs füllte den Raum. Er könnte in Sack und Asche gehen und wäre doch als Fürst zu erkennen. Ich versank in einen Knicks, aus dem er mich aufhob.

Einen Finger legte er unter mein Kinn, hob meinen Kopf an, um mir ins Gesicht zu schauen. Meine Lippen und Nasenflügel flatterten.

»Madame, bist du wieder wohl nach dem Schrecken der Brandnacht?«, wollte er wissen.

»Euer Gnaden, dank Eurer Güte befinde ich mich so wohl wie ein Fisch in einem von der Frühlingssonne beschienenen Teich.«

»Keine Klagen wegen der Unterkunft?«

»Wie könnte ich über etwas klagen, was Euer Gnaden mir zugedacht hat? Aber ich mache mir Gedanken um die Männer, die den Brand gelöscht haben. Sie haben der Stadt einen großen Dienst erwiesen und Schlimmes verhindert.« Ich verstummte.

»Sie haben ihre Pflicht getan«, brummte der König, klang dabei jedoch freundlich.

Seine Hand lag immer noch unter meinem Kinn. Das alles ermutigte mich, weiterzusprechen: »Mir kommt es vor, als hätten sie viel mehr getan. Ich möchte mich ihnen gerne erkenntlich zeigen, Euer Gnaden.«

»Du hast ein mildes Herz, Madame. Das steht einer hübschen Frau besonders gut. Wir werden für die Erfüllung deines Wunsches sorgen.«

Ich leckte mir über die Lippen. »Euer Gnaden, das kann ich nicht annehmen. Das Feuer ist in meinen Räumen ausgebrochen. Ich trage die Verantwortung und schulde den Männern eine Anerkennung für ihren Mut.«

»Wir haben gesprochen. So wird es geschehen.« Der König ließ mein Kinn los und war zur Tür hinaus, bevor ich noch etwas sagen konnte. Die Höflinge beeilten sich, ihm zu folgen. Sie fanden aber noch die Zeit, mir abschätzende Blicke zuzuwerfen. Welche Rolle würde ich in Zukunft am Hofe spielen? Mussten sie sich mit mir gutstellen? Hinter ihren bewegungslosen Mienen las ich diese Fragen.

Unter Geraschel, Getrippel und Gewisper entfernten sie sich von meiner Tür.

An den Abenden gab es Gesellschaft bei der Gräfin Reuß, und Hoym war nicht mehr in der Lage, mich von einem Besuch abzuhalten. Jeden Abend sah ich den König, und jeden Abend zeichnete er mich durch seine Nähe aus. Die Hitze in den völlig überfüllten Räumen, die schlechte vom Parfüm geschwängerte Luft verflogen, sobald er das Wort an mich richtete. Es kam mir vor, als existierten nur noch wir beide.

Der König prüfte mich. Besaß ich genügend Charme, Verstand und Witz, um seine Gesellschaft zu bereichern? Ich sprach so schlagfertig und eloquent mit ihm, wie ich es nie zuvor in meinem Leben getan hatte; bewegte mich dabei anmutig. In seiner Gegenwart fühlte ich mich ganz und heil, als wäre ein vorher verloren gegangener Teil zu mir zurückgekehrt.

Am 19. Dezember stand der Geburtstag der Kurfürstin bevor. An diesem Tag sollte eine große Jagd im Saugarten stattfinden. In Dresden wurde seit Tagen davon gesprochen, wie der König sich persönlich um die Vorbereitungen kümmerte. Wenige Tage vorher führte er mich vom Ball der Gräfin Reuß fort in ein kleines, stilles Zimmer mit einem Bett und einem schmalen Sofa. Dort hieß er mich Platz nehmen.

Wir saßen beide auf diesem Sofa, einander zugewandt, und unsere Knie berührten sich beinahe. Meine weiten Röcke verhinderten, dass ich auf mehr als der Kante zu sitzen kam, und ich musste mir große Mühe geben, nicht herunterzurutschen. Vor Anstrengung zitterten mir nach kurzer Zeit die Beine, was zum Glück nicht zu sehen war.

»Du wirst mittun auf der Jagd am Geburtstag der Königin, Madame?«, begann er ein wenig umständlich.

»Gern, Euer Majestät. Ich freue mich schon darauf. Mein Vater hat mich früh das Jagen und den Umgang mit Waffen gelehrt. Ich darf mit Fug und Recht behaupten, darin nicht unerfahren zu sein.«

»Also kein verzärteltes Frauenzimmer, das beim Anblick von Blut in Ohnmacht fällt. Das gefällt mir. Für die Jagd ist alles auf das Vortrefflichste vorbereitet. Die Menschen werden noch lange sprechen. Das Wild nimmt kein Ende, es wird für alle mehr als genug da sein.« Er machte eine kurze Pause, aber als ich etwas sagen wollte, sprach der König weiter: »Dieser Tag gehört der Kurfürstin. Ich werde mich nicht an deiner Gesellschaft erfreuen können, wie ich es die letzten Tage getan habe.«

»Das verstehe ich. Auch wenn es mir leidtut. Die Gesellschaft Euer Majestät ist so anregend und noch viel angenehmer für mich.«

»Du verstehst mich.«

»Vollkommen, Euer Majestät. Ich werde warten, bis Ihr wieder Zeit für mich findet«, sagte ich und überlegte, was der König mir zwischen den Worten sagen wollte. Er schaute mich auf eine Art an, dass ich mich über alle anderen Frauen erhoben fühlte. »Ich werde Euch vermissen an diesem Tag und ungeduldig auf den nächsten warten.«

Ein Schatten huschte über sein Gesicht. »Mit der Kurfürstin ist es …«

Ich wusste, wie es mit seiner Ehefrau war. Ganz Dresden sprach davon, dass sie sich nur als sächsische Kurfürstin und nicht auch als polnische Königin sah. Sie hatte noch nie einen Fuß nach Polen hineingesetzt und würde wohl auch in Zukunft nichts daran ändern.

»Ich verstehe, aber mir macht es das nicht gerade leichter.« Ein Lächeln begleitete meine Worte. »Ihr habt es in der Hand, mir dies zu versüßen.«

»Wie?«, fragte er und klang dabei so eifrig wie ein kleiner Junge.

»Es gäbe da eine Sache«, sagte ich langsam. »Meine Ehe belastet mich …«

»Das verstehe ich.«

»Wenn nur endlich die Scheidung ausgesprochen werden würde, aber die Herren erfinden immer neue Schwierigkeiten, die sie vor mir auftürmen. Es ist nicht leicht, nach außen hin die Contenance zu wahren. Seit wir im Fraumutterhaus untergekommen sind – Dank der Gnade und Güte Euer Majestät haben wir wieder ein Dach über dem Kopf –, sehen wir uns jeden Tag mehr, als mir guttut. Es ist für mich nur gerade eben zu ertragen, weil ich mich an dem Gedanken aufrichten kann, bald wieder Euer Majestät zu begegnen.«

»Du schmeichelst mir.«

»Ich spreche nur, wie mein Herz fühlt.« Dabei legte ich eine Hand auf meine bebende Brust. »Wenn Euer Majestät dafür sorgen wollen, dass die endgültige Trennung endlich vollzogen werden kann und ich daraus als eine unbescholtene Frau hervorgehe …«

Es kostete den König nur einen Federstrich, damit ich nach der Scheidung weiterhin in Kursachsen leben und mich auch wieder verheiraten durfte wie eine ehrbare Frau. Danach zu fragen, war jedoch schwierig.

»Die Herren des Kirchengerichts werden ein weises Urteil finden. Du brauchst nur noch etwas Geduld, Madame.« Er ergriff meine Fingerspitzen und drückte Küsse auf die Handschuhe. Ich ließ es klopfenden Herzens geschehen. Ein König küsste mir die Hände.

Als wir zu den anderen Ballgästen zurückkehrten, fing ich einen Blick der Gräfin Reuß auf, der mir ein geheimes Einverständnis zu enthalten schien. Ich erwiderte ihn keck.

Es blieb nicht das letzte unserer intimen Gespräche auf Gesellschaften der Gräfin Reuß.

Als ich nach einem dieser Gespräche mit dem König aus einem Nebenraum wieder einmal zur Gesellschaft zurückkehrte, schlängelte sich die Gräfin Reuß alsbald an meine Seite. Der König hatte die Gesellschaft verlassen. Sie fächelte sich Luft zu und bat darum, ich solle sie begleiten, um ein wenig frische Luft zu finden.

Auf der Galerie blieben wir vor einem Bild stehen, das den

König als jungen Mann in Lebensgröße zeigte. Die Gräfin stützte sich auf meinen Arm und neigte den Mund meinem Ohr zu.

»Der König ist angetan von Ihr, meine Liebe. Außerordentlich angetan. Er hat mir selbst gesagt, wie ungemein entzückend er Sie findet.« Ihr Mund war nun so nah an meinem Ohr, dass ihre Lippen mich berührten. Diese Nähe und der feuchte Hauch im Ohr waren für mich nicht leicht zu ertragen. Ich musste viel Willenskraft aufbringen, um nicht zurückzuzucken.

Ich schaute hinunter in die große Eingangshalle, die von Kerzen auf einem Lüster und in zahllosen Wandhaltern erleuchtet wurde. Dort drängten sich die Menschen genauso wie in den übrigen Räumen. Wir waren auch auf der Galerie nicht unbemerkt geblieben, etliche schauten zu uns hoch. Ich zog mich einen Schritt vom Geländer zurück. Die Gräfin Reuß folgte mir eifrig.

»Sie sagt gar nichts«, insistierte sie. »Es kann Sie doch nicht kalt lassen, wenn der König schmeichelhaft von Ihr redet.«

»Ich bin erfreut. Das darf Sie mir glauben. Die Aufmerksamkeit kann mir bei Hofe nur zum Vorteil gereichen«, antwortete ich endlich.

»Es kann viel mehr als nur ein Vorteil dabei herausspringen. Sie muss ihre Vorzüge nur geschickt einsetzen.«

»Ich denke, ich weiß gut genug, meine Vorzüge einzusetzen.« Bei diesen Worten verdrehte ich die Augen. Was ich von der Gräfin Reuß nicht benötigte, waren Belehrungen, als wäre ich ein unerfahrenes Ding, das gerade seine erste Saison in Gesellschaft verbrachte.

»Warum tut Sie es dann nicht? Es ist an der Zeit, dem König mehr als Worte zu schenken und in eine delikatere Phase überzugehen. Er wartet auf ein kleines Zeichen der Ermunterung von Ihr.«

»Der König ist verheiratet.«

Die Gräfin Reuß sprach weiter, als hätte ich gar nichts gesagt. »Sein Entzücken an Ihr wird nicht ewig anhalten, wenn Sie ihm nicht mehr als Worte und eine hübsche Larve schenken, meine Liebe. Der Sinn des Königs ist wankelmütig, er kann schon morgen sein Herz an eine andere faszinierende Dame verlieren. Die Teschen langweilt ihn jedenfalls seit längerer Zeit. Er ist froh über jeden Tag, an dem er sie nicht sehen und ihr Geplapper nicht hören muss. Sie muss Ihre Trümpfe klug ausspielen, und diese andere Frau wird bald endgültig der Vergangenheit angehören.«

Maitresse!

Sie schlug mir vor, eine Maitresse zu werden. Eine Frau ohne Ehre, die sich benutzen ließ von einem Mann, die in der Versenkung verschwand, wenn der Mann nicht mehr … Wie die Teschen!

Ich hatte gute Lust, der Gräfin Reuß die Finger ins Gesicht zu krallen. Sie hätte es verdient für ihr empörendes Ansinnen.

Die Gräfin Reuß drehte sich zum Gemälde des Königs um, deutete darauf. »Ist er nicht ein stattlicher Herr? In seiner Nähe scheint immer die Sonne, und wir dürfen uns glücklich schätzen, sie zu genießen. Die einen mehr, die anderen weniger. Liebe Freundin, überlege Sie gut. Es ist für mich eine große Ehre, dieses Bild in meinem Haus hängen zu haben.«

Den Kopf schief haltend tat ich, als betrachtete ich das Bild des jugendlichen Friedrich August.

Der Ball machte mir danach keine Freude mehr, und sobald ich es ohne Aufsehen einrichten konnte, schützte ich Kopfschmerzen vor und kehrte ins Fraumutterhaus zurück. Nachdem ich mir die Nadeln aus dem Haar gezogen hatte, spürte ich tatsächlich Kopfschmerzen. Auf Strümpfen, die Schnürbrust gelöst, ging ich im Zimmer auf und ab. Meine kostbare Ballrobe lag zerknittert auf einem Sessel. Das Mädchen, das sich um sie hatte kümmern wollen, hatte ich aus dem Raum gewiesen.

Maitresse!

Dieses Wort hämmerte wie Kanonenschüsse durch meine Gedanken.

Ehrlos!

Die Maitresse eines Königs bekleidete am Hof eine hohe Position, das wusste ich. Aber es blieb der Makel einer geschlechtlichen Beziehung ohne den Schutz einer Ehe. Nach der Scheidung von Hoym – daran wollte ich auf jeden Fall festhalten – konnte ich diese Ehe nicht einmal mehr als Deckmantel benutzen. Wie es andere Frauen unseres Standes taten.

Im Geiste sah ich meinen Vater vor mir, einen sehr gradlinigen Mann, und ich hörte, was er zu einer Maitresse zu sagen hätte. Aber wenn der König mich als eine solche wünschte? Wie könnte ich mich dem entziehen, ohne seine Gnade zu verlieren? Vor allen Dingen, weil mein Herz schneller schlug, sobald ich nur an ihn dachte?

Ich barg das Gesicht in den Händen.

Der Statthalter Fürstenberg und Graf Vitzthum besuchten mich. Sie waren angenehme, vornehme Herren, und ich freute mich über ihr Kommen. Wollte ihnen einen Platz anbieten und eine Erfrischung.

»Danke nein, gnädige Frau. Deshalb sprechen wir nicht bei Ihr vor«, sagte Fürstenberg.

»Das klingt geheimnisvoll.«

»Wir sind als Emissäre des Königs gekommen.« Vitzthums Lächeln erreichte seine Augen nicht, und das warnte mich.

»Ich freue mich immer, vom König zu hören. Bin ich ihm doch eine ergebene Untertanin.«

»Dann wird es Sie freuen, dies zu hören«, ergriff wieder Fürstenberg das Wort. »Der König lässt Sie fragen, unter welchen Voraussetzungen Sie bereit sei, seine Maitresse zu werden. Wir haben ein Mandat, mit Ihr darüber zu verhandeln.«

In meinem Kopf wirbelten die Gedanken in Spiralen. Ein Teil von mir wollte »ja, ja!« rufen, nicht einmal Bedingungen stellen, sondern damit zufrieden sein, dem König zu Füßen zu liegen.

Ich nahm die Schultern zurück und straffte mich. »Ich bin verheiratet.«

»Über diese Ehe wollen wir nicht sprechen. Es steht Ihr nicht gut an, sie als Schild vor sich herzutragen«, brummelte Vitzthum. »Wir alle wissen, in welchem Zustand sich Ihre Ehe befindet.«

Ich hatte mich ein wenig gefangen und meine Gedanken sortiert. »Die Ehe besteht, und ich unterliege der Gewalt Hoyms. Wie wenig es mir auch gefällt.«

»Darüber muss Sie sich keine Gedanken machen.« Dies sagte wieder Fürstenberg. »Mit Hoym wird ein Einvernehmen möglich sein.«

»Welcher Gestalt?«

»Er hat beim König um ein Darlehen nachgefragt.«

Er hat mich verkauft! Hoym war ein vollkommen gewissenloser Schuft, der vor nichts zurückschreckte. Ich dagegen wusste, was ich meinem guten Namen und meinem Stand schuldig war. Meine Nasenflügel blähten sich, als ich meine Antwort formulierte: »Ich danke überaus höflich für dieses Angebot des Königs, aber ich sehe mich nicht in der Lage, Bedingungen für deren Annahme zu stellen.«

»Ohne Bedingungen?«, fragte Vitzthum verblüfft.

»Meine gegenwärtige Lage erlaubt es mir nicht, diesem Angebot näher zu treten«, sagte ich mit so viel Würde und Ruhe, wie ich aufzubringen vermochte. »Der König möge dies bitte nicht als persönlichen Affront betrachten, aber mein inners-

tes Wesen gestattet mir keine andere Antwort.« Ich verneigte
mich vor den beiden Herren, als stünde der König persönlich
in meiner Stube.

Vitzthum wollte noch etwas sagen, aber Fürstenberg berührte ihn am Ellenbogen und verabschiedete sich.

KAPITEL V

· 1731 ·

*C*onrada! Julia!« Der Ruf Viktor von Tiburtis hallte durch
das Haus.

Die beiden Schwestern kamen gelaufen. Die jüngere aus
dem Damenzimmer am anderen Ende des Flurs, Conrada
aus dem Erdgeschoss, immer zwei Treppenstufen nehmend.
Serafina folgte ihr langsamer.

»Was ist passiert, lieber Herr Papa? Befinden Sie sich nicht
wohl?« Wie immer saß Viktor von Tiburti in seinem Lieb-
lingssessel, und Julia kniete in ihrem kornblumenblauen Ta-
geskleid neben ihm.

Er legte ihr eine Hand auf den Kopf.

»Nichts Schlimmeres, als dass wir deine Tante herbitten
müssen.«

»Tante Ottilie?«

Conrada versuchte, Serafinas Blick einzufangen, aber die
hielt sich im Hintergrund und schaute zu Boden.

Viktor von Tiburti nickte. »Es muss sein. Sie scheint vollständig die Contenance verloren zu haben. Ihr Brief ist nicht
mehr als ein einziges Gekleckse und Geschmiere. Obwohl es
bei ihr noch nie anders war.«

Der besagte Brief lag auf dem Boden. Conrada und Julia
bückten sich beide danach, die Jüngere war schneller. Halb-

laut begann sie vorzulesen. Sie war noch nicht bei der Hälfte angelangt, da ließ sie das Schreiben sinken.

»Oh, die arme Tante. Das hört sich schrecklich an. Sie müssen sie unbedingt herbitten, Papa. Ich werde mich gut um sie kümmern. Wir werden lange Spaziergänge machen, Patiencen legen, die Überreste der slawischen Burg besichtigen. Martin Immaus hat mir hierzu viele kluge Gedanken geschrieben, die ich der Tante gerne mitgeben will. Sie werden Ihre Anwesenheit gar nicht bemerken, lieber Papa. Und Conrada ist auch da. Ich schreibe ihr gleich.«

Conrada versuchte erneut, einen Blick mit Serafina zu wechseln. Das lief nicht wie geplant.

»Was schreibt Tante Ottilie denn noch? Du scheinst mir nicht den ganzen Brief vorgelesen zu haben«, sagte sie schnell.

Sie wollte Julia das Schreiben abnehmen, aber die drehte sich weg und begann, den Rest vorzulesen.

»Da hast du es«, sagte Conrada, nachdem die Schwester geendet hatte. »Tante Ottilie möchte nicht herkommen. Ich werde zu ihr fahren, wie es ihr Wunsch ist.«

Ganz am Ende des Briefes hatte Julia vorgelesen, Conrada möge zu ihr eilen, um ihr in dieser schweren Zeit beizustehen.

»Warum verlangt sie nach dir und nicht nach mir?«, fragte Julia. »Ich war im letzten Sommer bei ihr, und wir hatten großes Vergnügen miteinander.«

Wieder biss sich Conrada auf die Lippe. Sie hatte ihrem Vater den Brief unter vier Augen geben wollen, um das zu verhindern, was nun geschah. Aber Serafina war offenbar zu ungeduldig gewesen.

»Weil Sie bald heiraten werden, Fräulein Julia, und sich um Ihre Aussteuer kümmern müssen. Trotz ihrer schlimmen Lage nimmt die gnädige Tante darauf Rücksicht. Das nenne ich einen wirklich großen Geist.« Zum ersten Mal sprach Serafina.

»Meine Schwester will nicht herkommen?« Viktor von Tiburti bemühte sich, die Erleichterung aus seiner Stimme herauszuhalten, aber ganz gelang es ihm nicht.

»Sie will ihren verwüsteten Garten nicht allein lassen. Deshalb soll ich zu ihr kommen. Ich …«, Conrada betonte dieses Wort, »… werde ihr schreiben.«

»Der Garten. Immer nur der Garten. Seit ihrer Heirat hat sie nichts anderes mehr im Kopf.« Viktor von Tiburti schüttelte sein grauhaariges Haupt. »Ich lasse Conrada auf keinen Fall allein reisen. Was sollen die Leute von uns denken? Eine junge Frau ohne Schutz auf der Landstraße.«

»Ich begleite sie.« Julia sprach wie aus der Pistole geschossen. »Um die Aussteuer kann ich mich auch im Haus der Tante kümmern, ich nehme einfach mein Nähzeug mit.«

»Zwei junge Frauen auf der Landstraße«, murmelte Serafina. »Das Beste wird sein, ich begleite das Fräulein Conrada. Ich kann mich dann auch gleich um die Hauswirtschaft kümmern. Fräulein Julia bleibt hier und sorgt für das Wohl ihres Vaters. So ist allen am besten geholfen.«

Viktor von Tiburti hielt das sofort für eine gute Idee.

»Was hast du dir gedacht?«, fuhr Conrada ihre Vertraute an, als sie später zusammen in der Halle standen. »Du hättest beinahe alles verdorben. Stell dir vor, Julia hätte darauf bestanden, gemeinsam mit mir zu Tante Ottilie zu reisen? Wir wären schön aufgeflogen.«

»Es tut mir leid. Aber ich habe doch auch nicht gedacht, dass dein Vater …«

»Weil du immer zu ungeduldig bist.«

»Mit tut die arme Frau Gräfin leid. Ich muss Tag und Nacht daran denken, wie sie in ihrem Kerker dahinsiecht. Von aller Welt vergessen. Nur nicht von uns. Du hast gesagt, sobald der Schnee weggetaut ist.«

»In Döbeln liegt er vielleicht noch. Im Elbtal taut es immer etwas früher.«

»Das kümmert deinen Vater nicht, und Julia weiß es nicht.«

»Es ist noch einmal gut gegangen.« Sie konnte Serafina nicht böse sein.

Zwei Tage später wartete bei Sonnenaufgang die betagte tiburtische Reisekutsche vor dem Haus. Die beiden davor gespannten Füchse gehörten eher zu den geruhsamen als zu den feurigen Vertretern ihrer Rasse. Sie ließen die Köpfe hängen und dösten die letzten Augenblicke vor dem Beginn der Fahrt.

Aus dem Haus traten Conrada und Serafina, beide in praktische und warme Reisekleidung gehüllt. Serafina trug ein Hütchen mit einer Fasanenfeder keck auf ein Ohr gedrückt. Ihnen folgte Julia, die sich gegen die Kälte ein wollenes Umschlagtuch um die Schultern geschlungen hatte. Sie blinzelte aus verquollenen Augen in den Morgen und gähnte hinter vorgehaltener Hand. Es war lange vor der frühen Stunde, zu der sie für gewöhnlich aufstand, und kaum hell. Zum Abschied umarmte sie ihre ältere Schwester.

»Grüße die Tante von mir, und schreib mir oft. Jetzt ist es ein wahres Glück, dass ich bei Papa bleibe, denn Martin Immaus hat sein Kommen für die nächste Woche angekündigt. Wahrscheinlich möchte er mit Papa einen Termin für die Hochzeit festsetzen.«

»Wie hätte es ausgesehen, wenn dein Verlobter kommt, und du bist nicht da. Ich wünsche dir alles Glück dieser Erde mit Martin Immaus. Wenn es das ist, was du auch willst.«

»Mein Herz schlägt nur für ihn.« Julia sah auf einmal viel weniger verschlafen aus, sondern strahlte mit der aufgehenden Sonne um die Wette.

Conrada drückte ihre Schwester fest an die Brust, ehe sie

sich von ihr löste und die Eingangsstufen zur Kutsche hinunterging.

Dort ließ sich Serafina gerade von einem Stallknecht beim Einsteigen helfen. Conrada folgte und missachtete die helfend ausgestreckte Hand. Kaum war der Tritt hochgeklappt und die Tür geschlossen, schnalzte der Kutscher mit der Zunge. Die Zügel klatschten auf die Rücken der Pferde, ruckelnd setzte sich das Gefährt in Bewegung.

Die Kutsche fuhr unter dem Torbogen durch und verließ den Hof. Sie passierte die Allee, die der Erste von Tiburti vor achtzig Jahren angepflanzt hatte. Anschließend lenkte der Kutscher die Pferde nach links zur Elbe und zur Fähre nach Niederlommatzsch, die sie auf die andere Seite und zur Straße nach Großen Hain bringen würde. Pirna und der Weg nach Stolpen lagen in der anderen Richtung. Serafina wollte an das vordere Kutschenfenster klopfen, um den Mann auf dem Bock den richtigen Weg zu weisen. Conrada fiel ihr in den erhobenen Arm.

»Das ist die falsche Richtung«, verteidigte sich die Polin.

»Der Kutscher ist nicht eingeweiht.«

»Dann bringt er uns wirklich zu deiner Tante?«

Ihre Vertraute sah so verblüfft aus, dass Conrada große Mühe hatte, nicht laut herauszulachen. »Er wird uns nach Weinböhla zur Poststation bringen. Von dort reisen wir mit der Post weiter; das glaubt der Kutscher, und das habe ich auch Papa erzählt.«

»In Wirklichkeit fahren wir mit der Post nach Stolpen. Das hast du wunderbar eingefädelt, ich hätte es nicht besser gekonnt.«

Diese Worte entlockten Conrada ein Lächeln. »Ich habe einige Erkundigungen eingezogen. Mit der Post von Weinböhla nach Stolpen zu reisen, ist möglich, aber nicht zu empfehlen. Wir müssten zurück nach Dresden, über Dohna nach

Pirna und dann weiter nach Stolpen. Wir wären sicher länger als eine Woche unterwegs.«

Tagelang mit unbekannten Reisenden in einer hart gefederten Postkutsche eingepfercht, den schlechten Atem und Schweiß der anderen in der Nase, ihr Gezänk im Ohr, und wenn man sich auf seinem Sitz nur einmal zurechtrückte, erhielt man gleich einen Ellenbogenstoß, weil der Nachbar sich gestört fühlte. Keine angenehme Vorstellung. Serafinas Miene spiegelte diese Überlegungen wider, aber am Ende lächelte sie tapfer.

»Wir werden es überstehen. So elend wie der Gräfin kann es uns gar nicht ergehen.«

»Wir kaufen ein Pferd und einen Wagen und kutschieren selbst. Ich habe Geld bei mir und einige der Anleihen auf meinen Brandenburger Besitz.«

Serafina klappte den Mund auf, aber Conrada ließ sie nicht zu Worte kommen. »Sie enthalten alle notwendigen Vermerke meines Vaters, damit ich sie einlösen kann.«

»Du hast das alles geplant wie ein General einen Feldzug.«

»Ich weiß gern, was auf mich zukommt.«

KAPITEL VI

· 1731 ·

$\mathscr{L}$eise zog Emilius eine Schublade nach der anderen vom Schreibsekretär seiner Großmutter auf. Er wühlte sich durch den Inhalt, stieß dabei mehr als einmal einen leisen Pfiff aus wegen des Unsinns, den sie seit Jahrzehnten hortete.

Es war der vierte Raum, den er nach Schuldverschreibungen und anderen Effekten durchsuchte. Im Inventarverzeichnis des Ritterguts waren sie vermerkt, aber in den Schränken des Verwalters nicht abgelegt. Dessen Kabinett hatte er in der Nacht als Erstes durchsucht. Inzwischen graute der Morgen, und er war seinem Ziel keinen Schritt näher gekommen.

Sich wie ein Dieb auf das Rittergut der eigenen Familie – einer Familie, der er vorstand, nachdem sein Vater vor vier Jahren gestorben war – zu schleichen und im Schein einer einzelnen Kerze herumzuwühlen, war demütigend. Emilius stieß die letzte Lade des Damensekretärs heftig zu. Sie verursachte ein kratzendes Geräusch und verklemmte sich. Er schlug mit der Faust dagegen. Der Schmerz kurierte ihn von seiner sinnlosen Wut.

Nach dem Kabinett des Verwalters hatte er das seines verstorbenen Großvaters durchstöbert. Der hatte als letztes männliches Mitglied der Familie von Kobsdorff dauerhaft auf Postelau gelebt – seitdem waren alle nur zu Gast gewesen. Möglichst selten und nie für lange Zeit. Die Möbel des Großvaters waren alle mit weißen Laken abgedeckt gewesen, und um den Inhalt der Schränke hatte sich augenscheinlich seit dessen Tod vor fünfzehn Jahren niemand mehr gekümmert. Emilius stieß überall auf dicke Staubschichten, die ihn zum Husten reizten. Außer Beweisen für die zahlreichen Gespielinnen des alten Herrn fand er nichts.

In die Waffenkammer mit ihren uralten Steinschlossgewehren und rostigen Degen hatte ihn danach sein Weg geführt. Dort stand ein großer Schrank, in den immer das gestopft worden war, was anderswo keinen Platz fand. Nicht der richtige Ort für wichtige Papiere.

Die Bibliothek barg eine weitere Möglichkeit. Bisher war Emilius davor zurückgescheut. Die Bücherregale reichten vom Boden bis zur Decke. Besonders wertvolle Exemplare standen hinter Glas, und er konnte sich glücklich schätzen, wenn die Schlüssel zu den Schränken nicht längst verloren waren. In die meisten Bände hatte nie jemand einen Blick geworfen, die toten und die lebenden Mitglieder der Familie von Kobsdorff waren eher Sammler als Leser. Die Bibliothek bot Hunderte von Verstecken und würde ihn tagelang beschäftigt halten.

Seufzend richtete Emilius sich aus seiner gebückten Haltung auf, streckte den Rücken durch. In diesem Moment klopfte es an der Tür.

»Herein!«, rief er, biss sich gleich darauf auf die Zunge. Wie dämlich war er eigentlich?

Engelbrecht, die Kammerfrau seiner Großmutter, trat ein. Resigniert betrachtete Emilius die Frau, die ihm bei jedem Zusammentreffen geschrumpfter vorkam.

Sie knickste. »Gnädiger Herr, ich soll Ihnen ausrichten, die gnädige Frau erwartet Sie in einer Stunde im Frühstückssalon.«

»Ich bin nicht da.«

»Die gnädige Frau hat einen leichten Schlaf und Sie die halbe Nacht durchs Haus schleichen gehört.«

»Ich schleiche nicht herum, sondern habe jedes Recht, mich hier aufzuhalten. Sage sie ihr das.« Emilius ärgerte sich, weil er sich so leicht hatte übertölpeln lassen. Er funkelte die Kammerfrau an.

Lange Jahre im Dienst seiner Großmutter hatten diese gestählt. Sie blinzelte nicht einmal, sondern knickste erneut. »Im Frühstückssalon in einer Stunde.«

Diese Stunde verbrachte Emilius damit, sich einigermaßen präsentabel herzurichten. Für seinen heimlichen Besuch auf Postelau hatte er keinen Kammerdiener mitgebracht, aber natürlich steckten ein paar Halstücher, ein zweites Hemd sowie ein Rock und eine Weste in seinem Gepäck. Einzig für die lederne Reithose fehlte ihm ein Ersatz. Das Halstuch zu einem sehr einfachen Knoten gebunden, einmal mit dem Kamm durch das im Nacken zusammengefasste Haar gefahren und die Fingernägel mit einem Lederlappen poliert, dann war die Zeit verstrichen.

Im Frühstückszimmer erwartete ihn Laetitia von Kobsdorff in ihrem Stuhl auf Rädern, den unvermeidlichen Stock in der Rechten.

Emilius blieb außerhalb ihrer Reichweite stehen, grüßte sie mit leichter Stimme, als wünschte er sich nichts anderes als ein Frühstück mit ihr.

Sie tat ihm nicht den Gefallen, auf seinen Ton einzugehen. »Du stinkst nach Pferd. Wenn ich eines nicht leiden kann, ist das der Geruch dieser Tiere am Frühstückstisch.«

»Ich kann mich aus Ihrer Gegenwart entfernen und den Geruch mit mir nehmen«, schlug Emilius vor.

»Papperlapapp. Du hättest eine vollständige Garderobe mitbringen sollen. Ein Herr von Stand reist nie ohne.«

»Mich zwangen die Umstände …«

»Bring mich zum Tisch, damit wir endlich mit dem Frühstück beginnen können. Wir bedienen uns selbst.« Laetitia von Kobsdorffs Stimme klang so gebieterisch, dass ihr niemand widersprach.

Der Diener, der bisher stumm im Hintergrund gewartet hatte, huschte hinaus. Emilius fiel die Aufgabe zu, seine Großmutter zu bedienen. Sie war keine starke Esserin, und was in den Schüsseln und auf den Platten aufgefahren war, schien ihm alles andere als ein üppiges Frühstück zu sein: gebratene Eier, verschiedene Schalen mit eingelegtem Gemüse, Pfannkuchen, Honig, geröstetes Brot, Krebsfleisch mit Knoblauchbutter. Es gab keine Suppen, keinen Braten, der Tee stammte nicht aus China, sondern aus dem heimischen Garten und schmeckte nach Kamille. Emilius tat seiner Großmutter auf, was sie verlangte – eine handtellergroße Portion Pfannkuchen mit einigen Tropfen Honig bestrichen und einen Löffel Krebsfleisch. Für sich wählte Emilius gebratene Eier, kleine

Rübchen und eine Scheibe Röstbrot. Beim Essen merkte er, wie hungrig er war, und hatte den ersten Teller geleert, als seine Großmutter noch kaum einen Bissen zu sich genommen hatte. Sie beschäftigte sich mehr damit, ihn zu beäugen.

Auf einer Platte lagen aufgeschnittene Stücke Nusskuchen. Als Emilius nach einem greifen wollte, hielten die Worte seiner Großmutter ihn zurück. »Die sind trocken, obwohl sie nach einem Rezept ›deiner Cousine‹ gebacken wurden. Ich weiß nicht, was der Koch macht, aber bei ihm schmeckt jedes Backwerk, als wäre es Wochen alt. Ich hätte nichts dagegen, wenn Christiana mich auf ein paar Tage besucht und meinen Koch zu einem Bäcker macht. Hast du von ihr Nachricht?«

Emilius glaubte, nicht richtig gehört zu haben. An Christiana hatte er länger nicht mehr gedacht, und dass seine Großmutter noch ihren Namen kannte … »Sie wird backen. Was anderes macht sie nie«, antwortete er abwesend und ließ den Kuchen unbeachtet, nahm sich lieber die beiden letzten gebratenen Eier.

»Schlingst wie ein Bauer«, kommentierte Laetitia von Kobsdorff.

»Sie haben nie einen Bauern essen sehen. Der hat nicht nur Dreck unter den Fingernägeln, sondern leckt auch den Teller ab.«

Seine Großmutter schüttelte sich. »Warum schleichst du dich mitten in der Nacht wie ein Dieb ins Haus?«

»Sie können mich keinen Dieb nennen, weil ich das Rittergut der Familie betreten habe. Mein Rittergut, wenn wir genau sein wollen. Zudem war es nicht mitten in der Nacht, sondern recht früh am Morgen.« Da Emilius diese Frage erwartet hatte, war er nicht um eine Antwort verlegen.

»Ich weiß genau, wann du gekommen bist. Du hättest nicht dein Pferd in den Stall bringen sollen. Der Stallmeister ist mir ergeben.«

Er zuckte mit den Schultern und trank einen Schluck des furchtbaren, inzwischen kalten Kamillentees.

»Du kommst nicht her, wenn ich dich darum bitte. Warum jetzt?«

»Gebeten habe ich mich nicht gefühlt.«

»Als ob es darauf ankommt. Ich hätte dich an diesem Tag auf Postelau gebraucht. Aber dem Herrn beliebt es ja, seine alte Großmutter zu brüskieren. Ich musste alleine essen, obwohl ich für zwei anrichten ließ. Zwei Tage später erhielt ich Besuch, der mit deiner Anwesenheit rechnete, und ich musste mir Ausflüchte ausdenken, um dich zu entschuldigen.«

»Das wird Ihnen wunderbar gelungen sein. An dem Tag fegte ein Wintersturm durch das Kurfürstentum. Da können Sie von mir nicht erwarten, von Dresden herzureiten. Mein guter Attilas hätte sich den Tod geholt.«

»Was hast du jetzt gesucht?«

Emilius spuckte den Kamillentee in die Tasse zurück und setzte diese so hart ab, dass der Inhalt überschwappte. »Jedenfalls nicht dieses schreckliche Gesöff.«

»Meine Frage beantwortet das nicht.«

»Bisher habe ich nicht gefunden, weswegen ich gekommen bin. Obwohl es sich auf Postelau befinden muss. Es ist im Inventar verzeichnet.«

»Dann muss es sich um Vermögen handeln. Spielschulden angehäuft?«

»Etwas in der Art.«

Sollte seine Großmutter ruhig glauben, er hätte am Spieltisch Federn lassen müssen, obwohl er noch nie über seine Verhältnisse verloren hatte.

»Pharo?« Laetitias Stimme klang überraschend sanft, sie schaute ihn auch nicht mehr so streng an. »Das kann passieren. Ich habe jedoch kaum Bargeld im Haus.«

»Darum bin ich nicht gekommen. Ein paar Taler retten mich nicht.« Emilius verschränkte die langen Finger ineinander und stützte das Kinn darauf ab. Wenn seine Großmutter ihm wegen vermeintlicher Spielschulden aushelfen wollte, wäre das hier wenigstens für etwas gut gewesen.

»Dann …« Laetitia von Kobsdorff sackte in ihrem Stuhl zusammen. Ihr Blick irrlichterte auf dem Tisch umher. Auf einmal sah sie wie die alte Frau aus, die sie war. Sie könnte ihn nicht hindern, zu tun, was er sich vorgenommen hatte.

»Du bist wegen der Schuldverschreibungen gekommen«, sagte sie plötzlich. Sie saß wieder kerzengerade, und ihre Augen funkelten. Die Rechte zuckte zu ihrem Stock.

»Die könnten mir aus der Klemme helfen.«

»Wo auch immer du hineingeraten bist, an Spielschulden glaube ich nicht. Du hast dich nie über deine Verhältnisse rupfen lassen. Das passt nicht zu dir.«

»Sie kannten mich vor zwanzig Jahren, vor fünfzehn Jahren, als ich gezwungen war, unter Ihren Fittichen in dieser Einöde zu vegetieren. Von meinem jetzigen Leben wissen Sie so viel.« Emilius zeigte eine sehr kleine Lücke zwischen Daumen und Zeigefinger an.

»Ich weiß, was du in der Residenz treibst. Dass deine Zeit langsam abläuft und du bisher alle Angebote ausgeschlagen hast. Die unpassenden und die passenden. Weil du nicht gelernt hast, wann du dich fügen musst. Die Schuldverschreibungen sind nicht mehr da.«

Ihr letzter Satz erregte seine volle Aufmerksamkeit. Äußerlich ließ er sich nichts anmerken, betrachtete sie weiter aus trägen Augen.

»Die Schuldverschreibungen sind seit Jahrzehnten nicht mehr da«, fuhr die alte Frau fort. »Mein seliger Gatte hat sie bereits zu Geld gemacht. Was er dann durchgebracht hat. Du weißt, wie er war.«

»Das Inventarverzeichnis lügt also?«

»Dieses Verzeichnis.« Laetitia von Kobsdorff lachte auf, und ihre faltigen Wangen zitterten. »Hast du jemals eines gesehen, das der Wirklichkeit entsprach? Ich nie. Das liegt daran, dass niemand Lust auf diese Dinger hat.«

»Wenn Sie es sagen.«

»Du findest hier nichts, was einen Wert hat.«

Dem ließe sich leicht widersprechen. Überall im Haus hingen kostbare Bilder, lagen wertvolle Teppiche auf den Böden, auf denen erlesene Möbel standen. Aber nichts davon konnte Emilius wegtragen, um es zu Geld zu machen. Er schwieg deshalb.

»Ich schlage dir ein Geschäft vor. Das sagt man doch so?«

»Wenn Sie wie ein ordinärer Händler klingen wollen.«

Laetita von Kobsdorff schnippte mit den Fingern. »Ich kümmere mich um deine Schulden, dafür begibst du dich in meine Hände. Ich habe jemand Passenden gefunden. Die junge Dame stammt nicht nur aus einer guten Familie, sondern ist obendrein eine Erbin. Alles wird sich leicht arrangieren lassen. Sie ist ein vernünftiges Mädchen und wird keine übertriebenen Anforderungen stellen.«

»Das ist einfach die Höhe! Sie erpressen mich!«

»Ich nenne es ein Arrangement zum beiderseitigen Vorteil.« Eine Spinne in der Mitte ihres Netzes könnte nicht zufriedener wirken als seine Großmutter.

Emilius sprang auf. »Nicht mit mir!«

Für eine Erwiderung ließ er ihr keine Zeit, sondern stürzte aus dem Frühstückszimmer. Sein Halstuch kam ihm zu eng vor. Er fuhr mit einem Finger darunter, zerrte ungeduldig daran. Mit langen Schritten eilte er durch die Halle und die Treppe hinauf in seinen Schlafraum. Dort raffte er Hut und seinen Reitmantel.

Durch einen Seiteneingang verließ er das Herrenhaus, zog

sich auf dem Weg zum Stall den Mantel an und drückte sich den Hut aufs Haupt.

Im Stall stand sein treuer Attilas und rupfte Heu aus einer Raufe. Emilius schlug ihm sacht auf die Kruppe.

»Alterchen, aufhören mit Fressen, wir brechen auf.« Er wartete nicht auf das Erscheinen eines Stallknechts, sondern sattelte Attilas selbst. Der resignierte Blick aus großen Pferdeaugen tat seiner Seele weh.

»Es tut mir leid.« Emilius strich dem Hengst über die Nase. »Ich hätte dir mehr Ruhe gönnen sollen, das weiß ich. Nur muss ich Postelau sofort verlassen, wenn ich nicht in das lebenslange Fegefeuer meiner Großmutter geraten will. Ich könnte dich hierlassen und ein anderes Pferd nehmen, nur ahne ich, dass du Treuer nicht zurückbleiben und mich auf dem Rücken eines anderen Pferdes sehen willst.«

Attilas sah verständnisvoll aus, als er Emilius aus dem Stall folgte. Er trabte willig vom Hof. Kaum lag Postelau hinter ihnen, parierte Emilius seinen Gefährten zum Schritt durch und ließ ihn am langen Zügel das Tempo wählen. Er wollte nicht nur die Kräfte des Hengstes schonen, sondern auch nachdenken.

Die Schuldverschreibungen! Die Effekten!

Einige Hoffnung hatte er in diese Papiere gesetzt. Sie hatten der letzte Akt sein sollen, bevor er dem Kurfürstentum Sachsen für immer den Rücken kehrte. Sie hätten sich leicht zu Geld machen lassen, wären sie vorhanden gewesen.

Obwohl er es als würdelos erachtete, hatte Emilius ausgerechnet, welche Summen er für das von ihm angestrebte Leben benötigte. Er hatte es sogar mehrmals durchdacht, und das Ergebnis war immer dasselbe gewesen. Sein eigenes Vermögen reichte nicht aus, nicht einmal wenn er seinen letzten Hemdknopf veräußerte.

Die Beträge, die Laurenz Schumann für ihn angelegt hatte,

hatten sich hübsch entwickelt. Sein Freund war jedoch ein vorsichtiger Mann und wählte Strategien der langsamen, aber sicheren Vermögensmehrung. Deshalb war Emilius auf die Schuldverschreibungen und Effekten verfallen. Ihr Erlös hätte seine Sorgen mit einem Schlag aus der Welt geschafft.

Welche Wege standen ihm nun offen? Der Plan seiner Großmutter. Niemals! Er konnte es mit dem vorhandenen Vermögen versuchen. Keine angenehme Vorstellung. Oder einfach eine junge Frau … Er schaffte es nicht, diesen Gedanken zu Ende zu denken. Blieb als letzte Lösung nur, für den Rest seines Lebens mit etwas anderem als dem teuren Italien vorliebzunehmen. Nicht Venedig, sondern Dänemark oder das Königreich Böhmen. Herr im Himmel, das Leben kann grausam sein.

Anna Constantia von Cosel · 1705

Der König küsste meinen Nacken, die entblößte Schulter, fuhr mit den Lippen meinen Arm entlang und bedachte zuletzt meine Fingerspitzen mit Aufmerksamkeiten.

»Madame, ich danke für die Freuden, die du mir bereitet hast«, murmelte er dabei und erhob sich. Friedrich August stopfte sich das Hemd in die Hose und knöpfte den Latz zu. Er zog sich die Weste über, den Rock nahm er über den Arm.

»Mich rufen andere Pflichten. Bis bald, schöne Constantia.«

Bei den letzten Worten zwinkerte er mir zu und verließ den Raum durch einen geheimen Gang, der direkt in sein eigenes Quartier führte.

Ich blieb auf dem zerwühlten Bett sitzen und schob den Hemdträger über meiner Schulter zurecht. Der König wurde vollkommen zu Recht Mars genannt. Ich spürte seine Lippen noch auf meinen, seinen Leib an meinen gepresst, und wie er mich mit starken Armen gehalten hatte.

Obwohl ich vor wenigen Wochen die Bitte, seine Maitresse zu werden, abgelehnt hatte, ließ er die Sonne seiner Gnade weiter über mir leuchten.

Im Mai 1705 reiste der König nach Leipzig, verbrachte dort seinen Geburtstag. Der Hof folgte ihm – ich auch. So kam es zur Nachbarschaft des Königs mit der Gräfin Reuß und der Verbindungstür zwischen beiden Häusern.

Das Leben gestaltete sich in Leipzig enger und einfacher. Es gab nicht die Fülle an Regeln und Rücksichten, die in Dresden einzuhalten waren. Da der gesamte Hofstaat in gemieteten Wohnungen lebte, hatten wir alle enger zusammenrücken müssen. Es blieb noch weniger geheim als in Dresden. Aber hier wie dort drehte sich der Hof auf Festen und Bällen, lauschte musikalischen Darbietungen, trank Kaffee und Schokolade in den neu aufgekommenen Kaffeehäusern.

Ich hatte den König jeden Tag gesehen, seit ich nach Leipzig gekommen war. Immer hatte er mich an seine Seite befohlen, mit mir geplaudert, mich mit Schmeicheleien umgarnt, und als er dann auf einem Ball der Gräfin Reuß meine Hand ergriff und mich in eine abgelegene Stube mit einem großen Bett führte, folgte ich ihm wie im Rausch.

Auf eben diesem Bett saß ich nun und fühlte eine Mischung aus unbeschreiblichem Glück und Scham. Aus den Worten des Königs waren in dem kleinen Zimmer schnell Küsse geworden, und ich konnte nicht mehr denken, sondern nur fühlen. Selbst jetzt hatte ich noch ein Gefühl von seinen Lippen auf meinen. Hungrig hatten wir nicht genug voneinander bekommen können.

Maitresse? War ich jetzt seine Maitresse?

Ich grub die Zähne in die Unterlippe. Nein, das war ich nicht! Nicht nach diesem einen Mal. Die Leidenschaft hatte mich übermannt und mich alle Grundsätze vergessen lassen. Doch deshalb hatte ich nicht meine Ehre verloren. Was einmal geschehen war, musste sich nicht wiederholen.

Es würde sich nicht wiederholen. Ich schwang die Beine aus dem Bett und machte mich daran, meine derangierte Kleidung herzurichten. Zwischen den beiden Fenstern hing ein hoher Spiegel in einem hölzernen, geschnitzten Rahmen an der Wand. Mich beschlich das Gefühl, dass die Gräfin Reuß diesen Raum einzig für einen delikaten Zweck hergerichtet hatte.

Ein roter Fleck am Hals war der unübersehbare Beweis meines Tuns. Zärtlich strich ich über die Stelle und zupfte danach das Kleid so lange zurecht, bis der Fleck verdeckt war. Die Locken zu richten, war nicht so einfach möglich. Obwohl ich mir die größte Mühe gab, blieb meine Frisur ein wenig aus der Form geraten. Das war nicht zu ändern. Ich würde unauffällig den Ball verlassen und in meine eigene Wohnung zurückkehren.

Zuletzt schlüpfte ich in die Schuhe und öffnete die Tür einen Spaltbreit. Der Flur schien leer zu sein.

Mein Irrtum wurde mir sofort bewusst, als ich der Gräfin Reuß ins Gesicht blickte. Sie nippte an einem Weinglas und schaute mich über den Rand hinweg an. Neben ihr standen andere Ballgäste, das Fest schien sich von den Sälen in diesen Flur verlagert zu haben. Ich erkannte den kaiserlichen Gesandten Graf Stratmann, Vitzthum befand sich ebenfalls unter den Gästen und etliche andere bekannte Gesichter.

»Glückwunsch, meine liebe Freundin«, flötete die Gräfin Reuß und hielt mir das Weinglas entgegen.

Ohne nachzudenken, ergriff ich es und stürzte den Inhalt in einem Zug hinunter.

»Ich fühlte mich unpässlich und habe mich etwas ausgeruht. Wahrscheinlich die Hitze und Enge und zu wenig Schlaf«, sagte ich danach.

»Natürlich, meine Liebe. Wir fühlen uns alle hin und wieder nicht wohl und sind froh über einen ruhigen Raum, in den wir uns mit angenehmer Begleitung zurückziehen können. Aber nur selten ist die Begleitung der König. Schätzen Sie sich glücklich. Viele von uns wären gern an Ihrer Stelle.«

Ich wusste nicht, was ich sagen sollte, und blieb stumm. Nur das Glas ließ ich zu Boden fallen.

»Unserem König widersteht niemand. Er ist ein wahrer Herkules.« Sie neigte sich zu mir und sagte leiser: »Sie werden seine Maitresse sein. Wenn er es so will.«

Niemals!

Die anderen Damen und Herren im Flur begannen zu klatschen, als ich zwischen ihnen hindurcheilte. Ich hielt mich noch gerader als gewöhnlich. Sie würden es alle noch sehen, dass ich niemals die Maitresse eines Mannes würde. Mochte er auch ein König sein. Ich war eine Brockdorff, und mein Vater hatte mir beigebracht, dass Ehre kein hohles Wort war. Die meine würde ich nicht auf diese Weise verlieren.

Von Leipzig reiste der König nach Karlsbad zur Kur. Der Hof folgte ihm.

In Karlsbad lebten wir noch enger zusammen als in Leipzig. Alle mussten sich mit Bürgerhäusern begnügen. Ich bezog eine Stube und eine Kammer, aus der die Vermieter derselben ihre Sachen noch forträumten, während die Diener meine bereits hineintrugen.

Der König machte erst eine der in Mode gekommenen Trinkkuren, danach eine Badekur. Dabei legte er jeden Tag eine Urkraft an den Tag, wie ich es noch bei keinem Mann gesehen hatte.

»Willst du mitkommen, Madame, auf einen nächtlichen Ritt? Du erhältst ein Pferd aus meinen Ställen.« Er formulierte es als Frage, aber es war als Forderung gemeint.

Dem konnte ich mich nicht entziehen, und ich wollte es auch nicht. Es ging auf Mitternacht zu, als wir Karlsbad verließen. Ich ritt eine Fuchsstute, die auf den leisesten Schenkeldruck reagierte und deren Mähne weicher war als Frauenhaar; der König saß auf einem Schimmelhengst arabischer Abstammung. Wir galoppierten auf kaum erkennbaren Pfaden und mussten uns unter manchem tief hängendem Ast ducken. Friedrich August vorneweg, ich hinterher. Unsere Begleiter blieben bald hinter uns zurück. Uns umgab nurmehr die seidige Nachtluft und das Rascheln kleiner Tiere, die ihren eigenen Geschäften nachgingen.

»Euer Majestät«, rief ich, als wir die Pferde zum Schritt durchpariert hatten, um sie verschnaufen zu lassen. »Ich höre die anderen nicht mehr. Sollen wir nicht auf sie warten?«

Friedrich August drehte sich im Sattel halb um und drängte sein Pferd zur Seite, damit ich zu ihm aufschließen konnte. »Was soll es unser Schaden sein, wenn die nicht reiten können? Wir lassen uns nicht aufhalten.« Er langte herüber und legte einen Arm um meine Mitte. »Hast du Angst, schöne Frau?«

»Nicht mit Euch an meiner Seite, Majestät«, flüsterte ich.

Diesmal wurde ein Moospolster zu meinem Schicksal, und zwei Pferde schauten zu. Der König fand danach immer wieder Gelegenheiten zur Zweisamkeit. Ich besaß nicht die Stärke, ihm zu widerstehen.

»Warum willst du nicht meine Maitresse werden, schöne Frau?«, fragte er mich, als wir bei einer Weinprobe beieinandersaßen und Ungarwein aus winzigen Gläsern kosteten. »Du könntest immer und überall an meiner Seite sein. Wir müssten uns nicht verstecken. Werde die Meine, und dir soll es an nichts mangeln. Nicht an meiner Liebe und nicht an Schmuck oder kostbaren Kleidern, um deine Schönheit zu unterstreichen.«

»Ich kann nicht«, brachte ich stockend heraus.

»Warum nicht? Bin ich dir nicht genehm? Oder warum erhörst du mein Flehen nicht?«

»Es liegt nicht an Euch, Majestät. Mein Herz schlägt nur für Euch. Aber ich kann nicht Eure Maitresse werden.« Die Worte plumpsten wie Kiesel aus meinem Mund, schmeckten auch genauso bitter, dann lief mir eine Träne über die Wange.

Friedrich August tupfte sie mit dem Zeigefinger fort, leckte ihn anschließend ab. »Warum nicht, Constantia? Weil du verheiratet bist? Dein Mann wird keine Schwierigkeiten machen.«

»Es geht einfach nicht.« Mehr Tränen liefen über meine Wangen. »Ich kann niemandes Maitresse werden. Auch nicht Eure, Majestät, obwohl mein Herz sich nach Euch verzehrt.«

»Was … was kannst du dann für mich sein?« Auch die Stimme des Königs stockte.

»Nur eine Frau.« Die drei Worte waren mir unendlich schwergefallen.

»Ich bin verheiratet. So gerne ich es auch nicht wäre, um dich an meine Seite zu holen.« Um Friedrich Augusts Mund bildete sich ein bitterer Zug. Bei Hofe war es kein Geheimnis, dass seine Ehe mit Christiane Eberhardine nur aus dynastischen Gründen geschlossen worden war. Nach dem ersten Jahr und der Geburt des Sohnes lebten beide getrennt, sahen sich nur wenige Male im Jahr. Christiane Eberhardine wohnte die meiste Zeit auf Schloss Torgau, sie hatte sich geweigert, katholisch zu werden, und polnischen Boden noch nie betreten.

»Ich meine eine Gemahlin zur linken Hand.«

Seine Miene blieb undurchdringlich.

»Majestät, das ist die einzige Möglichkeit, wie ich die Eure werden kann.«

»Ich gebe es dir schriftlich. Alles, was du willst, aber es muss geheim bleiben. Welches sind deine Bedingungen?«

Mir liefen immer noch Tränen über die Wangen. Friedrich August nahm diesmal ein Taschentuch und tupfte sie fort. Meine Lippen zitterten, und ich war nicht in der Lage, einen klaren Gedanken zu fassen, geschweige denn auszusprechen.

»Du musst nicht gleich entscheiden, Constantia. Denke in Ruhe darüber nach. Höre auf dein Herz und erfreue meines mit deiner Gegenwart.« Er drückte meine Hand.

»Das will ich tun, Majestät.« Meine Worte waren kaum hörbar, aber der König verstand mich dennoch.

Während der Hof in Karlsbad weilte, traf aus Dresden die Nachricht vom Tode des früheren Oberhofmarschalls von Haugwitz ein. Friedrich August sprang sofort vom Tisch auf, an dem er das Nachtmahl einnahm, und stürmte aus dem Raum. Mit ihm speisten mehr als zwanzig andere Personen, darunter ich.

Wir unterbrachen das Mahl. Solange der König nicht anwesend war, aßen wir nicht weiter. Die Speisen auf dem Tisch und unseren Tellern wurden kalt. Hatten wir zunächst schweigend dagesessen, machte sich Räuspern und Hüsteln breit, je länger die Abwesenheit des Königs dauerte.

Was war geschehen? Standen wir in einem Krieg? Hatte sich ein Unglück ereignet? Die Unruhe am Tisch wurde greifbar, auch ich saß mit einem Kloß im Hals da.

»Madame, Sie muss etwas wissen. Niemand ist dem König so nah wie Sie«, flüsterte die Gräfin Reuß quer über den Tisch und laut genug, damit jeder es hörte.

Ich hätte gerne meine Hände um ihren Hals gelegt, weil sie

laut aussprach, was ich geheim halten wollte. Nun war es offiziell.

Friedrich August kam zurück und brachte Erleichterung mit. Seiner strahlenden Miene war anzusehen, dass ihn kein Unglück ereilt hatte. Er setzte sich wieder auf den Platz zu meiner Linken und neigte sich zu mir. Lakaien eilten mit neuen Speisen herbei, andere schenkten die Gläser wieder voll.

»Wir werden dir eine Überraschung bereiten, Constantia«, flüsterte er mir zu.

»Was ist es? Bitte sagt es mir, mein König. Ich liebe Überraschungen«, gab ich genauso leise zurück.

Obwohl ich sah, wie er schier platzte an seinem Geheimnis, brachte ich ihn nicht dazu, es mir zu verraten.

»Wir wollen nicht mehr darüber reden, Constantia«, sagte er, und das stolze Lächeln behielt er die ganze Zeit bei.

»Eure Majestät spannt mich auf die Folter. Das ist grausam, mon Amour. Wie lange sollen wir nicht darüber reden?« Es war das erste Mal, dass ich Friedrich August so nannte, aber es entsprach so sehr dem Empfinden meines Herzens, dass es ohne Zutun über meine Lippen kam.

»Bis wir anders entscheiden.«

»Meine Lippen sind versiegelt, aber das aufgeregte Schlagen meines Herzens kann ich nicht unterbinden.«

Während unseres Aufenthaltes sprach Friedrich August nicht mehr über die Überraschung, auch nach der Rückkehr nach Dresden nicht. Der König ließ auch nichts mehr davon verlauten, mich zu seiner Gemahlin zur linken Hand zu machen, und ich musste wieder mit dem beengten Quartier im Fraumutterhaus vorliebnehmen.

Es wäre an der Zeit, mich nach einer angemessenen Wohnung umzusehen, aber ich fühlte mich nicht mehr ganz meinem alten Leben zugehörig und in einem neuen noch nicht angekommen. Ich konnte mich nicht aufraffen, Vorkehrungen für die Zukunft zu treffen.

Der König lud mich zu einem Abendessen für die ungewöhnliche Zeit um fünf Uhr am Nachmittag. Nur ein einfaches Essen für uns beide, stand auf der Einladung. Ich machte mich mit aller Sorgfalt zurecht. Ein einfaches Essen mit Friedrich August bedeutete meist wenigstens fünf Gänge mit rund einem Dutzend erlesener Gerichte pro Gang und ebenso vielen Weinen.

Gleichzeitig nahm ich mir vor, mich an diesem Abend nicht von meinen Gefühlen übermannen zu lassen. Je öfter es passierte, desto mehr wurde ich zu jemandem, der ich nie sein wollte: eine Maitresse. Ich musste einen klaren Kopf bewahren, selbst wenn mein Herz verrückt spielte. Der Herr im Himmel wusste, wie schwer mir das fiel.

Zur festgesetzten Zeit begab ich mich in das Schloss und versank vor Friedrich August in einen tiefen Hofknicks. Der König ergriff meine Hand. Statt mich in ein Esszimmer zu führen, verließen wir das Schloss. Er führte mich auf den Taschenberg gleich daneben. Vor einem Haus blieben wir stehen.

Türen und Fenster des dreistöckigen Gebäudes waren verschlossen, im Erdgeschoss die Läden vorgelegt. Das Haus wirkte unbewohnt. Ich sagte nichts, aber meine Brust hob und senkte sich heftig. Sollte das das Haus sein … ein kleines Palais … in dem ich …

Friedrich August zog einen Schlüssel aus der Rocktasche und hielt ihn mir hin. Dabei lachte er über das ganze Gesicht. »Für dich.«

Schließlich drückte er mir den Schlüssel in die Hand, als ich keine Anstalten machte, ihn entgegenzunehmen.

»Schließ auf, Madame.«

Wie betäubt gehorchte ich. Nebeneinander betraten wir eine Eingangshalle, die über alle drei Stockwerke reichte.

»Dieses Haus gehörte dem früheren Oberhofmarschall Haugwitz. Er ist gestorben, du weißt das. Ich habe das Haus gekauft, damit du darin wohnen sollst. Es muss noch umgebaut werden, aber das wird sich alles finden. Ich werde benachbarte Grundstücke und Häuser erwerben und alles so umbauen, wie es dir angemessen ist. Hier lasse ich einen Flügel anbauen und hier.« Friedrich August zeigte in verschiedene Richtungen.

Nachdem er einmal in Fahrt war, war er nicht mehr zu bremsen, sondern malte mir einen Palast aus, der in Pracht dem Dresdner Schloss in nichts nachstand. Unter seinen Worten entstanden Zimmer für Zimmer, Säle und Kammern, Küchen und Salons, sogar Abtritte. Friedrich August hatte alles genau geplant.

»Was sagst du?«, fragte er zum Schluss, als ich vollständig überwältigt war und kein Wort mehr herausbrachte. Ein berauschendes Gefühl von Dankbarkeit beherrschte mich. Kaum eine Frau vor mir war reicher beschenkt worden.

»Wirst du mich jetzt erhören?« Er schaute mich gefühlvoll an.

»Als Gemahlin zur Linken?«

»Als Gemahlin zur Linken!«

Das ehemalige Haugwitzsche Palais war noch zu einem Großteil eingerichtet, und wir fanden ohne langes Suchen ein Bett, um unserer Leidenschaft freien Lauf zu lassen.

»Darf ich noch um etwas bitten, Euer Majestät?«, fragte ich hinterher schmeichelnd.

»Wenn du aufhörst, mich Euer Majestät zu nennen.«

»Das seid Ihr, und ich fühle große Verehrung für Euch, dass ich nicht anders kann …« Alles, was ich noch sagen wollte, erstickte Friedrich August in einem langen Kuss.

»Was sind das für Bitten, die du vorbringen willst, Madame Constantia?«, fragte er danach.

»Über meine Lage als Eure Gemahlin zur Linken.«

»Ich höre.«

Ich vermochte nicht zu entscheiden, ob der König voller Erwartung war oder meine Wünsche seinen Widerwillen erregten. Nun war die Sache einmal angesprochen, und ich konnte nicht mehr zurück, ohne mein Gesicht zu verlieren. Auch die Achtung vor mir selbst wollte ich nicht verlieren, und zu der gehörte es, mich nicht willenlos in die Hände eines Mannes zu begeben, sondern für meine Zukunft zu sorgen.

»Trennt Euch von der Teschen. Ich ertrage es nicht, wenn Ihr diese Frau neben mir liebt.«

»Geschenkt!«, erwiderte Friedrich August. »Ich erinnere mich schon nicht mehr an sie.«

Ich schaute zu ihm auf. »Als Eure Frau zur linken Hand soll ich sicher ein angemessenes Auskommen haben und Euch kein Ungemach unter den Höflingen bereiten.«

»Als ob du mir je Schande machen könntest, schöne Frau. An welchen Betrag denkst du?«

Vorher hatte ich mir alles genau ausgerechnet – für alle Fälle und weil ich vorbereitet sein wollte. Nun kamen mir Zweifel. Ich wollte angemessen leben, aber nicht gierig erscheinen.

Friedrich August bemerkte mein Zögern. »Du kannst mich nicht brüskieren, schöne Frau. Egal was du sagen wirst, es sei dir gewährt.«

Ich fasste mir ein Herz. »Einhunderttausend Taler im Jahr zu meinem Unterhalt. Damit werde ich gut auskommen.«

»Abgemacht. Du sollst haben, was du benötigst. Ist da noch etwas?«

Nun sah der König aus, als machte ihm die Sache langsam Spaß. Meine Sicherheit wuchs. »Unsere Kinder – wir werden doch welche haben? –, sie sollen als legitime Prinzen und Prinzessinnen aufwachsen. Das wünsche ich mir. Und dann …«

»Was noch, kleine Constantia?«

»Wenn Ihr eines Tages nicht mehr an die Königin gebunden seid, erkennt mich als die Eure an. Als Eure Kurfürstin und Königin.« Ich schaute zu ihm auf, und mein Herz hämmerte in der Brust. Entweder würde er mich jetzt für immer verstoßen oder für immer der Meine sein.

»Du sollst alles haben, wie du es begehrst, kleine Constantia. Ich freue mich auf unsere Kinder. Das werden reizende Knaben sein – und auch Mädchen. Und unsere Königin … Die unseres Herzens bist du bereits. Ich bin wie toll in dich verliebt. Es soll alles niedergeschrieben werden.«

»Wie ein richtiger Vertrag?«, fragte ich zurück. »Wir schreiben es auf, und jeder erhält ein Exemplar.« Ich klatschte in die Hände vor Begeisterung. Das war besser gegangen, als ich es mir vorgestellt hatte.

Anschließend besiegelten wir unsere Vereinbarung.

In den folgenden Wochen und Monaten verhandelten Friedrich August und ich über die Details des geheimen Vertrages. Obwohl wir uns einig geworden waren, musste nun alles auf notarielle Art und Weise niedergeschrieben werden. Da kam es auf jedes Wort an. Unsere jeweiligen Bevollmächtigten feilschten darüber mit so viel Inbrunst, als wären sie jüdische Geldverleiher.

Natürlich blieb es nicht aus, dass etwas davon durchsickerte. Die vornehmen Damen und Herren des Hofes kannten kein anderes Thema mehr als mich und den König. Sie wetzten ihre Zungen daran, und auf einmal suchten Menschen meine Nähe, die mich zuvor nicht mit dem Hintern angeschaut hatten. Speichellecker!

Anders stand die Sache mit Jacob Heinrich von Flemming, dem frischgebackenen Minister für auswärtige Angelegenheiten im neu gebildeten Geheimen Kabinett. Er hielt sich seit Jahren an Friedrich Augusts Seite und hatte es stets verstanden, seinen Einfluss zu mehren. Hatte ich zuvor weit unter ihm gestanden, befanden wir uns nun auf einer Stufe, und er pries meine Schönheit und meinen Verstand. Er war ein gebildeter Mann, und seine Aufmerksamkeit tat mir wohl, ihn zu meinen Freunden zählen zu dürfen, konnte für mich nur von Vorteil sein.

Er nahm mich beiseite, während wir auf den morgendlichen Einzug des Königs in den Thronsaal für die Audienzen warteten. Ohne viel Federlesens führte er mich in eine Nische, in der gerade wir beide Platz fanden.

»Wir werden den Einzug des Königs verpassen«, widersprach ich und bemühte mich, an ihm vorbei zu spähen.

»Es wird nicht lange dauern, liebe gnädige Frau.« Flemming führte meine Rechte an seine Lippen.

Ich beruhigte mich und war gespannt, was der mächtige Mann mir zu sagen hatte.

»Mir ist zu Ohren bekommen«, begann er, »wie angestrengt Ihr mit dem König über einen geheimen Vertrag verhandelt.«

»Geheim kann er nicht sein, wenn jeder davon spricht«, scherzte ich.

»Zu meinen Aufgaben gehört es, zu wissen, was vor sich geht. Ihr und der König seid eine davon, und als Minister … Die Forderungen, die Ihr an den König stellt, sind nicht nur etwas zwischen Euch und ihm. Ich möchte Euch warnen.«

»Vor wem?« Mir wurde heiß, aber ich ließ mir nichts anmerken.

»Vor Euch selbst. Das, was Ihr vom König verlangt, wird von einigen als anmaßend und gierig empfunden.«

»Nicht vom König«, fuhr ich dazwischen.

In diesem Moment betrat er den Audienzsaal. Sehen konnte ich es nicht, aber ich hörte, wie Türen geöffnet und wieder geschlossen wurden. Der Zeremonienmeister stieß einen Stab auf den Boden. Gewänder raschelten, als die Höflinge sich verneigten und knicksten. Ich wollte die Nische verlassen, mich in die erste Reihe drängen, wo sich mein Platz befand, seit wir aus Karlsbad zurückgekehrt waren und ich mit dem König in Einvernehmen lebte. Wo wir einen zärtlichen Blick tauschen konnten, und es fühlte sich an, als streiften mich seine Lippen.

»Wartet, gnädige Frau.« Flemming hielt mich am Arm fest. Nicht mit Kraft, aber ich ließ mich aufhalten. »Ich möchte Euch den gut gemeinten Ratschlag geben, Euch zu mäßigen und auf die schriftliche Fixierung Eurer Forderungen zu verzichten, um anderen, weniger wohlmeinenden Charakteren keine Angriffsfläche zu bieten. Ihr seid nicht die einzige mächtige Person bei Hofe, und der König ist wankelmütig. Einer Maitresse steht nicht zu, was Ihr fordert, Madame la femme du monde la plus parfaite, die vollkommenste Dame der Welt.« So würde Flemming mich in Zukunft immer nennen.

»Sagen Sie mir nichts über den König und wie er zu behandeln ist.« Ich machte mich von ihm los und drängte mich durch die sich verneigenden Höflinge.

Gerade als Friedrich August vorbeischritt, erreichte ich meinen Platz. Ich versank in einen tiefen Hofknicks, schaute dabei aus dem Augenwinkel hoch. Unsere Blicke begegneten sich. Er zwinkerte mir zu.

Ich wusste, ich tat recht daran, einen schriftlichen Vertrag zu verlangen. Um mich gegen Neider zu schützen. Sie saßen bereits in ihren Löchern und warteten nur darauf, mir zu schaden. Ich konnte gar nicht vorsichtig genug sein.

Im August 1705 bezog ich das Palais auf dem Taschenberg. Die Umbauten, die Friedrich August zu meiner Bequemlichkeit ausführen ließ, waren längst nicht beendet. Dennoch war ich froh, die beengten Verhältnisse im Fraumutterhaus verlassen und mich in meinem eigenen Haus einrichten zu können. Der König ließ mir silberne Möbel, Bilder mit silbernen Rahmen, Teppiche und Seidenbespannungen für die Wände aus seiner eigenen Kunstkammer bringen. Damit richtete ich die Empfangsräume, eine Schlafstube, einen Esssaal, und was sonst unbedingt vonnöten war, her.

Mein Palais war das einzige in Dresden – außer dem Schloss natürlich –, vor dessen Portal zwei Ehrenwachen aufzogen. Vor den Häusern seiner Kabinettsminister oder anderer hoher Amtsträger stand nur eine. Das zeigte aller Welt die Liebe des Königs für mich. Er überließ mir auch den vor dem Wilsdruffer Tor gelegenen Türkischen Garten auf Lebenszeit zum freien Gebrauch, samt der dazugehörigen Wohnung und Zubehör.

Friedrich August kam mich häufig besuchen. Wir besprachen die Fortschritte am Haus, entwickelten zusammen Ideen, um es noch prächtiger herzurichten. Er schenkte mir einen herzförmigen Rubin, den er mir mit eigener Hand um den Hals legte. Ich hob den Stein an meine Lippen und küsste ihn.

Das Jahr 1705 schritt voran, und ich war so glücklich wie nie zuvor im Leben. Ich wurde geliebt und liebte. Zu meinem Glück fehlte nur noch, Friedrich August einen kleinen Prinzen zu schenken. So oft, wie er mich des Nachts aufsuchte, konnte es nicht mehr lange dauern.

Im Dezember brachte er mit eigener Hand den geheimen Ehevertrag und legte ihn mir vor, nachdem wir einander Leidenschaft geschenkt hatten.

»Es ist so weit, schöne Constantia.« Er breitete die beiden Bögen mit dem Vertragstext auf dem Bett aus. »Die Rechtsgelehrten haben alles geschliffen formuliert, und mit deiner Unterschrift wirst du zu meiner geliebten und geheimen Ehefrau.«

»Ich hole Feder und Tinte.«

Wie Gott mich geschaffen hatte, sprang ich aus dem Bett, um beides zu holen. Sein Blick folgte mir. Ich wusste, dass er es liebte, mich so unbefangen zu beobachten. Das Haar hing mir offen über den Rücken, und ich schüttelte es, bevor ich das Zimmer verließ, fuhr mit den Händen hindurch.

Auf dem Bett liegend unterzeichneten wir die Verträge und siegelten sie. Dabei kicherten und lachten wir die ganze Zeit.

»Verwahre deinen Vertrag gut und sicher, geheime Ehefrau«, riet Friedrich August mir.

»Das werde ich, mein König und Geliebter«, rief ich aus. »Dieses Stück Papier ist mir wertvoller als alle Schätze der Welt.«

Tags darauf verstaute ich den Vertrag in einem ledernen Futteral. Der sicherste Ort, den ich mir vorstellen konnte, war das Familienarchiv meines Vetters Rantzau auf seinem Schloss in Drage. Die Rantzaus waren mit meiner Familie eng verwandt und verwahrten seit jeher unsere Urkunden. Alle wichtigen Schriftstücke hatte mein Vater stets nach Drage bringen lassen. Ich wollte es genauso halten und sandte den Ehevertrag mit einem vertrauenswürdigen Boten nach Norden.

Bei seiner Rückkehr brachte der Mann mir eine Quittung über die Einlieferung eines ledernen Futterals mit einem Dokument. Ich küsste die Quittung und verwahrte sie in einer Mappe mit anderen wichtigen Dokumenten.

*E*s dämmerte bereits, als Conrada und Serafina die Poststation in Weinböhla erreichten. Beide fühlten sich gleichermaßen erschlagen, nachdem sie den Tag in der engen Kutsche zugebracht hatten, mit keiner anderen Beschäftigung, als die graue Landschaft an sich vorbeiziehen zu lassen. Zu Beginn hatten sie sich flüsternd über ihren Plan unterhalten, bis ihnen die Worte ausgingen. Sie mussten wenigstens etwas über das Leben und die Umstände der Gefangenen in Erfahrung bringen. Sogar Serafina sah das ein.

Der Kutscher brachte die Pferde im Stall unter und fand ein Lager auf dem Heuboden. Serafina und Conrada mieteten ein Zimmer in der Poststation und bestellten ein Abendessen. Im Frühjahr war nie viel los, und sie die einzigen Gäste.

Als Abendessen wurde ihnen ein Eintopf aus dicken Bohnen mit geräucherten Rippchen serviert. Dazu stellte die Wirtin den halben Laib eines herrlich duftenden Brotes auf den Tisch.

Sie knetete den Stoff ihrer Schürze zwischen den Fingern. »Nicht das Richtige für vornehme Damen wie Sie. Hätte ich von Ihrer Ankunft gewusst, ich hätte ein Huhn geschlachtet und über dem Feuer gebraten. Serviert mit einer Weinsoße braucht es keinen Vergleich mit dem Essen eines vornehmen Hauses zu scheuen. Nun ist leider nichts anderes da.«

»Das ist ein wunderbarer Eintopf«, beruhigte Serafina die Wirtin. Sie sprach mit starkem polnischem Akzent, stärker als gewöhnlich. »Erinnert mich an meine Heimat.«

Ob das die Wirtin beruhigte, war nicht zu erkennen, aber sie brachte ihnen noch mit Wasser verdünnten Wein und zog sich dann zurück. Serafina schien der Eintopf tatsächlich zu schmecken, sie tat sich einen zweiten Teller auf. Conrada fand das Essen zu deftig, sie löffelte nur davon, um ihren Hunger zu stillen.

Später lag Serafina selig im Bett und schlummerte. Sie gab schnaufende Geräusche von sich, hin und wieder war auch ein Schnarcher darunter. Auf dem Rücken liegend lauschte Conrada in der Dunkelheit. Das Federbett drückte schwer auf sie, und das Kopfkissen war zu weich. Das Gebälk des Hauses knackte, und vor dem Fenster schrie ein Uhu. Zusätzlich zu diesen ungewohnten Geräuschen ließen ihre Gedanken sie nicht zur Ruhe kommen.

Sie fühlte die Verantwortung für Serafina und für die gefangene Gräfin auf sich lasten. Lag sie in diesem Moment genauso schlaflos auf einem harten Lager und starrte an die Decke? Fühlte sie sich von aller Welt verlassen? Könnte es gelingen, der geplagten Frau zu helfen? Brachte sie dabei Serafina in Gefahr und verhielt sich schlecht gegen ihre Familie? Die Fragen nahmen kein Ende.

Übernächtigt betrat Conrada am nächsten Morgen die Gaststube. Es roch nach frischem Brot und einem Kräuteraufguss. Der Tisch, an dem sie und Serafina am Vortag gesessen hatten, war liebevoll gedeckt. Es gab frische Butter und Quark, mehrere Sorten Käse und Wurst, eine Milchsuppe dampfte in einer Schüssel. Die Wirtin musste die halbe Nacht auf gewesen sein, um das alles vorzubereiten.

Gerade brachte sie eine weitere mit einem Tuch abgedeckte Schüssel.

»Die Postkutsche Richtung Leipzig über Riesa wird in einer Stunde im Hof bereitstehen«, sagte sie, nachdem sie einen guten Morgen gewünscht und geknickst hatte. Sie stellte die Schüssel auf den Tisch. »Ihr Kutscher ist aufgebrochen, als es noch nicht einmal richtig hell war. Hat man so etwas schon einmal gehört? Ein Kutscher fährt weg und lässt zwei vornehme Damen zurück.« Den letzten Satz hatte sie vorwurfsvoll gesagt und mit vorgeschobener Unterlippe.

»Wir möchten nicht mit der Postkutsche weiterfahren, sondern mit einem anderen Wagen«, antwortete ihr Conrada.

Die zuvor freundliche Miene der Wirtin verdüsterte sich. Sie zog die Augenbrauen misstrauisch zusammen; die schön geschwungenen Lippen verengten sich zu einem Strich.

»Unser Ziel liegt abgelegen«, setzte Conrada hinzu. Sie fühlte sich zu einer Entschuldigung genötigt, obwohl ihre Angelegenheiten die Wirtin nicht das Geringste angingen.

»Wie die Damen wünschen.« Es war nicht zu überhören, was die Frau von zwei allein reisenden Damen hielt.

»Wir wünschen zudem, zeitig aufzubrechen. Kann Sie uns jemanden empfehlen, bei dem wir einen einfachen Wagen nebst Pferd erstehen können?«

Die Wirtin konnte und berechnete einen unverschämt niedrigen Preis für Übernachtung und Beköstigung, als könne sie ihre Gäste nicht schnell genug loswerden.

Conradas Plan sah vor, Dresden in einem weiten Bogen zu umrunden, Pirna rechts liegen zu lassen und auf schmalen Pfaden nach Stolpen zu fahren.

Sie krochen dahin bis zu einem Kreuzweg. Dort stand eine Postsäule. Die Schrift darauf war verwittert und nur lesbar, indem Conrada abstieg und die eingemeißelten Zeichen mit den Fingerspitzen nachfuhr. Es dauerte nicht lange, bis ihr klar wurde, dass sie in die falsche Richtung unterwegs waren. Pirna und Stolpen wurden in genau der anderen Richtung angezeigt.

»Wir müssen umdrehen«, rief sie zu Serafina hinauf.

Wie sollte das gelingen? Der Weg war kaum breiter als ihr Wagen. Er wurde rechts und links von schlammigen Feldern flankiert, die mindestens eine Elle tiefer lagen. Es war nicht einmal genug Platz, um eine Kutsche mit einem gut ausgebildeten Pferd zu wenden. Diesem Grauen vor ihrem Wagen traute sie es auf keinen Fall zu. Und wenn sie ehrlich war, ihren Kutschierkünsten auch nicht.

Sie stand neben dem Pferd, streichelte dessen Nase und überlegte.

»Die Kreuzung bietet genügend Platz, wenn du das Pferd eine Wagenlänge rückwärts gehen lässt.« Serafina zeigte mit raumgreifenden Armbewegungen an, was sie sich vorstellte. »Oder du fährst auf ein Feld und wendest. Da hast du genug Platz.«

»Ich kann nicht auf das Feld fahren.«

»Es sieht uns niemand.«

»Aber wir fahren uns in dem Dreck fest.«

Sie überlegten eine Weile, und Conrada ärgerte sich, weil sie falsch abgebogen war.

»Du lässt das Pferd rückwärts gehen, und ich schiebe den Wagen um die Kurve. Er ist nicht schwer«, schlug Serafina vor.

Conrada stimmte diesem Vorschlag zu. Sie packte die Zügel fester, während die Polin vom Wagen kletterte und sich an dessen Seite stellte. Auf Conradas Kommando hin trat das Pferd zurück. Einen Schritt, zwei. Die Gurte spannten sich, der Wagen rollte rückwärts. Serafina stemmte die Schulter dagegen, und er begann tatsächlich um die Kurve zu fahren.

Conrada sah sich schon am Ziel, als das Pferd schnaubte und stockte. Der Wagen verharrte nach einem Ruck. Eines der Räder schwebte über dem Feld, das andere stand auf dem Weg. Conrada munterte den Grauen erneut auf, aber er rührte sich nicht von der Stelle, hob lediglich die Beine, wenn sie sie mit dem Peitschenstiel berührte, ließ sich aber nicht zurückdrängen. Serafina zog am Wagen, um beide Räder auf den Weg zurückzubringen.

Auf einmal ging das Pferd doch wieder rückwärts. Von dieser plötzlichen Bewegung aus dem Gleichgewicht gebracht, stürzte Serafina halb unter den Wagen. Der rutschte vom Weg auf das Feld. Die Räder sanken sofort bis zur Hälfte der Speichen ein.

»Ach, du lieber Gott!« Conrada ließ die Zügel los und eilte ihrer Freundin zu Hilfe, zog sie unter dem Wagen hervor.

Serafinas Stolz war geknickt, ihre Kleidung verdreckt, aber sonst war sie unverletzt. Danach standen sie hilflos auf dem Weg. Dem Grauen gelang es nicht, den Wagen aus dem Feld zu ziehen. Auch nicht, nachdem Conrada alle Gepäckstücke abgeladen hatte. Das Pferd stand unglücklich im Geschirr. Da die Deichseln sich nun nicht mehr in der Waagerechten befanden, sondern in einem Winkel nach oben zeigten, übten sie einen ständigen Druck auf den Pferdehals aus, den sie nach oben zwangen, während andere Lederriemen die Kruppe niederdrückten.

Untergehakt standen Conrada und Serafina neben ihrer Handvoll Gepäckstücke am Wegesrand. Weit und breit sahen sie keinen Menschen, auch keine auf ein Dorf hindeutenden Hausdächer, nirgendwo stieg Rauch zwischen den Bäumen auf.

»Bei diesem Wetter ist niemand draußen«, kommentierte Serafina. Mit der freien Hand hielt sie ihren Mantel am Ausschnitt zusammen. »Daran ist nur dieser Gaul schuld. Der kann nicht einmal … nicht einmal die einfachsten Manöver richtig ausführen.«

»Wenn du jemandem die Schuld geben willst, halte dich an mich. Ich habe uns auf diesen falschen Weg geführt und war nicht in der Lage, den Wagen zu wenden, wie es ein Kutscher fertiggebracht hätte«, widersprach Conrada. »Ich kann versuchen, Hilfe zu finden, und du bleibst hier. Ich werde das Pferd ausspannen und reiten, dann bin ich hoffentlich schneller wieder zurück.«

»Auf dieses Biest lege ich keinen Wert!«

Conrada hörte die Wahrheit hinter den Worten: Serafina wollte auf keinen Fall allein in der Einöde zurückbleiben. Sie verwarf den Gedanken.

Sie standen beide frierend am Wegesrand, wo der Märzwind ungerührt ihre Röcke bauschte und in ihre Leiber kroch.

KAPITEL VIII
· 1731 ·

Seit geraumer Zeit kroch die Feuchtigkeit durch Conradas Schuhsohlen. Ihre Zehen spürte sie kaum noch. Sie hatte das Gefühl, seit Stunden in der Kälte zu stehen. Neben ihr schwankte Serafina wie ein Halm im Wind und hielt sich nur mühsam aufrecht. Sie mussten eine Entscheidung treffen. Conrada war beinahe so weit, Pferd, Wagen und Gepäck zurückzulassen, Hauptsache, sie kamen wieder unter Menschen.

»Da!« Serafina hatte einen zitternden Arm ausgestreckt. Sie klang kraft- und mutlos.

Conrada musste die Augen zusammenkneifen, um zu erkennen, worauf ihre Vertraute deutete. Aus dem trüben Zwielicht des Nachmittags schälte sich langsam etwas heraus.

Ein Mann auf einem schwarzen Pferd!

Er trabte einen zwischen den Feldern verlaufenden Querweg entlang und entfernte sich von ihnen.

»Hierher!«, rief Conrada. »Helfen Sie uns!«

Der Reiter schien sie nicht zu hören.

»Hilfe!« Sie legte alle Kraft in ihre Stimme.

Diesmal zügelte der Mann sein Pferd und schaute sich um. Wie eine Wilde winkte Conrada. Der Reiter wendete seinen Rappen und trieb ihn zum Galopp.

Kurz vor ihnen parierte er zum Halten durch. Das gehorsame Tier stand wie ein Denkmal. Obwohl Conrada nicht viel von Pferden verstand, erkannte sie doch, dass es sich um ein edles Tier handelte. Der feingliedrige Körper zeugte von einer guten Zucht, das dichte Winterfell durchzog immer noch ein gewisser Glanz.

Schwungvoll glitt der Mann aus dem Sattel, verneigte sich und lüftete seinen Hut. Er zeigte blondes Haar, spöttische Augen und fein geschwungene Brauen. Ein hübsches Gesicht. Für einen Mann vielleicht etwas zu hübsch.

»Gnädige Damen, Sie benötigen Hilfe. Oder habe ich mich verhört?«

»Ich … wir …« Conrada war zu überrascht, um einen klaren Gedanken zu finden. Sie hatte mit einem Eilboten oder einem Jäger gerechnet, und nun stand ein Mann von Stand vor ihnen.

»Wir sind in einer Notlage«, ließ sich Serafina vernehmen. »Sie müssen uns helfen.«

Jetzt streifte sein Blick die ältere Frau, verweilte kurz auf ihrer befleckten Kleidung. Aber natürlich war er zu gut erzogen, um ein Wort darüber zu verlieren.

»Ich tue, was in meiner Macht steht.«

»Wir haben uns festgefahren. Helfen Sie uns, den Wagen auf den Weg zurückzubringen.«

»Haben Sie es mit der Peitsche versucht?«

»Was? Sie wie einen Hebel einsetzen, um den Wagen auf den Weg zurückzuheben? Das wird nicht gehen.«

»Sie an dem Pferd einsetzen. Damit es sich gehörig anstrengt.«

Serafina gab einen empörten Laut von sich; Conradas Bild des Fremden erhielt Risse.

»Er schafft es nicht. Nicht mit der Peitsche und auch nicht ohne. Die Räder stecken zu tief im Schlamm.«

Der junge Mann stellte sich nah an den Feldrand, beäugte die eingesunkenen Räder, den Wagen und das mit gewölbten Rücken davorstehende Pferd. Er runzelte die Stirn und sah unentschlossen aus. Conrada befiel der Verdacht, er könne sich auf sein Ross setzen und davonreiten.

»Mein Herr«, begann sie, »wenn wir Ihr Pferd zusätzlich vor den Wagen spannen, gelingt es vielleicht, ihn wieder auf den Weg zurückzuziehen. Mit doppelter Kraft.«

»Auf keinen Fall«, sagte er sofort. »Mein Attilas hat noch nie im Geschirr gestanden. Er ist ein Tier aus der Haynauschen Zucht. Der zieht keinen Karren aus dem Dreck.« Er tätschelte seinem Pferd den Hals. »Du gehst nicht im Geschirr wie ein Karrengaul. So weit erniedrigst du dich nicht«, sagte er dabei leise.

»Wie können Sie das sagen? Wir befinden uns in einer Notlage und können auf die Empfindlichkeiten Ihres Pferdes keine Rücksicht nehmen.«

»Ich schon. Attilas geht nicht im Geschirr, aber ich werde im nächsten Dorf Hilfe holen«, bot er an.

»Wo soll das nächste Dorf sein?«

»Irgendwo dahinten.« Er zeigte in verschiedene Richtungen. »Vor einer Weile bin ich durchgeritten.«

»Sie können uns nicht hier zurücklassen«, mischte sich Serafina ein.

»Das kann ich wirklich nicht«, gab der Mann zu. »Man würde schlecht über mich reden. Zudem rühren zwei Damen in einer ausweglosen Lage mein ritterliches Herz. Wenn ich mich vorstellen darf, Emilius von Kobsdorff.« Er zog erneut den Hut und verneigte sich leicht.

Conrada nannte ihren Namen und den Serafinas. »Nachdem wir der Höflichkeit Genüge getan haben, sollten wir sehen, wie wir den Wagen aus dem Dreck ziehen, Herr von Kobsdorff.«

»Sie meinen, ich soll mich vor den Karren spannen?« Er betrachtete seine sorgfältig polierten Fingernägel.

»Sie sind der Herr von Stand mit dem ritterlichen Herz«, erinnerte ihn Conrada streng.

»Es ist kalt. Jeden Moment kann es anfangen zu regnen, und die Felder werden noch schlammiger«, insistierte Serafina.

»Ich höre Ihr Flehen.« Emilius legte den Mantel ab, schob die Rockärmel hoch, schlug die Manschetten aus Spitze zurück. »Das Pferd muss mitarbeiten.«

Er stieg hinunter in das Feld. Der Matsch reichte ihm beinahe bis zum Knöchel. Mit der Schulter drückte er gegen den Wagen. Ein Rad hob sich etwa eine Handbreit aus dem Schlamm – mehr passierte nicht. Er lehnte sich stärker gegen den Wagen und griff mit beiden Händen in die Speichen, stöhnte vor Anstrengung und versank tiefer im Matsch. Serafina stieg ebenfalls in das Feld hinunter und lehnte sich an der anderen Seite gegen den Wagen. Conrada trieb das Pferd an.

Fingerbreit für Fingerbreit bewegte sich der Wagen. Der Acker gab schmatzende Geräusche von sich. Einmal rutschte das Gefährt zurück, und sie mussten von vorn beginnen. Emilius packte wieder zu, an seinen Unterarmen traten sehnige Muskeln zutage, sein Gesicht verzerrte sich vor Anstrengung. Serafina mit ihrer stämmigen Statur scheute die körperliche Anstrengung ebenso wenig. Der Graue sah ein, dass auch er sein Scherflein beitragen musste, und legte sich ins Geschirr.

Gemeinsam gelang es ihnen diesmal, den Wagen zurück auf den Weg zu schieben. Mit pumpenden Flanken und hängendem Kopf stand der Graue anschließend da. Serafina wischte ihre Stiefel im Gras am Wegesrand ab, während Emilius an sich heruntersah. Rock, Weste und Hose waren schlammverschmiert, die Stiefel bis zur Wade vollkommen verkrustet, Hände und Arme ebenfalls dreckig.

»Der Rock hat mir nie gefallen. Die Weste auch nicht. Aber um die Stiefel ist es schade«, sagte er dazu. Danach beäugte er den Grauen, den Wagen und schließlich Conrada. »Die Damen können nun weiterreisen. Obwohl ich es nicht so nennen würde, nicht mit diesem Gefährt und dem Zossen. Wo soll das ganze Gepäck hin?«

»Wir haben unsere Gründe, auf diese Weise unterwegs zu sein.« Das klang spitzer, als Conrada es gemeint hatte, aber sie wusste nicht, wie sie Emilius von Kobsdorff einschätzen sollte. Den einen Augenblick war er zuvorkommend, wie es von einem Mann seines Standes zu erwarten war, dann sah es wieder so aus, als wollte er am liebsten grußlos seiner Wege gehen.

»Zweifellos. Ich würde einiges darauf verwetten, dass außer Ihnen niemand Ihren Aufenthaltsort kennt. Dann bleibt mir nur, Ihnen eine gute Weiterfahrt zu wünschen. Aber weit werden Sie nicht mehr kommen. Nicht mit diesem Pferd und diesem Wagen.«

In Conrada erwachte die Lust, den jungen Herrn von Kobsdorff bei seiner Jacke zu packen und kräftig zu schütteln. Sie verschloss dieses Gefühl in ihrer Brust, sagte stattdessen: »Wir müssen Richtung Pirna.«

»Pirna liegt dort.« Emilius deutete mit dem Finger hinter sich.

»Das wissen wir.«

Der Wagen stand zwar wieder auf dem Weg, aber immer noch in der falschen Richtung. Zähneknirschend gestand Conrada, wie das Unglück geschehen war.

Wieder traf den Grauen ein kritischer Blick aus Emilius' braunen Augen. »Warum haben Sie nicht ausgespannt und den Wagen von Hand gedreht?«

Conrada biss sich auf die Unterlippe. Sie wollte vor diesem Mann – im Grunde einem Fremden – ihre Unerfahrenheit mit Pferden nicht eingestehen. Emilius schien auch keine Antwort zu erwarten, da er sich bereits am Geschirr zu schaffen machte.

In kurzer Zeit war der Graue ausgespannt, der Wagen gedreht, und das Pferd trat wieder rückwärts zwischen die Deichseln. Bei Emilius saß jeder Handgriff. Er lud das Gepäck hinten auf und verschnürte es. Danach reichte er erst Serafina, anschließend Conrada die Hand und half ihnen in den Wagen.

»Fahren Sie voraus. Ich folge Ihnen mit Attilas.«

Insgeheim war Conrada erleichtert über seine Begleitung, aber sie hätte sich eher die Zunge abgebissen, als das zuzugeben. Wortlos nahm sie die Zügel auf und trieb den Grauen an.

Anna Constantia von Cosel · 1705 und 1706

In Warschau wurde am 14. Oktober 1705 ein Stanislaus zum König gekrönt. Ihm musste eine Nachbildung der polnischen Königskrone aufs Haupt gedrückt worden sein, denn die echte befand sich bei Friedrich August.

Die polnische Sache stand schon länger nicht gut. Seit dem Sommer waren die Vorbereitungen für einen Krieg angelaufen. Friedrich August hatte dafür eine lederne Schiffbrücke aus Frankfurt am Main kommen lassen. Sie konnte innerhalb eines Tages über einen Fluss von der Breite der Elbe geschlagen werden, konnte zu Fuß, zu Pferd und sogar mit Gespannen überquert werden. Ich hatte zugesehen, wie sie im August über der Elbe aufgeschlagen wurde und Friedrich August rüberging, gefolgt von seinen Pferden. Nun wurde die Brücke an die Oder geschickt, die Garnison in Dresden wurde eingezogen und durch eine Bürgerwehr ersetzt. Granaten und neuartige Kanonen wurden geliefert. Auch die Waffen wurden Richtung Polen in Marsch gesetzt.

Für Friedrich August und mich ging ein zauberhafter Herbst zu Ende. Wir waren oft in Moritzburg zusammen auf die Jagd geritten, häufig zu zweit oder nur von wenigen treuen Dienern begleitet. Wir waren zu Pferd hinter dem Wild her gewesen oder hatten uns zu Fuß angepirscht, ich ritt wie ein Mann im Herrensitz, trug Stiefel und Hosen, wie ich es früher mit meinem Vater gewohnt gewesen war. Den König freute es, dass ich nicht nur in den Salons eine gute Figur machte, sondern auch auf der Jagd.

Die Krönung eines polnischen Gegenkönigs konnte Friedrich August nicht geschehen lassen, er musste in Polen einmarschieren, um seine Rechte zu wahren, den polnischen Adel wieder auf seine Seite zu bringen. Als die Zeit des Abschieds gekommen war, speisten wir am frühen Morgen zusammen, ehe er sich mit einem flüchtigen Kuss von mir verabschiedete.

»Ich bitte Euch, mein Herr und Fürst, gebt auf Euch acht«, flüsterte ich erstickt.

»Kleine Constantia.« Er drückte mich zart an die starke Brust. Seiner Stimme hörte ich an, dass er ebenso bewegt war wie ich.

»Ich sorge mich einfach um Euch und wünsche, Ihr kämet nach einer Stunde zu mir zurück«, sagte ich in seinen Rock hinein.

»Ich wünsche es auch, aber der Himmel und die Umstände

haben anderes entschieden. Zeige ein tapferes Herz, Geliebte.«

»Ihr müsst mir schreiben. Ich will alles wissen, damit es so ist, als wäre ich dabei.«

Friedrich August versprach es. Er hob mein Kinn an und schaute mir in die Augen. »So gefällst du mir besser, tapfere Constantia.«

Ich stand am Fenster und sah ihm nach, wie er davonritt. Das Herz war mir schwer wie ein Mühlstein.

Die polnische Sache hatte mir nie gefallen. Nach meiner Meinung war es besser, Kurfürst eines Landes und dies mit ganzem Herzen zu sein, statt König in einem zweiten und sich auf beide Reiche aufteilen zu müssen. Das war eines der Dinge, über die ich mit Friedrich August nicht sprechen konnte. Er wollte unbedingt König sein, um im Reigen der anderen Herrscher nicht zurückzustehen. Dass am Titel auch noch ein Reich hing, war ein notwendiges Übel. Für mich und auch für Friedrich August. Für die Sachsen ebenso.

Zunächst erhielt ich regelmäßig Nachrichten von Friedrich August: aus Lichtenberg und Guben. Danach aus Schiedloh, das noch im Kurfürstentum Sachsen, aber schon auf der anderen Seite der Oder lag. Es kam mir vor, als wäre ich auf dieser Reise dabei.

Über zweitausend Mann, Deutsche und Russen, arbeiteten daran, Schiedloh zu befestigen, und die Arbeiten gingen gut voran, schrieb der König mir. Dann hörte ich tagelang nichts von ihm. Die Unruhe griff mit riesigen Löwenpranken nach meinem Herz.

Ich lief durch das Palais auf dem Taschenberg, und die Besucher, die zu jeder Tagesstunde die Vorzimmer bevölkerten, waren mir lästig. Nach zehn Tagen erreichte mich endlich ein Schreiben des Königs aus der Nähe Krakaus. Dort stand ein russischer General mit einer Armee von dreitausend Mann. Ich musste weiter ungeduldig auf Nachrichten warten.

In diese Zeit platzte die Botschaft meiner Ernennung zur Reichsgräfin Cosel. Endlich konnte ich den verhassten Namen Hoym abstreifen. Mein Scheidungsverfahren kam auch voran: Ich erhielt ein Urteil des Oberkonsistoriums, nach dem ich verpflichtet sei, meinem Noch-Ehemann beizuwohnen und ihm mit Freundlichkeit zu begegnen, und mir wurde eine Frist bis zum 8. Januar 1706 gesetzt, diese Auflage zu erfüllen. Andernfalls würde ich geschieden werden. Ich lachte laut heraus, als ich das las. Ich küsste das Urteil und sehnte den Januar herbei.

Noch mehr sehnte ich mich allerdings nach dem König. Regelmäßige Nachrichten erreichten mich zu dieser Zeit nicht mehr. Manchmal erhielt ich tagelang keine Briefe und dann mehrere an einem Tag. Der Inhalt war widersprüchlich. Mal hielt sich Friedrich August in Grodno auf, dann in Krakau und schließlich wollte man ihn in Warschau wissen. Ein Teil des Trosses des Gegenkönigs Stanislaus sei erobert worden, darunter sein Wein, seine Küche und die Apotheke des schwedischen Königs. An allem taten sich nun Sachsen und Polen gütlich.

Die lückenhaften Nachrichten ließen mich schier verzweifeln. Ich konnte es nicht länger aushalten und suchte Oberhofmarschall Pflugk auf und bat um einen der schwedischen Diplomatenpässe für die Angehörigen des sächsischen Hofes.

Ausgestattet mit diesem Pass machte ich mich im Januar 1706 auf den Weg nach Warschau. Über das Eis der Oder ging ich zu Fuß und lauschte auf jedes verräterische Knacken. Obwohl man mir versichert hatte, das Eis wäre unterschenkeldick, traute ich mich nicht, im Wagen hinüberzufahren.

Der Oberhofmarschall Pflugk, in dessen Begleitung ich reiste, hielt es ebenso. Wir kamen jedoch alle wohlbehalten am anderen Oderufer an. Auch unser gesamter Tross.

Polen war ein Land, wie ich noch keines gesehen hatte. Es war von einer unermesslichen Weite und Größe, angesichts derer ich mich ganz klein fühlte. Wir fuhren stundenlang, ohne durch ein Dorf zu kommen. Und wenn wir eines erreichten, bestand es nur aus ärmlichen Hütten, die kaum diesen Namen verdienten. Die Bewohner sahen abgezehrt aus, trotz des eisigen Winters hatten viele sich nur Lappen um die Füße gewickelt und ein Brett drunter gebunden. Der Anblick trieb mir Tränen in die Augen. In Sachsen lebte der niedrigste Tagarbeiter besser als diese Menschen. Es gab kaum Poststationen, an denen wir die Pferde wechseln konnten, wir mussten sie schonen.

Aber auch die vorrückende sächsische Armee, die auf dem Weg nach Grodno war, erschwerte unser Vorankommen. Die Soldaten mussten von den Straßen runter, sobald wir kamen, auch die Artillerie mit ihren schweren Wagen. Oft genug schafften sie es nicht rechtzeitig, und wir mussten warten. Trotz des eisigen Wetters hatte die Armee die Wege aufgewühlt und in eine Schlammwüste verwandelt. Ich überstand das alles nur, weil ich stets zwei geladene Pistolen in meiner Nähe wusste und bald den König sehen würde.

Friedrich August riss mich in seine Arme, als ich in Warschau endlich vor ihm stand.

»Constantia, schöne Constantia«, murmelte er dabei, und dafür hätte ich noch einmal die Mühe einer Winterreise auf mich genommen. Ich hätte Krieg, Kälte, Feuer, Sturm und allen biblischen Plagen getrotzt.

In Warschau hielt sich auch die Teschen auf und Fatima, beide frühere Maitressen des Königs. Er sah sie, er sprach mit ihnen. Damit nicht genug, es gab auch Gerüchte über die reizende Tochter eines Weinhändlers, die niemand vergaß, der sie einmal gesehen hatte. Fatima war außerdem schwanger, und Friedrich August sei der Vater, schwirrte durch die Salons. Mich machte das traurig und wütend zugleich. Nicht selten brach ich in Tränen aus. Schämte mich dafür, war wütend auf mich und eifersüchtig auf diese Frauen.

Was für den König und mich eine wunderbare Zeit hätte werden sollen, schickte mich durch ungeahnte Höhen und Tiefen. Denn wir hatten auch schöne und zärtliche Augenblicke, in denen keine Eifersucht zwischen uns stand. Am 18. Februar brachen wir nach Lowitz auf und reisten der heranrückenden Armee entgegen. Dort gab es keine Teschen, keine Fatima und keine Tochter eines Weinhändlers, sondern nur kleine Holzhäuser, an denen lange Eiszapfen hingen. Zwischen uns war alles wieder gut, wir schliefen im selben Raum und waren so glücklich, wie es zwei Menschen nur sein konnten. In meinem Beisein schrieb Friedrich August die Anweisung, die jährliche Pension der Teschen aus der Hofkasse einzubehalten und in Zukunft an mich auszuzahlen. Er übergab sie auch in meinem Beisein an Oberhofmarschall Pflugk.

Mitten hinein in diese glücklichen Tage platzte ein abgerissener Reiter auf einem abgekämpften Pferd. Zehn Tage sei er unterwegs gewesen, um schwedischen Streifen auszuweichen und zum König durchzukommen, berichtete er keuchend. Die Armee des Königs existiere nicht mehr, von den Schweden unter General Rehnskjöld geschlagen bei Fraustadt. Viele Offiziere tot, die meisten Soldaten ebenso oder in schwedische Gefangenschaft geraten. Dem Boten liefen bei diesen Worten Tränen über die Wangen.

Mir wurden die Knie weich. Es gab keine sächsische Armee mehr. Niemand konnte einen schwedischen Vormarsch auf sächsisches Gebiet aufhalten. Friedrich August nahm die schreckliche Nachricht gefasst auf. Er zeigte auch mir keine Regung, als wir allein waren.

Sofort entwickelte er Pläne, eine neue Armee in Sachsen auszuheben. Jedes Dorf und jeder Ort mussten nur einen Mann stellen und ausrüsten, und die Armee hätte wieder die Stärke der geschlagenen. Nach und nach sickerten Nachrichten durch, dass nicht die gesamte Armee vernichtet und gefangen genommen war. Etliche Soldaten waren desertiert und nach Sachsen geflohen, von immer mehr Offizieren erhielten wir Nachricht, dass ihnen die Flucht gelungen war. Unter ihnen befand sich auch General Schulenburg, und dies entlockte Friedrich August einen Seufzer der Erleichterung. Er verzieh Schulenburg die Niederlage, ernannte ihn sogar zum Feldmarschall und schickte ihn nach Sachsen, neue Truppen auszuheben.

Wir reisten Mitte März nach Krakau, um dort die neue polnisch-sächsische Armee zu erwarten. Eilig ließ der König die Stadt befestigen, das Kupferdach des Schlosses abdecken und für die Rüstung nach Sachsen schicken.

»Sie verstehen es nicht«, sagte Friedrich August am Ende eines dieser rastlosen Tage zu mir.

Er meinte den sächsischen Adel, der genug davon hatte, in Polen Krieg zu führen, und ihm sogar angetragen hatte, die polnische Königskrone niederzulegen.

Ich begleitete Friedrich August überallhin und fühlte mich nicht minder erschöpft, aber ich ließ es mir nicht anmerken.

»Niederlegen. Sie sagen wirklich niederlegen!«, wetterte er.

»Sie besitzen nicht Euren Weitblick«, sagte ich.

»Dauernd muss ich diese Geheimen Räte fragen, wenn ich etwas entscheiden will. Dann schauen sie nicht über die sächsischen Grenzen hinaus, weil sie im Herzen alle Bauern sind.«

»Es gibt einen Weg, die Räte zu umgehen, wenn Ihr ein neues Gremium schafft, das Weisungen nur von Euch empfängt und nur Euch Rechenschaft schuldig ist.«

»Wie soll ich das machen?« Die Erschöpfung wich aus Friedrich Augusts Miene.

Ich neigte mich zu ihm und flüsterte ihm meinen Plan zu. Erst runzelte er die Stirn, aber dann hellte sich seine Miene immer weiter auf. Am Ende umarmte er mich.

»Das ist genial, geliebte Constantia. Auf diesem schlanken Hals sitzt nicht nur ein hübsches, sondern auch ein kluges Köpfchen.«

Er küsste mich auf die Stirn und murmelte dabei: »Der Sitz all der schönen Gedanken. Ich werde vertrauenswürdige Berater benötigen, empfehle mir, wem wir unser Ohr leihen können. Aber keine Sachsen, die sind mit allen nur verschwägert und versippt. Ich will Ausländer.«

Ich legte den Zeigefinger an die Unterlippe und überlegte. Tatsächlich schwebten mir einige Namen vor, ich hatte mir den Plan eines neuen Gremiums nicht in diesem Moment ausgedacht, sondern von langer Hand vorbereitet. Zu zielstrebig wollte ich nicht erscheinen. Ich war mir durchaus bewusst, mir damit nicht nur Freunde zu machen. Das Wichtigste für mich war jedoch, den König glücklich zu machen. Ich wollte nicht nur seine Laken wärmen, sondern ihm in jeder Hinsicht unentbehrlich werden. Auch als seine vertraute Ratgeberin.

Zu einer einflussreichen Position bei Hofe gehörte es zudem, sich mit einer Schar Speichellecker zu umgeben – Damen und Herren, denen ich einen Gefallen getan hatte. Es gab kaum einen größeren, als jemandem eine einflussreiche Position zu verschaffen.

»Woldemar Baron von Löwendal«, nannte ich schließlich den Namen eines norddeutschen Vetters.

Jeden Morgen verspürte ich Übelkeit bis dahin, dass ich mich in eine Zinnschale übergeben musste. Als dann meine monatliche Blutung ausblieb und mich der Geruch von Schokolade anekelte, obwohl ich sonst morgens immer eine kleine Tasse trank, schwante mir, was die Ursache dieser Veränderungen sein könnte. Ich entwickelte einen Heißhunger auf Kohlsuppe und fette Würste, die ich sonst verabscheute.

Der König lachte über meine sonderlichen Essvorlieben, und ich ließ eine Hebamme kommen. Mit kalten gichtverkrümmten Fingern tastete die Frau unter meinem Hemd herum. Schließlich nuschelte sie etwas aus ihrem zahnlosen Mund heraus, das ich nicht verstand. Sie sprach nur polnisch, aber auch in jeder anderen Sprache wäre sie nicht zu verstehen gewesen, so tierisch hörten sich ihre Laute an.

Als ich sie fragte, ob ich in der Hoffnung sei, zuckte sie die Schultern und deutete auf ihren Mund, aber ich konnte nicht entscheiden, ob sie die Antwort auf meine Frage nicht wusste oder gar nicht verstanden hatte, was ich von ihr wollte. Schließlich behalfen wir uns mit Zeichen und Gesten, und am Ende glaubte ich, verstanden zu haben, es sei zu früh, um sich über eine Schwangerschaft sicher zu sein. Ich drückte ihr ein paar Taler in die Hand und schickte sie weg.

Die morgendliche Übelkeit blieb, wurde sogar stärker. Bald wurde mir nicht nur nach dem Aufwachen schlecht, sondern auch tagsüber aus heiterem Himmel. Ich schnürte mich lockerer und betrachtete mich lange im Spiegel. Noch war nichts zu sehen. Mit einem Kissen probierte ich aus, wie ich in wenigen Monaten aussehen würde.

Der König bemerkte meinen Zustand und wollte wissen, was mit mir los sei. Er stand vor mir und schaute mich besorgt an. Bisher hatte mich eine unerklärliche Scheu zurückgehalten, Friedrich August über meinen Zustand zu informieren, obwohl ich mir inzwischen sicher war, seinen Sohn zu erwarten. Die Monatsblutung war zum zweiten Mal ausgeblieben, und ich bildete mir ein, bereits eine kleine Erhebung meines Leibes zu spüren.

Nun hatte ich keine Wahl mehr. »Ich glaube, in der Hoffnung zu sein«, sagte ich darum.

Einen Augenblick reagierte Friedrich August nicht, aber dann drang die Bedeutung meiner Worte zu ihm durch. Er riss mich in seine Arme und wirbelte mich herum.

»Geliebte Constantia, bist du sicher, dass wir einen Sohn bekommen? Das ist wunderbar!«

»Alle Anzeichen sprechen dafür.« Die Worte kamen gehetzt aus meinem Mund, weil er mich immer noch herumwirbelte.

»Du bist dir nicht sicher?« Er setzte mich ab. »Hast du keinen Arzt gefragt?«

»Eine Hebamme war bei mir, aber ich konnte nicht verstehen, was sie mir gesagt hat.« Unter Lachen berichtete ich von der Untersuchung.

Der König wurde ernst. »Sei nicht leichtsinnig. Du musst dich untersuchen lassen. Sofort. Ich bestehe darauf. Der Hofarzt wird sich um dich kümmern.«

Der Arzt bestätigte, wessen ich mir längst sicher war, und riet mir, mich zu schonen. Das Feldlager sei kein Ort für eine Frau in der Hoffnung.

»Du musst zurückkehren«, beschwor der König mich. »Polen ist nicht sicher für dich. Du musst nach Dresden reisen, solange es noch möglich ist. Beginnen erst die Kämpfe, kommst du nicht mehr raus. Ich will dich nicht bei der Armee wissen, nicht mit unserem Kind unter dem Herzen.«

»Ach, mein König. Mein Herz. Meine Seele.« In meiner Brust wohnten zwei Seelen.

Ein paar Tage noch. Nur noch ein paar Tage, dann wollte ich zurückreisen nach Dresden. Das sagte ich mir immer wieder.

Mitte August war es so weit, der König reiste mit der Armee nach Nowogrodek und ich nach Westen. Zurück nach Sachsen. In meinem Gepäck befand sich die polnische Königskrone mit dem taubeneigroßen Saphir. Friedrich August wollte sie in Sicherheit wissen, wenn es in Polen zum Äußersten käme.

Ich erreichte wohlbehalten sächsisches Gebiet. Die Übelkeit hatte nachgelassen, und inzwischen erkannte ich eine leichte Rundung meines Leibes.

Sachsen war verändert, seit ich es im Winter verlassen hatte. Alle Orte und Städte mussten auf Weisung Friedrich Augusts befestigt werden. Die Einwohner errichteten Schanzen und gingen auf den Wällen Wache. Die Königinmutter hatte mit dem Kronprinzen das Land verlassen, in Dresden hatte der Gouverneur Vorräte eingelagert, falls es zu einer Belagerung der Stadt durch die Schweden käme. Ich bezog mein Palais auf dem Taschenberg, empfing Besucher und gab mir keine Mühe mehr, meine Schwangerschaft zu verbergen.

Die Welt sollte teilhaben an meinem Glück. War ich erst Mutter eines kleinen Prinzen, würde Friedrich August mich auch offiziell zu seiner Gemahlin machen. Wenn ich bewiesen hatte, dass ich ihm Nachkommen schenken konnte.

In diese Überlegungen hinein platzte am 5. September der Einmarsch des schwedischen Königs Karl in Sachsen. Die Schweden überquerten bei Pillnitz die Elbe. Das Wetter war trocken, der Fluss seicht, es bereitete ihnen keine Schwierigkeiten. Sie verschonten aber die Stadt. Die Kurfürstin Christiane Eberhardine erreichte, dass sächsische Delegierte von den Schweden empfangen wurden. Sie selbst verließ am 11. September das Kurfürstentum, und am gleichen Tag machte auch ich mich auf den Weg.

Die Straße nach Leipzig war noch frei, und von dort wollte

ich weiter nach Wolfenbüttel, wo ich in jungen Jahren Hoffräulein der Fürstin Sophie Amalie gewesen war. Ich reiste in einer einfachen Kutsche ohne Wappen auf dem Schlag, versteckte meinen schwangeren Leib unter einem weiten Kleid und die polnische Königskrone in einer Kiste zwischen meinen Unterröcken. Während der Fahrt stellte ich einen Fuß auf diese Kiste, als würde sie verschwinden, wenn ich sie nicht berührte.

Wolfenbüttel war kleiner, als ich es in Erinnerung hatte.

Ich hatte eine Weile nichts von Friedrich August gehört und konnte keine Ruhe finden. Das heranwachsende Leben in meinem Leib machte mir zu schaffen, ich musste viele Tage im Bett zubringen, um es nicht zu gefährden. Erst als die Nachricht zu mir durchdrang, der König habe einen Sieg über einen Teil der schwedischen Armee bei Kalisch errungen, erholte ich mich. Die übrigen Schweden standen jedoch weiter in Sachsen, und für mich verbot es sich, mit der polnischen Königskrone im Gepäck dorthin zu reisen.

Zwischen Friedrich August und dem schwedischen König begannen im Dezember Friedensverhandlungen, zu denen Friedrich August nach Sachsen zurückkehrte. Ich erfuhr nur aus zweiter Hand, was vor sich ging, und machte mir Sorgen, Friedrich August würde auf falsche Ratschläge hören und sich in seiner Ungeduld zu einem unvorteilhaften Frieden hinreißen lassen.

Ich reiste dann doch nach Leipzig, nahm keine Rücksicht auf meinen Zustand, der eigentlich Fahrten in der Kutsche verbot. In der Messestadt nahm ich Quartier im Hinterhaus des königlichen Wohnhauses am Markt. Näher konnte ich ihm in dieser schweren Zeit nicht kommen, und es fiel mir nicht leicht, mich damit zufriedenzugeben. Ich sehnte mich mit jeder Faser meines Seins nach ihm, waren wir doch seit vielen Wochen getrennt. Gleichzeitig sorgte ich mich über unser Wiedersehen. In meinem Zustand konnte ich ihm nicht die Frau sein, die ein aus dem Krieg heimkehrender Mann erwartete.

Die Regelungen des Friedensvertrages standen fest, ich konnte keinen Einfluss mehr darauf nehmen. Der Frieden wurde am 31. Dezember 1706 unterzeichnet und bedeutete harte Kontributionszahlungen für Sachsen, aber Friedrich August durfte den Königstitel weiterführen. Nach dem Frieden war vor dem Frieden und Friedrich August gab nicht auf, die Bedingungen des Vertrages nachträglich zu seinen Gunsten zu ändern. Dazu beorderte er sogar die Kurfürstin Christiane Eberhardine aus Bayreuth nach Sachsen zurück. Er hoffte, die protestantische Dame werde bei dem ebenfalls protestantischen Schwedenkönig Karl noch etwas erreichen können. Allein sie kam nicht!

Der König besuchte mich im Hinterhaus. Nach einer kurzen Umarmung und einem kritischen Blick auf meinen Umfang, forderte er mich auf, Leipzig zu verlassen.

»Warum?« Ich war erschrocken und alarmiert. Was bedeutete dieser Sinneswandel des Königs, konnte er doch sonst nicht genug Zeit mit mir verbringen?

»Die Kurfürstin weigert sich, zu kommen, solange du dich in der Stadt aufhältst, im selben Haus wohnst, in dem auch sie unterkommen soll, und dich als meine Frau ausgibst.«

»Ich bin Eure Frau. Das habt Ihr mir versprochen.«

»Das gilt nur zwischen uns.«

»Ihr habt es mir anders gesagt, Majestät!« Meine Erregung ließ mich lauter sprechen, als ich es gewöhnlich mit dem König tat.

»Du hast auch versprochen, Rücksicht zu nehmen auf die Kurfürstin!«

»Das will ich gern tun, aber ich will mich neben ihr als Eure zweite Frau behaupten.«

»Ich brauche die Kurfürstin in Sachsen, damit sie mit unserem Vetter Karl spricht«, wetterte Friedrich August.

»Ich stehe nichts im Wege, was Euch und Kursachsen nützt. Euer Wohl liegt mir mehr am Herzen als mein eigenes«, hielt ich dagegen. »Sonst hätte ich in meinem Zustand nicht die beschwerliche Reise von Wolfenbüttel nach Leipzig auf mich genommen.«

»Hättest du dich doch nicht überwunden!« Der König schlug mit der Faust in die linke Handfläche. »Du musst einsehen, dass die Belange Sachsens deinem Wohlergehen vorgehen.«

»Das tue ich, aber Eure Frau bleibe ich trotzdem!«

»Wenn wir unter uns sind! Dann! Nur dann!«

»Ich muss das Kind in Leipzig bekommen. Ich kann nicht noch einmal reisen. Bitte, mein König, das müsst Ihr einsehen!« Wut überlagerte meine Bitte, und ich schrie die Worte heraus.

Wir waren bestimmt im ganzen Haus zu hören.

»Das … das …« Der König schlug erneut die rechte Faust in die linke Hand.

»Ich kann nicht gegen meine Ehre und mein Gewissen handeln.«

»Dein letztes Wort?«

»Und nicht gegen das Leben Eures ungeborenen Sohnes!«

Friedrich August drehte sich um und ließ mich allein. Er reiste nach Schloss Lichtenberg zu seiner Mutter und seinem Sohn.

Das war unser erster richtiger Streit gewesen. Ich fühlte mich schlecht und sank entkräftet auf einem Stuhl zusammen, beide Hände um meinen kugelrunden Leib gelegt. Was spräche dagegen, nach Dresden überzusiedeln? Der König und ich könnten uns trotzdem für schöne Stunden in der Mitte treffen. Mit einer schnellen Kutsche oder sogar zu Pferd wäre das keine Schwierigkeit. Nur verboten sich für mich rasante Kutschfahrten, an Reiten war gar nicht mehr zu denken. Einen Moment fühlte ich Wut auf dieses kleine Wesen unter meinem Herzen. Gleich darauf schämte ich mich.

»Entschuldigung, du kleiner Mann, du hast nur Liebe und Güte von deiner Mutter verdient. Im Leben wirst du genügend Leid und Missgunst erdulden müssen, du sollst nicht schon vor deiner Geburt damit Bekanntschaft machen.«

Ich fühlte jedoch, keine andere Wahl zu haben, als dem königlichen Willen zu gehorchen. Ich ließ deshalb alles für eine langsame Reise in einer gut gepolsterten Kutsche nach Dresden vorbereiten.

Dort angekommen fuhr ein ziehender Schmerz in meinen Unterleib.

KAPITEL IX
· 1731 ·

*E*milius klopfte sich beim Reiten getrockneten Schlamm aus der Kleidung. Sein Rock war verdorben. In Pirna müsste er sich einen neuen schneidern lassen, vorher konnte er nicht unter Leute gehen. Am meisten leid tat es ihm um die Stiefel. Sie bestanden aus glattem, anschmiegsamem Rindsleder. Ihren einstigen Glanz bekämen sie nie zurück.

Seine trüben Gedanken wurden nur durch Conradas Schnalzen und das Klatschen der Zügel auf den Rücken des Grauen gestört. Sie schwang auch ein paarmal ungeschickt die Peitsche. Schließlich konnte Emilius es nicht länger ertragen und rief ihr zu, sie solle anhalten. Seinen Attilas band er hinten an den Wagen und befahl den Frauen, enger zusammenzurücken. Er zwängte sich auf den einzigen Sitz des Wagens, der eigentlich nur Platz für zwei Personen bot.

»Was machen Sie?«, beschwerte sich prompt Serafina, als sie gegen die Seitenwand gedrückt wurde.

»Ich kann das Elend nicht länger mit ansehen und übernehme die Zügel.« Seine Stimme ließ keinen Widerspruch zu.

Er hielt die Lederriemen in der Hand und tippte den Grauen mit der Peitsche an, statt sie nur wirkungslos durch die Luft zu schwingen, wie Conrada es getan hatte.

»Ich dulde keine Schläge gegen ein unschuldiges Pferd«, sagte diese prompt. »Das Tier gibt sein Bestes.«

»Was nicht sehr viel ist. Ich schlage keine Pferde, das war nichts als eine Aufmunterung.«

Tatsächlich bequemte sich der Graue zu einem flotten Schritt. Es gelang Emilius sogar, ihn zum Trab zu bewegen. Er stolperte mehrfach über seine Hufe, und Emilius parierte ihn wieder zum Schritt durch.

»Ich frage mich, wieso die Ställe der Familie von Tiburti ein solches Pferd beherbergen«, sagte er. »Warum haben Sie ausgerechnet dieses für Ihr Vorhaben gewählt?«

»Es ist kein Pferd aus den Ställen meiner Familie. Ich war gezwungen, mir anderweitig Pferd und Wagen zu besorgen.«

»Am Ende haben Sie noch Geld dafür bezahlt, obwohl man Ihnen einen Sack voll Taler Schmerzensgeld hätte geben müssen.« Emilius schnalzte mit der Zunge.

Ob das dem Grauen galt oder ihr, weil sie sich beim Pferdehandel hatte übertölpeln lassen, vermochte Conrada nicht zu entscheiden.

»Ich möchte Sie einmal sehen, wenn Sie gezwungen sind, sich in allergeringster Zeit ein Transportmittel zu beschaffen«, wehrte sie sich.

»Ich versuche, Derartiges zu meiden, und bisher ist es mir immer gelungen.«

»Sie sind auch ein Mann!« Nach diesen wenig erhellenden Worten versank Serafina wieder in brütendes Schweigen.

»Dem widerspreche ich nicht.« Emilius tippte den Grauen erneut mit der Peitsche an. »Dieses Biest taugt zu nichts anderem, als sich auf der Weide den Bauch vollzufressen oder zu Wurst verarbeitet zu werden.«

»Sie sind einfach … Sie halten sich wohl für besonders schlau.« Serafina funkelte ihn an, als hätte sie ihn am liebsten vom Wagen gestoßen.

»Nicht sehr. Aber ich maße mir an, einigen Pferdeverstand zu besitzen. Diesen Gaul müssen Sie schleunigst wieder loswerden, wenn wir weiter wollen als bis Pirna.«

Conrada war sich nicht sicher, ob er tatsächlich ›wir‹ gesagt oder sie sich verhört hatte. »Das werden wir noch sehen«, sagte sie schließlich und ärgerte sich, weil ihr keine spritzigere Antwort einfiel.

In der Dämmerung machten sie Halt in Pillnitz. Das einzige Gasthaus überließ ihnen ohne lästige Fragen zwei Zimmer, nachdem Emilius Conrada kurzerhand als seine Schwester und Serafina als deren Gesellschafterin ausgegeben hatte. Auf seinen Wunsch hin wurde ihnen heißes Wasser auf die Zimmer gebracht, und eine Magd nahm sich seiner Kleidung an, um den Schmutz herauszubürsten. In einem bis zu den Knien reichenden Hemd und Strümpfen wartete Emilius dicht neben dem Ofen und fragte sich, wo hinein er gestolpert war. Dazu trank er kleine Schlucke warmen dunklen Biers aus einem Deckelkrug. Das Bier der Landgasthöfe war der einzige Grund, sie aufzusuchen. Dieses schmeckte würzig nach Waldmeister und zog eine warme Spur durch seinen Leib.

Er witterte ein Abenteuer, wenn sich ihm eines bot. Zwei vornehme Damen mit einer derartigen Schindermähre waren sicher geradewegs auf dem Weg in eine heimliche Unternehmung. Genauso offensichtlich war aber auch, dass sie die Hilfe eines Mannes benötigten, um nicht unterzugehen.

Serafina und Conrada machten in dem ihnen zugewiesenen Quartier ausgiebigen Gebrauch von dem Waschwasser, das am Ende eine ackerbraune Färbung annahm.

»Ich fühle mich wieder wie ein Mensch«, seufzte Serafina, als sie ihr Busentuch feststeckte. »Wenn erst einmal der Ofen richtig in Gang gekommen ist, werden wir es gemütlich haben.«

Conrada machte sich Gedanken über Emilius von Kobsdorff. Sah er sich wirklich als ein Teil ihres Unternehmens? Sie fühlte das Bedürfnis, die Verantwortung abzugeben, und schalt sich dafür eine dumme Gans. Es hatte noch nicht einmal richtig begonnen, und schon sehnte sie sich nach der Hilfe eines Fremden.

»Hast du es auch so verstanden, dass der junge Herr von Kobsdorff bei unserem Unternehmen mittun will?«, fragte sie Serafina.

»Pah!«, erwiderte die sofort. »Der soll hübsch seiner Wege ziehen und seine losen Reden mitnehmen. Wir brauchen ihn nicht.«

»Er könnte uns helfen.«

»Bisher habe ich nur gehört, wie er an allem etwas auszusetzen hatte. Ohne den sind wir besser dran.«

Conrada war anderer Meinung, obwohl ihr selbst nicht klar war, warum. Bisher hatte Emilius von Kobsdorff an ihrem Unternehmen kein gutes Haar gelassen. Dass sie in männlicher Begleitung immerhin ohne Probleme diese beiden Zimmer hatten mieten können, fiel kaum ins Gewicht.

Der Ofen kam in Gang, und ihr wurde wärmer. Als sie versuchte, ihre wirren Gedanken Serafina zu erklären, winkte die ab. »Wirtsleute schielen nur auf das Geld. Deshalb stellen sie keine Fragen, wenn ein Mann mit einer Handvoll Taler winkt und den Vornehmen gibt. Wenn wir in Stolpen sind, wird er uns nichts mehr nützen. Wahrscheinlich wird er uns

an die Amtspersonen verraten, sobald er erfährt, was wir vorhaben.«

»Er scheint mir keiner zu sein, der mit Amtspersonen gemeinsame Sache macht.«

»Bei den vornehmen Herren weiß man nie«, erwiderte Serafina.

KAPITEL X
· 1731 ·

Angetan mit ausgebürsteten Kleidungsstücken verließ
Emilius das Gasthaus und schlenderte über den Hof zum
Stall. Dort waren Attilas und der Graue in zwei Ständern ne-
beneinander untergebracht. Vor ihnen hingen Netze, die nur
noch ein paar Heuhalme enthielten. Emilius trat zu seinem
Hengst und klopfte ihm den Hals.

»Das ist nicht gerade die Gesellschaft, die du gewohnt bist,
aber für eine Nacht wird es gehen. Die Damen werden in ihr
Unglück laufen, was immer sie sich vorgenommen haben.
Das kann kein anständiger Mann mit seinem Gewissen ver-
einbaren.«

Attilas stupste Emilius an der Schulter an.

»Du hast vollkommen recht«, sagte dieser. »Wenn du mit
einer unwürdigen Unterkunft vorliebnehmen musst, sollst du
wenigstens keine Not leiden.« Er füllte das Netz mit Heu und
brachte es zu Attilas zurück.

Der Graue machte einen langen Hals, und Attilas legte
warnend die Ohren an.

»Ach, was soll's«, sagte Emilius, schob den Kopf des
Grauen beiseite und füllte auch dessen Netz.

»Du sollst nicht zuschauen«, murmelte er, als der Graue die
ersten Halme zermalmte, und strich ihm über die Nase.

Nachdem beide Pferde zufrieden kauten, verließ er den Stall wieder. Einen Heuhalm zupfte er noch aus Attilas' Vorrat und steckte ihn sich zwischen die Lippen. Vor dem Stall blieb er stehen und blickte in den Himmel, blank gefegt von den Wolken, die tagsüber das Wetter eingetrübt hatten. Höchstens drei Tage würde es noch dauern bis zum Neumond. Der Schein reichte jedoch aus, ihn die Konturen des Gasthauses erkennen zu lassen. Eine Laterne neben der Eingangstür spendete zusätzliches Licht. Emilius kaute auf dem Heuhalm herum und betrachtete das Haus. Außer dem würzigen Bier hatte es keine weiteren Vorzüge zu bieten. Er bezweifelte auch, dass er in dem schmalen Bett gut schlafen würde. Jedenfalls verspürte er keine große Lust, es aufzusuchen, um sich an dem schmalen Holzrahmen ständig die Ellenbogen zu stoßen.

Auf einmal wurde Emilius' Blick von etwas angezogen. Eines der Fenster im ersten Stock wurde geöffnet, und die Fensterflügel klappten gegen die Wand. Gleich darauf schaute jemand heraus, aber das Licht reichte nicht aus, denjenigen zu erkennen. Die Gestalt schien einigermaßen drall zu sein, denn es fiel ihr nicht leicht, aus dem Fenster zu steigen.

Die Person schob das erste Bein aus dem Fenster, das zweite folgte, und dann stand sie als dunkle Silhouette auf der Galerie, die im Obergeschoss einmal um das gesamte Haus lief. Es schien eine Frau zu sein. Emilius' Interesse war endgültig geweckt. Er spuckte den Halm aus und schob die Hände in die Rocktaschen.

Die Person auf der Galerie bewegte sich bedächtig vom Fenster fort zu einer Schmalseite des Gasthauses und verschwand aus seinem Blickfeld. Leise huschte Emilius zur links von ihm stehenden Scheune, verbarg sich in deren Schatten. Von der Ecke aus hatte er einen guten Blick auf die Giebelseite des Gasthauses. Es war dunkler, weil das Licht der Laterne fehlte, aber es reichte aus, um die Gestalt auf der Galerie zu erkennen. Sie schwang ein Bein über die Brüstung, tastete mit dem Fuß nach einem Halt.

Emilius sah es jetzt als seine Pflicht an, zum Haus zu eilen und seine Hilfe anzubieten.

Er stellte sich direkt unter die Galerie. Die Person hatte inzwischen die Brüstung überwunden und schaute nach unten. Die Distanz bis zum Hof betrug etwa eineinhalb Mannslängen.

»Ich rate davon ab, zu springen«, sagte Emilius leise. »Komfortabler sind allemal die Treppen und die Tür. Letztere ist nicht abgeschlossen.«

Er hörte einen unterdrückten Aufschrei. Gleich darauf rutschte ein Fuß von der Brüstung, dann auch der zweite. Er ahnte, um wen es sich handelte.

»Halten Sie aus, ich suche eine Leiter«, rief er leise und rannte über den Hof in Richtung Stall. Dort musste es Leitern geben, um auf den Heuboden zu gelangen.

Er fand sofort eine. Sie lehnte neben der Tür an der Wand. Emilius packte sie und schleppte das überraschend schwere Ding quer über den Hof, geriet dabei in eine Pfütze. Die dunkle Gestalt klammerte sich an die Brüstung und versuchte verzweifelt, mit den Füßen Halt auf der Galerie zu finden, rutschte aber immer wieder weg. Unter ihr lehnte Emilius die Leiter an die Wand.

»Hier, Sie können einfach runtersteigen«, rief er hinauf.

Ihr Fuß geriet auf eine Sprosse, gleich darauf auch der zweite. Emilius, der von unten alles beobachtete, atmete auf. Inzwischen zweifelte er nicht mehr, wer dort oben stand.

»Kommen Sie runter«, sagte er und legte so viel Freundlichkeit in seine Stimme, wie er für diese verrückte Narretei aufbringen konnte.

Als sich auf der Leiter nichts rührte, nur heftiges Schnaufen herunterdrang, seufzte er und stieg hinauf, bis er dicht hinter der zitternden Gestalt stand.

»Ich stehe hinter Ihnen und helfe Ihnen.«

Er hatte den Satz noch nicht zu Ende gesprochen, da fiel sie ihm beinahe in die Arme. Sprosse um Sprosse sorgte er dafür, dass sie sicher auf den Boden gelangten. Unten stützte sie sich schwer auf seinen Arm, mit der freien Hand hielt sie sich an der Leiter fest.

»Was in des Teufels Namen treiben Sie da oben, Mademoiselle Dhurokina?«, wollte er wissen. Jetzt sah er auch, dass sie einen Mantel trug und darunter offenbar ihr Nachtgewand. Dafür steckten ihre Füße in den festen Stiefeln, die sie auch tagsüber getragen hatte.

Bei der Erwähnung des Teufels bekreuzigte sie sich und funkelte ihn an. Aber sie stützte sich weiterhin auf seinen Arm. »Sie haben mich erschreckt. Tauchen in der Dunkelheit auf und sprechen mich an. Mir ist beinahe das Herz stehengeblieben.«

»Und ich habe mich gefragt, wie Sie von dort oben in den Hof kommen wollten. Was hat Sie auf die verschrobene Idee gebracht, das Haus auf diese Weise zu verlassen?«

»Das muss ich Ihnen nicht sagen.«

»Mir nicht. Aber die junge Mademoiselle von Tiburti wird mehr Recht auf eine Erklärung haben als ich.« Er bemerkte Serafinas Zusammenzucken bei seinen letzten Worten. »Sie hätten sich einen Arm, ein Bein oder den Hals brechen können.«

»Machen Sie sich keine Sorgen um mich. Ich wäre zurechtgekommen.«

Emilius machte sich bereit, ihren Arm loszulassen. »Erlauben Sie mir die Frage, ob Sie Ihren Weg zu Fuß beginnen oder den Grauen einspannen und mit dem Wagen wegfahren wollen?«

»Das ist …« Serafina klappte den Mund auf und wieder zu.

»Sie wollten doch nicht in die Nacht hinauslaufen. Eine Frau alleine, was da alles passieren kann.«

»Ach, Sie haben recht, Herr von Kobsdorff. Das war eine Idee bar jeder … Aber Conrada war … Sie haben Ihr Scherflein zu dieser Situation beigetragen, das wissen Sie hoffentlich.«

»Ich nehme jede Schuld auf mich, die Sie mir geben wollen.« Emilius deutete eine Verbeugung an. »Aber sagen Sie mir wenigstens, was Sie vorhatten, damit ich mich angemessen schämen kann. Wollten Sie heimlich einen Herrn treffen, der nun vergeblich wartet?«

»Sie sind einfach unverbesserlich.«

Emilius hörte ein Lächeln in ihrer Stimme und atmete auf. »Ich werde niemandem verraten, wie wir aufeinandergetroffen sind. Das Ehrenwort eines Edelmannes.«

Serafina seufzte. »Ich wollte jemanden befreien. Eigentlich wir beide, aber nun bin ich mir nicht mehr sicher, ob sie noch …«, haspelte sie. »Eine Verwandte Conradas. Sie wird seit Jahren unrechtmäßig festgehalten.«

Emilius war verblüfft. Er hatte viel erwartet, aber Derartiges nicht. Er brachte es nur fertig zu fragen: »In Pirna?«

»Dort doch nicht«, wies sie ihn streng zurecht. »Diese arme Person ist von aller Welt vergessen, das beweist mir Ihre Unwissenheit. Es ist zudem am besten, in Fluchtpläne nicht mehr Leute einzuweihen als unbedingt nötig.«

»Nicht einmal Mademoiselle von Tiburti wollten Sie einweihen. Dabei handelt es sich um ihre Verwandte. Hat sie da nicht ein Wörtchen mitzureden?« Emilius hatte seine Sprache wiedergefunden und glaubte auch zu wissen, wem zur Flucht verholfen werden sollte.

Ein komplett undurchführbarer Plan!

Einer, bei dem es sich mitzutun lohnte! Der Erfolg wäre

ein angemessenes Schnippchen für den Kurfürsten, wo dieser ihm so viel Ungemach bereitete.

»Es war Conradas Idee. Inzwischen bin ich mir nicht mehr sicher … Es liegt an Ihnen!«

»Ich werde nicht nur kein Wort sagen, sondern Ihnen bei Ihrem Fluchtplan helfen. Zwei Köpfe denken besser als einer.« Er hielt ihr die Rechte hin, die sie sofort ergriff und kräftig schüttelte.

Zum Frühstück wurden dünne Suppe, eingelegte Zwiebeln, kleine Scheiben Fleisch und große Scheiben eines dunklen Brotes gereicht. Emilius rückte für die Damen die Stühle zurecht und setzte sich dann ihnen gegenüber hin. Serafina zwinkerte ihm zu, ehe sie ihm fürsorglich eine der Fleischscheiben auf den Teller legte.

Conrada beobachtete das und hatte das Gefühl, zwischen den beiden bestehe auf einmal ein geheimes Einverständnis. Den Grund dafür konnte sie sich nicht erklären. In der Nacht war sie aufgeschreckt und musste feststellen, dass Serafina nicht in ihrem Bett lag. Erst etliche Zeit später kam sie und entschuldigte sich, auf dem Abtritt gewesen zu sein. Danach hatte Conrada nicht mehr einschlafen können, während Serafinas ruhige Atemzüge bald zu ihr herübergeklungen waren.

Sie war sich auch jetzt noch nicht sicher, ob sie Emilius in ihre Pläne einweihen sollte. Unentschlossen schaute sie auf und musste erneut entdecken, wie ihre Vertraute mit dem jungen Mann Blicke wechselte. Wenn es nicht völlig unmöglich gewesen wäre, konnte man auf den Gedanken kommen, Serafina hätte sich bezaubern lassen.

Dann kamen die Worte wie von selbst. »Herr von Kobsdorff, ich bin dankbar für alles, was Sie für uns getan haben. Ohne Sie hätten wir die Nacht auf einem schlammigen Kreuzweg verbringen müssen.«

»Sie übertreiben«, warf Emilius ein und kaute dabei auf einem Stück des dunklen Brotes.

»Allein wären wir dort nicht weggekommen«, wiederholte Conrada mit fester Stimme. »Dafür schulden wir Ihnen Dank, und Sie haben auch eine Erklärung verdient, durch welche Umstände wir in diese Lage gekommen sind. Diese muss ich Ihnen schuldig bleiben. Wir sind beide zu einem Ziel unterwegs, von dem Sie besser nichts wissen. Ich sage das, um Sie vor Ungelegenheiten zu bewahren.«

»Conrada!« Serafina hielt die Gabel mit dem Viertel einer eingelegten Zwiebel auf halben Weg zum Mund.

»Es muss sein, liebe Freundin.«

»Äffchen, du hast am Abend anders gesprochen.«

Conrada zuckte zusammen. Was musste der junge Herr von Kobsdorff bei diesem Kosenamen von ihr denken? Er war der Letzte, der ihn hätte hören sollen. Derweil verzehrte er augenscheinlich unbeteiligt sein Frühstück.

»Du aber auch«, sagte Conrada wenig geistreich.

»Das war am Abend, jetzt ist ein neuer Tag. Du musst Herrn von Kobsdorff nicht schonen. Er kennt unseren Plan.« Die Polin beschäftigte sich intensiv damit, Butter auf eine Scheibe Brot zu streichen.

Was war mit Serafina passiert? Am Tag zuvor hätte sie den jungen Herrn am liebsten davongejagt, und nun kannte er auf einmal den Plan. Beide widmeten sich betont gleichgültig dem Frühstück.

Schließlich schaute Emilius auf. Seine braunen Augen blitzten sie fröhlich an. »Ich habe das Ehrenwort eines Edelmannes abgelegt, nichts zu verraten. Lassen Sie mich Ihnen bei der Befreiung Ihrer Verwandten helfen. Das kommt meinen eigenen Plänen entgegen. So sehr, dass ich mich frage, warum ich nicht selbst auf diese schöne Idee gekommen bin.«

Seinem treuherzigen Blick konnte Conrada nicht widerstehen.

»Einverstanden!«, sagte sie und streckte die Hand aus. Emilius' Finger schlossen sich kräftig um ihre. »Aber ich muss Sie warnen, dass es sehr gut möglich ist, dass Sie einige amtliche Nachteile erleiden können, wenn unser Plan nicht gelingt.«

»Sie meinen Dinge wie lebenslang Kerker oder den Tod am Galgen? Das nehme ich in Kauf. Es sind süße Aussichten im Gegensatz zu dem, was mich erwartet.« Er drückte Conradas Hand fester. Die Wärme seiner Finger schenkte ihr Zuversicht.

Serafina legte ihre Hand noch darauf, um ihren Pakt zu besiegeln.

Anna Constantia von Cosel · 1706 und 1707

Meine Augen wollten sich nicht öffnen, und als es mir endlich einen Spaltbreit gelang, erkannte ich nur verschwommene Schlieren. Dann schloss ich die Augen wieder.

Beim nächsten Mal hörte ich Stimmen, und als ich diesmal die Augen öffnete, saß jemand neben mir. Das Gesicht nur ein heller Fleck unter einem ausladenden Gebilde, das ich für eine Haube hielt. Die Person wischte mir mit einem kühlen wohlriechenden Lappen über das Gesicht.

Ich fühlte mich leer, so leer.

Mit meinem Leib war etwas geschehen. Nun war da nur noch – Leere.

Auf einmal begriff ich es. Ich öffnete die Augen und richtete mich auf. Die Person neben mir ließ vor Schreck den Lappen fallen. Ich wollte sie am Arm packen, griff aber daneben.

»Mein Kind! Was ist mit meinem Sohn?«, fragte ich mit einer Stimme, die in meinen Ohren fremd klang. Kratzig, als käme sie nicht aus meinem Mund. Ich blickte mich hektisch nach einer Kinderwiege um.

»Gnädige Frau, verehrte Frau Gräfin, ich bitte sehr, Ihr dürft Euch nicht aufregen. Das schadet Euch. Ihr seid noch schwach und benötigt Ruhe. Der König wurde benachrichtigt.«

Ich kannte die Stimme, aber der Name fiel mir nicht ein.

»Was ist mit meinem Sohn?«, wiederholte ich stur. »Ich will ihn sehen.« Allmählich klärte sich mein Blick, und ich erkannte in der Frau meine Kammerjungfer. Mich beschlich ein ungutes Gefühl.

»Ach Gottchen! Gnädige Frau, verlangt das nicht von mir. Ich bringe es nicht übers Herz.«

»Was bringt sie nicht über das Herz?«

»Dass gerade ich diejenige sein muss, es Euch zu sagen.« Sie hob den Lappen wieder auf und wickelte ihn sich um die Finger.

Mir wurde heiß und kalt, und endlich klärte sich mein Blick. Er irrlichterte durch meine Schlafstube im Palais auf dem Taschenberg. Im Kamin loderte ein Feuer, alle Fenster waren geschlossen und die Vorhänge zugezogen.

»Was ist mit meinem Sohn?«, schrie ich.

In diesem Moment wurde die Tür aufgerissen. Der König stürmte herein und an mein Bett. Ich bemerkte noch, wie mein Kammermädchen leise den Raum verließ und die Tür hinter sich zuzog.

»Du lebst!«, rief er aus, und seine Stimme donnerte durch den Raum. Er ließ sich auf die Matratze fallen und griff nach meinen Händen. »Dem Herrn sei Dank, du bist wieder bei mir. Tagelang habe ich um dich gefürchtet, an deinem Bette ausgeharrt, ohne einmal den Blick von dir zu wenden. Dann einmal zum Abtritt geeilt, und du wachst auf, du weißt wirklich, wie du dich in Szene setzen kannst, geliebte Constantia.« Er lachte und weinte zugleich, bedeckte meine Hände mit Küssen. »Ich halte jede Wette, dass noch niemand so schnell von Lichtenburg nach Dresden geritten ist wie ich, nachdem mich die Nachricht von deiner«, er zögerte, »von deiner … Unpässlichkeit erreichte.«

»Tagelang«, echote ich matt.

»Die Bande von Hofärzten wusste sich keinen Rat mehr, als dich schlafen zu lassen und dir Stärkungstees einzuflößen. In den Kirchen wurde für dein Wohl gebetet, und der Strom von Besuchern im Vorzimmer, die sich nach deinem Befinden erkundigen wollten, riss nicht ab.«

Der König redete und redete.

»Was ist mit meinem Sohn?«, unterbrach ich ihn. Meine Worte ließen den König erstarren. »Warum sagt mir niemand etwas?«

Friedrich August seufzte und gab sich einen Ruck. »Unser Sohn wurde tot geboren. Die Ärzte fürchteten, dich könnte das gleiche Schicksal ereilen, so viel Blut hast du verloren.«

Von der Rede hörte ich nur, dass ich ein totes Kind zur Welt gebracht hatte. Einen Sohn, aber er hatte nicht leben dürfen, der kleine Prinz. Ein Weinkrampf schüttelte mich. Friedrich August hielt mich im Arm, streichelte meinen Rücken und murmelte zarte Worte in mein Ohr, während ich weinte, bis mich die Kraft verließ.

Er wischte mir das Gesicht ab und hielt mir eine Tasse mit einem bitteren Trank an die Lippen. Einige Schlucke zwang ich meine Kehle hinunter, ehe ich die Tasse wegstieß. Wie tot lag ich in des Königs Armen.

»Wir werden andere Kinder haben, Constantia. Kleine Prinzen und Prinzessinnen. Sie werden leben, und wir werden stolze Eltern sein. Der König und seine zweite Frau.« Er drückte mich an sich. »Dafür musst du leben, denn ich kann ohne dich nicht sein.«

Ich wollte es, dennoch fühlte ich mich noch viele Wochen lang wie ein leeres Gefäß. Wann immer ich eine Hand auf meinen Leib legte, flossen die Tränen. Der König war in dieser Zeit sehr rücksichtsvoll zu mir. Lange Stunden saß er bei mir, hielt meine Hände, sprach zärtlich mit mir von den Kindern, die wir noch haben würden, von ihren frischen, glänzenden Gesichtern. Er malte sie mir genau aus, als säßen sie nebenan im Raum und warteten darauf, vorgelassen zu werden.

Zu seinen Worten nickte ich, wollte mich auf diese zukünftigen Kinder genauso freuen wie er. Ich konnte jedoch meinen toten Sohn nicht vergessen, kein anderes Kind könnte ihn je ersetzen.

Mich trieb auch die Sorge um, der König könnte ungeduldig mit mir werden, wenn ich nicht bald ein fröhliches Gesicht zeigte. Ich lächelte deshalb strahlender, als ich mich fühlte, und gab mich munterer, als mir zumute war. Die Ratschläge der Ärzte befolgte ich, ruhte, schluckte ihre bittere Medizin und erlaubte ihnen, mich zur Ader zu lassen. Wie es in mir aussah, fragte nicht einer von ihnen.

Bald gab ich auf Wunsch Friedrich Augusts ein erstes Mittagessen für Gäste, das sich bis weit in den Nachmittag hinein zog und mich über alle Maßen erschöpfte. In meinen Vorzimmern standen sich wieder die Besucher die Füße platt, und ich wagte es nicht, einen davon fortzuschicken, aus Angst, Friedrich August könnte davon erfahren.

Im April 1707 war ich längst wieder auf den Beinen. Das fröhliche Gesicht und mein Lachen, das ich Friedrich August und der Welt zeigte, musste ich immer weniger vortäuschen. Meinen toten Sohn vergaß ich nicht, aber die Freude kehrte in mein Leben zurück.

Die Schweden standen weiter in Sachsen, aber der König war bei mir, und für mich schien die Sonne. Gemeinsam mit ihm saß ich wieder über Plänen für den Umbau meines Palais auf dem Taschenberg. Rings um das Haus hatte Friedrich August weitere Häuser und Grundstücke erworben und zu einem großen Teil bereits abreißen lassen. Mit der Erweiterung des Palais hatte er Matthäus Daniel Pöppelmann beauftragt, einen jungen Mann, auf dessen Schultern ein genialer Kopf saß.

Es lagen auch schon ein Grundriss und eine Ansicht des Palais vor uns ausgebreitet auf einem Tisch. Das Haupthaus sollte gekrönt werden von einem hohen Dach mit zwei weiteren Ebenen für Dienstbotenkammern, denn davon würde ich eine Menge benötigen, um das Haus in all dem Glanz erstrahlen zu lassen, den es verdiente. Für die dem Schloss zugewandte Seite plante Friedrich August Balkone und reichen Fensterschmuck an Simsen und Rahmen.

»Aber das Beste ist das hier!« Er tippte auf etwas, dessen Bedeutung mir nicht klar war. Es sah aus wie eine Tür im ersten Geschoss, aber es gab keinen Balkon davor.

»Was soll das werden?«, fragte ich, schaute ihn von unten her an und wusste um die verführerische Wirkung meines Blickes.

Friedrich August lächelte mich an. »Das wird ein Gang, schöne Constantia.«

Augenblicklich verstand ich, aber ich spielte mein Spiel weiter. »Ein Gang?«

Er lachte. »Der führt von meinen Räumen in deine, damit ich in der Nacht ungesehen zu dir kommen kann.«

»Das … das ist ganz wunderbar, mein König.« Ich gab mich überrascht und kuschelte mich in seine Arme. »Ihr könnt jede Nacht zu mir kommen wie ein Mann zu seiner Frau, und niemand erfährt etwas davon. Die Höflinge werden noch vor

Langeweile sterben, weil sie gar nichts mehr haben, woran sie ihre Zungen wetzen können.«

»Dann werden wir auch bald einen Sohn haben.«

Ich freute mich über seinen Plan, erkannte darin einen Beweis der Liebe eines Mannes zu seiner Frau.

Die Leipziger Frühjahrsmesse sah den König und mich wieder in der Stadt in seinem Haus am Markt. Die Kurfürstin hielt sich in dieser Zeit in Torgau auf. In der Nähe sammelten sich auch die sächsischen Truppen, die Friedrich August nach Holland schicken musste, so lautete eine der Bedingungen des Friedensvertrages mit Schweden. Unter den Offizieren befanden sich meine beiden Brüder Christian Detlev und Joachim. Ihnen hatte ich sächsische Offizierspatente besorgt, von denen sie guten Gebrauch machten.

Sie kamen an einem Abend nach Leipzig und nahmen mit mir das Abendessen ein. Sechs Gänge mit einigen Zwischengerichten hatte ich vorbereiten lassen. Ein bescheidenes Abendessen für uns drei. Die beiden langten zu. Christian Detlev nahm sich zum dritten Mal von einer Pastete mit Pilzen und Lammfleisch. Ich schob die Schüssel in seine Richtung.

»Wie geht es zu Hause?«, fragte ich dabei. »Kann ich etwas tun, um zu helfen?«

»Was willst du tun?« Christian Detlev sprach mit vollem Mund. »Du weißt, wie Vater ist. Er will keine Hilfe annehmen, und mit jedem Jahr wird er sturer.«

»Aber der König ...« Ich meinte den dänischen König Frederik, dessen Untertanen meine Familie waren. »Ich kann an seine Gnade und Güte appellieren, damit er Vater wieder in seine Rechte einsetzt. Das Gut ist Vaters Leben.«

Joachim lachte auf und biss in einen ausgehöhlten und mit Weißfisch gefüllten Kohlrabi, dass es knackte. »Ha, mit Frederik hat Vater es sich gründlich verscherzt. Wie du da noch etwas retten willst, ist mir schleierhaft. Vater hat es aber auch gar zu toll getrieben. Im Mittelalter konnte ein Lehnsherr vielleicht mit seinen Bauern umspringen, wie er wollte, aber doch nicht mehr in unserer aufgeklärten Zeit. Jetzt muss man reden, statt die Waffen sprechen zu lassen.«

»Die Bauern haben auch nicht geredet.« Aus den Briefen meiner Mutter wusste ich, dass alles damit begonnen hatte, dass Vater drei Bauern das Land weggenommen hatte, um es zu einem neuen Meierhof zu vereinigen, auf dem viel besser gewirtschaftet werden konnte, als auf den winzigen Höfen. Die Bauern hatten das jedoch nicht hinnehmen wollen.

»Die haben sich zusammengerottet und Zäune zerstört. Sie haben den neuen Meierbauern mit Drohungen gehindert, seine Felder zu pflügen«, gab ich zum Besten, was ich aus den Briefen meiner Mutter wusste.

»Das sind Bauern. Die wissen es nicht besser. Vater hätte klüger sein sollen«, sagte wieder Christian Detlev.

»Und sich von Bauern an der Nase herumführen lassen? Das kann niemand von ihm verlangen.«

»Er hätte nicht gleich mit einem Dutzend Bewaffneter hinreiten und herumbrüllen müssen. Es war doch klar, dass die Bauern in ihrer Wut nicht auf ihn hören würden.«

»Was hätte er tun sollen?«, fuhr ich Joachim an.

Der schwenkte beim Reden ein Hühnerbein, von dem er hin und wieder abbiss. »Was weiß ich.«

»Er hätte nicht gleich einen erschießen müssen, nur weil der einen Schritt auf ihn zuging und nicht vor ihm in den Staub gefallen ist. Dann hat er noch andere verwundet. Wundert es dich da, wenn die Bauern sich an den dänischen König wenden und der dem Vater diese Sache nicht durchgehen lassen will?« Dies kam von Christian Detlev.

Ich verstand meine Brüder immer weniger. Wann waren sie

derartig bequem und weich geworden? Natürlich hatte Vater sich gegen die Unbotmäßigkeit der Bauern zur Wehr setzen müssen. Sie schuldeten ihm Respekt und durften sich unter keinen Umständen gegen ihn auflehnen.

»Die Sache hätte vielleicht noch gut werden können«, sprach Christian Detlev weiter, »wenn Vater sich wenigstens nicht gegen die königlichen Truppen aufgelehnt hätte, die Frederik nach dem Tod des Bauern schickte.«

»Er ist geflohen! Auflehnung sieht in meinen Augen anders aus.« Ich hatte nichts mehr sagen wollen, aber es war mir einfach herausgerutscht.

»Du stehst immer auf seiner Seite, egal was Vater tut«, warf Joachim mir vor.

»Ich werde immer auf der Seite desjenigen stehen, der seine Rechte verteidigt.«

»Dabei unterschlägst du, dass der Offizier der Truppen zunächst einen Brief an Vater geschrieben und ihn zur Unterwerfung unter das königliche Urteil aufgefordert hatte. Du kannst dir die Antwort unseres alten Herrn denken.«

Das konnte ich.

»Vater musste fliehen. Die Grenadiere besetzten das Gutshaus und arretierten alle. Wir können nur froh sein, dass Holstein ein trockenes und warmes Frühjahr hatte, sonst hätte Vater sich auf seiner Flucht noch den Tod geholt.«

König Frederik hatte eine Kommission eingesetzt, die die Grenzen der Höfe neu vermessen sollte, um festzustellen, ob die Bauern im Verhältnis zu ihren Dienstpflichten genügend Ackerfläche hatten. Das wusste ich wiederum aus einem Brief meiner Mutter. Als Ergebnis legten die Mitglieder der Kommission fest, dass die Bauern nur noch vier statt täglich acht Leute zur Arbeit auf dem Gut abstellen sollten.

»Vater kann von Glück reden, vom Vorwurf des Totschlags freigesprochen worden zu sein«, sagte Joachim.

»Aber das Gut ist er los, und eine Strafe muss er auch noch zahlen«, warf ich ein. Die Verwaltung des Gutes hatte König Frederik ihm nicht zurückgegeben, obendrein musste er viertausend Reichstaler an den König und weitere zweitausend für fromme Zwecke zahlen.

Christian Detlev wiegte den Kopf. »Schon als Herr auf Gut Depenau hätte Vater das Geld nicht aufbringen können, nun wird es ihm gar nicht mehr gelingen. Nicht ohne Hilfe.« Mein Bruder sah mich an.

Der Abend endete in frostiger Atmosphäre. Meine Brüder besaßen keine sechstausend Taler, wahrscheinlich nicht den zehnten Teil davon. Ich ärgerte mich über ihre Sorglosigkeit, weil sie nicht einmal versuchten, unserem Vater zu helfen. Sie verdankten ihm alles, und nun taten sie, als gingen seine Nöte sie nichts an.

Als Friedrich August und ich unbekleidet, verschwitzt und herrlich erschöpft unter dem Laken lagen, fragte ich ihn nach sechstausend Talern.

»Wofür brauchst du so viel Geld, Geliebte? Gebe ich dir nicht genug für alle deine Bedürfnisse?«, wollte er träge wissen.

Nach der Liebe war Friedrich August immer in besonders nachgiebiger Laune, deshalb hatte ich diesen Augenblick gewählt.

»Ihr gebt mir wirklich mehr als genug, mein geliebter König. Das Geld ist für ein Mitglied meiner Familie, das unverschuldet in Not geraten ist. Um sich freizukaufen.«

»Dein Verwandter sitzt im Arrest?«

»Schlimmer!«, antwortete ich.

»Er muss seinen Kopf retten?«

Friedrich Augusts Interesse war erwacht, und jetzt galt es, ihn zu fesseln.

»Das Wichtigste überhaupt: seinen guten Ruf. Das ist er seinem Stand schuldig.«

»Wenn das so ist, Constantia, bring mir Feder, Tinte und Papier.«

Ich holte das Gewünschte und musste dann meinen nackten Rücken als Tisch darbieten. Der König schrieb die Anweisung über sechstausend Taler eigenhändig.

KAPITEL XI
· 1731 ·

*I*n Stolpen gaben sich Conrada und Emilius als Geschwister aus. Ihre Vornamen behielten sie bei und stellten sich mit dem Nachnamen von Amhaus vor. Serafina gaben sie als Conradas Begleiterin aus. Sie mieteten das kleine Haus eines Leinenwebers, das zuvor dessen verstorbene Mutter bewohnt hatte. Es verfügte nur über eine Schlafstube, die Conrada bezog, und verschiedene Kammern, die Emilius und Serafina unter sich aufteilten. Die Betten waren zu kurz und zu schmal für den an mehr Komfort gewöhnten Herrn. Er maulte, fügte sich aber.

Als Grund für ihren Aufenthalt in Stolpen nannte Emilius eine Erbschaftsangelegenheit, die die Familie bereits in der dritten Generation beschäftige. Ihrem Vermieter erzählte er eine lange und verwickelte Geschichte, in dem die Worte Testament, Zusatzklausel, Pfandraten und Kreditbriefe zur Genüge vorkamen. Und dies wäre seit fünfzehn Jahren der erste Versuch, mit der Gegenseite zu einer Verständigung zu kommen. Als neutralen Verhandlungsort hätte man sich auf die Burg Stolpen verständigt. Er könne jetzt nur hoffen, dass die andere Seite auch komme und nicht alles umsonst gewesen sei.

Der Leinenweber schüttelte den Kopf über so viel Familienzwist. Die Geschichte machte in Stolpen die Runde und führte dazu, dass der Amtsschreiber Friedrich Conradi am selben Tag bei ihnen vorsprach. Im Verlauf des Gesprächs gab er sich als rechtskundige Person zu erkennen, der bei der Formulierung einer Vereinbarung gerne behilflich sein wolle. Gegen klingende Münze.

Conrada und Emilius verabschiedeten ihn höflich mit dem Hinweis, die Familie verfüge über eigene Notare, die ihr Kommen zugesagt hatten, sollte eine Vereinbarung möglich erscheinen.

»Wir haben verabredet, zunächst ohne rechtskundige Männer zu beraten, um vollkommen unbelastet zu sprechen. Diese Erbschaft soll nicht noch die nächsten drei Generationen beschäftigen«, gab Emilius ihm freundlich mit auf den Weg.

»Ihre Zunge ist flinker als jede andere, der ich in meinem Leben begegnet bin«, sagte Conrada in einer Mischung aus Bewunderung und Skepsis. Heimlich gestand sie sich ein, dass sie sich nie eine derartig famose Geschichte hätte ausdenken können.

»Wird es nicht auffallen, wenn niemand zu Verhandlungen auf die Burg Stolpen kommt?«, wandte Serafina ein.

»Die Gegenseite ist noch nicht eingetroffen und wird es sich auch wieder anders überlegen. Das ist das Leben«, antwortete Emilius ihr fröhlich. »Zwischen Stadt und Burg besteht nur wenig Verkehr, aber uns gibt das die Möglichkeit, uns dort oben umzutun, ohne verdächtig zu wirken.«

»Schlau eingefädelt.« Serafina nickte zufrieden.

»Meine Schwester und ich wollen die Gunst der Stunde nutzen und uns in der Stadt umsehen, danach die Burg von außen in Augenschein nehmen.« Emilius bot Conrada den Arm. »Kommen Sie, liebes Schwesterlein. Von etwas Wind lassen wir uns nicht abhalten.« Er zwinkerte Conrada zu.

Sie legte eine Hand auf den dargebotenen Arm und ließ sich aus dem Haus führen.

* * *

Das Kammermädchen betrat meine Stube mit Hut, Mantel, Handschuhen und einer Stola über dem Arm. Sie knickste und sagte: »Für die gnädige Frau Gräfin ist ein Ausgang im Tiergarten vorbereitet. Die Herren warten vor der Tür.« Sie hielt mir den Mantel entgegen.

»Bei diesem Wetter!« Ich schaute zum Fenster. Davor herrschte ein grauer und windiger Märztag. Die Scheiben klapperten bei jeder Böe im Rahmen.

»Es wurde vor Tagen so festgelegt, weil ein Ausgang Euer Wunsch gewesen sei. So wurde mir gesagt.« Das Kammermädchen knickste.

Einmal etwas anderes zu sehen als diese Mauern, war natürlich mein Wunsch. Hauptmann Holm musste dafür eine Genehmigung in Dresden einholen, und dieser Mühe unterzog er sich nur gelegentlich. Er hatte vergessen, mich über den heutigen Spaziergang zu unterrichten. Ich könnte mich weigern, doch seine Rache bestünde darin, mich Monate oder Jahre auf den nächsten Spaziergang im Tiergarten warten zu lassen. Er war von solch kleinlicher Geisteshaltung.

Dem Kammermädchen gegenüber ließ ich mir nicht anmerken, dass ich nicht Bescheid gewusst hatte.

»Dann soll es eben so sein«, sagte ich und ließ mich von ihr einkleiden. Gegen den kalten Wind bestand ich auf einem zusätzlichen Umhang über dem Mantel.

Wie das Mädchen gesagt hatte, nahm mich Holm in Begleitung eines zweiten Offiziers vor meinem Kerker in Empfang. Sie begleiteten mich auch im Tierpark. Damit ich keine Gelegenheit erhielt, vielleicht mit einem Hirschen zu reden und ihn dazu zu bringen, einen Brief wohin auch immer zu befördern. Sie hatten so viel Angst vor meinen Briefen, dass es einfach nur lächerlich war. Das ärgerte mich und machte mich gleichzeitig stolz. Ich verfügte noch über so viel Einfluss, dass meine Schreiben gefürchtet waren.

Der Tiergarten war von einer hohen Mauer umgeben, allerdings war sie an verschiedenen Stellen eingefallen. Ein beim Klettern geschickter Mensch könnte sie dort überwinden. An jeder dieser Stellen standen jeweils zwei Soldaten – außen. Ich sah ihre hohen Mützen und Gewehre. Innen bewachten weitere Soldaten die Mauer. Alles in allem waren wohl mehr als zwanzig Menschen zugange, um mein Davonfliegen zu verhindern.

* * *

Zur selben Zeit trotzten auch Conrada und Emilius dem Wind. Untergehakt spazierten sie an der Festung entlang. Sie betrachteten die hohen Mauern.

»Was ist denn das da?«, fragte Conrada und deutete nach vorne. An einer Stelle standen zwei Soldaten mit geschulterter Muskete.

»Das wird der Tiergarten sein«, antwortete Emilius. Er schaute nicht einmal hin, sondern vergnügte sich weiter damit, die Geschichte der Familie von Amhaus auszuschmücken und sich immer neue Details für den Erbrechtsstreit auszudenken.

Conrada ging er damit gehörig auf die Nerven, aber ihre Versuche, ihn zu bremsen, waren gescheitert. »Die Soldaten meine ich.«

Das brachte den jungen Mann dazu, den Kopf zu heben und sich umzusehen. Die beiden Grenadiere standen weiterhin so starr da, als wären ihnen Stöcke an den Leib gebunden.

»Vielleicht gibt es eine Jagd, und die beiden bewachen die

Bresche, damit das Wild dort nicht entkommt.« Emilius'
Stimme klang sehnsuchtsvoll, als er von der Jagd sprach.

»Warum wird dann nicht geschossen, wenn es eine Jagd
ist?«

»Da haben Sie auch wieder recht, Schwesterlein.«

»Ich möchte nicht so genannt werden!«, giftete Conrada
zurück.

»Sie sind es aber nun mal, dann muss ich Sie auch so nennen dürfen. Wenn Sie mich anfauchen, hören Sie sich ganz
wie die Schwester an, die ich zum Glück nicht habe.«

»Wenn Sie keine Schwester haben, können Sie nicht wissen, wie sich eine anhört.«

»Ich habe Cousinen. Das reicht mir.« Emilius betrachtete die Soldaten, denen sie sich inzwischen auf ein Dutzend
Mannslängen genähert hatten. »Eine Jagd ist das auf keinen
Fall. Dazu ist es viel zu ruhig. So wie die beiden Kerle daste-
hen, halten die flüchtendes Wild nicht auf. Ich frage nach. Das
will ich wissen.«

Er zog Conrada mit sich, als er seine Schritte beschleunigte.

»Emilius! Mein Herr …«, widersprach sie.

»Bruder.«

»Das geht uns nichts an.«

Da war es schon zu spät, denn sie standen vor den Soldaten.
Die beiden verzogen keine Miene, schauten durch Emilius
und Conrada einfach hindurch.

»Eine Jagd kann es nicht sein«, begann er. »Ich frage mich,
was Sie beide bewachen? Es kann doch nicht angenehm sein,
bei diesem Wind hier zu stehen.«

Keine Reaktion. Oder hatte der eine mit den Augen ge-
zwinkert?

»Soll ich es selbst herausfinden?«

Emilius machte einen Schritt. Vor ihm kreuzten sich die beiden Musketen und versperrten ihm den weiteren Weg. Wenn

die Waffen geladen waren? Conrada fuhr der Schreck in die Glieder, Emilius dagegen stemmte die Hände in die Hüften.

»Das ist mir noch nie passiert, dass mir ein Weg mit Waffengewalt versperrt wurde. Einer Standesperson …«

»Bruder!« Das Wort kam Conrada nicht leicht über die Lippen. Sie zog an seinem Arm. »Diese Soldaten tun ihre Pflicht.«

»Und ich möchte wissen, worin die besteht.«

»Darüber dürfen sie bestimmt nicht reden. Jetzt lassen Sie uns zurückgehen, ehe der Wind uns völlig durchgepustet hat.«

Emilius ließ sich von ihr fortziehen. Er sprach erst wieder, nachdem sie etliche Längen zwischen sich und die Soldaten gebracht hatten.

»Ich sage Ihnen, was die da bewachen, Schwesterlein. Es wird die Gefangene sein.«

Diesmal störte Conrada sich nicht an der Anrede. »Wie kommen Sie darauf?«

»Wenn keine Jagd stattfindet, gibt es kaum einen anderen Grund. Da vorne stehen wieder welche.« Er deutete auf eine weitere Bresche in der Mauer, die ebenfalls von zwei Soldaten bewacht wurde.

»Sie werden nicht hingehen und fragen«, sagte Conrada sofort.

»Ihre Meinung von mir ist beklagenswert niedrig.«

»Sie beruht auf Erfahrung.«

»Und Ihre Zunge umso spitzer.« Emilius lachte auf. »Keine Angst. Um nichts in der Welt will ich mir Ihren Zorn zuziehen. Aber diese Ausflüge der Gräfin in den Tiergarten …« Er dachte mit zusammengezogenen Augenbrauen nach. »Wir rauben Ihre Verwandte bei einem dieser Spaziergänge und reiten mit ihr davon. Dazu brauchen wir Pferde, sehr schnelle Pferde. Da kenne ich jemanden.«

»Dazu brauchen wir eine Armee! Haben Sie nicht die Soldaten gesehen? Drinnen werden noch mehr sein.« Conrada schüttelte den Kopf.

»Eine Armee zu besorgen, wird länger dauern als ein paar Pferde. Ist aber möglich.«

Nun konnte Conrada nicht mehr anders als laut herauszulachen. »Emilius von Kobsdorff …«

»Sagen Sie Amhaus, solange wir hier sind.«

»Sie sind wirklich unmöglich.«

»Also keine Armee. Ich wäre so gerne einmal General gewesen.« Er sah gekränkt aus, aber gleich darauf hellte sich seine Miene wieder auf. »Wir treiben eine Herde Hirsche hinein, die für Verwirrung sorgen, und flüchten unterdessen mit der Gräfin.«

»Keine Hirsche!«

»Dann Rinder. Ein Schock oder mehr.«

Das wären beinahe einhundertfünfzig Tiere. So viele gab es wahrscheinlich im ganzen Amtsbezirk nicht. Conrada winkte ab. »Verschonen Sie mich mit Ihren kindischen Ideen, ich bekomme Kopfschmerzen davon. Wir gehen zurück, ich habe genug gesehen.«

Emilius kam ihrem Wunsch nach. Und schwieg dazu.

Anna Constantia von Cosel · 1707

Bevor ich die sechstausend Taler an meinen Vater schickte, erreichte mich ein Brief aus der Heimat. Mutter schrieb mir, König Frederik habe ihnen die Verwaltung Depenaus zurückgegeben. Vater sei über seinen Schatten gesprungen und habe den König um Gnade angefleht. Der dänische König habe die Worte erhört, schrieb meine Mutter. »Dabei spielte auch eine Rolle, dass du dem sächsischen Herrscher so nah stehst. Liebes Kind, deine Stellung als Maitresse am sächsischen Hof ist ein Glück für uns. Erhalte sie dir recht lange, aber dein Vater darf nicht erfahren, dass ich dir dies geschrieben habe.«

»Mon Dieu, Maman! Merde!«, fluchte ich nach dem Lesen und schleuderte den Brief zu Boden. »Ich bin keine Maitresse. Ich bin seine heimliche Frau. Er hat es mir schriftlich versprochen.«

Meine Mutter wusste das. Ich hatte es ihr bereits vor über einem Jahr geschrieben. Warum verwandte sie dieses Wort auf mich? Hatte der dänische König es benutzt? Aber die eigene Mutter …?

Den Brief hielt ich an eine Kerzenflamme und blies die Ascheflocken zu Boden. Nichts sollte mich mehr daran erinnern und niemand davon erfahren.

Der Welt zeigte ich ein fröhliches Gesicht, und es schien, als könne Sachsen endlich aufatmen, weil die Schweden sich anschickten, das Land zu verlassen. Der Friedensvertrag mit König Karl war vor Monaten geschlossen worden, und immer hatten die Schweden neue Ausflüchte gefunden, um Sachsen nicht verlassen zu müssen. Aber nun im Juli 1707 sah es so aus, als wäre es endlich so weit.

Die Schweden hatten jedoch noch eine letzte Demütigung für Friedrich August im Gepäck, nachdem sie ihn zuvor bereits gezwungen hatten, an seinen polnischen Gegenkönig Stanislaus ein Glückwunschschreiben zu richten.

Der Friedensvertrag sicherte Friedrich August zu, den Titel König weiterhin führen zu dürfen. Die Schweden bestanden aber darauf, er dürfe nicht mehr als ›König von Polen‹ tituliert werden. Also wies Friedrich August die Kollegien und alle ausländischen Gesandten an, ihn nur noch als König

August anzureden. Die Hand zitterte, als er das Schreiben abfasste, und Tränen flossen über seine Wangen.

Meine Hand lag auf seinem Rücken, während er schrieb. Zu dieser Zeit hielten wir uns immer noch in Leipzig auf. Der König wollte die Stadt nicht verlassen, bis die Schweden fort waren. Ich blieb bei ihm.

Wir saßen zusammen im Garten. Friedrich August trank den Brunnen. Wir gingen im Rosenthal spazieren, einem weitläufigen Park. Der König war schweigsam, kaum einmal huschte ein Lächeln über sein Gesicht. Hinter den Kulissen wurde verhandelt, Gesandte kamen und gingen. Beide Könige trafen einander, speisten zusammen, und Friedrich August musste eine gute Miene zu dem Spiel machen. Wir reisten mit dem Hof nach Dresden, und das Spiel ging dort weiter.

Es schlug Friedrich August auf den Magen, er lag krank darnieder. Niemand war ihm in dieser Zeit so nah wie ich, aber selbst ich vermochte nur selten zu sagen, was in seinem Herzen vorging.

Ein Kurier erreichte am 31. August verschwitzt und staubig Dresden. Er wurde sofort zum König vorgelassen und fiel vor Friedrich August auf die Knie.

Der hob ihn auf, ohne sich darum zu kümmern, dass er seinen eigenen Rock beschmutzte. »Rede! Welche Nachricht bringt er mir?«

Ich hielt die Luft an, erwartete eine weitere Demütigung, zu der die Schweden Friedrich August zwingen wollten. Ihm ging es ähnlich, das erkannte ich an seinem angespannten Kiefer und den sehnig am Hals hervortretenden Adern.

Der Bote musste sich räuspern, ehe er ein Wort herausbrachte. »Die Schweden! Sie ziehen ab. Die ersten Regimenter rücken aus dem Erzgebirge ab. Ich habe sie gesehen.«

»Das ist die beste Nachricht, die uns seit Langem erreicht.

Sei gedankt. Wünsche er sich etwas, und wir werden es erfüllen, so es in unserer Macht steht.«

Der Kurier fand sich in einer bärenstarken Umarmung wieder. Er brachte kein Wort heraus. Nach einem Räuspern sagte der Mann zaghaft: »Ein paar neue Stiefel mit guten Ledersohlen, wenn es nicht zu viel verlangt ist. Meine jetzigen sind löchrig, und ich muss immer Blätter hineinlegen.«

»Die soll er haben.« Der König lachte, und es erfüllte den Raum wie Jubelgeschrei. »Die besten, schönsten Stiefel soll er haben.«

Nicht lange nach der Totgeburt meines Sohnes wurde mir morgens wieder schlecht. Dann auch tagsüber, ich musste mich übergeben. Der Geruch von Speck und Kohl ließ mich sofort würgen. Die Symptome deutete ich als Schwangerschaft. Zu früh. Die Hofärzte hatten mir geraten, wenigstens neun Monate verstreichen zu lassen, damit der Körper sich vollkommen erholte.

Sofort hörte ich auf, mich zu schnüren, ich ruhte viel, aß nur leichte und bekömmliche Speisen, trank viel Baldriantee, mied Wein und Schokolade. Wöchentlich untersuchten mich Friedrich Augusts Hofärzte. Eine Hebamme hatte ich ins Haus genommen, damit sie mich durch diese Schwangerschaft begleitete.

Sorgfältig vermied ich alles, was dem Kind schaden könnte. Friedrich August war ungemein rücksichtsvoll mir gegenüber. Er bestand nicht auf den körperlichen Freuden der Liebe, sondern begnügte sich damit, mit mir beisammen zu sein, neben mir zu schlafen und sich gemeinsam mit mir über die Fortschritte beim Bau meines Palais zu freuen. Diesmal war ich fest entschlossen, es besser zu machen und einen gesunden Sohn zur Welt zu bringen.

»Und wenn es eine Tochter wird, schöne Constantia?«,

fragte er im Schlafrock in einem bequemen Sessel. Die Füße lagen auf einem Schemel.

Ich saß am Frisiertisch, hatte den Kopf nach hinten gelehnt, und mein Kammermädchen kämmte mein hüftlanges Haar. Mit sanfter Hand entwirrte sie jeden Knoten und zog den Kamm durch die Locken. »Es wird ein Sohn, das spüre ich. Ich sehne mich nach nichts mehr, als Euch einen kleinen Prinzen zu schenken, mein Gebieter.«

»Ich freue mich auch über eine Tochter. Ein Mädchen, so schön wie seine Mutter.«

Die Antwort, die mir auf der Zunge lag, erstickte mein ungeborener Sohn, indem er in diesem Moment von innen gegen meinen Leib trat. Mit beiden Händen strich ich über meinen kugelrunden Bauch.

»Es können auch Zwillinge werden«, sprach der König weiter. »Eine Tochter für mich und ein Sohn für dich.«

»Die Hebamme hat nur ein Kind ertastet.«

»Ich will dir schon vor der Geburt eine Freude machen.«

Er unterbrach sich, raschelte in seinem Sessel. Ich erwartete ein Schmuckstück, vielleicht einen Ring oder eine Agraffe für mein Haar, passend zu dem herzförmigen Rubin, den er mir in Karlsbad um den Hals gelegt hatte. Vor Anspannung hielt ich die Luft an. Er zog aus dem weiten Ärmel seines Schlafrocks ein zusammengerolltes Dokument. Es war mit einem Lederband umwickelt, an dem ein großes Siegel hing.

»Das ist die Urkunde, die dir Pillnitz überschreibt. Das Rittergut gehört ab sofort dir. Mit dem Land, allen Dörfern, dem Schloss und der Insel. Die Verwalter sind informiert und bereiten alles für die Übernahme des Gutes vor.«

Friedrich August schenkte gerne. Im Spiegel sah ich ihn über das Gesicht strahlen.

Am 8. Dezember 1707 fuhr ich sechsspännig elbaufwärts. Da war ich im siebten Monat schwanger. Mit mir in der Kutsche saßen die Hebamme und ein Sekretär. An diesem Tag wollte ich Pillnitz in Besitz nehmen. Im scharfen Trab fuhren wir auf den Hof ein; der Kies spritzte auf, als die Pferde zum Stehen kamen.

Als ich im Hof neben der Kutsche stand und mich umschaute, überkam mich ein eigenartiges Gefühl. Ich war stolz, ich war glücklich, und es war noch etwas mehr. Dieses hier gehörte mir. So wie mein Vater der Herr auf Depenau war, würde ich die Herrin auf Pillnitz sein. Dazu gehörten ein Dutzend Dörfer und mehrere Hundert Menschen. Sie waren nicht meine Leibeigenen wie in Depenau, aber ich war ihre Gerichtsherrin, die Kirchenpatronin, die Menschen waren mir zu Hand- und Spanndiensten verpflichtet, sie mussten Botengänge erledigen und mir Jagdhelfer stellen.

Alles hier gehörte mir und nach mir meinem Sohn.

Ich befahl der Hebamme und dem Sekretär zurückzubleiben und ging allein ins Schloss. Streifte durch die Räume. Die vielen Schlafzimmer für Gäste, die Salons und Antichambres, die Säle für Gesellschaften, den Trakt mit den Kinderzimmern. Dabei streichelte ich meinen Bauch. Ich besichtigte die Gesindekammern, ging über die Hintertreppe ins Untergeschoss, wo sich die Küchen befanden. Davon gab es insgesamt drei mit riesigen Herden und Kaminen, in denen ganze Ochsen am Spieß gebraten werden konnten. Dann inspizierte ich die Vorratskammern, wo augenblicklich traurige Leere herrschte. Das wollte ich bald ändern und eine Vorratswirtschaft einführen, wie ich es von meiner Mutter auf Depenau gelernt hatte. Mehl, Käse, Würste, Honig, Schinken und gepökeltes Fleisch, Räucherfisch und Butter. Für Spezereien würde ich sorgen, für Zucker und Tee, Kaffee, Rosinen und Schokolade.

Das Schloss Pillnitz hatte jahrelang leer gestanden, das Gut war nur verwaltet, aber nicht bewohnt worden. Vor meinem inneren Auge erblickte ich in vollem Glanz erstrahlende Räume, von unzähligen Kerzen erhellt, deren Licht sich in versilberten Tischen und lackierten Schränken spiegelte. Im großen Saal hingen riesige Spiegel mit vergoldeten Rahmen an den Wänden. Ein Orchester spielte in einer Ecke, in der Mitte des Saales wurde getanzt und an den Wänden entlang Politik gemacht. An Friedrich Augusts Seite saß ich diesem Fest vor, es gab ein Feuerwerk, der Hof war mit Lichtbildern illuminiert, aus Venedig hatte ich zwei Sänger kommen lassen, um meine Gäste zu unterhalten. Auf der Elbinsel vor dem Schloss hingen Lampions in den Bäumen wie die Lichter von Glühwürmchen.

Auf dieser Elbinsel würde ich in lauen Sommernächten Picknicks veranstalten, im Herbst mit Friedrich August auf die Reiherjagd gehen. Ein Boot wollte ich mir anschaffen, um mit dem König auf der Elbe zu fahren.

Herrliche Zeiten standen mir bevor. Ich wollte eine gewissenhafte Gutsherrin sein, die Gerichtstermine einhalten, gerecht gegen meine Untertanen sein und immer ein offenes Ohr für ihre Sorgen haben. Ganz wie ich es von meinem Vater gelernt hatte.

Bei diesen Gedanken wurde mir warm ums Herz.

Mein eigenes Rittergut!

Niemand konnte es mir je wieder wegnehmen. Im Unterschied zu dem Palais auf dem Taschenberg. Das hatte Friedrich August mir zum Wohnen gegeben. Auf Lebenszeit, aber es gehörte nicht mir.

Pillnitz – es war ein Gefühl … in Worte fassen konnte ich nicht, was in mir vorging. Ich war zu Hause angekommen. Endlich …

Langsam ging ich durch die Salons zurück in den Festsaal,

wo die Verwalter meine Untertanen versammelt hatten, damit ich sie kennenlernen konnte und sie mir Treue und Gehorsam schworen.

Die Geburt dauerte lange und war schwer. Mehr als einmal fürchtete ich, es würde mir den Leib zerreißen.

Ich klammerte mich an einen Arm, der mir hingehalten wurde, biss auf ein Holz und presste, presste, bis ich keine Luft mehr bekam.

»Ihr macht das sehr gut, gnädige Frau«, ermunterte mich die Hebamme. »Nur noch ein paarmal, und Ihr habt es überstanden. Ich kann schon das Köpfchen sehen.«

Nachdem sie mir dies seit Stunden sagte, schrie ich sie zwischen zwei Wehen an, sie solle den Mund halten. Merde, ich konnte es einfach nicht mehr hören.

»Geh sie und lasse sie mich allein! Verschwinde sie endlich!«, schrie ich keuchend.

»Das kann ich nicht, gnädige Frau. Ihr habt mir streng verboten, Euch allein zu lassen.« Sie wischte mir mit einem Tuch über das schweißnasse Gesicht und hielt mir danach eine Tasse mit einem Kräutersud an die Lippen.

Am 24. Februar, einem Freitag, des Jahres 1708 brachte ich eine Tochter zur Welt. Ein winziges Wesen.

Die Hebamme gab ihr einen Klaps auf den Hintern und freute sich übermäßig, als Geschrei ertönte. Ich schloss die Augen, fühlte mich müder, als ich in meinem Leben je zuvor gewesen war.

Dann wurde mir die Kleine in den Arm gelegt. Ich blickte in das zerknitterte Gesichtchen, und aus dem Wesen wurde meine Tochter. Ich wusste, ich würde, ohne zu zögern, mein Leben für ihres geben. Der König kam, saß eine halbe Stunde bei mir am Bett und schaute seine Tochter an. Er nahm sie kurz in den Arm, hatte aber wohl Angst, ihr mit den großen

Händen Schaden zuzufügen. Jedenfalls wirkte er erleichtert, als er sie der Hebamme zurückgab.

Ich gab dem Mädchen den Namen Augusta Constantia.

KAPITEL XII
· 1731 ·

*E*s war nicht schwer, bei den Stolpenern das Gespräch auf die seltsame Bewohnerin der Festung zu bringen. Viele brannten darauf, ihren Senf dazuzugeben, und viele wollten gar nicht mehr aufhören, über die arme vornehme Frau oder das raffgierige Weib, das es nicht besser verdient hatte, zu reden. Serafina hörte diesen Tratsch, wenn sie auf dem Markt einkaufte und mit den Fingern prüfend auf gelbe Rüben drückte.

Sie hörte heraus, dass die wenigsten Stolpener die Gräfin je zu Gesicht bekommen oder mit ihr gesprochen hatten.

Die Eierfrau gab zum Besten, bei der Gräfin handele es sich mitnichten um eine Gefangene, sondern sie hätte sich nur deshalb auf die Festung zurückgezogen, um verbotene Künste auszuüben. Ein richtiges Laboratorium hätte die Gräfin sich eingerichtet. Häufig würden Sendungen für sie auf die Festung gebracht, auch jede Menge Bücher.

»Die Gräfin ist seit fünfzehn Jahren dort?«, fragte Serafina ungläubig.

Die Eierfrau neigte sich vor und flüsterte hinter vorgehaltener Hand: »Ich will gar nicht genau wissen, was da geschieht. Es tut jedenfalls jeder gut daran, auf seine neugeborenen Kinder zu achten.«

»Weil sie auf der Festung …?«

»Weiß man's?«, flüsterte die Eierfrau atemlos. »Ich bin jedenfalls froh, dass meine schon älter sind.« Kaum noch verständlich fügte sie hinzu: »Diese Frau hat unseren armen Fürsten förmlich ausgeplündert und konnte nie genug bekommen. Sie ist eine ganz und gar verdorbene Person.«

An dieser Stelle musste Serafina ein Schnauben unterdrücken und hatte genug von dem Gerede. Sie bezahlte ein Dutzend Eier und verabschiedete sich.

An den Fleischbänken erfuhr sie, es müsse sich bei der Dame auf der Festung um eine Frau handeln, die nicht mehr viel Freude am Leben habe. Sie gönne sich nicht einmal mehr ein anständiges Stück Fleisch. Jedenfalls habe noch nie einer der ortsansässigen Fleischer auch nur eines an die Gräfin geliefert. Man frage sich, ob sie überhaupt etwas esse. An dieser Stelle wurden auch hier die Stimmen gesenkt: Die Gräfin solle ja ständig fasten, um eine religiöse Erleuchtung zu erlangen. Neugier mischte sich mit Schauder.

Serafina schüttelte den Kopf und wandte sich ab. Was die Leute für einen Unfug daherredeten.

Sie fand auch jemanden, der die Gräfin einmal gesehen hatte. Ein Gürtler hatte in den Tiergarten gespäht, als die Cosel dort zwischen zwei Begleitern spazieren ging. Außer diesen beiden hatten noch etliche weitere Soldaten im Park Wache gestanden, kein Stück sei unbeobachtet geblieben. Der Gürtler war bald entdeckt und mit der Androhung von Stockhieben verjagt worden. Das war vor etwa sechs Jahren gewesen, aber die Ehefrau des Gürtlers schlachtete diese nur wenige Augenblicke dauernde Begegnung aus, als hätte sie gerade am Tag zuvor stattgefunden.

»Die arme Gräfin ist noch immer eine schöne Frau«, sagte die Gürtlerin leise zu Serafina. »Sie hat meinem Mann leidgetan, und das will was heißen.«

»Wie sah sie aus?«, unterbrach Serafina sie.

»Traurig. Aber was weiß unsereins schon von ihrem Leben?«

»Den Tiergarten vergessen wir am besten«, sagte Conrada später, nachdem Serafina ihr von diesem Gespräch erzählt hatte.

Emilius betrachtete bei diesen Worten eine Fliege an der Wand, als könnte die ihnen zur Befreiung der Gräfin verhelfen. Für seine Gedanken wäre Conrada bereit, mehrere Taler zu geben. Nicht zum ersten Mal stellte sie sich vor, wie es wäre, tatsächlich mit einem Bruder wie Emilius von Kobsdorff gesegnet oder geschlagen zu sein. Langweilig war es mit ihm jedenfalls nicht.

Sie glaubte auch, einen gutmütigen Kern unter der zur Schau getragenen Spottlust entdeckt zu haben. Bestimmt verbarg sich unter seiner äußeren Schale ein feinfühliger Mensch.

KAPITEL XIII
· 1731 ·

*I*n dem gemieteten Haus saßen Emilius und Serafina einander in der Küche am Tisch gegenüber und hatten die Hände vor sich auf der Tischplatte gefaltet. Sie sahen aus wie zwei Kampfhähne kurz vor dem Angriff. Auf dem Tisch zwischen den beiden lag ein Streifen Räucherspeck, und der Geruch nach Rüben- und Erbsensuppe durchzog die Küche. Im Herd glimmte ein ersterbender Rest Glut, darauf stand ein Suppentopf ohne Deckel.

So fand Conrada die beiden vor, als sie die Küche betrat und Regentropfen aus ihrem Umhang schüttelte. »Ein scheußlicher Nieselregen«, begann sie. »Und die Frau des Amtsschreibers ist eine schrecklich fade …« Weiter kam sie nicht.

Emilius sprang auf. »Zum Glück kommen Sie. Diese alte Frau will uns vergiften.«

Serafina gab einen empörten Laut von sich.

»Womit?«, fragte Conrada, und der Anblick ihrer Freundin sowie Emilius' verzweifelte Miene reizten sie zum Lachen. Sie unterdrückte es mühsam.

»Damit!« Er zeigte auf den Topf. »Sie hat geplant, uns dies zum Essen auf den Tisch zu setzen. Zum Glück bin ich rechtzeitig gekommen, um das zu verhindern.«

»Was ist gegen mein Essen einzuwenden? Das ist eine gute polnische Suppe mit Erbsen und Steckrüben. Sie ist nahrhaft und macht satt. Ich habe sie der Familie von Tiburti mehr als einmal serviert, und nie hat sich jemand beschwert.« Serafina schaute Beifall heischend auf Conrada.

Die nickte, obwohl auch in der Familie Tiburti niemand die polnischen Suppen zu seinem Lieblingsgericht erkoren hatte.

»Wenn Sie diese Leute anschauten wie gerade mich, wundert mich gar nichts. Ein empfindlicheres Gemüt als meines würde sich erdolcht fühlen«, erwiderte Emilius temperamentvoll. »Jeden fetten Kapaun ziehe ich dieser polnischen Suppe vor, das will ich einmal gesagt haben. Einen Rehbraten, einen Karpfen, eine Gans oder ein Spanferkel. Mit Tokaiersoße und Schinkenscheiben überbacken.«

»Ich kann es nicht leiden, mir von einem Grünschnabel freche Bemerkungen über meine Küche anhören zu müssen«, schoss Serafina sofort zurück. Sie sprang auf und fachte die Glut im Herd mit einem neuen Holzscheit an.

Emilius stand auch auf. Seine Augen blitzten unternehmungslustig. Ehe die Meinungsverschiedenheit zu einer richtigen Auseinandersetzung wurde, sagte Conrada schnell: »Wir wollen heute die Suppe essen und morgen einen Kapaun kaufen, dazu eine Flasche Tokaier, Eier und dicke Sahne. Und nun setzen wir uns alle wieder hin.«

»Ich muss mich um die Suppe kümmern.« Serafina drehte ihnen den Rücken zu und begann, im Topf zu rühren.

Nun saßen Conrada und Emilius einander am Tisch gegenüber. Sie berichtete von ihrem Besuch bei der faden Frau des Amtsschreibers. Wie ihr Mann wollte die sich mit den vornehmen Gästen gutstellen und hatte Conrada auf eine Stunde eingeladen.

»Länger hätte ich es bei dem wässrigen Tee auch nicht ausgehalten«, begann sie.

Immerhin war es ihr gelungen, das Gespräch auf die Gefangene zu bringen. Da alle bisher von Emilius vorgeschlagenen Pläne nicht ihre Billigung fanden, hatte Conrada entschieden, die Cosel in ihrem Gefängnis zunächst zu besuchen.

»Niemand wird zur Gräfin vorgelassen ohne eine Order von höchster Stelle«, schloss sie.

»Das hatte ich vermutet. Wir werden ein Blankett benötigen.« Emilius schaute sie betont harmlos über den Tisch hinweg an.

Am Herd hatte Serafina aufgehört, im Topf zu rühren, und sich zu ihnen umgedreht. »Was ist ein Blankett?«

»Ein Papier mit einer Unterschrift, um eine Urkunde ausstellen zu können, ohne dass der Aussteller hinterher unterschreiben muss, weil es schwierig ist, ihn zu erreichen, oder weil es schnell gehen muss. Was dergleichen Gründe mehr sind. Ich könnte eines besorgen, unterzeichnet von einem Minister des Geheimen Kabinetts. Das wird allerdings eine Weile dauern.«

»Diese Weile haben wir nicht«, warf Serafina eilig ein. »Die arme Gräfin darbt schon lange genug auf der Festung. Jeder Tag dort muss ihr wie ein Jahr vorkommen.«

»Die Blankette liegen nicht in den Vorzimmern herum, damit jeder sich eines nehmen kann. Sie sind gut verschlossen, und es bedarf einiger Tricks, an eines zu kommen.« Emilius rieb Daumen und Zeigefinger der Rechten aneinander.

»Bestechung?«

»Ich werde höflich fragen.«

»Damit später eins und eins zusammengezählt wird und die Spur umso leichter zu uns führt.« Conrada schüttelte den Kopf. »Es darf niemand weiter hineingezogen werden. Es wird auch nicht nötig sein, ein Blankett zu besorgen.«

»Weil Sie in weiser Voraussicht eines mitgebracht haben?«

»Weil ich eine entsprechende Anweisung schreiben werde. Es fällt mir nicht schwer, eine Schrift nachzuahmen. Ich benötige nur eine Vorlage.«

Einen Augenblick überlegte Emilius mit gerunzelter Stirn. Danach hellte sich seine Miene auf. »Das ist ein wunderbares Talent. Ich habe da auch eine Idee für einige Schuldverschreibungen und Pfandbriefe, die meiner Familie abhandengekommen sind.«

»Sie fehlen Ihrer Familie, weil die Schulden eingelöst und die Briefe zurückgegeben wurden«, erriet Conrada.

»Das liegt alles Jahre zurück. Ich habe noch nie Leute unseres Standes ihre Schulden zurückzahlen sehen. Es wird also niemanden Falsches treffen.«

»Die vornehme Welt besteht demnach nur aus Schmarotzern?« Conrada schüttelte den Kopf. Sie musste an ihre eigenen Vorbereitungen denken, mit denen sie dafür gesorgt hatte, über das Geld aus ihrem Bauerngut verfügen zu können. Schnell schluckte sie diese störenden Gedanken hinunter. »Ich werde keine solchen Schreiben aufsetzen, wenn ich mich nicht vorher von der Redlichkeit meines Tuns überzeugt habe«, sagte sie spitz. »Nur um einer Verwandten zu helfen, werde ich dies tun.«

»Warum habe ich das befürchtet?« Emilius zuckte mit den Schultern. »Dann eben nicht.«

»Zurück zu unserem Plan. Ich benötige Vorlagen aus dem Geheimen Kabinett mit den Unterschriften der Minister. Vielleicht sogar mit einer unseres Königs und Kurfürsten.«

»Haben Sie sich Vorlagen mitgebracht? Ich habe es so verstanden, dass Ihnen mehr als einmal eine Besuchserlaubnis verweigert wurde. Sie müssen also Schreiben des Geheimen Kabinetts empfangen haben. Die wären uns jetzt nützlich.«

Conrada musste zugeben, die Schreiben nicht mitgebracht zu haben. »Sie wurden durchweg an meinen Vater geschickt. Er war nicht froh über mein Handeln und hat die Ablehnungen behalten. Ich konnte sie nicht mitbringen.« Dass sie gar nicht daran gedacht hatte, verschwieg sie, um nicht wieder Emilius' Spottlust herauszufordern.

»Die Amtsstube des Schreibers Conradi«, sagte der junge Mann sofort. »Dort holen wir die Vorlagen. Ich kümmere mich darum. Falls ich diese Suppe überlebe.«

Anna Constantia von Cosel · 1708

Nach der Geburt Augusta Constantias blieb ich drei Wochen im Bett und drei weitere Wochen zu Hause. In diese Zeit fiel im Jahr 1708 das Osterfest. Und ein Ereignis, das alle rechtgläubigen Sachsen mit Sorge erfüllte.

Am Gründonnerstag weihte Pater Vota, Friedrich Augusts Beichtvater, seit der Reformation die erste katholische Kirche in Sachsen ein. Ich schaute aus dem Fenster einer Stube auf dieses Haus, sah den Priester in vollem Ornat das Gebäude umrunden und die Mauern weihen. Vor dem Eingang goss er Weihwasser auf die Stufen, zelebrierte danach ein feierliches Hochamt. Friedrich August nahm daran teil und diejenigen Mitglieder des polnischen Hofes, die ihm treu ergeben und ihm nach Dresden gefolgt waren.

Was nun zu einer katholischen Kirche geworden war und

zweitausend Menschen fasste, war vor wenigen Monaten noch das Opernhaus neben dem Schloss gewesen. Innen hatten Arbeiter die Kulissen entfernt und die Bühne abgerissen, an ihrer statt waren ein Altar und eine Kanzel aufgestellt worden. Die Zuschauerränge und die Logen blieben. Die Besucher des Hochamts verloren sich in dem riesigen Raum.

Dahinter steckte Politik. Friedrich August hatte es noch nicht aufgegeben, den polnischen Thron zurückzuerobern. Dazu brauchte er Unterstützer. Einer davon war Papst Clemens XI., dessen Worte Gewicht hatten, obwohl er über kein eigenes Heer verfügte. Für ihn wäre es ein Triumph, Sachsen in den Schoß der katholischen Kirche zurückzuführen. Luthers Land, in dem die Reformation ihren Anfang genommen hatte. Der Papst war deshalb entzückt über die neue katholische Kirche in Dresden und hatte versprochen, in einem feierlichen Schreiben gegen die Thronenthebung Augusts in Polen zu protestieren. Die katholischen Fürsten sollten so an seine Seite gebracht werden.

Das wusste ich von Friedrich August selbst, der früh am Morgen noch bei mir gewesen war.

»Wirst du mit mir kommen in die neue Kirche, Constantia?«, hatte er mich beiläufig gefragt.

»Mein König, Ihr wisst, dass ich lutherischen Glaubens bin und bleiben werde. Ich kann kein katholisches Gotteshaus aufsuchen. Nicht einmal für Euch«, antwortete ich.

Wir hatten bereits mehr als einmal darüber gesprochen. Friedrich August sähe es gerne, wenn ich gleich ihm den Glauben wechselte und mit ihm zusammen in Polen herrschte, sobald er dort wieder auf dem Thron saß. Er hatte aber den Sachsen versprochen, ihnen in Glaubensdingen volle Freiheit zu lassen. Jeder dürfe selbst wählen, welcher Kirche er angehören wolle. Das galt auch für mich, und ich rechnete es ihm hoch an, dass er mich nicht drängte. An diesem Morgen küsste er mich auf die Stirn, ehe er mich verließ, um an der Weihe der neuen Kirche teilzunehmen.

Ich war fester denn je entschlossen, an dem Glauben festzuhalten, der mir mit meiner Taufe gegeben worden war und den ich jeden Sonntag vor Gott und Jesus Christus bekannte. In der Kreuzkirche stand mir ein Betstübchen zur Verfügung, und für mein Palais hatte ich eine Hauskapelle geplant.

Sie war noch nicht fertig, und das bedauerte ich jetzt. Mir stand der Sinn nach einem Gebet in der Ruhe meiner eigenen Kapelle. Stattdessen hatte ich dieses neue katholische Gotteshaus vor der Nase. Entschlossen drehte ich mich vom Fenster weg, um so wenig wie möglich davon zu sehen.

In seinem Kabinett verließ sich Friedrich August am meisten auf Graf Heinrich Jacob von Flemming. Der aus Pommern stammende Graf häufte Amt auf Amt, und niemand unterstützte so eifrig wie er Friedrich Augusts Pläne zur Rückeroberung des polnischen Throns. Kein Wunder, war er doch mit einer polnischen Dame verheiratet, die große Ländereien dort besaß. Solange der Usurpator Stanislaus den Thron innehatte, konnten sie sich dort nicht sehen lassen und verloren die Einkünfte aus diesen Gütern.

Flemming tauchte auf allen Bällen, Redouten und Assembleen auf und war immer von einer Traube Höflinge umgeben, die seine Aufmerksamkeit suchten, um über ihn Friedrich August näher zu kommen. Genauso erging es mir. Ich konnte ebenfalls keinen Schritt tun, ohne dass mich Männer umschwärmten wie Motten das Licht. Sie versuchten, mit mehr oder weniger eleganten Bonmots meine Aufmerksamkeit zu erregen. Manche schmachteten mich aus der Ferne an. Die Verwegeneren mühten sich, mich in einen Alkoven zu drängen, um mir ihre Liebe zu gestehen.

Ich entzog ihnen meine Fingerspitzen und schaute sie mit hochgezogenen Brauen über den Rand des Fächers hinweg an. Ihre Geständnisse belustigten mich, und ich fand für sie freundliche Worte, um zu erklären, warum mein Herz nur dem König gehörte. Ich begegnete Flemmings Blick, als ich einmal den Alkoven verließ und mich wieder unter die Höflinge mischte. Seine Augen ruhten nachdenklich auf mir, und da wusste ich, dass ihm den ganzen Abend nicht eine meiner Bewegungen entgangen war.

Wie lange stand ich schon im Mittelpunkt seiner Aufmerksamkeit? Ich wusste nicht, was ich von dem vierzig Jahre alten Mann zu halten hatte. Eigentlich gefiel er mir nicht. Seine gedrungene Gestalt, die trägen Augen unter schweren Lidern, die gebogene Nase, dass er alles beobachtete und alles wusste. Nein, dieser Mann war nicht nach meinem Geschmack – andererseits ging von ihm auch eine Faszination aus. Zum Freund wollte ich ihn nicht haben, aber zum Feind auch nicht. An diesem Abend kam ich nicht in seine Nähe.

Das Fest endete im Morgengrauen. Meine Füße schmerzten von den vielen Stunden, die ich in engen Schuhen hatte zubringen müssen; unter dem hoch frisierten Haar juckte meine Kopfhaut, und die Ballrobe kam mir fuderschwer vor. Auf den Arm eines Dieners gestützt wankte ich die wenigen Schritte von der Kutsche in mein Palais.

Hinter mir hörte ich eilige Schritte, dann wurde ein Stock gegen die Tür gestoßen, als diese gerade hinter mir geschlossen werden sollte.

Eine heisere Stimme sagte: »Lass Er mich ein. Ich habe mit Seiner Herrin zu reden.«

Ich drehte mich um. Flemming trat durch die Tür. Sein Stock klickte auf den Boden und verursachte dort ein Geräusch, das den Schmerz in meinem Kopf verstärkte. Flemming zog den Hut und verbeugte sich elegant vor mir. Jedes

Haar saß an seinem Platz, und ihm war nicht anzusehen, dass er seit mindestens zwanzig Stunden auf den Beinen war.

»Verehrte Gräfin Cosel«, sagte er, als er sich wieder aufrichtete. »Verzeiht mein Eindringen zu dieser Zeit, aber ich möchte einige Worte mit Euch wechseln.«

»Ihr hättet im Palais der Gräfin Reuß mit mir sprechen können.«

Flemming war niemand, dem man die Tür wies, auch nicht ich als zweite Ehefrau des Königs.

»Damit alle anderen die Ohren spitzen und uns durch den Hofklatsch ziehen? Madame, ich hätte Euch für klüger gehalten.«

»Jetzt wird man uns ebenfalls durch den Hofklatsch ziehen, oder glaubt Ihr, Euer Besuch in meinem Haus bleibt unbemerkt?« Spott troff aus meiner Stimme.

»Das lässt sich nicht verhindern.« Er drückte Hut und Stock einem Diener in die Hand und legte meine Hand auf seinen Unterarm. »Es hängt von Euch ab, wie viel Eurer Zeit ich in Anspruch nehmen muss.«

Ich ergab mich in mein Schicksal und führte Flemming in einen Besuchersalon. Einem Diener signalisierte ich, uns einen Sherry zu servieren und in der Küche eine Schokolade kochen zu lassen.

»Dann bin ich jetzt neugierig, Herr Graf«, sagte ich, als ich Flemming gegenüber auf der Kante eines Sessels saß. Ich war noch dabei, die Falten meines Rockes zu ordnen.

»Deshalb bin ich gekommen.«

Nun hob ich den Blick und hörte auf, mit den Zehen in den engen Schuhen zu wackeln. »Weswegen?«

»Wegen dem, was Ihr gesagt habt.«

Ich verstand ihn nicht. Bisher hatten wir nichts als Belanglosigkeiten geredet. Die Hände im Schoß verschränkt schaute ich dem Mann ins Gesicht.

»In Eurer Miene lässt sich lesen wie in einem offenen Buch.«

Sofort bemühte ich mich um einen möglichst ausdruckslosen Gesichtsausdruck und fixierte meinen Besucher streng.

»Genau das meine ich, verehrte Frau Gräfin.«

Ich war nun wirklich indigniert über die Dreistigkeit dieses Menschen und wollte nichts anderes mehr, als ihn möglichst schnell loswerden. »Es war eine lange Nacht, und ich bin müde. Ich möchte noch gerne nach meiner Tochter sehen und mich dann zur Ruhe begeben.«

»Wir Ihr wünscht, gnädige Frau Gräfin. Ich bin nur gekommen, um Euch auf einige Dinge aufmerksam zu machen. Sie sind mir nicht zum ersten Mal aufgefallen. Ihr zeigt jedermann ein freundliches Gesicht, egal ob jemand nur ein paar Worte mit Euch wechseln will, Euch seine Liebe gesteht oder einen Gefallen von Euch erbittet.«

»Große Unterschiede kann ich in Eurer Aufzählung nicht erkennen, lieber Freund.«

»Auf diese Weise schafft Ihr Euch Feinde bei Hofe. Ich wage sogar zu behaupten, mehr Feinde als Freunde. Ich möchte Euch empfehlen, vorsichtiger in der Wahl Eurer Begleiter zu sein und nichts mehr von Euch preiszugeben. So wie ich Euch beobachte, tun es auch andere.«

»Was ratet Ihr mir, werter Freund?«

»Verschafft Euch eine bessere Menschenkenntnis, beobachtet selbst genauer und zieht die richtigen Schlüsse aus dem Verhalten anderer. So halten es alle bei Hofe. Verteilt Eure Freundlichkeit nicht mehr auf alle, die es in Eure Nähe schaffen, sondern nur noch auf die Personen, die Euch nützlich sind.«

Flemming lehnte sich gemütlich in seinem Sessel zurück. Er sah aus, als bereite er sich darauf vor, noch Stunden zu bleiben.

»Also auf Euch?«, fragte ich in einem spöttischen Tonfall und mit hochgezogenen Augenbrauen. »Mir scheint, die mir nützlichste Person ist der König selbst, und gerade er schätzt meine offene Freundlichkeit außerordentlich.«

»Sorgt dafür, dass es auch so bleibt. Es gibt eine Menge Leute, die nur auf eine Gelegenheit warten, sich zwischen Euch und den König zu drängen. Bemerken sie auch nur den kleinsten Riss zwischen Euch und ihm, werden sie unbarmherzig ihre Worte hineinbohren. Ihr wisst selbst, wie anfällig der König für Einflüsterungen ist. Lernt aus dem kleinsten Fingerzeig, dem Zucken eines Muskels im Gesicht die richtigen Schlüsse zu ziehen und immer mehr zu wissen als Euer Gegenüber.«

»Und Ihr seid gekommen, mir Lektionen zu erteilen.« Mein Tonfall war immer noch spöttisch.

»Das bin ich in der Tat, gnädige Frau. Zeigt Eure Verblüffung nicht zu deutlich.«

Ich schwieg einen Augenblick, brachte die Regungen meines Gesichts unter Kontrolle. »Dies war eben die erste Lektion, vermute ich. Sie muss jetzt enden. Kommt übermorgen für die zweite.«

Tatsächlich kam Flemming zurück, um mir Lektionen zu erteilen. Er legte Dossiers an über die Personen bei Hofe. Schrieb alles auf, was ihm auffiel, und stellte dem gegenüber, was seine Beobachtungen bedeuteten. Er hatte es sich zur Aufgabe gemacht, überall zu sein und sich nichts entgehen zu lassen. Seine Dossiers hätte ich gerne gelesen, insbesondere was er über mich und über Friedrich August geschrieben hatte, aber er ließ mich nie eines sehen.

Er stellte mir die Aufgabe, eigene Beobachtungen aufzuschreiben. Es entwickelte sich ein Spiel zwischen uns: Wir suchten uns eine Person aus und notierten eine Nacht lang, mit wem sie sprach, was sie mit Worten und Gesten sagte und welche Schlüsse wir daraus zogen. Flemming schrieb seine Beobachtungen auf. Ich weigerte mich nach dem ersten Versuch. Meine Beobachtungen verfälschten sich, wenn ich sie aufschrieb, dagegen blieben sie reiner, wenn ich sie nur in meinen Gedanken behielt. Ich war Flemming eine gelehrige Schülerin und machte schnell Fortschritte.

Mein größter Fortschritt war, Flemming mit anderen Augen zu sehen. Für harmlos hatte ich ihn nie gehalten, aber jetzt begriff ich erst, wie gefährlich er werden konnte. Er war wie ein Jagdhund, der eine Beute nie wieder losließ, hatte er sie erst einmal in seinen Fängen. Bei ihm musste jedermann, einschließlich des Königs, immer auf der Hut sein. Flemming handelte einzig und allein zu seinem eigenen Vorteil.

Ich bemühte mich, Friedrich August eine Warnung zukommen zu lassen, war mir jedoch nicht sicher, ob er mich verstand. Mehr als eine zarte Andeutung wagte ich nicht, dafür stand er mit Flemming auf zu vertrautem Fuße. Gleichzeitig war Friedrich August nicht der Mann, der vorsichtige Worte verstand.

KAPITEL XIV
· 1731 ·

*V*ier Tage später warf Emilius ein Bündel Briefe vor Conrada auf den Tisch. »Da haben Sie alles, was Sie benötigen.«

»Wo haben Sie das her?«

»Es ist besser für Ihr Seelenheil, nicht alles zu wissen.« Nach diesen knappen Worten drehte er sich um und verließ den Raum.

Gleich darauf hörte Conrada ihn in seiner eigenen Kammer Schranktüren öffnen und wieder schließen. Ein-, zweimal fluchte er über seine unzureichende Garderobe und verließ dann das Haus. Sie zupfte mit spitzen Fingern das Bündel Papiere auseinander.

Conrada studierte die Schreiben Wort für Wort. Sie achtete nicht nur auf den Inhalt, obwohl dieser interessant genug war. Bis der Stolpener Bader Grötler zur kranken Gräfin Cosel vorgelassen worden war, waren Monate der Vorbereitung vergangen. Schreiben gingen von Stolpen nach Dresden, nach Warschau und wieder zurück. Anweisungen wurden verlangt, Befehle bei Vorgesetzten abgesichert. Der letzte Akt des Papierkrieges bestand darin, dass aus Dresden der Eid übersandt wurde, den der Bader zu schwören hatte, bevor man ihn gemeinsam mit einem Arzt zu der Gräfin ließ. Das war vor über zehn Jahren gewesen und vermittelte Conrada einen Eindruck davon, mit welchen Schwierigkeiten sie selbst zu kämpfen haben würde.

Es gab in der Akte über den Bader Grötler Briefe, die von geübten Kanzleischreibern verfasst worden waren und weniger interessant waren. Eine Kanzleischrift fertigte sie mit geschlossenen Augen. Das Schwierige war die Unterschrift. Stil und Wortlaut mussten ebenfalls stimmen.

Schließlich schrieb Conrada eine Erlaubnis zum Besuch der Gräfin Cosel für die Geschwister Emilius und Conrada von Amhaus mit den kräftigen und geübten Schwüngen eines Schreibers.

Die Unterschrift ließ sie einstweilen weg und legte ihren Entwurf Serafina und Emilius vor.

Die Freundin brach in Entzückensrufe aus. »Wunderbar hast du das gemacht. Jedermann wird glauben, es stammt …« Serafina stockte.

Emilius nahm ihr das Schreiben aus der Hand, betrachtete es nun seinerseits. Seine Augenbrauen zogen sich zusammen. »Das geht so nicht!«

»Was …?«, begehrte Conrada auf. Kaum glaubte sie,

freundliche Seiten an ihm entdeckt zu haben, machte er mit vier Worten alles zunichte. Am liebsten hätte sie ihm den Foliobogen aus der Hand gerissen.

Serafina kannte diese Zurückhaltung nicht. »Was unterstehen Sie sich? Niemand kann besser Schriften nachahmen als mein Äffchen.« Bei jedem Wort pochte sie vernehmlich mit dem Zeigefinger auf die Tischplatte.

»Äffchen!« Über Emilius' Gesicht huschte ein Grinsen. »Wie dem auch sei, ich meinte nicht die Schrift, die ist hervorragend gelungen. Aber das ist nicht der Stil, in dem das Geheime Kabinett seine Schriftstücke verfasst. Jeder bemerkt, dass hier eine Frau am Werke war. Viel zu zart formuliert. Der Eid fehlt auch.«

»Dazu bin ich noch nicht gekommen«, verteidigte sich Conrada.

Emilius las Passagen aus der Erlaubnis vor und kommentierte sie. Seine Vorschläge zur Verbesserung hatten etwas für sich. Das musste Conrada zugeben. Sie machten die Erlaubnis zu Besuchen der auf der Festung Stolpen festgesetzten Gräfin Anna Constantia von Cosel strenger und klarer.

»Alles muss vollkommen echt klingen, damit der Kommandant der Festung nicht auf die Idee kommt, in Dresden nachzufragen. Er darf auch nicht einen Moment zweifeln. Wenn Sie verstehen, was ich meine – Schwester?« Emilius betonte das letzte Wort über Gebühr, stand auf und entfernte sich aus dem Damenzimmer.

»Es gibt Momente, da möchte ich ihm ein Bein stellen. Oder besser, ihn mit dem Kopf gegen die Wand stoßen, um ihm seine bösartigen Gedanken auszutreiben«, grummelte Serafina.

Dies entsprach ganz und gar Conradas eigenen Gedanken, am liebsten hätte sie zustimmend genickt. Gleichzeitig musste sie sich eingestehen, dass Emilius' Ideen die Besuchserlaubnis verbesserten. Sie war zu zögerlich gewesen mit ihren Formulierungen.

Ihr zweiter Entwurf fand Emilius' Billigung. Danach stand ihnen noch der schwierigste Teil bevor. Sie verschob ihn auf den nächsten Tag, behauptete, die Finger täten ihr weh und sie hätte keine ruhige Hand mehr.

Tags darauf fühlte sie sich der Aufgabe nicht besser gewachsen und protestierte deshalb nicht, als Emilius eine Kerze anzündete und sie in eine Ecke des Tisches schob, die Besuchserlaubnis in die Mitte legte und aus der Küche alle Messer holte. Deren Schärfe prüfte er mit dem rechten Daumen.

»Schneiden Sie sich nicht«, sagte Conrada. »Am Ende geraten Blutflecken auf die Besuchserlaubnis, und ich muss sie zum dritten Mal schreiben.«

Emilius zeigte keine Reaktion, sondern fuhr fort, den Daumen über die Klinge gleiten zu lassen. »Dieses wird nicht gehen. Nicht scharf genug, und die Klinge ist zu dick«, sagte er endlich. Er legte das Messer weg und prüfte ein anderes auf die gleiche Weise und mit dem gleichen Ergebnis.

»Alles nur Schund«, regte er sich schließlich auf, nachdem auch das dritte Messer seinen kritischen Daumen nicht überzeugt hatte.

»In einem gemieteten Haus können Sie keine Messer aus feinstem Damaszener Stahl erwarten«, bemerkte Conrada.

»Warum haben Sie und Ihre Begleiterin keine mitgebracht statt Taschen und Schachteln voller weiblichem Firlefanz?«

Das ist kein Firlefanz, lag Conrada auf der Zunge. Glücklicherweise fiel ihr rechtzeitig ein, wie dumm das klänge. Sie sagte stattdessen: »Weil wir nicht ahnten, dass wir scharfe Messer benötigen würden. Warum hat der Herr kein Rasiermesser einstecken und sucht lieber jeden Tag den Bader auf?«

Emilius war nicht um eine Antwort verlegen. »Besondere

Umstände zwangen mich, meines zurückzulassen. Firlefanz habe ich jedenfalls nie mit mir herumgetragen. Dann muss also die Kerze herhalten.« Er griff danach.

»Verderben Sie es nicht«, warnte Conrada. »Wir haben nur das eine Siegel.« Ihre Anspannung ließ sie die Worte barsch hervorstoßen.

»Was Sie nicht mir anlasten können. Sie hätten mich ein Blankett besorgen lassen sollen. Das wäre schon gesiegelt gewesen.«

»Das war wieder nur eine Ihrer merkwürdigen Ideen.«

Er zuckte die Achseln und hielt einen entliehenen Brief mit dem Siegel des Geheimen Kabinetts über die Flamme. Dazu wählte er einen vorsichtigen Abstand und prüfte immer wieder durch Betasten des Siegels, ob sein Tun eine Wirkung zeigte.

Seine Spottlust war offenkundig verraucht, die Zungenspitze schaute zwischen den Lippen hervor. Das verlieh Emilius ein geradezu rührendes Aussehen und blieb nicht ohne Wirkung auf Conrada. Ihr Ärger verrauchte zusehends.

»Lassen Sie mich mal.« Sie nahm ihm Kerze und Schriftstück ab und hielt beide ein ganzes Stück dichter zusammen, als er es zuvor getan hatte.

Emilius überprüfte, ob das Wachs weich wurde. Er nickte, als es so weit war. Nun begann der knifflige Teil. Vorsichtig hob Emilius mit zwei Messern das Siegel ab und ließ es auf die Besuchserlaubnis neben die Unterschrift gleiten.

Conrada und er schauten sich an. Ein Lächeln glitt über ihre Gesichter. Emilius' Hand zuckte nach oben, als wollte er ihr geschwisterlich auf die Schulter schlagen. Er überlegte es sich aber anders.

Sie erwärmten das Siegel weiter und sorgten dafür, dass es auch an seinem neuen Platz haften blieb. Zuletzt betrachteten sie es beide durch eine Lupe.

»Wir haben es geschafft«, sagte Emilius und ließ die Lupe klappernd auf den Tisch fallen. »Einem Besuch bei Ihrer Verwandten steht nun nichts mehr im Wege. Seien Sie stolz auf Ihr Talent.«

Das ungewohnte Lob machte Conrada verlegen.

»Wir haben es zusammen geschafft.« Sie berührte Emilius kurz am Ellenbogen.

Gleich darauf fand sie sich in seiner Umarmung wieder, die nach einem Augenblick endete. Mit einer leichten Verbeugung verabschiedete sich Emilius und ließ sie verwirrt zurück. Sie spürte immer noch seine kräftigen Arme um ihren Oberkörper. Seine Wange, die kurz ihre gestreift hatte.

In diese Gedanken hinein platzte Serafina, um das Ergebnis ihrer Bemühungen zu begutachten.

»Das ist wunderbar geworden«, sagte sie.

»Ja.«

»Damit werden wir die gnädige Frau Gräfin aus ihrem Leben im Fegefeuer erlösen.«

»Es geht vorerst nur um einen Besuch«, stellte Conrada richtig.

»Später kommen wir in der Nacht wieder und befreien sie.«

Anna Constantia von Cosel · 1709

Die Rückeroberung des polnischen Throns musste einhergehen mit einem Sieg über König Karl von Schweden. Dafür brauchte Friedrich August Verbündete: den dänischen König Frederik und den russischen Zaren.

Friedrich August musste bei den europäischen Fürsten das Terrain zurückgewinnen, das er mit dem polnischen Thron verloren hatte. Seitdem galt er als unzuverlässig, leichtsinnig und unberechenbar. Ein großes Fest in Dresden sollte ihr Vertrauen in seine Person und seine Polenpolitik wiederherstellen, es sollte aller Welt Ruhm, Macht und die Pracht seiner Dynastie vor Augen führen. Auch ich stand im Mittelpunkt dieses Festes.

Mein Herz schlug aufgeregt, und ich wollte an jedem Detail der Vorbereitungen teilhaben. Gemeinsam schauten wir in den Magazinen nach, was an Rüstungen und Waffen von früheren großen Festen am sächsischen Hof vorhanden war und Verwendung finden konnte. Ich schrieb alles auf, was Friedrich August mir nannte.

Mit dieser langen Liste saßen wir im orientalischen Salon meines Palais, tranken Süßwein, und Friedrich August entwarf Götterspiele, Illuminationen, Schieß- und Reitwettbewerbe. Das Fest sollte sechs Wochen dauern.

Das Vorbild war das große Fest anlässlich der Verlobung seiner Eltern im Jahr 1663 in Kopenhagen. Auf diese Weise zeigte er die Verbundenheit zwischen Sachsen und Dänemark.

»Wenn das den dänischen König nicht beeindruckt, weiß ich es auch nicht«, sagte ich, nachdem wir stundenlang über den Plänen gesessen hatten.

»Nun muss Frederik nur kommen. Bisher sieht es nicht aus, als wollte er Venedig verlassen«, seufzte Friedrich August und ließ mich damit an einem der seltenen Augenblicke teilhaben, an dem er seine Sorgen offen zeigte. Der dänische König hatte für den Winter sein nordisches Königreich verlassen und war in die lieblichen Gefilde südlich der Alpen gereist. Sein Hof mit ihm.

»Sein Aufenthalt in Venedig zeigt, dass er etwas für Schönheit übrig hat, Tanz, Musik und Feste seine Sinne erfreuen. Er wird kommen, schon um der verwandtschaftlichen Bindungen zu Madame Royale.«

Friedrich Augusts Mutter war eine Tante des dänischen Königs.

Ich lächelte dem König zu.

»Die Aussicht auf ein Plauderstündchen mit dir wird ihn hoffentlich ebenso herlocken. Die am meisten gefeierte Frau der Christenheit.«

»Ich werde seine Sinne betören und ihn Euch auf einem goldenen Tablett servieren, garniert mit Brokat und Edelsteinen.«

Jetzt lachte auch Friedrich August. »Das ist meine Constantia. Für dich wird es eine Überraschung auf dem Fest geben, um dich dem Dänen angemessen zu präsentieren.« Vor Vergnügen lachte er nun dröhnend und schlug sich auf den Oberschenkel.

»Was wird es sein, Geliebter?« Ich lehnte den Kopf an seine Schulter. Stand meine Ernennung zur Reichsfürstin bevor? Wollte er mir ein vergoldetes Spiegelzimmer für mein Palais schenken, damit in einem Raum immer die Sonne schien? Wollte er unsere Verbindung öffentlich machen und sich von der anderen trennen?

Er ließ es sich nicht durch Schmeicheln und nicht durch Zärtlichkeiten entlocken.

Der dänische König hatte im Frühjahr 1709 sein Kommen zugesagt, den Zeitpunkt der Ankunft aber offengelassen. Und er ließ auf sich warten, machte auf der Rückreise nach Norden noch in Nürnberg Station. Am 20. Mai verließ er die Stadt auf einmal, und nun musste alles schnell gehen. Friedrich August und ich brachen hastig unsere Schiffsreise ab, die uns zu den in Wittenberg und Torgau stationierten Soldaten hatte führen sollen, und kehrten nach Dresden zurück.

Zur angemessenen Begrüßung des hohen Gastes schickte Friedrich August ihm den Kammerpräsidenten Löwendal entgegen. Frederik von Dänemark indes reiste so schnell, dass er schon in Freiberg logierte, als Löwendahl ihn erreichte. Diese Nachricht traf gegen Mitternacht in Dresden ein, fand den König und mich, als wir eben das Nachtmahl im Kreise einer munteren Gästeschar beendet hatten und uns zur Ruhe begeben wollten. Ich in meinem Palais auf dem Taschenberg und Friedrich August in seinen Gemächern im Schloss. Später würde er durch den Verbindungsgang zu mir kommen.

In dieser Nacht schickte er seinen Kammerdiener mit der Nachricht, er müsse umgehend dem dänischen König nach Freiberg entgegenfahren. Ich eilte im Morgenmantel hinüber ins Schloss.

Friedrich August war bereits in einen prächtigen weißen Rock gekleidet und eben dabei, sich Ringe an die Finger zu stecken. Er sah müde aus, aber bei meinem Anblick hellte sich seine Miene auf.

»Kleine Constantia, wünsche mir Glück!« Er zog mich an seine mächtige Brust.

»So Gott will«, antwortete ich. »Vertraut auf den Herrn im Himmel, und diese Sache wird ein gutes Ende nehmen.«

Er küsste mich zum Abschied auf die Stirn, und ich eilte wieder zurück in mein Palais, schaute vom Fenster aus der Kutsche nach, die von sechs Pferden gezogen über das Pflaster rollte. Meine besten Wünsche begleiteten ihn. Der Erfolg hing am seidenen Faden.

Für die Zeit des Festes war ich die Gastgeberin an der Seite Friedrich Augusts. Die Kurfürstin Wilhelmine Eberhardine war zwar auch nach Dresden gekommen, wurde jedoch kaum beachtet. Mir war es recht, so musste ich ihr keine Aufmerksamkeit schenken und konnte mich ganz meinen Pflichten an der Seite des Königs widmen und den Glanz ausstrahlen, den er von mir erwartete.

Ich erhoffte täglich meine Ernennung zur Reichsfürstin als versprochene Überraschung. Nach reiflicher Überlegung war ich zu der Überzeugung gelangt, es könne sich nur darum handeln. Friedrich August wusste, wie sehr ich mir dies wünschte.

Der erste Reigen der Festivitäten war uns Damen gewidmet, im zweiten zeigten sich die Fürsten als Herren der Welt und im dritten als Götter.

Meine Überraschung war ein Damenrennen. Das hatte es in der Tat auf einem Großen Fest noch nie gegeben und bedeutete eine besondere Ehre für die teilnehmenden Damen und die sie unterstützenden Kavaliere. Die launische Göttin Fortuna loste mir den dänischen König als Kutscher, Friedrich August als einen meiner Renner, Graf Holzendorf als den anderen und das Coleur de Rose als Farbe zu. Die kurze Enttäuschung, dass ich noch nicht zur Reichsfürstin ernannt wurde, schluckte ich schnell herunter, zumal ich in diesen Tagen bemerkte, dass ich wieder schwanger war. Noch ließ es sich verstecken. Ich schnürte mich lockerer und versteckte meinen Leib unter weiten Röcken, trank nur wenig Wein, aß aber, was der Appetit mir eingab.

Auf den täglichen Komödien, Bällen und Festessen wurde ich von Friedrich August und dem dänischen König hofiert, kehrte keine Nacht vor dem Morgengrauen in meine Räume zurück.

»Bist du glücklich, Constantia?«, flüsterte mir der König ins Ohr.

»Sehr«, hauchte ich zurück.

»Du glühst geradezu. Nie habe ich dich schöner erlebt. Du bist mein Glanzpunkt.«

»Ich bin wieder in der Hoffnung.« Ich lächelte zu Friedrich August auf.

»Das macht mich zum Glücklichsten unter allen Anwesenden. Wir wollen eine neue Dynastie begründen.«

Ich schwankte, weil meine Gefühle mich übermannten. Hätte der König mich nicht gehalten, wäre ich womöglich vor lauter Glück zusammengebrochen.

Das Damenrennen war für den 5. Juni vorgesehen. Der Tag begann mit Regen und vielen besorgten Blicken in den Himmel. Das für den frühen Nachmittag vorgesehene Rennen musste ausfallen. Tapfer lächelte ich über meiner Enttäuschung.

Friedrich verschob das Damenrennen auf den nächsten Tag.

Tags darauf schien die Sonne. Die Pfützen auf der Rennbahn waren verschwunden, die Fahnen und Girlanden flatterten leicht im Wind. Unter Pauken- und Trompetenklang fuhren die Wagen der vierundzwanzig Teilnehmerinnen und ihre Renner zu Pferd in die Arena ein. Zu jeder Mannschaft gehörten sechs Lanzenträger, und alle waren in ihre jeweiligen Farben gekleidet.

Ich trug ein rosafarbenes Mieder, der Rock war mit goldenen Borten besetzt. Passend dazu waren auch meine Renner in Rosa und Gold gekleidet, mein Kutscher trug Rosa und Silber. Es gab zitronengelbe, pfauenblaue, kirschrote, muskat- und zimtfarbene Mannschaften, andere trugen Wassergrün oder Meerblau, Charmois und Weiß und immer so fort. In vorher festgelegter Reihenfolge drehten wir eine Runde um die Arena, dass die Federbüsche auf unseren Hüten nur so wippten und die Schellen an den Zaumzeugen der Pferde lustig klingelten. Alle Wagen waren mit zwei Pferden bespannt, und es war ein Schnauben und Stampfen.

Ich war an die zwölfte Stelle gelost worden, konnte also zuvor elfmal beobachten, wie die anderen Mannschaften sich an den Ringen schlugen. Der Wagen fuhr jeweils in der Mitte, die Renner galoppierten rechts und links davon. Es galt, übereinander aufgehängte Ringe zu treffen, und welche Mannschaft nach zwölf Durchgängen die meisten Ringe vorzuweisen hatte, verließ als Sieger die Arena.

Als das Signal für mich ertönte, trieb der dänische König die Pferde zum Galopp an. Friedrich August ritt an meiner rechten Seite, Graf Holzendorf auf der linken. Ich fixierte den Ring und legte die Lanze ein. Sie war schwer, ich musste alle Kraft aufwenden, um sie zu halten. Die Hufe der Pferde donnerten über den Sand, die Ringe kamen schnell näher. Ich korrigierte die Stellung der Lanze noch einmal. Und dann …

Vorbei!

Graf Holzhausen hatte ebenfalls nicht getroffen, aber Friedrich August trug auf seiner Lanze einen Ring. Die Zuschauer applaudierten, ließen ihren König hochleben und Frederik von Dänemark ebenfalls.

Einer der Lanzenträger nahm mir den schweren Stab ab. Ein anderer reichte mir ein Glas Zitronenwasser. Er wollte auch dem dänischen König eines anbieten, aber der nahm ihm die Flasche aus der Hand und trank durstig. Das löste neue Begeisterungsstürme bei der Menge aus.

Wir fuhren zurück zum Ausgangspunkt, reihten uns hinten ein. Unterdessen startete die nächste Mannschaft.

Beim nächsten Mal klemmte ich mir die Lanze fester unter den Arm und zielte früher. Kniff sogar ein Auge zusammen, und die Welt verengte sich auf den einen kleinen Kreis des Ringes.

Diesmal traf ich!

In den insgesamt zwölf Durchgängen des Rennens holte ich acht Ringe und meine beiden Renner noch einmal eine erkleckliche Anzahl.

Die meisten Ringe gewann die kleine Prinzessin Charlotte Christine von Wolfenbüttel in einem zauberhaften himmelblauen Kleid. Ich hatte sie schon als Kind gekannt, als ich

Hofdame gewesen war. Sie war dann in den Haushalt der Kurfürstin Christiane Eberhardine gekommen, um dort erzogen zu werden. Die Kurfürstin überreichte ihr auch den ersten Preis. Ein Bouquet aus fünf großen und zwölf kleinen Diamanten. Der zweite Preis war ein Diamantdiadem für die Gräfin Holzendorf. Meine Mannschaft belegte den vierten Platz. Wir hatten uns wacker geschlagen, besonders Friedrich August, während der Graf Holzendorf nicht zu gebrauchen gewesen war.

Das Rennen hatte bis zum Abend gedauert, hernach waren unsere Kehlen staubig und die Mägen hungrig. Auf der Elbterrasse an der Jungfernbastei erwartete uns ein Festmahl.

In den folgenden Tagen standen weitere Feierlichkeiten an. Als große Feste erwarteten uns noch das Ritterturnier, der Aufzug der Weltteile und zum Schluss ein Götterfest. In den Tagen dazwischen gab es Hetzjagden, bei denen sich die beiden Könige hervortaten, Bälle und Komödien.

Frederik von Dänemark besuchte zudem täglich das Grüne Gewölbe und ergötzte sich am Hofstaat des Großmoguls. Er war wenige Wochen vor dem Großen Fest aufgestellt worden. Trotzdem ich in der Hoffnung war, nahm ich an allen Vergnügungen teil und unterschied mich darin von der Kurfürstin. Sie zeigte sich nur auf den Festen, bei denen ihre Teilnahme unumgänglich und von Friedrich August befohlen worden war.

Niemand verstand es wie Friedrich August, die Sinne seiner Gäste anzuregen und die gesamte Residenz in ein Vergnügen zu verwandeln. Den Abschluss der Feierlichkeiten bildete das Götterfest am 22. Juni.

Die zweiundsiebzig Götter und ebenso viele Göttinnen zogen am Abend mit zahlreichem Gefolge vom Zeughaus am Neumarkt durch die Moritzstraße und die Kreuzgasse über den Altmarkt und die Schlossgasse zum Reithaus. Die Götter saßen hoch zu Ross, die Göttinnen fuhren in Wagen. Ich stellte Diana dar, die anmutige Göttin der Jagd und des Mondes, und Friedrich August war Apoll, der Gott des Lichts, der Jugend und der Schönheit, der von allen Geliebte. Diana und Apoll, die göttlichen Zwillinge und Partner.

Friedrich August zeigte bei diesem Aufzug vor aller Welt, dass ich an seiner Seite stand. Mein Herz klopfte so heftig, als müsse es zerspringen. Meine Wangen glühten. Der dänische König nahm als Mars am Aufzug teil.

Im Reithaus nahmen die Göttinnen ihre Plätze in den Logen ein, während die Götter um die Ringe ritten. Mars begann, ihm folgte stets Apoll. Beide gewannen gleich viele Ringe.

Ich bewunderte Friedrich Augusts meisterhafte Diplomatie, sich nicht gegenüber seinem höchsten Gast hervorzutun. Er war ein Meister im Streit um die Ringe und hätte leicht mehr erobern können als sein königlicher Gast. Mehr als einmal bemerkte ich, wie er die Lanze im letzten Augenblick verrückte, um einen Ring nicht zu treffen, wenn Frederik zuvor auch nicht getroffen hatte. Ob es außer mir noch jemand anderer erkannte, bezweifelte ich. Außer Flemming vielleicht?

Zum Ausklang fand im Großen Garten eine Bauernwirtschaft statt. Alles was auf dem Götterfest erhaben und heroisch gewesen war, war bei einer Bauernwirtschaft lustig und tumb. Es nahmen echte Bauern und Bäuerinnen daran teil, um die notwendige Plumpheit und Tölpelhaftigkeit in das Vergnügen zu tragen.

Diesmal erschien der dänische König in der Tracht eines russischen Bauern, Friedrich August und ich traten als französisches Bauernpaar auf. Wir speisten unter freiem Himmel von dem groben Geschirr, das Bauern gewöhnlich benutzten.

Auf unseren Tellern befanden sich auch nur die groben Speisen der Bauern. Wir tanzten im Gras, die echten Bauern hetzten einen Ochsen, unser Stand schoss einen Vogel ab.

Es war herrlich!

Ich bekam Lust, sofort nach Pillnitz aufzubrechen und das einfache Leben auf dem Land nie enden zu lassen. Keine Politik, keine Hofintrigen mehr und kein polnischer Thron. Wir wären einfach nur Friedrich August und Anna Constantia.

KAPITEL XV
· 1731 ·

Conrada und Emilius schritten Seite an Seite auf das Torhaus der Festung zu. Ihre behandschuhte Rechte lag auf seinem Arm und zitterte so heftig, wie ihr Herz schlug. Beruhigend legte Emilius seine Hand darüber.

Die beiden Wachsoldaten am Torhaus schauten unter ihren hohen, spitzen Hüten mit den blank polierten Blechschilden finster drein, ließen sie aber anstandslos passieren. Der Gang im Haus war nicht besonders breit und ohne jede Beleuchtung.

Im Hof dahinter exerzierten Soldaten zu den herausgebrüllten Kommandos und der Pfeife eines Offiziers.

Schnell führte Emilius sie in die Amtsstube des Festungskommandanten Major Boblick, eines älteren muskulösen Mannes, dessen roten Uniformrock auf der Brust ein Fleck zierte, der Conrada verdächtig nach einem Fettspritzer aussah. Seine geröteten Wangen, die große Nase und buschigen Augenbrauen ließen einen strengen Charakter erahnen. Außer dem Major hielt sich in dem schmucklosen Raum ein hochgewachsener, schlanker Mann auf, der nur wenige Jahre älter als Emilius war. Seine Uniform war fleckenlos, und unter dem Arm klemmte ein Dreispitz. Aber auch er schaute ihnen mit nach unten gezogenen Mundwinkeln entgegen.

Einen freundlichen Empfang hatte Conrada nicht erwartet, aber auch nicht diese Steifheit. Emilius stellte sich und seine Schwester mit dem Namen von Amhaus vor. Beide Herren beugten sich über Conradas Rechte, und sie erfuhr, dass es sich bei dem jüngeren Mann um Hauptmann Holm handelte.

»Die Geschwister, die gekommen sind, um einen alten Erbrechtsstreit beizulegen. In der Stadt wird davon gesprochen, es ist bis zu uns gedrungen«, sagte der Major, als handele es sich dabei um etwas Unanständiges.

»Das will ich doch hoffen, dass die Herren davon unterrichtet wurden. Schließlich möchten wir eine der Hofstuben für unsere Verhandlungen nutzen.« Emilius sprach glattzüngig wie immer.

»Sie möchten jetzt die Stuben besichtigen?«, erkundigte sich Major Boblick mit einem Lächeln, das seine Augen nicht erreichte.

»Wir sind deswegen gekommen. Seit Stolpen als Verhandlungsort feststand, haben wir uns darum bemüht.« Aus seiner Rocktasche zog Emilius die zusammengefaltete und mit einer Schnur umwickelte Besuchserlaubnis und hielt sie Boblick hin. »Zwischen der Familie von Amhaus und einer Bewohnerin dieser Festung bestehen verwandtschaftliche Bindungen. Entfernte Bindungen, aber immerhin. In seiner überaus großen Güte erteilte uns das Geheime Kabinett die Erlaubnis zu einem Besuch. Das Schreiben erreichte uns vor zwei Tagen.«

»Was?«, begehrte Holm auf. »Davon weiß ich nichts. Mir wurde kein Schreiben gesandt.«

»Die Art und Weise, wie das Geheime Kabinett seine Geschäfte führt, ist mir nicht vertraut. Ich glaube aber verstanden zu haben, dass dieser Brief dazu Instruktionen enthält. Lesen Sie.«

Boblick nahm die Erlaubnis, entfernte die Schnur und faltete das Papier auseinander. Beide Herren beugten sich darüber. Conradas Herz schlug so heftig, dass sie fürchtete, jedermann müsse es unter ihrer Kleidung sehen. Sie warf Emilius einen kurzen Blick zu und erkannte an seiner verkrampften Kinnpartie, dass auch er angespannt war. Die Augenblicke tropften langsam dahin.

Endlich schaute Holm auf. »Das ist tatsächlich eine Erlaubnis zum Besuch der Gräfin Cosel. Der Herr und seine Schwester sind vorzulassen, nachdem sie zuvor einen Eid geschworen haben.« Der Hauptmann sprach tonlos. »Wie lange haben Sie benötigt, um diese Erlaubnis zu erhalten?«

Conrada konnte nicht weiter an sich halten. »Lange«, sagte sie. »Mein Bruder bereitet dieses Treffen seit mehr als einem Jahr vor – das dürfen Sie mir glauben. Ungefähr zu dieser Zeit hat er seine Bitte an das Geheime Kabinett gerichtet und noch mehrmals untertänigst daran erinnert.« Sie wunderte sich darüber, wie gefasst sie klang.

»Sie wollen die Gräfin jetzt sehen?«

»Sofern das möglich ist. Vorher schwören wir den verlangten Eid. Auf diesen Besuch haben wir lange gewartet, und besonders meiner Schwester ist das schwer angekommen. Ihr mitleidiges, weibliches Herz – wenn Sie verstehen.«

»Ein Besuch bedarf umfassender Vorbereitungen«, wandte der Hauptmann ein.

»Diese Erlaubnis haben wir erhalten, um davon Gebrauch zu machen. Genau das wünschen wir. Jetzt! Sonst muss ich dem Geheimen Kabinett mitteilen, wie mit seinen Anordnungen außerhalb der Residenz umgegangen wird.« Conrada reckte die Schultern. Die Stimmung im Raum veränderte sich. Die Männer betrachteten sie mit Respekt in den Augen.

Hauptmann Holm räusperte sich. »Nun denn. Wenn Sie unbedingt darauf bestehen?«

»Das tue ich.«

Der Hauptmann suchte aus einem Aktenstück eine Liste heraus, die weit mehr als ein Dutzend Punkte umfasste, und begann umständlich und umfangreich, sie mit deren Inhalt vertraut zu machen. Conrada linste unauffällig zu Emilius hinüber. Er lauschte Holms Erklärungen mit unbewegtem Gesicht. In diesem Moment warf auch er ihr einen Blick zu, und der besagte überdeutlich, was er von dem Vortrag hielt. Seine Mundwinkel verzogen sich zu einem winzigen Lächeln, das sie unwillkürlich erwiderte.

Weder Holm noch Major Boblick bemerkten etwas von diesem kleinen Zwischenspiel. Der Hauptmann sprach darüber, dass sie der Gräfin weder die Hand geben noch einen Handkuss auch nur andeuten dürften. Es seien keinerlei Berührungen erlaubt. In dem Stil ging es weiter. Aber auch die längste Belehrung fand ein Ende, und schließlich waren sie oft genug darauf hingewiesen worden, dass der kleinste Verstoß gegen eine der Regeln die sofortige Beendigung des Besuchs zur Folge haben würde. Holm verstummte. Die Eidesformel wurde ihnen von Major Boblick vorgelesen, und Conrada und Emilius sprachen sie nach.

»Leeren Sie ihre Taschen aus«, verlangte Holm danach.

»Was?«

Conrada und Emilius schauten beide gleichermaßen entgeistert drein.

»Wir haben einen Eid geschworen«, wandte er ein.

»Ohne ausgeleerte Taschen kein Besuch.«

Conrada legte den bestickten Beutel ab, in dem sie ein Taschentuch, einige Ersatznadeln für ihr Kleid und ein paar Münzen bei sich führte. Emilius förderte ungleich mehr zutage. Neben Geld und Taschentuch kamen eine Hasenpfote zum Polieren der Fingernägel, ein Bindfaden, die abgerissene Schnalle eines Zaumzeugs, drei verschiedene Knöpfe und ein Ring ans Licht, den er erfreut betrachtete, weil er ihn seit geraumer Zeit vermisst hatte. Jedes einzelne Stück legte er auf den Schreibtisch des Majors.

»Das möchte ich nachher alles genau wieder so vorfinden.«

»Emilius.« Conrada legte ihm eine Hand auf den Unterarm, wie es eine Schwester vielleicht machen würde. »Die Herren tun nur ihre Pflicht.«

KAPITEL XVI
· 1731 ·

*S*ie können mir erzählen, was Sie wollen, aber das ist doch keine Verwandte von Ihnen. Sie haben mich angeschwindelt!«, fuhr Emilius sie an, kaum dass sie die Festung verlassen hatten.

»Wir sind über die mütterliche Linie miteinander verwandt«, widersprach Conrada und entzog ihm den Arm. »Anna Constantia von Cosel ist meine Groß-Cousine. Eher Groß-Groß-Groß-Cousine, oder Sie fügen noch einige Groß mehr ein, genau weiß ich das nicht. Meine Tante Ottilie könnte es Ihnen erklären.«

»Ich verzichte darauf. Sehr häufig haben Sie sich jedenfalls nicht gesehen?«, wollte Emilius wissen und half ihr über ein ausgetretenes Stück Weg hinweg.

»Noch nie.«

»Das habe ich mir gedacht. Die Gräfin hat aber glänzend auf ihre neuen Verwandten reagiert. Mehr als ein winziges Zögern ließ sie nicht erkennen, und ich bin mir sicher, Hauptmann Holm und Major Boblick haben nichts davon bemerkt.

Die waren viel zu sehr damit beschäftigt, sich um die Einhaltung ihrer Vorschriften zu sorgen. Was machen wir nun mit der Liste?« Emilius schwenkte ein Papier, dessen Übergabe die beiden Offiziere während des Besuches erlaubt hatten. Sie enthielt eine Reihe von Büchern, deren Beschaffung die Gräfin wünschte. Schnell wünschte, nicht erst in Monaten, wie sie sich ausgedrückt hatte.

»Sie werden diesen Buchbinder in Pirna aufsuchen und die Bücher besorgen. Was sonst?«

»Wie hätte ich etwas anderes denken können?«

»Wir sind ihre einzige Hoffnung. Halten Sie sich das vor Augen. Es ist eine Schande, wie die arme Gräfin behandelt wird. Serafina würde schier das Herz brechen. Wie gut, dass sie das nicht mit ansehen musste.«

»Sie hat ein allzu weiches Herz, Ihre Begleiterin. Ich reite nach Pirna und besorge diese Bücher. Attilas tut die Bewegung gut.« Emilius zuckte mit den Schultern. »Alles andere können wir jedoch vergessen.«

»Was? Die Gräfin zu befreien?«

»Sprechen Sie lauter, damit uns jeder hört.« Er senkte die Stimme. »Zwischen Ihrer Verwandten und der Freiheit liegen drei abgeschlossene Türen, und danach kommt der mittlere Burghof. Die Festung haben wir noch lange nicht verlassen. Dieser Holm lässt uns keinen Moment mit der Gefangenen allein. Was haben Sie sich vorgestellt, wie es funktionieren soll?«

»Uns wird etwas einfallen.«

»Ich werde jedenfalls nicht gegen vierzig Soldaten antreten.«

»Wie sollte es anders sein? Sobald es etwas gefährlich wird, kneifen Sie«, spottete Conrada.

»Ich nenne es Taktik. Die erste Schwierigkeit besteht darin, der Gräfin mitzuteilen, was wir planen. Dieser Holm lässt sie nicht aus den Augen. Wir werden keine Gelegenheit erhalten, ihr ein Briefchen zuzustecken.«

»Boblick und Holm werden weniger wachsam sein, wenn wir erst ein paarmal in der Festung ein- und ausgegangen sind.«

»Darauf würde ich mich nicht verlassen.«

Sie hatten Stolpens Gassen erreicht, und wegen der Menschen um sie herum verbot sich jedes weitere Gespräch.

In Pirna suchte sich Emilius eine Unterkunft in der Nähe des Stadtklosters, sah über die geflickten Bettlaken und den muffigen Geruch hinweg und erkundigte sich nach dem Buchbinder Witsch.

Der hatte seine Werkstatt am Markt. Als er dort ankam, war sie bereits geschlossen. Das kümmerte ihn nicht. Er hämmerte mit der Faust gegen die Tür, bis ihm geöffnet wurde. Ein altes gebücktes Weib, das ihm nur bis zur Brust reichte, linste durch den Spalt. In einer Hand hielt sie eine Laterne, die andere lag auf dem Riegel, bereit, die Tür jeden Moment wieder zuzuschlagen.

»Es ist geschlossen«, schnarrte sie.

»Hol deinen Mann, ich habe mit ihm zu reden.«

»Der liegt seit zehn Jahren auf dem Friedhof.« Sie kicherte.

»Wer führt die Buchbinderei?« Emilius hatte große Mühe, die Alte nicht aus dem Weg zu stoßen, um selbst nach dem Buchbinder zu suchen. Sie erinnerte ihn auf eine ungute Weise an seine Großmutter.

»Mein ältester Sohn.« Immer noch das Kichern.

»Dann will ich ihn sprechen.« Er stieß die Tür weiter auf, und gegen seine Kräfte kam die Alte nicht an.

Sie rief nach ihrem Sohn Jonathan, der geschäftstüchtiger war und einen Kunden erkannte, wenn er einen vor sich sah. Jedenfalls saßen sie sich nicht lange danach in dessen Gewölbe bei einem Glas billigen Weins gegenüber. Bücher, Papierstapel, hölzerne Buchdeckel, Leder verschiedenster Stärke füllten Regale an den Wänden. Über allem lag ein Geruch nach Staub, Druckerschwärze und Leim, der Emilius den Atem nahm. Er sog die Luft flach durch den Mund ein, als er die Liste übergab.

»Die Bücher sind für die Gräfin Cosel in Stolpen bestimmt. Mir scheint, Er hat eine entsprechende Bestellung vorliegen«, sagte er dazu.

»Eine Bestellung nicht. Die Gräfin hat mir einmal eine Liste geschickt, und ich habe die Bücher für sie besorgt. Jemand hat sie dann abgeholt und nach Stolpen gebracht. Was ist es diesmal?« Jonathan Witsch hielt das Papier dicht an eine Laterne, um die Schrift zu entziffern. »Einiges habe ich da, andere müsste ich besorgen.« Er kratzte sich am Kopf.

»Wie lange dauert das?«

»Ich muss nach Leipzig schreiben. Wochen, Monate, wer kann das sagen.«

»So viel Zeit habe ich nicht. Stell Er mir zusammen, was Er vorrätig hat und was Er innerhalb weniger Tage besorgen kann.«

»Wie der gnädige Herr wünschen.« Mit dem Finger fuhr Witsch die Liste entlang, murmelte manchmal etwas Zustimmendes. Endlich schaute er wieder auf. »Ich habe vier Bücher vorrätig. Drei kann ich kurzfristig besorgen, und bei sieben habe ich andere Werke derselben Autoren da, die ich Ihnen als Ersatz anbieten kann.«

Seine Enttäuschung verbarg Emilius hinter einer gleichgültigen Miene. »Keine anderen Werke als die, die auf der Liste stehen.« Er hatte das starke Gefühl, dies sei im Sinne der Gräfin Cosel, die er als eine nicht leicht zufriedenzustellende Leserin einschätzte.

»Wie der gnädige Herr wünschen. Da wäre nur eine Kleinigkeit zu regeln. Der Preis.«

Emilius verstand. »Das werden die Kuratoren der Gräfin erledigen. Sie begleichen alle ihre Unkosten. Ich bin nur der Bote.«

»Bis ich von dort mein Geld bekomme, kann es bis zu einem Jahr dauern. Diese Zeitspanne kann ich mir nicht leisten.«

Und ich kann es mir nicht leisten, für eine Frau, die ich vor wenigen Tagen das erste Mal gesehen habe, ein Vermögen für Bücher auszugeben, kam Emilius in den Sinn.

»Was kosten die Bücher?«, hörte er sich fragen.

Witsch begann zu rechnen und an den Fingern abzuzählen und nannte schließlich eine Summe. Für Emilius hörte sie sich an, als umfasse sie den Wert dieser ganzen düsteren Werkstatt. Ihm kam in den Sinn, was Conrada darüber gesagt hätte.

»So viel Geld trage ich nicht in der Rocktasche mit mir herum.«

»Ich benötige ein paar Tage, um die Bücher zu binden. Bis dahin reicht mir eine Anzahlung von dreißig Talern.«

»Zwanzig und keinen Groschen mehr«, erwiderte Emilius sofort. Das war in etwa die Summe, die er aufbringen konnte, ohne sich in seinen eigenen Bedürfnissen einschränken zu müssen.

Sie einigten sich auf zweiundzwanzig Taler. Emilius blätterte die Geldstücke auf den Tisch und wollte in fünf Tagen wiederkommen. Witsch sagte zu, die Bücher dann gebunden zu haben.

Drei Tage nach der Bauernwirtschaft wurde zwischen Friedrich August und Frederik, zwischen Sachsen und Dänemark ein Vertrag unterzeichnet, in dem beide Könige festlegten, einander bei einem Angriff auf Schweden zu unterstützen und sich gegenseitig Hilfe zu leisten, wenn ein Land angegriffen wurde.

Der polnische Thron war für Friedrich August wieder in greifbare Nähe gerückt. Ich atmete auf, weil ich wusste, dass er sich nichts mehr wünschte als die Rückkehr nach Warschau – als König.

»Er war von Eurem Großen Fest beeindruckt. Wie ich es Euch prophezeit hatte.«

»Trotzdem ist die Zeit knapp. Knapper als es unserem dänischen Vetter bewusst ist. Der Zar wird nicht mehr lange zuwarten, um an unserer Seite zu stehen. Jetzt muss es schnell gehen, dass wir Preußen aus den Fängen der Schweden lösen und auf unsere Seite ziehen. So, so.« Der König schnipste mit den Fingern.

»Die Preußen werden nicht an einem Bündnispartner festhalten, dessen Heer kaum noch fünfzehntausend Soldaten stark ist«, sagte ich. Die Spione, die Friedrich August gegen die Schweden ausgeschickt hatte, waren zurückgekehrt und hatten von der schwindenden Größe des schwedischen Heeres und dem gewiss bald eintretenden Mangel an Lebensmitteln und Ausrüstung berichtet.

»Ich wünsche mir, der preußische König sieht das genauso, aber bei den Preußen kann man nie wissen.«

»Euch wird es gelingen.« Ich stellte mich auf Zehenspitzen und bot dem König die Lippen zum Kuss, aber er reagierte nicht. »Kommt bald wieder zurück zu mir. Ohne Euch ist mein Leben nichts wert.«

Nun küsste er mich doch.

Im Morgengrauen des nächsten Tages verließ Friedrich August gemeinsam mit dem dänischen König und den Ministern Dresden in Richtung Potsdam.

Die Nachrichten, die ich dann aus Preußen erhielt, sprachen von Bällen und Jagden, auf denen sich die Könige amüsierten. Von einer kleinen preußischen Prinzessin, geboren am 3. Juli und neun Tage später aus der Taufe gehoben von allen drei Königen. Kein Wort von einem Bündnis.

Ich machte mir Sorgen. Wenn es nicht gelang, den preußischen König auf die Seite Sachsens und Dänemarks zu ziehen, bezweifelte ich, dass das Bündnis zwischen Friedrich August und Frederik noch das Papier wert war, auf dem es geschrieben stand. Ich fürchtete die Stimmung, in die Friedrich August dann geraten und was er sagen könnte. Und der polnische Thron für immer verloren.

In meinem Herzen war ich fest überzeugt, er solle die polnische Sache aufgeben. Es wäre für Sachsen und für ihn besser. Ein Mann könne nur ein Land regieren. Friedrich August hatte ich das nie gesagt.

Auf einmal ging alles schnell: Am 15. Juli schlossen die drei Könige ein Bündnis zur Verteidigung, das verhindern sollte, dass der schwedische König mit seiner Armee durch preußisches Gebiet nach Sachsen zöge. In diesem Falle sollte Preußen ihm den Weg verlegen. Da die Schweden nur über preußisches Gebiet nach Sachsen gelangen konnten, waren wir sicher. Nur fühlte ich mich nicht so.

Eine Woche später kam Friedrich August wieder nach Dresden. Aus Polen traf ein Kurier ein und berichtete etwas, was mir den Boden unter den Füßen wegzog: Bereits Anfang Juli hatte der Zar das Heer des schwedischen Königs bei

Poltawa vernichtet. Der König handelte sofort und verkündete öffentlich seine Absicht, wieder den polnischen Thron besteigen zu wollen. Er erhielt ein Schreiben des Papstes, in dem dieser ihn von allen eidlichen Verpflichtungen gegenüber Schweden entband. Friedrich August reiste zu seinem Heer und überschritt mit ihm am 24. August 1709 die polnische Grenze.

Ich war zu diesem Zeitpunkt im siebten Monat schwanger und voll düsterer Gedanken.

In Polen herrschte nicht nur Krieg, es grassierte auch die Pest. Friedrich August ... Ich stand Todesqualen aus um ihn. Am liebsten hätte ich mich sofort auf den Weg gemacht, um ihm zur Seite zu stehen, doch dazu war ich viel zu schwach. Mir blieb nur, Briefe nach Polen zu schreiben. Ich kramte außerdem alle Medizinen gegen die Pest aus allen Büchern hervor, derer ich habhaft werden konnte, und schickte sie Friedrich August. Bat ihn eindringlich, den besten Nutzen daraus zu ziehen, sich in keinerlei Gefahr zu begeben.

Das Winterquartier bezog Friedrich August in Thorn, da Warschau unter der Geißel des Schwarzen Todes ächzte. Ich wartete jeden Tag auf eine Nachricht von ihm. Auf einem Tisch hatte ich eine Karte Polens ausbreiten lassen. Darauf verfolgte ich die Ereignisse: Der elfenbeinerne König eines Schachspiels stand für Friedrich August, Läufer und Springer für seine Armee. Alle verharrten in Thorn. Die Armee lag dort im Winterquartier. Vor meinen Augen standen klar drei Dinge, die Friedrich August gelingen mussten, um den polnischen Thron zurückzuerobern: Er musste sich mit dem Zaren treffen und sich mit ihm einigen; er musste sich mit seinen polnischen Anhängern ins Benehmen setzen, damit sie ihn zu ihrem rechtmäßigen König ausriefen, und er musste ein schwedisches Heer bekämpfen. Für alles hatte er nicht viel Zeit.

Das Erste gelang ihm am 8. Oktober auf der Weichsel. Zar Peter und Friedrich August unterzeichneten eine Allianz gegen Schweden, nach der Russland Friedrich August mit Soldaten aushelfen würde. Im Gegenzug beließ Friedrich August dem Zar alle in den letzten Jahren von ihm eroberten Ostseeprovinzen. Friedrich August begann die Verhandlungen mit den polnischen Bischöfen, Senatoren und Magnaten.

Er in Polen, ich allein in Dresden. Unruhig lief ich im Palais von einem Raum in den anderen. Ich hatte ein Schreiben meines Vaters aus Depenau erhalten, dessen Inhalt wie eine Klammer um meine Brust lag.

Zuvor hatte ich ihn gefragt, ob ich meine Kinder, Augusta Constantia und das Ungeborene nach dessen Geburt, zu ihm nach Depenau schicken dürfte, damit sie dort im Kreise ihrer Familie standesgemäß erzogen würden. Ich hatte ihm angeboten für den Unterhalt der Kinder und ihrer Dienerschaft zu bezahlen. Mein Vater hatte meine Bitte abgelehnt.

Wohin sollte ich die Kinder bringen?

Nach der Geburt plante ich, zum König nach Polen zu reisen, um nicht zu lange von ihm getrennt zu sein. Wie konnte ich das, wenn ich keinen sicheren Ort für meine Kinder hatte? Sie nur unter der Aufsicht von Dienern in Dresden zurückzulassen kam nicht infrage. Über ihren Haushalt musste eine verständige Verwandte die Aufsicht führen. Jemand wie meine Mutter.

In diesen Tagen hätte ich mich gerne mit jemandem beraten, mit einer Vertrauten, die ebenfalls Mutter war. Doch eine solche Person gab es nicht in meiner Nähe. Ich war ganz darauf eingerichtet, die geheime Ehefrau eines Königs zu sein. Das wurde mir schmerzlich bewusst.

In dieser trüben Stimmung fand mich mein Vetter Löwendal vor. Er küsste meine Hände, trocknete meine Tränen und brachte die Geschichte aus mir heraus.

»Ich weiß nicht, wohin ich die Kinder bringen soll, wenn ich nach Polen reise. Hinreisen muss ich, daran besteht kein Zweifel. Der König braucht mich an seiner Seite, aber wie soll ich gehen, wenn ich die Kinder nicht gut versorgt weiß? Keine Mutter kann das«, sagte ich düster und legte die Hände auf meinen hochschwangeren Leib. »Noch gar nicht auf der Welt und schon der Gegenstand großen Kummers.«

»Die Antwort Eures Vaters ist hart«, erklärte Löwendal mitfühlend.

»Er ist ein harter Mann. Immer gewesen. Ehre und Stand sind für ihn das Wichtigste. Und Stolz. Er will keine Almosen von mir annehmen. Obwohl es gar keine wären, wenn ich für die Erziehung und Herberge meiner eigenen Kinder bezahle.« Erschöpft verstummte ich.

»Liebe Cousine, ich will für Euch tun, was immer ich vermag.«

»Was kann Er schon ausrichten.«

»Lasst es mich versuchen.« Damit verabschiedete er sich, und ich hörte nichts weiter von ihm.

Als ich schon aufgegeben hatte, auf seine Hilfe zu hoffen, stand eines Tages meine Mutter vor mir. Ich war so überrascht, dass ich kein Wort herausbrachte.

Jahrelang hatten wir uns nicht gesehen. Sie betrachtete mich mit schief gelegtem Kopf. Ihre Augen huschten im Zimmer umher, und ich verstand ihre Gedanken: All die Pracht … Damit könnten wir Depenau auf Jahre hinaus erhalten.

Wir umarmten einander, und noch nie in meinem Leben war ich so froh, sie zu sehen.

»Frau Mutter …«, stammelte ich.

Sie schob mich eine Armlänge von sich weg. Ihr Blick ruhte auf meinem schwangeren Leib.

»Ich sehe, ich bin gerade noch rechtzeitig gekommen. Es können nur noch ein paar Wochen sein. Bist du ganz allein, Kind? Ist er der Vater?«

»Er ist der Vater. Mein Sohn wird ein Prinz sein. Man sorgt sehr gut für mich.«

»In Löwendals Schreiben klang das anders. Ich habe in Depenau alles stehen und liegen lassen, um zu dir zu kommen. Die Reise war beschwerlich, das kann ich dir sagen.«

So hatte ich meine Mutter in Erinnerung. Sie sorgte für ihre Kinder, aber große Gefühle durfte ich von ihr nicht erwarten.

»Ich bin froh über Ihr Kommen. So lieb war mir seit Langem kein Besuch mehr. Bringen Sie mir die erlösende Botschaft?«

»Es wird sich alles finden. Für deine Kinder wird gesorgt werden.«

»Sie werden sie nach der Geburt mitnehmen nach Depenau? Ich bin Ihnen schrecklich dankbar, liebe Frau Mutter. Ich werde Ihnen regelmäßig Geld schicken. Es soll den Kindern nie an etwas fehlen.« Am liebsten hätte ich meine Mutter erneut umarmt, aber ihre strenge Miene hielt mich zurück.

»So kleine Kinder sind am besten im Haus der Mutter aufgehoben«, lautete die dünne Antwort.

»Ich kann sie unmöglich mitnehmen. Die Reise wäre viel zu anstrengend für sie.«

»Du fürchtest, er vergisst dich, wenn du nicht in seiner Nähe bist, und sucht sich eine andere Maitresse. Kehrt er auf den polnischen Thron zurück, wird der polnische Adel eine aus ihren Reihen für ihn wollen.«

»Ich bin nicht seine Maitresse!«, schnappte ich zurück. »Ich bin seine Frau. Auf dem großen Fest war ich an seiner Seite wie eine Gattin.«

»Du sollst dich nicht aufregen, Kind. Das ist in deinem Zustand nicht gut.« Meine eben noch spitzzüngige Mutter war nun wieder ganz freundlich.

KAPITEL XVII
· 1731 ·

*E*milius fragte sich, wie er fünf Tage in Pirna verbringen sollte. Nachdem er am Morgen einen Brief an Laurenz Schumann geschrieben und um Geld gebeten hatte, wusste er nicht, wie er den Rest des Tages zubringen sollte. Einzig und allein Hermann Carl von Lobschütz konnte ihn aus der pirnaischen Langeweile herausreißen. Der Freund besaß ein Jagdhaus, nur zehn oder zwölf Meilen entfernt.

Es lag direkt am Wald und wirkte von außen wenig repräsentativ, aber im Inneren besaß es eine Reihe gemütlicher Gästezimmer, um die Jagdfreunde des Hausherrn unterzubringen. Vom Sattel aus zog Emilius am Glockenstrang, und im Inneren ertönte ein blechernes Scheppern. Das Geräusch erschreckte Attilas, der einen Satz zur Seite machte, sich unter dem Schenkeldruck seines Reiters aber sofort wieder beruhigte. Emilius klopfte ihm den Hals.

Im Haus tat sich eine Weile nichts, aber dann wurde die Tür aufgerissen, und er fand sich seinem Freund gegenüber. Hermann Carl von Lobschütz hatte Tränensäcke unter den Augen, ein Kratzer verunzierte seine rechte Wange, die Kleidung war schlammbespritzt und der linke Ärmelaufschlag eingerissen. Beim Anblick des Freundes legte sich ein Grinsen auf sein Gesicht.

Emilius schwang sich aus dem Sattel, und dann umarmten die Freunde einander, klopften sich gegenseitig auf die Schulter. Hermann Carl wollte wissen, was den Freund in diese Gegend führte.

»Ich hatte gehofft, dich anzutreffen.«

»Bin gerade hinten rein, als die Glocke ging, war den Morgen und die halbe Nacht unterwegs. Es ist eine hübsche Strecke zusammengekommen. Fasane, Hasen, Füchse, Rehe.«

»Du hast alleine gejagt?«

»Wo denkst du hin? Ich hatte ein halbes Dutzend Jagdhelfer. Aber keine Gäste, da hast du recht. Komm und schau es dir an«, sagte Hermann Carl lachend. Er zog ihn mit sich quer durch das Haus und zur hinteren Tür wieder hinaus.

Dort befand sich ein dem Wald abgetrotzter Hof, auf dem eine beeindruckende Strecke erlegter Tiere niedergelegt war. Blut sickerte in den staubigen Boden und zog Fliegen an. Die Jagdhelfer waren noch dabei, jedem Tier ein Eichenlaub ins Maul zu stecken. Zwei andere mühten sich mit einer Handvoll Hunde, die jaulten, geiferten und kaum zu halten waren.

»Wir brauchen uns jedenfalls keine Gedanken zu machen, was am Abend auf den Tisch kommt.« Emilius war beeindruckt.

»Du bleibst natürlich hier und bist mein Gast. Du kannst Reh, Hase oder Fasan zum Abendessen haben.«

»Warum nicht alles drei?«

»Von mir aus. Dafür musst du mir verraten, was dich herführt. Oft genug habe ich dich eingeladen, nur bist du nie gekommen. Wo ich es schon aufgegeben habe, stehst du auf einmal in der Tür.«

Hermann Carl führte seinen Freund ins Haus zurück. »Ich muss mich umziehen.«

Er führte Emilius in sein Ankleidezimmer, wo er ihn auf einem Sessel Platz nehmen ließ. Er selbst verschwand mit seinem Leibdiener hinter einer Trennwand und ließ sich aus der verschwitzten und beschmutzten Kleidung helfen. »Komm mir nicht damit, du hättest gerade in der Nähe zu tun gehabt.«

»Ich war in Pirna bei einem Buchbinder und muss einige Tage warten, bis die Bücher zur Abholung bereit sind.«

»Bücher, ich höre immer nur Bücher.«

»Sie sind nicht für mich. Ich habe einen Ruf zu verlieren, und der verträgt sich nicht mit dem Schmökern.« Emilius lächelte. »Sie sind für eine Freundin.«

»Oho, eine Herzensdame! Dann will ich nicht weiter in dich dringen. Pass nur auf, dass du nicht mehr verlierst als ein paar Taler für Bücher.«

»Was denn zum Beispiel?«

»Dein Herz.«

»Keine Sorge. Das ist nicht in Gefahr.«

»Aha.« Hermann Carl kam hinter der Trennwand hervor. Er trug nun einen blauseidenen Morgenmantel mit aufgestickten Jagdszenen und mit Fell bezogene Pantoffeln. Das sah derart lächerlich aus, dass Emilius nur deshalb nicht in Gelächter ausbrach, weil er den Anblick bereits kannte.

»Du hast Glück, mich hier anzutreffen«, sagte der Freund. »Eigentlich wollte ich morgen nach Dresden zurückkehren. Bin nur hergekommen, um ein neues Gewehr auszuprobieren. Ich bleibe aber mit Vergnügen noch einige Tage hier, und wir können gemeinsam auf die Jagd reiten. Hast du Waffen mitgebracht?«

Emilius schüttelte den Kopf. »Ich kam nur her, um der Pirnaischen Langeweile zu entfliehen.«

»Trotzdem wunderbar. In Dresden liegt mir nur meine Mutter in den Ohren, ich solle endlich heiraten.« Hermann Carl schüttelte mit komisch verzweifelter Miene den Kopf. »Habe nichts gegen eine Heirat. Den Namen weitertragen und dergleichen leuchtet mir ein. Irgendwann.«

»Wozu? Der Name von Lobschütz stirbt nicht aus und

meiner ebenso wenig, wenn wir ledig durchs Leben gehen.«
Emilius' Stimme klang bitter.

Hermann Carl grinste ihn an. »Deine Zeit läuft ab. Die
Leute fragen sich, was du tun wirst.«

Auf einmal wurde Emilius das Halstuch eng, und der
Schweiß brach ihm aus. Er ignorierte die Tropfen, die seinen
Rücken herunterliefen. »Wo redet man über mich?«

»Oh, im Haus der Gräfin von Diefenthal. Oder auf der
Jagd des Graf Komorowski im letzten Monat.«

»Seit wann verkehrst du im Haus der Gräfin Diefenthal?«

»Ich nicht«, erwiderte Hermann Carl. »Aber meine Mutter. Sie hat es mir gleich vorgehalten, wie es auch mir ergehen
könnte, wenn ich mir nicht bald eine passende Frau erwähle.
Du kennst sie ja. Leider jagen nur wenige Frauen«, sinnierte
der Freund. »Die sind mir meist im Alter voraus und längst
verheiratet. Du hast es viel leichter, eine passende Dame zu
finden.«

Nun verzog Emilius das Gesicht. »Genug von diesem Gerede. Ich bin gekommen, um dich um etwas zu bitten.«

»Nur zu.« Wie immer war der gutmütige Hermann Carl
sofort bereit, ein lästiges Thema fallen zu lassen.

»Kannst du mir etwas leihen?«

»Spielschulden?«

»Für eine Weile plane ich einen Aufenthalt im Ausland.
Italien soll schön sein.«

»Übertreibst du nicht?«, wollte Hermann Carl wissen.
»Wegen dieser Sache gleich ins Ausland zu gehen. Es kann
doch nicht gut sein, die Heimat zu verlassen.«

»In Italien lässt sich auch gut zur Jagd reiten.«

»Aber dort leben Italiener. Wäre es nicht besser, eine standesgemäße junge Frau zu heiraten, als zu flüchten?« Hermann
Carl sah kummervoll drein.

»Ich sterbe für meinen Fürst, wenn es sein muss, aber ich

bin fest entschlossen, mir nicht vorschreiben zu lassen, wie ich mein Leben gestalte. Bevor es so weit kommt, verbringe ich meine Tage lieber im Ausland. Und freue mich dort über den Besuch meiner Freunde aus der alten Heimat«, antwortete Emilius schmeichlerisch.

Der kummervolle Blick seines Freundes blieb jedoch. »Du wirst es dir nicht noch einmal überlegen?«

»Nein. Aber ich werde etwas Geld brauchen für mein neues Leben, damit ich nicht in einer ärmlichen Hütte darben muss. Auf die Familie kann ich nicht bauen. Mein eigenes Geld habe ich ins Ausland verfrachtet, aber es wird noch einige Zeit dauern, bis ich über alles verfügen kann. Bis dahin … Wir sind so lange befreundet und konnten uns immer aufeinander verlassen.«

»Das stimmt«, sagte Hermann Carl zerknirscht. »Ich will dir gerne alles geben, aber es ist nicht viel, was ich gerade bei mir habe.« Er stülpte seine Taschen um und förderte etliche Münzen zutage, die er Emilius hinschob.

Es waren einige Goldtaler darunter, aber trotzdem viel weniger, als Emilius erwartet hatte.

»Mehr kann ich nicht besorgen, sonst merkt es meine Mutter. Die mag nicht, dass ich Geld an meine Freunde verleihe, weil sie es nie zurückzahlen. Sagt sie jedenfalls.«

Emilius blieb zwei Nächte und drei Tage bei seinem Freund. Über die Geldangelegenheit und den Plan, sich ins Ausland abzusetzen, wurde nicht mehr gesprochen, aber dem Wild in den umliegenden Wäldern setzten sie zu.

* * *

»Ich habe Sie vor zwei Tagen erwartet«, begrüßte Conrada ihn. »Es kann doch nicht so lange dauern, ein paar Bücher zu kaufen.«

»Sie verstehen eben nichts davon.« Emilius ließ die einge-
wickelten Bücher auf den Tisch fallen.

Conrada beäugte das Paket misstrauisch. »Das ist nicht
einmal ein Drittel der Liste.«

»Das ist alles, was Jonathan Witsch vorrätig hatte.« Emilius
schlenderte in der Stube umher, schaute aus dem Fenster auf
die Gasse, nahm eine Schale aus Ton in die Hand und stellte
sie wieder ab.

»Es wird reichen für unsere Zwecke«, sagte Conrada in seinem Rücken.

Er drehte sich um, betrachtete sie mit einem schrägen Blick.
»Was wollen Sie machen?«

»Meiner Cousine eine Nachricht zukommen lassen.«

»Die Bücher werden vor der Übergabe kontrolliert werden.
Hauptmann Holm ist sehr gründlich, er wird entdecken, was
Sie hineingeschrieben haben.«

»Ich werde nichts hineinschreiben.«

»Oder eine Notiz reinlegen. Die wird noch schneller gefunden.«

»Das habe ich auch nicht vor.« Conrada holte aus ihrer
Rocktasche einen Zettel und ein Lederetui, aus dem sie eine
Nadel zog.

Interessiert kam Emilius näher. Er beobachtete, wie sie
wahllos eines der Bücher aufschlug und mit der Nadel Löcher
hineinstach. Feine Löcher unter verschiedene Buchstaben.
Schlaues Mädchen. Nach ein paar Löchern blätterte Conrada
zwei Seiten um und stach neue Löcher. Immer nur einige auf
einer Seite und dann zweimal umblättern. Da auf dem Zettel
ein umfangreicher Text stand, dauerte es lange, bis er in das
Buch übertragen war. Auf den ersten Zettel folgte ein zweiter,
der in ein anderes Buch gestochen wurde.

»Sie erzählen Ihrer Cousine gleich einen ganzen Roman«,
mokierte sich Emilius.

»Alles, was nötig ist. Aber die Idee ist nicht schlecht, das müssen Sie zugeben.«

»Recht gut. Ich halte den Hauptmann nicht für scharfsinnig genug, das zu entdecken.«

»Warum können Sie nicht einfach sagen, es ist eine richtig gute Idee von mir?«, stieß Conrada hervor. »Sie sind immer schnell bei der Sache, wenn es etwas zu kritisieren gibt.«

»Für eine nach Lob gierende Person hatte ich Sie nicht gehalten.«

In Conradas Brust schwoll ein Kloß an, der ihr das Sprechen schwer machte. »Wie Ihre Freunde und Familie es mit Ihnen aushalten, weiß ich nicht.«

Emilius verdrehte die Augen. »Herr im Himmel, wahrscheinlich verstehst nicht einmal du die Weiber. Sie sticht Löcher in ein Buch und anschließend sticht sie mich mit Worten.«

Unmöglicher Mensch! Conrada erdolchte ihn mit Blicken, aber er stand nur weiter da und starrte die Decke an, als gäbe es dort etwas, was das Anschauen lohnte.

»Ich wünsche den Tag herbei, an dem wir meine Cousine befreien und jeder seine eigenen Wege beschreitet. Sie in die eine Richtung und wir in eine andere.«

»Schon wieder ein Irrtum.« Emilius nahm den Blick von der Decke. »Wir hängen alle mit drin, und bevor die Gräfin nicht in Sicherheit ist, werde ich nicht meiner Wege gehen. Wir werden alle zusammen nach Preußen flüchten.«

»Hilf, Herr«, stöhnte Conrada.

Ihr nächster Besuch bei der Gräfin durfte erst eine Woche später stattfinden, aber sie konnten die Bücher übergeben.

Anna Constantia von Cosel · 1709 und 1710

Am 27. Oktober des Jahres 1709 brachte ich nach endlosen Wehen eine Tochter zur Welt. In den langen Stunden der Geburt wichen meine Mutter und die Hebamme nicht von meiner Seite. Sie gab mir das gewaschene und gewickelte Mädchen in den Arm, damit ich es auf die Stirn küsste und ihm einen Namen gab.

»Friederike Alexandrine soll sie heißen. In Anlehnung an ihren Vater«, sagte ich matt.

Nach der Geburt bekam ich Fieber, und ich konnte nichts bei mir behalten. Mein Herz hämmerte, der Atem flog. Im Fieberwahn erkannte ich meine Mutter nicht mehr und nicht die Ärzte, die um mein Bett herum standen. Ich hörte ihre wispernden Stimmen, und der einzige halbe Satz, der es bis in mein Bewusstsein schaffte, lautete: auf den Tod erkrankt.

Danach ließ ich mich fallen. Ich hatte keine Kraft, und die Welt verschwand in einem Nebel.

Wider Erwarten tauchte ich aus diesem grauen Meer wieder auf. Ich war noch fiebrig, aber mein Puls hatte sich beruhigt. Ich konnte leichte Suppen bei mir behalten und im Bett sitzen. Es sei alles noch einmal gut gegangen, versicherten mir die Ärzte.

Gegen Mittag des 19. November wurde die Tür meines Schlafgemachs aufgerissen, und Friedrich August, noch im Reisemantel und mit schlammverschmierten Stiefeln, stürmte herein. Er brachte einen kühlen Luftzug mit sich.

Seine besorgte Miene verschwand, und er strahlte, als er mich im Bett mit einem Buch in der Hand sitzen sah. »Dem Himmel sei Dank! Constantia!«, rief er aus.

Mir rutschte das Buch aus der Hand. Einen Moment glaubte ich, mein Verstand gaukele mir etwas vor. Aber Friedrich August riss sich Mantel und Rock vom Leib, ließ sich schwungvoll auf mein Bett fallen und zog mich an seine breite Brust. Bedeckte mein Gesicht mit Küssen.

»Ich habe befürchtet, dich nicht mehr auf dieser Welt anzutreffen, Geliebte. Die Nachrichten der Ärzte ließen mir keine Hoffnung. Ich konnte nicht länger fernbleiben und habe Tag und Nacht abwechselnd in der Kutsche und im Sattel gesessen.«

Mir ging das Herz auf, als ich diese Worte hörte. Bedeuteten sie doch, dass der König mich liebte. Er war gesund, und ich war tief in seinem Herzen verankert. Er musste die wichtigen Verhandlungen um den Warschauer Thron unterbrochen haben, um zu mir zu kommen. Mir tat nur leid, dass er seine kleine Tochter verpasst hatte. An diesem Morgen hatte ich beide Kinder meiner Mutter nach Depenau mitgegeben. Sie waren in der Frühe abgereist.

Die Rückkehr des Königs brachte mich schneller auf die Beine, als es jeder Medizin gelingen konnte. Noch am selben Nachmittag tat ich die ersten Schritte auf Friedrich Augusts Arm gestützt. Fürsorglich legte er seine Hand über meine und achtete darauf, dass ich mir nicht zu viel zumutete. Er gestattete mir nur, in das nächste Zimmer zu gehen und dort auf einem Ruhesofa Platz zu nehmen. Legte mir eigenhändig eine pelzgefütterte Decke über die Knie und klingelte nach Erfrischungen.

Ich ließ alles lächelnd geschehen, nahm ein paar Bissen von dem Kuchen, der uns gebracht wurde, und trank winzige Schlucke heiße Schokolade.

Friedrich August berichtete mir über den Stand der Verhandlungen mit den polnischen Adeligen und Magnaten. Ich wollte aufmerksam lauschen, konnte jedoch nicht verhindern, dass mich das Gespräch ermüdete. Die Vielzahl von Namen, die er im Gespräch nannte, rauschten an mir vorbei. Mir fielen für kurze Momente die Augen zu. Irgendwann bemerkte der König meinen Zustand und entschuldigte sich wortreich.

»Ich werde so lange in Dresden bleiben, bis du dich wieder besser fühlst.« Er strich mir über das Haar.

»Nein, Euer Majestät«, sagte ich langsam, weil ich den Gedanken sortieren musste. »Ihr müsst Euch um den polnischen Thron kümmern.«

»Ich muss mich in erster Linie um dein Wohlergehen kümmern. Du sollst an meiner Seite sein und wirst mich begleiten, sobald du kräftig genug bist. Jetzt ruhst du erst einmal.«

Er ließ mich allein und versprach, am nächsten Tag wiederzukommen.

Der König besuchte mich jeden Tag nach dem Mittagsmahl. Bereits am ersten Tag empfing ich ihn außerhalb des Bettes und war fest entschlossen, meine Kraft möglichst schnell zurückzuerlangen. Dazu zwang ich morgens ein umfangreiches Frühstück aus geröstetem Brot, Rinderbrühe, Baldriantee, Milchsuppe und Essiggemüse und verschiedenen Eierspeisen in mich hinein. Im Laufe des Vormittags aß ich ein Stück Rosinenkuchen und mittags mindestens drei Gänge. Von Tag zu Tag fühlte ich meine Kraft mehr zurückkommen.

»Ich habe in der Bibliothek etwas für dich hingelegt«, sagte er, als er mich den vierten Tag besuchte.

Die Bibliothek befand sich am anderen Ende des Palais. Sie war düster, und gewöhnlich vermied ich es, hineinzugehen, sondern ließ mir die Bücher, nach denen es mich verlangte, von meinem Sekretär bringen.

Dorthin führte mich Friedrich August nun. Ein Lakai riss vor uns die Tür auf und schloss sie hinter uns wieder.

»Was für ein düsterer Raum«, murmelte Friedrich August. »Ich weiß nicht, warum du ihn so eingerichtet hast.«

»Ich auch nicht«, antwortete ich, und wir mussten beide lachen. Er deutete auf den Tisch, auf dem ein flacher Stapel Papier lag.

Ich löste mich aus seinem Arm, vergaß meine Schwäche und eilte zum Tisch. Tief im Herzen hoffte ich, es wären Urkunden, die mich auch öffentlich zu seiner Frau machten oder mich zur polnischen Königin erhoben. Ich nahm die oberste Urkunde in die Hand und erkannte auf den ersten Blick, dass von meiner älteren Tochter Augusta Constantia die Rede war. Eine andere Urkunde bezog sich auf Friederike Alexandrine.

Friedrich August erkannte beide Mädchen als seine Kinder an, verlieh ihnen die Stiftsfähigkeit. Er nahm den Mädchen den Makel der Unehelichkeit. Mehr konnte ein Vater für seine Töchter nicht tun. Ich flog Friedrich August in die Arme.

»Ich danke Euch vielmals. Einen liebevolleren Vater können sich die Mädchen nicht wünschen.«

»Sie sollen erhalten, was ihnen zusteht. Bei deiner Mutter sind sie gut aufgehoben?«

»Sie wird sie sorgfältig erziehen.«

»Verwahre die Urkunden gut. Ich habe eine Zweitschrift ins Geheime Kabinett gegeben.« Er legte seine Hände an meine Hüften und schob mich ein Stück von sich fort. »Wenn ich wieder polnischer König bin, will ich dich an meiner Seite haben. Bereite alles dafür vor.«

Ich nickte strahlend.

Der polnische Reichstag im Frühjahr 1710 war der erste, an dem ich teilnahm. Ich hielt mich an Friedrich Augusts Seite in Warschau auf, und er musste sich den Forderungen der polnischen Adelsparteien stellen. Ich saß manchmal in einem Nebengelass und lauschte durch einen Türspalt. Niemand durfte von meiner Anwesenheit wissen, aber Friedrich August wünschte sie, damit ich alles hörte, was auf dem Reichstag gesprochen wurde. Später berieten wir darüber.

Wenn Polnisch gesprochen wurde, verstand ich kein Wort, und die in schlechtem Französisch geführten Unterhaltungen waren oft genug nichtssagend. Ich erfuhr immerhin, dass etliche der anwesenden Adeligen eine Auflösung der Personalunion zwischen Polen und Sachsen wünschten. Friedrich August sollte das Kurfürstentum an seinen Sohn übergeben und nur noch als August II. in Polen regieren.

»Das mache ich auf keinen Fall!« Er hieb mit der Faust auf den Tisch. »Was bilden sich diese Magnaten ein? Sachsen sind die Stammlande der Wettiner, die werde ich niemals aufgeben.«

»Ihr gebt sie nicht auf, sondern übergebt sie Eurem Sohn. Sie bleiben in wettinischer Hand.«

»Trotzdem …«

Ich beobachtete sein rastloses Auf- und Abgehen in einem zugigen Salon des Warschauer Schlosses. Es kam mir vor, als bildete sein Ärger eine dunkle Wolke um ihn. Die Auflösung der Personalunion zwischen Sachsen und Polen war auch das, was in Sachsen Mitglieder der Stände und vor allen Dingen der Geheime Rat wünschten. Sie wollten allerdings, dass Friedrich August sich aus Polen zurückzog und nur noch die Stammlande der Wettiner regierte. Ein König ohne Königreich. Er würde weder das eine noch das andere tun, und deshalb schwieg ich.

Ich wusste nicht, was ich ihm raten sollte. Früher war auch ich der Meinung gewesen, ein Fürstentum sei für einen Herrscher genug. Seit ich mich mit Friedrich August in Warschau aufhielt und aus nächster Nähe sah, mit welchem Eifer er das

Los des polnischen Volkes zu verbessern trachtete, war ich mir nicht mehr sicher. Er arbeitete unermüdlich daran, die Gewalt der Magnaten über ihre Untertanen zu brechen, eine moderne Rechtsprechung und neue Regeln für den Handel einzuführen, die in weiten Teilen des Landes immer noch vorhandene Naturalwirtschaft abzulösen.

Er wollte aus Polen ein modernes Land machen, das mit dem Kurfürstentum Sachsen gleichzog. Bis dahin war es ein weiter Weg, aber für seine Unermüdlichkeit sollte er belohnt werden, statt eine Hälfte seiner Herrschaft aufgeben zu müssen.

An Ende erkannten die Magnaten ihn als ihren Herrn und König an.

»Habe ich es dir gesagt, Constantia?«, fragte er hinterher.

»Ihr habt es, Majestät.« Ich freute mich mindestens so sehr wie er.

Die Pest überschattete unsere fröhliche Laune. Sie grassierte immer noch in Polen und bedrohte auch Warschau, als befänden wir uns im finsteren Mittelalter. Friedrich August entschied, auf dem Wasserweg die Weichsel abwärts nach Thorn zu fahren. Ich freute mich auf die Schiffsreise.

»Ich bestehe auf einer erholsamen Reise. Wir haben Zeit. Ob wir nun eine Woche früher oder später in Thorn ankommen, spielt keine Rolle«, sagte ich, als wir an Bord gingen.

Der König überlegte einen Augenblick. »Du sollst deinen Willen haben.«

Wir legten jeden Tag mehrmals an, wo immer mir die Ufer entdeckenswert erschienen, und speisten unter freiem Himmel. Wir ritten auf die Jagd oder einfach nur zum Vergnügen. Es gab Tage, an denen wir unserem Ziel kaum näher kamen.

Wir empfingen unterwegs Boten und Nachrichten, Friedrich August erließ Regularien. In Sachsen übertrug er Hoym und Löwendal die Oberaufsicht über die Kassen.

Ich genoss das warme Wetter und das weite Land, das im Sommer nicht halb so viel Schrecken barg wie im Winter. Wenn in den Abendstunden die Grillen zirpten und die Sonne blutrot versank, konnte man auf die Idee kommen, allein auf der Welt zu sein. Zu meinem vollkommenen Glück fehlten mir einzig die Mädchen an meiner Seite. Aus Depenau hatte ich zwar die Nachricht erhalten, dass sie nach einer langen und anstrengenden Reise gut angekommen waren und sich gut eingelebt hatten, aber ich vermisste sie. Keinesfalls wollte ich sie jedoch den Gefahren der Pest aussetzen.

Auf unseren Ausritten erreichten wir mehrmals völlig entvölkerte Dörfer, in denen nicht mal mehr ein Hund sein mageres Dasein fristete. Einmal lag eine aufgetriebene Leiche mitten auf dem Weg. Krähen saßen auf dem Kopf und hieben ihre Schnäbel in das Fleisch. Ich wandte schaudernd den Kopf ab. Ohne ein Wort wendeten Friedrich August und ich unsere Pferde und galoppierten zurück zum Schiff. An diesem Tag legten wir kein zweites Mal an.

Bis auf dieses Erlebnis verlief unsere Reise nach Thorn genussvoll. Als wir den Ort erreichten, lag auch er in den Klauen der Pest. Das Gleiche erwartete uns in Marienberg. Die Freude, die während der Reise in meinem Herzen gewohnt hatte, schwand und machte einer dumpfen Sorge Platz.

KAPITEL XVIII
· 1731 ·

*V*ier Bücher!

Ich hatte Titel aufgeschrieben, die eine Folioseite bedeckten, und meine angebliche Verwandtschaft brachte mir vier Bücher.

Das Leder fühlte sich neu und fest an. Ich nahm aufs Geratewohl eines der Bücher an mich und schlug es an einer beliebigen Stelle auf. Es handelte sich um eine Abhandlung über das Wesen Gottes in lateinischer Sprache. Ich begann zu lesen.

Der Text war eine Herausforderung für meinen Geist. Mein Latein war aus der Übung, und ich hatte Mühe mit den langen verschachtelten Sätzen. Deshalb nahm ich eines der anderen Bücher, in dem es um die Behandlung verschiedener Krankheiten und die richtige Zubereitung der Medizinen ging. Dieses Buch war auf Deutsch geschrieben.

Beim Blättern fühlte ich etwas unter den Fingerspitzen. Ich ließ meine Finger prüfend über die Seite gleiten. Ein kleines Loch im Papier, mit einer Nadel hineingestochen.

Warum sollte Witsch, der die Bögen am Falz zusammengenäht hatte, an den Rand ein Loch durch das Papier stechen? Aus Versehen?

Ich schaute genauer hin. Das Loch war mit einer Nadel gestochen worden. Dann entdeckte ich ein zweites, ein paar Zeilen weiter oben, insgesamt sechs Löcher auf dieser Seite. Alle sehr klein.

Das konnte kein Zufall sein. Ich schaute mir das Buch nun genauer an. Auf manchen Seiten gab es diese Löcher und auf anderen nicht, und allmählich erkannte ich ein Muster. Was willkürlich aussah, war in Wirklichkeit sehr bewusst gesetzt worden.

Conrada! Das konnte nur sie gewesen sein. Ich begann beim ersten Loch im Buch und schrieb die Buchstaben ab. Dann schaute ich mir an, was da herausgekommen war.

*Dort stand: ich bin ihre großcousine wir kennen uns nicht mein
name ist nicht amhaus sondern von tiburti ich habe auch keinen
bruder aber ich bin gekommen um ihnen zu ihrer freiheit zu verhelfen vertrauen sie auf mich seien sie auf alles vorbereitet ich habe
einen sicheren ort wo sie leben können wir werden alles vorbereiten dann muss es schnell gehen ich fand keinen anderen weg ihnen
eine nachricht zukommen zu lassen sie werden zu gut bewacht ich
grüße sie mit gottes worten wachet steht im Glauben seid mutig
und stark.* Damit endete die Nachricht.

Sofort suchte ich in den anderen drei Büchern nach weiteren
Botschaften, fand jedoch keine mehr.

Das Papier, auf das ich die Buchstabenreihen gekritzelt hatte,
hielt ich an eine Kerzenflamme und blies die Ascheflocken zu Boden. Wenn Holm und Boblick eines nicht bei mir finden durften,
war es diese Nachricht. Außerdem hatte ich über den Namen von
Tiburti nachzudenken.

Nach einiger Zeit war ich der Meinung, dass die Verwandtschaft über die Familie meiner Mutter vor mindestens zwei Generationen zustande gekommen sein musste. Wenn Conrada von
Tiburti das als ausreichend ansah, um mich aus meinem Gefängnis zu befreien, wollte ich ihr nicht widersprechen.

Wie wollten sie es anstellen? Niemand wusste besser als ich,
wie lückenlos ich von den vierzig Soldaten und ihren Offizieren
bewacht wurde. Bei meinen seltenen Spaziergängen über den Hof
oder im Tiergarten war ich niemals unbegleitet und schon gar
nicht unbeobachtet.

$\mathcal{D}$em ersten Besuch bei der Gräfin folgten weitere, da die Besuchserlaubnis den Geschwistern von Amhaus sowie deren Begleiterin während ihres Aufenthalts in Stolpen ungehinderten Verkehr mit der Gräfin erlaubte. Sie durften sie täglich auf einige Stunden besuchen, mit ihr sprechen und Mahlzeiten gemeinsam mit ihr einnehmen. Holm gewährte die Besuche, war aber stets anwesend und hörte jedes Wort mit.

An manchen Tagen ließ Emilius Conrada und Serafina allein gehen, um seinen eigenen Geschäften zu frönen, wie er sich ausdrückte.

»Was das wohl für Geschäfte sind, denen ein Mann von Stand nachgeht?«, hatte Conrada wissen wollen und dabei mit den Augen gerollt.

Genauso beredt, wie ihre Frage gewesen war, hatte Emilius dazu geschwiegen. Für solche Zwischentöne war Serafina völlig unempfänglich.

»Er bereitet einen Plan für die Befreiung der armen gnädigen Frau Gräfin vor. Was soll er sonst in Stolpen tun?«, sagte sie.

»Ich denke darüber nach, aber nachdem alle meine bisherigen Vorschläge abgelehnt wurden, habe ich wenig Hoffnung, mit meinen Gedanken Gnade vor den Ohren der Mademoiselle Conrada zu finden.«

Wenigstens hatte er nicht Schwesterlein gesagt, dachte diese.

Nach einem reinen Damenbesuch kehrten Conrada und Serafina vergnügt ins Leineweberhaus zurück und fanden den jungen Herrn schlafend auf dem Sofa in der Stube vor. Serafina wollte sich höflich zurückziehen, aber Conrada dachte gar nicht daran, den einzigen gemütlichen Raum im Haus preiszugeben. Sie betrat die Stube und winkte auch ihre Vertraute herein. Emilius schreckte hoch, als Serafina die Tür schloss. Er rieb sich die Augen und stöhnte dabei.

»Dieses Sofa taugt nicht zum Sitzen und für alles andere auch nicht«, murmelte er.

»Ich wähnte Sie bei der Ausarbeitung eines Planes zur Befreiung der Gräfin«, erwiderte Conrada.

»Darüber müssen mir die Augen zugefallen sein.«

»Wie jemand am helllichten Tag schlafen kann, werde ich nie begreifen«, hielt Conrada ihm vor.

»Und ich nicht, warum man dafür nur die Nacht herhalten soll?«, konterte er geschmeidig wie immer. »Das ist nichts als eine pietistische Untugend, der Ihre Verwandte auf der Burg bestimmt nicht frönt. Sie hat mehr als eine Nacht durchgetanzt, das dürfen Sie mir glauben.«

»Es hat sich etwas Wunderbares ergeben«, platzte Serafina dazwischen.

»Der Kurfürst hat die Freilassung der Gräfin verfügt?«, riet Emilius.

»Nicht so gut, aber nicht weit davon entfernt.« Serafina hob den zu Boden gefallenen Hut auf, klopfte etwas unsichtbaren Staub ab und legte ihn auf eine Anrichte.

»Nun sag schon«, ermunterte Conrada sie.

»Der Hauptmann hat uns alleine zur Gräfin gehen lassen. Er hat uns nur die Tür aufgeschlossen.«

»Er könne neben seinen übrigen Pflichten nicht so viel Zeit erübrigen, und wir hätten die gnädige Frau Gräfin oft genug besucht, dass wir mit den Gepflogenheiten vertraut seien und allein zu ihr dürften. Er wird nachlässig«, ergänzte Conrada, die nicht länger an sich halten konnte.

»Wir haben es geschafft!« Serafina kicherte wie ein junges Mädchen vor dem Heiratsantrag.

»Was geschafft?« Emilius fragte sich, ob sie zu tief ins Glas geschaut hatte.

»Das Vertrauen des Hauptmannes gewonnen. Das ist ein erster wichtiger Schritt. Ich hatte befürchtet, wir besuchen meine Cousine ein Jahr lang, und er ist immer noch so misstrauisch wie am ersten Tag.«

»Wenn Sie es sagen.« Emilius sah aus, als sei er immer noch nicht richtig wach.

»Endlich konnten wir mit der gnädigen Frau Gräfin ein offenes Wort sprechen. Conradas Idee mit den Nachrichten in den Büchern fand sie hervorragend«, kam es wieder von Serafina.

»Was haben Sie mit ihr besprochen?«

»Sie ist einverstanden damit, von uns befreit zu werden, und hält sich bereit. Außerdem haben wir geklärt, wie Conrada und die gnädige Frau Gräfin miteinander verwandt sind. Über die mütterliche Linie der Frau Gräfin.«

»Das ist natürlich außerordentlich wichtig«, spottete Emilius milde. »Hat sie eine Idee geäußert, wie wir sie aus der Festung befreien können?«

»Das nicht. Aber Serafina mit ihrem brillanten Geist hatte auf dem Rückweg einen wundervollen Einfall.« Conrada stieß ihrer Vertrauten aufmunternd den Ellenbogen in die Seite.

»Also, es ist so ...«

Emilius hörte ihrer verwickelt und mit großer Begeisterung vorgetragenen Erklärung zu.

»Ich bin bereit, es zu tun. Morgen schon«, schloss Serafina. »Wir brauchen nur eine Kutsche und vier schnelle Pferde.«

»Die müssen erst besorgt werden. In einem Ort wie Stolpen ist das keine Kleinigkeit.«

»Sie schaffen das. Nachdem wir die Idee hatten, müssen Sie auch etwas tun.« Conrada lächelte ihn an.

»Tut es ein schnelles Reitpferd? Das ist leichter aufzutreiben. Die Gräfin soll eine verwegene Reiterin sein, und im Sattel sind wir schneller als in einer Kutsche.«

»Wo denken Sie hin. Vielleicht war meine Cousine einmal eine verwegene Reiterin, aber sie ist seit fünfzehn Jahren eine Gefangene. Es muss eine Kutsche sein.«

»Zu Befehl, Schwesterlein.« Da war es wieder. Conrada funkelte ihn an.

Völlig ungerührt sprach Emilius weiter: »Bis morgen werde ich die nicht vor dem Haus stehen haben. Es bedarf auch einiger anderer Vorkehrungen. Lassen Sie mich nur machen.«

Anna Constantia von Cosel · 1710

Als es hieß, die Gegend um Danzig sei frei von Pest, wandten wir uns dorthin und bezogen Quartier in Langenfuhr, einem Heilbad außerhalb der Stadt.

Die Pest brach in einem benachbarten Dorf aus und versetzte uns wieder in Unruhe. In Gedanken bereitete ich mich darauf vor, erneut auf Reisen gehen zu müssen. Konnte man das noch Reisen nennen, oder befanden wir uns nicht vielmehr auf der Flucht? Die Pest blieb Langenfuhr jedoch fern, dafür erwischte uns ein früher, kalter Winter in dem leicht gebauten und nicht mit ausreichend Öfen ausgestatteten Sommerquartier. Wir hatten noch Oktober, als ich das erste Mal morgens auf den Bettdecken eine Reifschicht fand. Der Atem bildete Wölkchen vor meinem Gesicht, und in der Waschschüssel war das Wasser gefroren.

Ich zankte die Magd, die mir morgens vor dem Aufstehen heißes Wasser bringen sollte, wegen ihrer Nachlässigkeit aus. Das junge Ding brach in Tränen aus.

»Gnädige Frau«, schluchzte sie, »ich habe alles getan, wie Ihr es mir aufgetragen habt und das Wasser nicht vor sechs Uhr in der Früh gebracht. Es gefriert sofort in der Kälte.«

Ihre Nase war nicht allein vom Weinen rot. Mir drang die Kälte ebenfalls durch die Sohlen meiner Fellpantoffeln, obwohl ich auf einem Teppich aus dicker Wolle stand. Das Mädchen brachte mir neues heißes Wasser. Die Pudercreme in der mit Achaten besetzten silbernen Dose war hart gefroren, und ich konnte die Kälte im Zimmer nur ertragen, wenn ich dicht neben dem qualmenden Ofen stand.

»Wir können hier nicht länger bleiben, geliebte Majestät«, sagte ich später zum König. »Wir werden sonst in diesen luftig gebauten Häusern erfrieren. Befehlt die Abreise in feste Quartiere. Ich bitte Euch.«

Friedrich Augusts Wangen und seine Nase zeigten sich leicht gerötet, aber sonst schien ihm die Kälte nichts auszumachen. Er trug einen dicken Schlafrock über Hose, Hemd und Weste. Obwohl auch ich mich für ein Kleid aus Wolle entschieden und ein Schultertuch umgelegt hatte, fror ich, als stände ich im Hemd da. Vor den Fenstern beleuchtete die strahlende Morgensonne eine mit Eiskristallen überzogene Landschaft.

Friedrich August stimmte zu, und wir bezogen in Danzig zwei Häuser am Markt. Dort gab es Öfen auch in den Schlafstuben, es zog nicht durch die Fenster, und an den Wänden hielten Teppiche die grimmige Kälte ab. Ich richtete mich häuslich ein.

In dieser Zeit stand die Weltbühne nicht still. Es ging alles schief, was der König eingerührt hatte, und er konnte daran nicht das Geringste ändern. Es begann mit dem Haager Concert vom 31. März 1710, in dem die Seemächte England und Holland, der Kaiser und die Reichsstände die Sicherheit der schwedischen Provinzen in Deutschland garantierten und eine Neutralitätsarmee aufstellten, damit der Krieg im Norden nicht auf das Reichsgebiet übergriff. Das bedeutete das Aus der Eroberung Schwedisch-Pommerns für Friedrich August.

Unserem dänischen Verbündeten war ebenfalls kein Glück beschieden. Sein Heer wurde im März bei Helsingborg geschlagen.

Einzig und allein dem Zar von Russland waren Erfolge gegen die Schweden beschieden. Er eroberte alle schwedischen Festungen im Baltikum. Reval, Pernau, Riga.

Und die Polen? Ihnen musste Friedrich August schwach erscheinen. Sie wollten ihn und den Zaren loswerden. Im Frühjahr hatten sie Friedrich August unverbrüchliche Treue geschworen, und ein halbes Jahr später erinnerten sie sich schon nicht mehr daran. Ich hatte nichts anderes erwartet. So war es von jeher, dass jeder nur nach seinem Vorteil strebte.

In Sachsen wirkte sich die lange Abwesenheit Friedrich Augusts negativ aus. Die Minister, die Räte, der Statthalter – jeder wollte seine eigene Macht ausbauen. Das Wohl des Kurfürstentums interessierte dabei niemanden.

Friedrich August wütete gegen die Herren in Sachsen, die polnischen Magnaten und die Lage der Welt, weil er sie nicht ändern konnte.

»Wir sind ihr König. Aber wir fühlen uns mehr wie ein Spielball jener Herren als der ärmste Bauer!«, schrie er.

»Majestät.« Flemming wurde nie laut. Trotzdem verhallte nie eines seiner Worte ungehört. »Erfolge sind nur mit einem kühlen Kopf und nicht mit einem heißen Herzen zu erzielen.«

Friedrich August beruhigte sich sofort. »Was rätst du uns, mein Freund?« Er legte einen Arm um die Schultern des Grafen und neigte ihm sein Ohr zu.

Flemming war überall. Er bekleidete die Position des sächsischen Außenministers. Er kümmerte sich um sämtliche Regierungsgeschäfte Sachsens und Polens. Arbeitete Tag und Nacht, schlief nie. Die Schreiber und Beamten seiner Kanzlei trieb er genauso an wie sich selbst. Er erfuhr alles als Erster und wusste immer einen Rat. Es gelang ihm mühelos, den König für sich einzunehmen. In meine Brust fuhr oft genug ein Stich der Eifersucht, wenn ich die beiden miteinander flüstern sah.

Den nächsten und schlimmsten Schlag versetzte Friedrich August im Herbst 1710 ausgerechnet der Papst. In einer Ansprache verkündete Clemens, Friedrich August hätte sich gegenüber dem päpstlichen Legaten Albani verpflichtet, seinen Sohn katholisch werden zu lassen. Natürlich hörten auch die Kurfürstin und Madame Royale davon. Ihnen hatte der König versprochen, auf die Religion seines Sohnes keinen Einfluss zu nehmen.

Friedrich August versprach allen alles, damit sie ihm gut gesinnt waren. Das waren oft genug Dinge, die einander widersprachen und die er unmöglich einhalten konnte – den sächsischen Ständen die lutherische Erziehung seines Sohnes, dem Papst den Übertritt des jungen Herrn zum Katholizismus. Hier wusste selbst Flemming keinen Rat mehr. Mutter und Großmutter des Kurprinzen hatten nichts Eiligeres zu tun, als ihn konfirmieren zu lassen.

Alle geheimen Pläne Friedrich Augusts lagen offen auf dem Tisch. Er hatte sich in eine Lage gebracht, in der ihm der kleinste Fehler zum Verhängnis wurde. Er wusste das, davon war ich überzeugt, aber er konnte es nicht zugeben. Dafür wetterte er ausgiebig gegen den Kaiser, die sächsischen Stände, die Kurfürstin und seine Mutter.

Ich hatte nicht gewusst, was er für die Religion seines Sohnes plante. Je länger ich darüber nachdachte, desto mehr widerstrebte es mir, darauf Einfluss zu nehmen. Die Religion berührte die Seele eines Menschen, sie sollte nicht für Zwecke der Macht eingesetzt werden. Vorsichtig sprach ich das Friedrich August gegenüber an.

»Was verstehst du davon!«, fuhr er mich an. »Wer König in Polen sein will, der muss katholisch sein. Die Magnaten werden nie etwas anderes akzeptieren. Und ohne sie wird niemand in Polen regieren. Dass du das nicht verstehst, Constantia!«

Ich prallte zurück. Noch nie hatte Friedrich August so böse zu mir gesprochen. Wir waren oft unterschiedlicher Meinung gewesen, hatten gestritten und waren laut geworden, aber nie hatten wir den Respekt vor den Gedanken des anderen verloren. Zum ersten Mal bekam ich Angst, dass er mich beiseitestoßen könnte. Dass er mich seinen Plänen genauso opfern würde wie seinen Sohn.

Es wäre am besten, ihn nicht noch mehr gegen mich aufzubringen, doch mein lutherisches Gewissen gebot mir anderes.

»Euer Sohn ist ein Kind, Majestät«, sagte ich vorsichtig.

»Gerade deshalb. Noch ist er formbar wie weicher Ton, und er wird ein umso besserer Katholik werden, je eher er damit beginnt. Er wird mein Nachfolger sein. In Sachsen und in Polen. Etwas anderes kommt nicht infrage. Ich habe schließlich nur diesen einen Sohn.«

Den letzten Satz hatte er hervorgestoßen, als wäre es meine Schuld.

»Denkt an die Seele Eures Sohnes. Wollt Ihr ihn der Pein aussetzen, zwischen dem Luthertum und dem Katholizismus hin- und hergerissen zu werden?«

»Ich setze ihn keinerlei Pein aus! Das werfe seiner Großmutter und der Kurfürstin vor. Die haben den Jungen zur Konfirmation geschleppt. Es wird höchste Zeit, ihn aus deren Klauen zu lösen.«

Ich ließ das Thema fallen. Friedrich August wurde halsstarrig, wenn ihm jemand zu sehr zusetzte. Wenn ich noch etwas erreichen wollte, musste ich ihn zunächst in Ruhe lassen. Es konnte vorkommen, dass er dann von selbst auf dieses Thema zurückkam, weil er meinen Rat wünschte.

In Flemming suchte ich einen Verbündeten. Es war nach meiner Meinung ganz und gar unwahrscheinlich, dass die Polen nach Friedrich August erneut einen Fremden zu ihrem König wählten. Jedes Volk sollte einen Herrscher aus seiner Mitte haben. Die Polen einen Polen, die Franzosen einen französischen König, die Sachsen einen sächsischen Herrscher. Ich bat Flemming zu einer geheimen Unterredung zu mir.

KAPITEL XX

· 1731 ·

Am Abend, als Conrada im Hausmantel vor dem Spiegel saß und im Kerzenschein ihr Haar bürstete, klopfte es an ihre Zimmertür. In der Annahme, es sei Serafina, gestattete sie den Eintritt.

Emilius steckte den Kopf durch den Türspalt. »Es gehört sich nicht, das Schlafzimmer einer jungen Dame zu betreten, auch nicht das der eigenen Schwester. Darf ich trotzdem reinkommen?«

Sie nickte. Emilius trug wie sie einen Hausmantel; nur war seiner aus dunkelblauer Damaszener Seide und von eindeutig besserer Qualität als ihrer. Ohne Perücke hatte er blondes gelocktes Haar, das ihn jünger aussehen ließ und einlud, die Hände hineinzuwühlen.

Auf ihr Geheiß setzte Emilius sich in einen Sessel und kreuzte die Beine an den Fußgelenken.

»Sind Sie gekommen, weil Sie einen Rückzieher machen wollen?«, fragte Conrada und spielte mit der Bürste in ihrer Rechten.

»Auf keinen Fall. Was ich zugesagt habe, das halte ich ein. Ich bin nur nicht sicher, ob Sie und Ihre Freundin sich des Risikos bewusst sind, das wir eingehen. Mir scheint, Madame Dhurokina hat zu viele Romane gelesen.«

»Ich sehe keine andere Lösung, und befreien müssen wir sie. Was meine Cousine mir heute erzählt hat, hat meine Überzeugung gefestigt. Es ist erschütternd, wie man sie behandelt. Sie muss um jede Elle Stoff, jedes Stück Fleisch oder jede Unze Tee betteln. Oft genug werden ihr die notwendigsten Dinge nicht gewährt.«

Langsam nickte Emilius. »Dann gehen wir es an. Das Risiko, das Madame Dhurokina eingehen will, ist groß. Ist sie sich dessen bewusst? Ich möchte keine Frau einer Gefahr aussetzen.«

Da kam wieder sein unergründlicher Charakter zum Vorschein. Bisher hatte sie ihn für leichtfertig gehalten, aber nun zeigte er ihr eine besorgte Seite.

»Serafina fürchtet sich nicht. Was soll man ihr anhaben können? Sie ist nicht die Gräfin, man kann sie kaum an ihrer statt als Gefangene festhalten.«

»Ihre Naivität ist charmant, und gerade deshalb kann dieser verwegene Plan klappen.« Emilius lächelte sie an. Seine nächsten Worte machten dann Conradas aufkeimenden Ärger zunichte. »Auf die Befreiung einer Gefangenen stehen bestimmt schwere Leibstrafen. Für Frauen nicht, aber für mich. Und für Boblick und Holm. Wir müssen darauf bauen, dass sie nicht unter die Mühlräder des Rechts kommen wollen.«

»Wir bereiten uns gut vor. Ich denke nicht, dass wir die Gräfin morgen befreien. Sie übrigens auch nicht. Was mit Holm und Boblick passiert, muss uns nicht kümmern. Den beiden schadet es nicht, am eigenen Leib zu erfahren, was sie der Gräfin täglich antun.«

»So rachsüchtig, Schwesterlein!« Emilius sah drein wie eine Katze, die um einen Topf Sahne schleicht. »Wir warten auf Regen und schlechtes Wetter.«

»Warum?« Conradas gute Meinung über Emilius schwand, und er wurde wieder zu dem arroganten jungen Mann, als den sie ihn kennengelernt hatte.

»Das ist bei so etwas immer von Vorteil.«

»Sie machen sich über mich lustig.«

»Keineswegs. Bei schlechtem Wetter wird niemand Lust haben, nach der Gräfin zu sehen, und ihre Flucht bleibt länger unentdeckt. Das ist das Beste, worauf wir hoffen können. Ein ordentlicher Vorsprung, und der Rest liegt in Gottes Hand.«

Daran hatte sie nicht gedacht. Widerwillig nickte sie.

»Sorgen Sie für unauffällige Kleidung. Um alles andere kümmere ich mich.«

Emilius stand auf und wünschte ihr eine gute Nacht. Nach einer Verbeugung stahl er sich aus der Stube. In der Luft blieb ein schwacher Duft nach seinem Sandelholzparfüm zurück.

Anna Constantia von Cosel · 1710

Die Wagenkolonne war lang und kam nur langsam voran. Mehrere Kompanien Soldaten begleiteten sie.

In der zweiten Dezemberhälfte hatte Friedrich August dem sächsischen Hof die Rückreise von Danzig nach Dresden befohlen. Der König und ich fuhren in einem Wagen in der Mitte des Zuges, der von einem Kordon aus Soldaten umgeben war. Es fühlte sich für mich an, als reisten wir durch Feindesland.

Wenn eines deutlich machte, wie schlecht es um Friedrich Augusts Polenpolitik bestellt war, war es dieser Umstand.

Wir redeten wenig auf der Fahrt. Ganz gegen seine Gewohnheit war der König in sich gekehrt, und ich wagte es nicht, ihn in seinen Gedanken zu stören.

In einer der uns nachfolgenden Kutschen reiste Flemming, und regelmäßig wechselte Friedrich August zu ihm. Er ließ mich mit düsteren Gedanken zurück. Meine Unterredung mit Flemming an einem unserer letzten Tage in Danzig hatte zu keinem Ergebnis geführt. Er hatte sich keine Meinung entlocken lassen und mir nicht einmal versprochen, Stillschweigen über unser Gespräch zu wahren.

Die Nächte verbrachten wir in Herbergen am Wegesrand oder Bauerngütern. Wir mussten uns mit drangvoller Enge und Kälte arrangieren. Der König und ich schliefen stets im besten Zimmer. Ein Ofen wärmte uns, und wir kamen uns wieder so nah, wie es überhaupt nur möglich war. Die Leidenschaft des Königs riss mich mit ihm fort.

Nach tagelanger Reise näherten wir uns der Grenze zum Kurfürstentum Brandenburg. Auf polnischer Seite lag das letzte der vielen namenlosen Dörfer, das nicht mehr als eine Ansammlung einer Handvoll Häuser war. Sie duckten sich rechts und links der von den Pferdehufen aufgewühlten schlammigen Straße. Keinen der Bewohner bekamen wir zu Gesicht. Es konnte auch sein, dass sie alle von der Pest dahingerafft worden waren. Der Schwarze Tod grassierte immer noch in Polen.

Auf brandenburgischer Seite gab es ebenfalls ein Dorf. Größer und schöner als das polnische. Aus den Schornsteinen stiegen Rauchfahnen in den trüben Himmel. Die Wohnhäuser bestanden aus Fachwerk, die Dächer waren mit Ziegeln gedeckt. Mir kam es vor, als sei sogar die Luft dort drüben wärmer. Am liebsten hätte ich dem Kutscher ein schnelleres Tempo befohlen, aber die Kolonne bewegte sich nur im Schritt vorwärts, und ich wollte nicht ausscheren. Der König fuhr in Flemmings Kutsche.

Schreie drangen an mein Ohr. Gleich darauf stoppte der Wagenzug. Noch mehr Rufe. Ich verstand kein Wort. Schließlich galoppierte ein Major nach vorne. Es schien, als gäbe es an der Spitze des Zuges einen Tumult.

Vielleicht war ein Wagen mit einem Rad vom Weg abgekommen und stecken geblieben. Oder wieder eine Achse gebrochen. Das hatte uns jedes Mal stundenlang aufgehalten.

Der Major kam zurück. Ich beugte mich zum Fenster hinaus und setzte mich dem eiskalten Wind aus. Vorne war nichts zu sehen als das friedlich daliegende brandenburgische Dorf. Der Major stand bei Flemmings Kutsche und sprach mit den Insassen. Ich erkannte Friedrich Augusts Silhouette im Kutschenfenster.

»Das darf nicht wahr sein! Wir sind der König von Polen!«, schrie er mit einer Stimme wie ein Peitschenknall.

Erschrocken fuhr der Major zurück. Sein Pferd warf den Kopf hoch.

»Ein Pferd her!«, befahl Friedrich August und sprang aus der Kutsche. Der nervöse Hengst des Majors wich noch weiter zurück. Dieser sprang aus dem Sattel und bot das Pferd seinem König an. Friedrich August brauchte zwei Anläufe, ehe er im Sattel saß. Der Hengst sprengte sofort los.

Flemming rief ebenfalls nach einem Pferd. In den übrigen Kutschen, in denen die Edlen des sächsischen Hofes reisten, entstand Unruhe. Die Insassen schauten aus den Fenstern. Erste Türen wurden geöffnet. Ich wollte nicht zurückstehen und stieg aus. Mein Reisekleid mit beiden Händen raffend eilte ich an den Wagen vorbei zur Spitze des Zuges.

Ein preußischer Hauptmann stand dort mitten auf dem Weg. Hinter ihm kniete eine Reihe Soldaten mit angelegten

Gewehren, eine zweite stand gebückt dahinter und hatte ihre Waffen auf die Schultern der Knienden abgelegt. Schließlich stand dahinter noch eine dritte Reihe auch mit den Musketen im Anschlag. Alles in allem waren wohl zwanzig Gewehre auf den König und Flemming gerichtet.

»Der Weg ist gesperrt!«, rief der Hauptmann mit hoher Stimme. »Niemand darf aus Polen nach Kurbrandenburg einreisen!«

Er sagte das offensichtlich nicht zum ersten Mal. Es kamen nun auch andere Mitglieder des Hofes heran und stellten sich neben mich. Sächsische Soldaten umringten Friedrich August und den Graf. Sie sahen grimmig drein und hielten die Hände an den Griffen ihrer Waffen.

»Wir sind der König von Polen! Wage er nicht, uns aufzuhalten!« Friedrich August war zornrot im Gesicht.

»Ich habe meine Befehle. Wegen der Pest darf niemand einreisen.«

»Erkennt Er uns nicht?«

»Wir wollen uns alle beruhigen, damit nicht noch ein Unglück geschieht. Dieses Problem lässt sich bestimmt aus der Welt schaffen«, mischte sich Flemming ein und stieg vom Pferd. »Es ist kalt, und ein heißer Gewürzwein wird euch allen guttun. Ich zeige mich gern erkenntlich. Nehmt nur.« Flemming machte Anstalten, in die Tasche seines pelzgefütterten Mantels zu greifen.

Der brandenburgische Hauptmann schüttelte entschlossen den Kopf. »Ich habe die Aufgabe, die Menschen in Brandenburg vor der Pest zu schützen. Kehrt um. Ich habe noch mehr Männer, um die Befehle meines Königs durchzusetzen.«

Er hob eine Hand.

Auf diesen Wink traten zwischen den Häusern und am Feldrain weitere Soldaten hervor. Wie aus der Erde gewachsen.

»Das dulden wir nicht!«, wetterte Friedrich August. »Er wird nicht auf uns schießen lassen!«

Die sächsischen Soldaten waren den brandenburgischen überlegen. Sie standen unter dem Kommando eines Oberst, der den Befehl zum Angriff mit dem Bajonett bellte. Die Männer, wegen der Demütigung ihres Fürsten in Wut geraten, stürmten vor, bevor die letzte Silbe verklungen war. Der brandenburgische Hauptmann fiel als Erster. Er hatte nicht mehr die Zeit, einen Befehl zum Schießen zu geben.

Der Kampf war in wenigen Minuten vorüber. Die brandenburgischen Soldaten, die nicht verletzt zu Boden gegangen waren, warfen ihre Gewehre weg und rannten wie die Hasen. Friedrich August saß immer noch auf dem Pferderücken und lachte dröhnend.

»Wer wird nun wagen, uns aufzuhalten!«

Ich schämte mich für ihn. Die Brandenburger hatten einem Befehl gehorcht, und etliche hatten das mit dem Leben bezahlt. Das war kein Grund zum Lachen.

Die toten Brandenburger wurden vom Weg geschleift, wir setzten die Reise fort. Friedrich August stieg zu mir in die Kutsche. Er war immer noch sehr vergnügt über seinen Erfolg und schilderte mir noch einmal genau, wie die sächsischen Soldaten die anderen zusammengehauen hatten.

»Das sind wackere Kerle. Wir werden sie belohnen.«

»Sie waren dreifach überlegen.«

»Trotzdem wackere Kerle. Es wird niemand mehr wagen, sich uns in den Weg zu stellen.«

»Wird es keine diplomatischen Verwicklungen geben?«

»Doch nicht wegen ein paar übereifriger Soldaten. So ein Befehl gilt nicht für uns. Dafür wird unser brandenburgischer Bruder nichts riskieren.«

Er sollte recht behalten.

*U*nangemeldeter Besuch war nicht jedermanns Sache. Auf seinen Stock gestützt, den vom Podagra schmerzenden rechten Fuß dick verbunden und mit einem weichen Pantoffel angetan, humpelte Viktor von Tiburti in die Eingangshalle, um seine Schwester zu begrüßen. Ächzend küsste er sie auf beide Wangen. Hinter ihr wurden Hutschachteln und Reisekisten in die Halle getragen, und der Strom schien kein Ende zu nehmen.

Ottilie, verwitwete Rauball, war einen guten Kopf kleiner als ihr Bruder und gegen seine Statur zierlich. Sie trug einen Hut mit einem wippenden Federstrauß, der ihm über das Gesicht fuhr, als sie sich zu Julia umdrehte. Auch die war größer, und Ottilie stellte sich auf die Zehenspitzen, um ihre Nichte zu begrüßen.

»Ich bin tot von der Reise«, sagte sie munter.

»Das glaube ich dir.« Für Viktor von Tiburti bedeutete jede Reise ein Graus, und er fragte sich, was seine Schwester hergetrieben haben mochte, obwohl er eigens Conrada zu ihr geschickt hatte. Jeden Moment erwartete er, seine Älteste durch die Tür treten zu sehen. »Was führt dich so unverhofft zu uns?«

Das Gesicht seiner Schwester verdüsterte sich. »Es ist etwas Schreckliches passiert. Mein Garten wurde von einer Schlammlawine verwüstet. Die jahrelange Arbeit meines seligen Gatten in nicht einmal einer Stunde zerstört. Schlamm, Schlamm so weit das Auge reicht.« Ottilie betupfte ihre Augen mit einem Taschentuch.

»Das weiß ich.« Viktor von Tiburti fühlte ihren Schmerz nach. Obwohl er selbst kein Gärtner war, erkannte er doch an, dass der Garten seiner Schwester eine Augenweide war und viel Mühe gekostet hatte.

»Was weißt du?«

»Von dem Schlamm in deinem Garten. Du hattest es geschrieben, aber das ist Wochen her. Das Gröbste sollte beseitigt sein.«

»Ich habe nicht geschrieben.«

»Es ist ein Brief gekommen, und ich habe extra Conrada und Serafina zu dir geschickt, damit du in deinen schweren Stunden nicht allein bist.«

»Ich habe keinen Brief geschrieben, und Conrada ist nicht bei mir. Die Polin auch nicht«, sagte Ottilie bestimmt. »Für einen Brief war überhaupt keine Zeit, ich bin sofort hergekommen, weil meine Nerven den schrecklichen Anblick nicht aushalten.«

»Conrada ist zu dir gereist. Das ist einen Monat her.«

»Das Unglück hat meinen Garten erst vor vier Tagen getroffen.«

Seine Schultern sanken herab, als er die Bedeutung dieser Worte begriff. Sie standen weiter in der Eingangshalle, und er stützte sich schwer auf seinen Stock. »Es sind noch mehrere Briefe von Conrada gekommen, in denen sie berichtet, wie es mit den Aufräumarbeiten in deinem Garten vorangeht«, sagte er hilflos.

»Ich wiederhole mich ungern, aber Conrada ist nicht bei mir. Ich habe sie genauso lange nicht gesehen wie dich und Julia. Wenn sie nicht hier ist, hat sie dich an der Nase herumgeführt und geht ihre eigenen Wege.«

»Die Briefe. Julia, hole die Briefe.« Viktor wusste in seinem tiefsten Inneren längst, wie vergeblich seine Hoffnung war.

Geschwind kehrte Julia mit drei Briefen zurück.

Die Geschwister beugten die Köpfe darüber; Ottilie las den Inhalt halblaut vor.

»Das ist meine Schrift. Kein Zweifel«, sagte sie am Ende. »Aber ich schwöre bei Jesus, Gottvater und dem Heiligen Geist, diese Briefe habe ich nicht geschrieben. Das ist eine verworrene Geschichte, Bruder.«

Viktor schwankte wie ein Halm im Wind. Der Stock fiel ihm aus der Hand.

Julia eilte an seine Seite und stützte ihn. Gemeinsam mit Ottilie brachten sie ihn in den ungeheizten Besuchersalon und zu einem Sessel. Ächzend ließ sich Viktor von Tiburti nieder. Sein kranker Fuß fühlte sich wie ein monströser Klumpen an, der nicht zu seinem Körper gehörte. Er brauchte geraume Zeit, um wieder zu Atem zu kommen.

»Wo ist Conrada?«, fragte er leise. »Mein kleines Mädchen ist alleine da draußen. Wer soll sie beschützen.«

»Conrada kann auf sich selbst aufpassen. Das konnte sie schon immer. Außerdem hat sie die Polin bei sich.«

»Es gehört sich nicht für zwei Frauen, unbegleitet unterwegs zu sein. Die Straßen sind unsicher, und in jeder Herberge kann Gefahr lauern. Hinter jeder Hausecke.« Viktor von Tiburti hielt das Gesicht in den Händen vergraben.

»Ich muss wissen, wo sie ist, sonst habe ich keine ruhige Minute.« Der gramgeplagte Vater machte Anstalten, sich aus dem Sessel hochzustemmen. Seine Schwester hinderte ihn daran.

»Viktor, deine Gesundheit«, ermahnte sie ihn.

»Was schert mich die, wenn es um meine Tochter geht. Ich muss sie finden.«

Dabei hatte Viktor von Tiburti keine Idee, wo er eine Suche beginnen sollte. Er betrachtete Tragödien am liebsten von außen, statt in deren Zentrum zu stehen.

Seine Schwester nahm das Geschehen in die Hand. »Julia, liebes Kind, schau im Zimmer deiner Schwester nach, ob du etwas findest, was uns einen Fingerzeig auf ihren Aufenthalt gibt. Eile dich! Ich kümmere mich in der Zwischenzeit um deinen Vater.« Sie fächelte Viktor Luft zu und zupfte an seinem Halstuch, um ihm mehr Atem zu verschaffen.

»Ich hoffe nur, sie ist nicht mit einem unpassenden Mann auf und davon. Diese Schande … und das Gerede«, murmelte Viktor von Tiburti.

»Conrada doch nicht. Bisher hat sie noch jeden Mann verscheucht.«

»Sie hatte bislang nicht dein Glück, den richtigen zu treffen. Dafür sollten wir sie nicht tadeln«, mahnte Viktor von Tiburti. »Lauf und schaue nach, ob du einen Hinweis auf einen Mann in ihrem Leben oder etwas anderes findest.«

Julia brauchte nicht lange, bis sie zurückkam und ein Schreiben schwenkte. »Es ist kein Mann, sondern das hier.«

Bei dem Schreiben handelte es sich um die letzte Versagung einer Erlaubnis für einen Besuch der Gräfin Cosel.

»Conrada nimmt das nicht ruhig hin, obwohl Sie ihr verboten haben, sich weiter um diese Person zu sorgen, Papa«, fuhr sie fort. »Sie ist nach Stolpen gefahren, um diese Frau doch zu sehen. Die Dhurokina ist genau die Richtige, sie bei einem derart verrückten Vorhaben zu unterstützen.«

»Das glaube ich nicht«, rief Viktor von Tiburti voller Schrecken aus.

»Sehen Sie nicht, lieber Papa, wie gut alles zueinanderpasst? Sie wissen, wie leicht es Conrada gelingt, ihre Handschrift zu verstellen.«

»Und die Briefe, die wir von ihr erhalten haben?«

»Sie wird jemanden gefunden haben, der die vorgeschriebenen Briefe für sie aufgibt. Martin Immaus sagt, dass sie sehr charmant sein kann, wenn sie etwas will.«

»Conrada ist genau die junge Frau, die nicht leicht aufgibt«, steuerte Tante Ottilie nicht ohne Bewunderung zu der Unterhaltung bei. »Das ist ein sehr gefährliches Vorhaben, und du musst nach Stolpen reisen, um sie aufzuhalten. Sie bringt sich sonst um Kopf und Kragen.«

»Sie müssen an den Ruf unserer Familie denken, lieber Papa. Conrada ist dabei, ihn zu ruinieren«, sagte Julia.

»Das stimmt. Wenn du jemals einen passenden Mann für das Mädchen finden willst, darf nicht der Hauch eines Skandals mit ihr verknüpft sein«, pflichtete Tante Ottilie bei. Sie klang immer noch, als hielte sie Conradas Vorhaben für ein grandioses Abenteuer.

Mehrere Minuten lang schwieg Viktor von Tiburti. Nur das Ticken einer Kaminuhr erfüllte den Raum. Endlich schaute er auf.

»Julia und ich werden nach Stolpen reisen und Conrada zurückbringen. Kind, bereite alles vor, damit wir so bald wie möglich abreisen können. Ich werde für uns einige Quartiere bestellen.« Er wandte sich an seine Schwester. »Dich bitte ich, hierzubleiben, Ottilie. Falls eine Nachricht von Conrada eintrifft. Oder sie selbst zurückkommt. Sie soll das Haus nicht verwaist finden.«

KAPITEL XXII
· 1731 ·

Der Tag, den Conrada und Emilius als Geschwister von Amhaus für ihre Abreise aus Stolpen vorgesehen hatten, begrüßte sie mit Sprühregen. Die von Emilius bestellte Kutsche wartete morgens vor dem Haus, der Kutscher trug Kisten und Taschen hinaus und verstaute sie im Kutschkasten und auf dem Dach. Attilas war hinten an den Wagen gebunden und scheuerte seinen Kopf an einem vorgestreckten Vorderbein.

»Das ist alles«, sagte Emilius und reichte dem Kutscher die letzte Tasche aus dem Haus.

»'ne Menge Gepäck«, murmelte der. »Nischt vor ungut, Herr von Amhaus. Sach ich nur.«

»Was denkt er? Meine Schwester ist eine Dame von Stand, sie geht nicht mit einer Hutschachtel auf eine wochenlange Reise. Hat er alles sorgfältig verstaut?«

»Allet erledigt, gnädiger Herr.« Der Kutscher tippte an seine Mütze.

Emilius half Conrada und Serafina in die Kutsche. Letztere trug einen warmen Mantel, der bis zum Hals geschlossen war, außerdem einen großen Hut mit Schleier. Sie hielt sich ein Taschentuch vor die Nase und schnüffelte geräuschvoll hinein. In der Kutsche saß Emilius den beiden Damen gegenüber und schaute genervt auf Serafina. Er stand kurz davor, sie wegen der Schnüffelei zu rüffeln, aber ein strenger Blick Conradas ließ ihn innehalten.

Ihr Weg führte sie zur Burg, wo Emilius den Kutscher warten ließ und die beiden Damen zum Wachlokal begleitete. Serafina verbarg sich hinter ihrem Taschentuch – und schnüffelte. Sie mussten dem diensthabenden Offizier nicht mehr lange erklären, weswegen sie gekommen waren. Er bestand darauf, Serafina ins Gesicht zu blicken, um zu kontrollieren, ob sie die war, die sie zu sein vorgab.

»Erkältet«, krächzte die Polin, und ihr Akzent war stärker hörbar als gewöhnlich. Sogleich verschwand sie wieder hinter ihrem Taschentuch.

»Wir möchten uns von der gnädigen Frau Gräfin verabschieden, und meine Begleiterin will es sich nicht nehmen lassen, es persönlich zu tun, obwohl sie sich alles andere als gesund fühlt«, erklärte Conrada, und Serafina nickte dazu.

Der Offizier stellte keine Fragen, sondern ließ sie passieren. Emilius blieb im Wachlokal zurück.

»Ich lasse meine Schwester und Madame Dhurokina allein gehen«, erklärte er dazu. »Sie wollen einander zum Abschied in den Armen liegen und Frauensachen bereden. Ich käme mir höchst überflüssig vor.«

Er lachte kurz auf, und der Offizier stimmte ein. Das männliche Einverständnis zwischen ihnen war hergestellt. Der Offizier bot ihm einen Stuhl und einen Wein an. »Ich habe drei ältere Schwestern und eine Ehefrau, über Frauen brauchen Sie mir nichts zu erzählen«, sagte er dazu.

Unterdessen hatte in der Wohnung der Gräfin Conrada ihre Großcousine umarmt und ihr ins Ohr geflüstert, dies sei der Tag. Serafina entledigte sich des Hutes, des Schleiers und des Mantels. Das Taschentuch legte sie dazu. Von einer Erkältung war nichts mehr zu bemerken, sie sah so gesund aus wie ein Fisch im Wasser.

»Sie müssen mein Kleid anziehen«, sagte sie.

Bei ihren vorangegangenen Besuchen hatten sie alles abgesprochen, und mit Conradas Hilfe war der Kleidertausch in kurzer Zeit erledigt. Das Gewand der Gräfin spannte bei Serafina über dem Busen und an den Hüften. Deren Kleid hing an der schlankeren Cosel formlos herunter. Conrada war bereits mit Nadeln zugange, um das Kleid an die Formen der Gräfin anzupassen.

Danach schauten sie einander an. Die Gräfin in Serafinas braunem Reisekleid mutete Conrada seltsam an. Konnte sie von Serafina wirklich erwarten, was der Plan vorsah? Zweifel kämpften in ihrer Brust, und sie wünschte, Emilius wäre mitgekommen und hätte alles durch eine seiner typischen respektlosen Bemerkungen erträglicher gemacht. Keine der drei Frauen schien den Mut aufzubringen, den ersten Schritt zu tun. Die Minuten verrannen. Da umarmte die Gräfin auf einmal Serafina.

»Sie müssen das nicht machen, wenn Sie Bedenken haben«, sagte sie dabei leise.

»Nein … ja …«, stammelte Serafina. Dann straffte sie sich. Ihr Busen drohte das Kleid zu sprengen. »Ihr solltet jetzt gehen, gnädige Frau Gräfin. Ich lege mich zu Bett, weil die Aufregung zu viel für mich war und ich nicht mehr gestört werden will. Mir wird nichts geschehen.« Sie löste sich aus der Umarmung und hielt der Cosel ihren Mantel hin.

Nachdem die Gräfin sich noch ein wärmendes Tuch umgelegt hatte, Hut und Schleier trug und sich ein Taschentuch vor das Gesicht hielt, konnte niemand erkennen, dass unter all diesen Schichten nicht eine erkältete Serafina, sondern eine Gefangene auf der Flucht steckte.

»Die Schuhe!«, rief Conrada auf einmal und fügte leiser hinzu: »Ihr müsst auch die Schuhe tauschen.«

Serafinas Stiefel waren nicht zu verwechseln mit den Schuhen aus zartem Leder, die die Gräfin trug. Wenn sie dies übersehen hätten … Hastig wurden die Schuhe getauscht. Nun gab es nichts mehr, was die Gräfin von Serafina unterschied.

Erneut standen die Frauen unschlüssig beieinander und schauten sich an. Es gab nichts mehr zu sagen, und doch mochte keine den Pfad betreten, auf dem es kein Zurück gab.

»Emilius wird sich wundern, wo wir bleiben«, sagte Conrada leise.

»Darum geht jetzt. Ich will keine Umarmung und keine Abschiedsworte. Wir werden uns bald wiedersehen. Das alles hier kann nur wenige Tage dauern. Da ich nicht die Gräfin bin, kann man mich hier auch nicht festhalten. Fort mit euch«, bestimmte Serafina.

Conrada gab sich einen Ruck und rief an der Wohnungstür einen Soldaten herbei, damit er ihnen öffnete. Er ließ sie hinaus und sperrte hinter ihnen wieder zu. Auf der Treppe in den Hof hinunter hustete und schnüffelte die Cosel ununterbrochen und schleppte sich mit matten Schritten voran. Der Soldat hielt Abstand von ihr und führte sie in den Hof. Der Regen war stärker geworden, im Hof hatte er sich bereits in ersten Pfützen gesammelt.

Emilius trat aus dem Wachlokal. »Sie haben sich Zeit gelassen, Schwesterlein.« Und mit einem Blick in den Himmel. »Nicht das beste Reisewetter, aber was soll's …«

Der gleiche Soldat, der sie vor der Wohnung der Cosel in Empfang genommen hatte, führte sie auch über den Hof Richtung Torhaus. Auf halber Strecke drehte Emilius sich noch einmal um.

»Ich gebe Ihnen jederzeit Revanche«, rief er dem Wachoffizier zu.

»Was haben Sie gemacht?«, wollte Conrada wissen.

»Ihn beim Würfeln um seinen Sold erleichtert. Er hätte eben nicht versuchen sollen, sich mit mir zu messen.«

Emilius von Kobsdorff war unverbesserlich. »Würfeln hat nichts mit Können zu tun, das ist reines Glück.«

»Auch das muss man haben.«

Beim Torhaus standen die Wachen im Regen. Ihre Mäntel glänzten dunkel vor Nässe. Es tropfte von ihren Hüten, lief in ihre Stiefel. Sie sahen bemitleidenswert aus. Den drei Besuchern, die bereits oft auf der Festung gewesen waren, nickten sie grüßend zu, ebenso die beiden Soldaten auf der anderen Seite des Torhauses.

Dann waren sie hindurch! Die Festung lag hinter ihnen, vor ihnen warteten die Freiheit und ihre Kutsche. Zuerst half Emilius der Gräfin hinein, danach Conrada. Dem Kutscher befahl er ein flottes Tempo, damit sie es heute noch bis Dresden schafften.

»Bei dem Wetter«, brummte der Mann.

Aber kaum hatte Emilius den Wagen bestiegen, zogen die Pferde an. Der hinten angebundene Attilas folgte willig. Im

Schritt ging es den Festungsberg hinunter, aber kaum hatten sie eine ebene Straße erreicht, wurden die Pferde zu einem flotten Trab angetrieben.

Conrada bemerkte, dass die Tür der Kutsche nicht richtig geschlossen war und jeden Moment wieder aufspringen konnte. Sie streckte die Hand aus, aber Emilius packte ihr Handgelenk und drückte ihren Arm herunter. Dazu schüttelte er den Kopf. Aus seiner Manteltasche fingerte er mit der anderen Hand ein kurzes Seil und schlang es um den Türgriff, hielt damit die Tür zu.

Wenn er es so handhaben wollte – Conrada zuckte mit den Achseln. Die Gräfin schnüffelte und hustete weiter, während sie sich Wagenlänge um Wagenlänge von Stolpen entfernten. Ihr Plan war geglückt, und Conrada drückte ihre behandschuhte Rechte vor den Mund, um ihrer Gefühle Herr zu werden.

»Sie können aufhören, die Erkältete zu mimen, gnädige Frau«, sagte Emilius nach einer Weile genervt.

»Damit der Kutscher nichts merkt«, brachte die Gräfin zwischen zwei Hustenanfällen hervor.

»So wie der Regen aufs Dach trommelt, hört er nichts von dem, was hier vor sich geht, und ich habe das lange genug ertragen.«

Sie verstummte.

An einer Steigung fielen die Pferde in Schritt, ihre Fahrt verlangsamte sich. Wachsam schaute Emilius aus allen Fenstern, ehe er geräuschlos die Tür aufschwingen ließ.

»Es ist so weit! Sie als Erste, Gnädigste.« Er streckte der Cosel die Hand hin.

»Was soll das werden?«, begehrte die auf, und auch Conrada war erstaunt.

»Unsere Fahrt endet hier. Wir steigen aus. Leise!«

Diesmal widersprach die Cosel nicht und stand gleich darauf auf dem Weg, während die Kutsche weiterrollte. Conrada und Emilius folgten. Es war nicht schwer gewesen, die langsam fahrende Kutsche unbemerkt zu verlassen. Emilius ergriff die Zügel des dahintrottenden Attilas, die nur lose über einer Stange hingen. Gehorsam blieb der Hengst stehen, während sich die Kutsche immer weiter von ihnen entfernte und schließlich um eine Ecke verschwand.

»Das wäre geschafft.« Der junge Mann klang zufrieden, als säße er am heimatlichen Kamin.

»Unser Gepäck?«, wollte Conrada wissen, als sie alle wieder beieinanderstanden.

»Die Freiheit oder das Gepäck! Etwas anderes war nicht möglich. Im Wald stehen Pferde für uns bereit.« Emilius schaute sich um.

Conrada zog die Augenbrauen hoch.

»Etwas anderes war nicht möglich«, wiederholte er und zuckte mit den Schultern.

»Ich sehe sie.« Die Gräfin deutete in den Wald, wo zwei braune Ohren hinter einem Busch zu erkennen waren. Festen Schrittes ging sie darauf zu.

Emilius und Conrada folgten, er führte Attilas am Zügel. Sobald sie den Weg verließen, raschelte Laub unter ihren Füßen.

»Es sollte eine Kutsche sein. Was denken Sie sich?«, zischte Conrada ihm zu.

»Wir müssen unsere Spuren verwischen und querfeldein unterwegs sein, bis wir auf dem richtigen Weg sind. Da wird dann eine Kutsche auf uns warten.«

»Und diese?«

»Der Kutscher bemerkt hoffentlich erst in Dresden unser Fehlen, behält das Gepäck und geht seiner Wege.«

Dem konnte Conrada nicht widersprechen. Die Cosel stand bereits neben den Pferden und klopfte den Hals eines

Fuchses. Es waren mindestens so edle Tiere wie Emilius' Hengst. Und sie trugen Herrensättel.

»Woher stammen die Pferde?«, wollte Conrada wissen.

»Von einem Freund. Er weiß nichts weiter, als dass er hier zwei gesattelte Pferde herbringen sollte.«

»Herrensättel!«

»Das muss er nicht richtig verstanden haben. Ich hatte um Damensättel gebeten. Es kann aber auch gut sein, dass er keine auftreiben konnte.«

»Wenn der Herr mir einmal helfen würde«, mischte sich die Gräfin ein. »Früher bin ich oft im Herrensattel geritten. Es macht mir nichts aus.«

»Sehen Sie«, sagte Emilius, ehe er die Hände verschränkte, damit die Gräfin ihren Fuß hineinsetzen konnte.

»Nur trug ich da auch Herrenkleidung«, setzte sie hinzu.

Die gleiche Hilfe ließ Emilius auch Conrada angedeihen, ehe er sich selbst in den Sattel schwang.

»Vorwärts! Mir nach!«, kommandierte er.

Attilas galoppierte an. Conrada war noch nicht fertig, sich im Sattel zurechtzusetzen und ihre Röcke zu ordnen, damit ihre Beine nicht unschicklich zu sehen waren. Die Cosel preschte sofort los, und ihr blieb nichts anderes übrig, als zu folgen. Sie war nicht oft im Herrensattel geritten. Eigentlich war sie keine besonders sichere Reiterin, sie zog die Kutsche vor. Nun konnte sie sich nur im Sattel halten, weil sie die Beine um den Pferdeleib klammerte und sich mit der Linken in der Mähne festhielt. Die Cosel vor ihr saß mit bewundernswerter Eleganz im Sattel. Sie geriet nicht ein einziges Mal aus dem Gleichgewicht, obwohl der Fuchs einige scharfe Wendungen machte, um Bäumen auszuweichen.

Die gleichen Wendungen bewältigte Conrada wesentlich weniger elegant. Einmal hätte nur ein Hauch gefehlt, und sie wäre aus dem Sattel geschleudert worden. Emilius schien sich gut auszukennen. Sobald sie den Wald verließen und einen Weg erreichten, ließ er Attilas richtig ausgreifen. Der Fuchs und der Braune hielten das Tempo ohne Weiteres mit.

Der Wind pfiff Conrada um die Ohren, und sie hörte nichts anderes mehr als das Trommeln der Pferdehufe auf dem Weg. Inzwischen hielt sie sich mit beiden Händen an der Mähne fest und versuchte gar nicht erst, den Braunen zu lenken oder seine Geschwindigkeit zu kontrollieren. Sie ließ ihn einfach hinter den anderen herlaufen. Die Gräfin schien sich nur noch mühsam auf dem Fuchs zu halten. Conrada fehlte die Luft, um Emilius um eine Pause zu bitten.

Unter ihr hatte das Pferd zu keuchen begonnen. Sein Hals war dunkel vor Schweiß, Schaumflocken flogen von dessen Maul. Lange konnte er dieses Tempo nicht mehr durchhalten. Den anderen beiden Pferden schien es ähnlich zu gehen.

Manchmal hatte sie in der Ferne die Häuser eines Dorfes gesehen, aber Emilius hatte geschickt alle Ansiedlungen vermieden, nur einmal hatte ihr Weg sie an einem verlassenen Gehöft vorbeigeführt.

Anna Constantia von Cosel · 1711

In Sachsen konnte ich freier atmen und fühlte mich, als wäre ich wieder dort, wo ich hingehörte. Polen war mir nie zur Heimat geworden. Das lag nicht allein an der Weite und Leere des Landes oder daran, dass ich die Sprache der einfachen Menschen nicht verstand. Der Adel und die Höflinge sind mir ebenfalls fremd geblieben.

Die Männer sahen häufig aus, als zögen sie gleich ein Messer aus dem Stiefel. Sie sprachen Französisch, sie sammelten Gemälde und waren durch halb Europa gereist, und doch kamen sie mir vor, als müsse man nur mit dem Fingernagel eine dünne Schicht Kultur wegkratzen, und darunter kam der Barbar zum Vorschein.

Mit den Frauen war es ähnlich. Sie unterhielten sich über ein Theaterstück und schauten ungerührt zu, wie ein Leibeigener zu Tode geprügelt wurde. Sie lachten fröhlich, während Blut an ihren Händen klebte. Die Messer trugen sie nicht in den Stiefeln, sondern in den Strumpfbändern. An Wildheit standen sie ihren Männern in nichts nach. Wie konnte Friedrich August hoffen, dieses Land je zu beherrschen?

Nicht einmal der wandlungsfähige Flemming hatte es geschafft, seiner polnischen Ehefrau Polen abzugewöhnen. Es steckte zu tief in ihrem Blut. Sachsen entzückte mich mit seiner Anständigkeit und Wohlhabenheit. Im Winterkleid wirkte es wie eine jungfräuliche Braut, wo Polen unter einer Eisschicht ächzte.

Ich freute mich auf Pillnitz und auf mein Dresdner Palais. Auf der Fahrt hätte ich am liebsten die ganze Zeit vor mich hin gesummt. Die meiste Zeit saß mir jedoch der König gegenüber, und eine steile Falte des Unmuts stand auf seiner Stirn. Meine Fröhlichkeit hätte seine Laune weiter verschlechtert. Ich bemühte mich, ihm ein Lächeln zu entlocken. Ergriff seine Hände, die in pelzgefütterten Handschuhen steckten, und schob meine Hände schließlich in die weiten Ärmel seines Rockes. Das war ein gutes Zeichen, dass es mich nach ihm gelüstete. Der Gedanke, wir beide in der Kutsche, während draußen die Pferde schnaubten und der Kutscher nur durch eine dünne Wand von uns getrennt war, reizte mich.

»Jetzt nicht, Constantia. Du kannst auf Ideen kommen«, brummte er und entzog mir seine Arme. Hielt meine Handgelenke fest.

»Dabei wird uns warm werden. Wir haben schon lange nicht mehr ... Warum nicht hier und jetzt?«

»Weil ich ein Königreich zu regieren habe. Und ein Kurfürstentum.«

»Das hattet Ihr früher auch, Majestät.« Seine Worte hatten meine Glut absterben lassen. Ich widersprach ihm nur aus Gewohnheit. »Wir lieben uns für immer. Das haben wir einander versprochen.«

»Das halten wir.« Der König ließ meine Hände los und lehnte sich zurück. »Ich bevorzuge ein Bett neben dem warmen Ofen.«

»Euer Wunsch ist mein Befehl.« Diesem Satz ließ ich einen koketten Augenaufschlag folgen. »Bis Dresden benötigen wir keinen halben Tag mehr.«

Auf dem Schlossplatz hielt die Kutsche, und Friedrich August verabschiedete sich von mir mit dem Hinweis, auf ihn warteten bergeweise Vorgänge, denen er sich widmen müsse. Kein Gedanke mehr an eine Zeit der Leidenschaft. Ich schluckte meine Enttäuschung hinunter. In Dresden gab es genug, auf das ich mich freuen konnte. Wenn der König erst richtig angekommen war und sich ausgeruht hatte, würde er sich mir zuwenden. Davon war ich überzeugt.

Also morgen!

Die Kutsche rollte wieder an und hielt gleich darauf vor dem Palais auf dem Taschenberg. Meine Ankunft hatte ich vorher schriftlich angekündigt, und aus etlichen Schornsteinen stieg Rauch empor. Mit dem Schlüssel in der Hand ging ich auf das Portal zu, gönnte den beiden Schildwachen, die mit roten Nasen rechts und links standen, ein Nicken.

Behutsam glitt der Schlüssel ins Schloss.

Im Vestibül empfingen mich Wärme und Kerzenschein. Hunderte Lichter erstrahlten vom Deckenlüster herunter. In Wandhaltern steckten brennende Kerzen, drei- und fünfarmige Leuchter standen auf Schränken und Tischen. Mein

Haushofmeister trat heran und begrüßte mich mit einer tiefen Verbeugung.

»Gnädige Frau, ich freue mich«, sagte er einfach nur.

Und ich erst. Endlich war ich wieder zu Hause. Ich konnte gar nicht schnell genug meinen Mantel, die Handschuhe und den Hut loswerden. Danach lief ich durch die Räume, in denen die Möbel wieder aufgestellt waren. Was ich im Grünen Gewölbe hatte einlagern lassen, war zurückgeholt worden.

Mein silberner Esstisch und die vierundzwanzig Stühle standen im Esszimmer, das türkische Zimmer lockte mit seinen verspielten Möbeln. Die Bilder hingen wieder an den Wänden, die Kostbarkeiten standen in den Vitrinen. Ich nahm einige Stücke heraus, streichelte Porzellanfigurinen oder Schmuckdolche. In einer Vase stand ein Strauß gelber Tulpen und Rosen. Um diese Jahreszeit.

Ich tanzte durch die Räume.

In der Nacht kam Friedrich August zu mir. Die Verstimmung aus der Kutsche war wie fortgeblasen.

Mitte Februar 1711 wechselten Kälte und Regen einander ab. In den Gassen stand der Schlamm den einen Tag knöchelhoch, und die Tagarbeiter konnten ihn nicht schnell genug wegschaufeln. Anderntags konnte alles steinhart gefroren sein, dass man von Glück sprechen konnte, sich auf den Gassen nicht die Beine zu brechen. Das hielt die Menschen nicht davon ab, den Karneval zu feiern.

Für den Hof hatte der König ein Ringrennen geplant, bei dem alle Teilnehmer maskiert waren. Der junge Kurprinz siegte bei diesem Ringreiten, und das freute mich für den Fünfzehnjährigen. Es war an der Zeit, dass aus dem Jungen ein Mann wurde und er sich aus der Umklammerung seiner Mutter und der Großmutter löste. Die beiden hatten ihn auf Befehl Friedrich Augusts hin alleine an den Hof reisen lassen.

Der Prinz hatte gekämpft, als ginge es nicht um ein Spiel, sondern um die Eroberung eines Thrones. Am Ende reichte es für einen knappen Sieg, und der junge Friedrich August strahlte über das ganze Gesicht. Sein Vater überreichte ihm den Preis und wirkte ebenfalls sehr zufrieden. Er umarmte den Jungen vor aller Augen, klopfte ihm jovial auf die Schulter. Ich stand an seiner Seite und konnte hören, wie er den jungen Friedrich August als zukünftigen König von Polen ansprach.

»Wir werden dir ein wohlbestelltes Reich hinterlassen. Das versprechen wir dir, mein Sohn. Du wirst in Zukunft mehr an unserer Seite sein. Es wird Zeit, dass du kennenlernst, worüber du einst herrschen sollst.«

Eine durchaus vernünftige Ansicht. Der Kurprinz verzog jedoch das Gesicht und brachte nur mit Mühe eine artige Antwort und ein Lächeln für seinen Vater zustande. Der tat, als bemerke er nichts davon, sondern lud zum Festmahl ein.

Wir fuhren mit Schlitten durch den Großen Garten und feierten anschließend bis zum Morgengrauen im Gartenpalais. In der Reitbahn schossen wir des Nachts mit Pfeilen auf Strohscheiben. Jedes Mal lud der König danach zum Festessen und zum Ball bis zum Morgengrauen.

Am letzten Tag des Karnevals sah Friedrich August blass aus, war aber blendender Laune.

Es war am Hofe jedoch kein Geheimnis, dass die Ärzte mit Friedrich Augusts Gesundheit immer weniger zufrieden waren. Sie hielten seinen Leib für zu massig und rieten ihm seit Jahren, sich beim Essen und Trinken zu mäßigen, um Gewicht zu verlieren. Aber dann kamen Zeiten wie der Karneval oder das große Fest vor zwei Jahren, und alle Bemühungen waren dahin.

»Unsere Gesundheit ist nicht schlecht.« Friedrich August war aufgesprungen und hieb mit der Faust auf den Tisch. Seine Stimme übertönte mühelos alle Gespräche im Raum.

Der Bierkrug, aus dem er das dunkle Leipziger Bier getrunken hatte, war umgefallen und rollte über die Tischkante zu Boden. Dort zerschellte er. Sofort eilten zwei Pagen herbei, um die Scherben aufzusammeln und das verschüttete Bier aufzuwischen. Ein dritter stellte einen neuen Bierhumpen vor den König hin und schenkte aus einer großen Kanne ein.

»Das ist alles dummes Gerede!«, schrie Friedrich August weiter. »Wir sind nicht schwach. Wir sind stärker als jeder hier!« Beim Reden wischte er den neuen Bierkrug vom Tisch.

Die Pagen eilten wieder herbei, um das Malheur zu beseitigen. Ich gab ihnen ein Zeichen, keinen dritten Humpen hinzustellen, damit er nicht das Schicksal der ersten beiden teilte. Der König hatte ohne Zweifel ein paar Gläser zu viel getrunken. Dann konnte er wehleidig oder rechthaberisch werden. An diesem Abend war offenkundig Letzteres der Fall.

»Niemand bestreitet das, Majestät«, sagte ich sanft zu ihm. »Ihr seid stark und mutig.«

»Wir werden es beweisen!«

»Ihr müsst das nicht.«

Flemming drängte sich an den König heran. Auch er hatte etliche Gläser zu viel getrunken. Seine Augen waren blutunterlaufen, die Perücke saß zu weit in der Stirn, und die Nase war gerötet. Aber er hielt sich gerade wie eh und je. »Wir alle möchten sehen, wie stark unser König ist, Majestät. Es wäre für uns das größte Vergnügen, die Stärke unseres Königs zu bewundern.«

»Gebt uns eine Kostprobe«, flötete die Gräfin Vitzthum. In ihrem spitzen Gesicht brannten die Augen wie dunkle Kohlen. Sie hatte sicherlich von jedem Glas Wein nur einen winzigen Schluck genippt. Mir warf sie einen Blick zu, den ich nicht verstand.

»Bringt uns ein Hufeisen!«, schrie der König.

Es dauerte nicht lange, da wurde das Gewünschte auf einem blauen Samtkissen gebracht. Friedrich August packte mit beiden Händen zu und begann, daran zu ziehen und zu zerren. An seiner Schläfe trat eine Ader hervor. Er lief rot an und biss vor Anstrengung die Zähne zusammen. Zischend entwich seinem Mund der Atem. Er packte noch einmal fester zu.

»Es biegt sich«, rief die Vitzthum aufgeregt und krallte die Rechte in den Arm des neben ihr stehenden Kavaliers.

»Mein König«, wollte ich sagen, aber die Worte verließen meinen Mund nicht, denn in diesem Moment gab das Hufeisen ein Knacken von sich. Ein zweites Mal knackte es, und dann hielt Friedrich August die zerbrochenen Teile in seinen Händen.

Er reckte sie in die Höhe.

»Ihr habt es geschafft, mein König!«, jubelte Flemming. »Das macht Euch niemand nach. Wunderbar, einfach wunderbar!«

Die Menge applaudierte, und ich mit ihnen. Der König lachte und schwenkte die beiden Stücke des Hufeisens.

»Flemming, unser Freund!« Einen Arm legte der König um die Schulter seines Ministers. »Mach es uns nach!«

»Das kann ich nicht. Mir fehlt Eure Kraft.«

Flemming widerstand dieser Aufforderung, aber etliche andere Kavaliere nicht. Mehr Hufeisen wurden gebracht. Diesmal nicht mehr auf Samtkissen, sondern in einem Holzeimer.

Die Höflinge griffen begeistert zu. Sie zogen an den Eisen, der Schweiß brach ihnen aus, unartikulierte Laute verließen ihre Münder.

Friedrich August stand neben mir, hatte einen Arm um meine Hüfte gelegt und trank durstig aus einem Bierkrug. Das zerbrochene Hufeisen hielt Flemming in den Händen, betrachtete die Bruchstellen. Seine Perücke war ihm noch weiter in die Stirn gerutscht.

»Das ist ein Wunder. Die Kraft eines Herkules«, murmelte Flemming und streichelte das Metall. »Wir müssen es aufheben, damit auch nachfolgende Generationen von Eurer Herrlichkeit wissen können.«

»Dann lege es in die Schatzkammer. Damit die Teile dort einstauben.« Der König lachte, als hätte er einen besonders guten Witz gemacht, und ließ sich nachschenken.

KAPITEL XXIII
· 1731 ·

Keine halbe Meile mehr, dachte Conrada mit schmerzendem Rücken, Händen und Knien, als ihr Pferd auf das der Gräfin auflief und abrupt langsamer wurde. Sie fiel nach vorne und stieß sich die Nase am Pferdehals. Die Tiere hielten gleich darauf an. Neben ihnen befand sich eine Weide mit einem Unterstand, bemerkte Conrada, ehe sie stöhnend zusammensackte. Ihre Zunge klebte am Gaumen, und sie schmeckte Dreck, während sie versuchte, wieder zu Atem zu kommen.

Emilius trat zu ihr und legte eine Hand auf ihren Oberschenkel. »Die Kutsche wartet auf uns«, sagte er mitfühlend.

Es stand tatsächlich eine Kutsche mit zwei Grauschimmeln hinter dem Schuppen. Der Wagen war schmucklos, besaß zwar ein Verdeck, war jedoch nach vorne hin zum Kutschbock offen. Dennoch war er Conrada höchst willkommen. Schwere Decken schützten Pferde und Sitze vor dem Regen. Emilius nahm sie fort und warf sie im Unterstand auf den Boden, ehe er Conrada beim Einsteigen half. Sie sank aufatmend auf der Bank zusammen. Kurz darauf half er der Gräfin, die sich auf die andere Bank setzte. Sie versuchte, unbeteiligt zu wirken, konnte aber ein leises Stöhnen und ein schmerzhaftes Verziehen des Gesichtes nicht unterdrücken, gleichzeitig fingerte sie unter Serafinas Mantel herum. Als sie die Hand wieder hervorzog, hielt sie mehrere Nadeln zwischen den Fingern.

»Es fühlt sich an, als hätten sie mich total durchstochen. Bestimmt ist Blut dran, wenn wir genau hinschauen.« Ein gequältes Lächeln begleitete diese Worte.

Conrada zwang ihre schmerzenden Finger dazu, in der Kleidung der Gräfin nach weiteren Nadeln zu tasten. Am Ende hielt sie mehr als ein Dutzend in der Hand; sie konnte sich gar nicht erinnern, so viele gesteckt zu haben.

»Ich wusste nichts von diesem Ritt. Herr von Kobsdorff hatte es übernommen, sich um unser Fortkommen zu kümmern«, sagte Conrada entschuldigend. »Dieser wenig bequeme Wagen geht auch auf ihn zurück und der Verlust des Gepäcks ebenfalls.«

»Da ich kein Gepäck hatte, trifft mich das nicht.« Die Cosel stach die Nadeln in das Polster neben sich.

Emilius hatte seinen Hengst wieder an den Wagen angebunden und schwang sich nun auf den Kutschbock. Er ließ die Zügel auf die Rücken der Pferde klatschen, und sie setzten sich willig in Bewegung. Der Fuchs und der Braune hatten die Mäuler ins frühlingsgrüne Gras versenkt und schauten nicht einmal hoch, als die Kutsche davonrollte.

»Was geschieht mit den beiden Pferden?«, verlangte Conrada zu wissen.

»Die werden abgeholt.« Emilius drehte sich kurz um und schaute in den Wagen. Er hatte sich eine der dicken Decken um die Schultern gelegt, und von seinem Hut tropfte der Regen. Wäre ihre Lage nicht so ernst gewesen, hätte Conrada gelacht, denn der Anblick war zu komisch, hatte gar nichts gemein mit dem jungen, auf seinen Stand bedachten Adeligen, als den sie ihn kennengelernt hatte.

»Von Ihrem Freund?«

»Das habe ich mit ihm verabredet.«

»Ihr Freund hat viel Vertrauen zu Ihnen.«

»So ist das mit guten Freunden.« Emilius drehte sich wieder nach vorne um und schnalzte den Pferden zu.

Im Schritt ging es voran. Conrada und die Gräfin waren im Wageninneren einigermaßen vor dem Regen geschützt, aber der Wind fuhr ungehindert hinein, und sie verkrochen sich in ihren Mänteln. Viel hätte Conrada für einen heißen Ziegelstein unter den Füßen gegeben. Eine Weile rollten sie langsam und schweigend dahin.

»Warum kommen wir nicht schneller voran?«, beschwerte sich die Gräfin. »Das ist keine Reisegeschwindigkeit. Ich kann zu Fuß schneller gehen.«

Erneut drehte sich Emilius um. »Mein Attilas hat einen anstrengenden Galopp hinter sich und muss sich erholen, deshalb können wir nicht schneller fahren.«

»In diesem Tempo werden wir heute nicht nach Dresden kommen«, kam es von der Gräfin.

Conrada und Emilius schauten sich an.

»Wir sind nicht auf dem Weg nach Dresden«, antwortete Conrada vorsichtig.

»Ich verlange, dorthin gebracht zu werden, um mit Friedrich August zu sprechen. Wenn ich erst vor ihm stehe, wird er mich anhören müssen und mich danach in Gnade wieder aufnehmen«, sagte die Gräfin sehr bestimmt.

»Wir können Euch nicht nach Dresden bringen.«

»Dann nach Warschau. Ich werde dem König jede andere Maitresse verzeihen, aber ich bin seine Frau, und es gehört sich …« Ihr Blick war verklärt in die Ferne gerichtet, als sähe sie dort bereits ihre Zukunft an der Seite des polnischen Königs vor sich.

Conrada versuchte, ihr zu erklären, dass sie sich auf der

Flucht befand und keineswegs auf dem Weg zu ihrem früheren Geliebten, doch die Gräfin ließ sich von ihrem Wunsch nicht abbringen.

»Ich weiß, dass Friedrich August mich sehen will, aber seine Kabinettsminister und Ohrenbläser lassen ihn nicht. Er hat schon immer zu viel auf die Meinung anderer gegeben, weil jedermann gut von ihm denken soll. Das macht seinen Charme aus und ist zugleich sein größter Fehler. Deshalb hat er Sie und Ihren Bruder geschickt, damit Sie mich heimlich holen und zu ihm bringen, ehe ich offiziell an den Hof zurückkehre. Ist es nicht so?«

»Wir wollen nur das Beste für die gnädige Frau«, rief Emilius von vorne. »Deshalb ist das nicht unser Auftrag. Wir wollen nicht, dass Ihr gleich wieder in Gefangenschaft geratet und wir am Ende noch mit Euch.«

»Seitdem Friedrich August Witwer ist, steht uns nichts mehr im Wege. Er wird an einem geheimen Ort auf mich warten. Bringen Sie mich hin. Ich begebe mich in Ihre Hände, Mademoiselle et Monsieur von Amhaus.«

»Vollkommen hinüber«, kommentierte Emilius leise und tippte sich an die Stirn.

Conrada teilte seine Meinung. Offenbar hatte die Gräfin nicht einmal verstanden, dass sie und Emilius keine Geschwister waren und auch nicht von Amhaus hießen. Ihre Freude über die geglückte Flucht verflüchtigte sich zusehends.

Die Cosel hatte den Blick wieder in eine ferne, glänzende Zukunft gerichtet.

Spät am Abend erreichten sie eine Herberge mitten im Nirgendwo. Der Regen hatte im Laufe des Nachmittags aufgehört, aber die Sonne blieb weiter hinter tief hängenden Wolken verborgen, und von den Blättern tropfte Wasser, sobald jemand sie auch nur zart berührte. Die Pferdedecke hatte Emilius abgelegt und gab sich betont munter.

Aus dem Stall der Herberge kam ihnen ein alter Mann mit einem Heuhalm im Mund entgegen. Er zog ein Bein nach, und aus seinen löchrigen Stiefeln schauten bloße Zehen heraus.

»Schöne Pferde, gnädiger Herr«, nuschelte er zwischen Zahnlücken hervor und klopfte den Grauen die Hälse, betrachtete ihre Vorhand und das Spiel ihrer Ohren mit Kennerblick. »Sehen wir nicht oft hier, gnädiger Herr.«

»Kümmere er sich gut um alle drei. Reibe er sie trocken, und gib er ihnen Hafer, sie haben einen anstrengenden Tag hinter sich. Den Wagen stell er in einer Remise unter.«

»Wie der gnädige Herr befehlen.« Beim Sprechen wippte der Heuhalm im Mund des Alten auf nieder. Er machte sich an den Schnallen des Geschirrs zu schaffen.

Attilas band Emilius selbst los und führte ihn in den Stall. Erst danach half er Conrada und der Cosel aus dem Wagen. Die Gräfin stand im Dreck des Hofes und schaute sich um. Serafinas Kleid und Mantel hielt sie dabei sorgfältig hoch.

»Erwartet Friedrich August mich hier? Das glaube ich nicht. Wir haben beide schon an schlimmeren Orten genächtigt, aber er hätte freiwillig nie diesen schäbigen Gasthof ausgesucht.« Sie verzog den Mund.

»Sie werden den polnischen König hier nicht treffen, liebe

Cousine«, sagte Conrada betont munter und schüttelte einen Dreckklumpen von ihrem Schuh.

»Das ist gut. Es hätte mir gar nicht gefallen, mich in einem schäbigen Salon mit Friedrich August auszusprechen.«

In diesem Moment trat Emilius wieder zu ihnen.

»Darf ich die Damen ins Haus geleiten?«, fragte er galant. »Die Wirtin erwartet uns bereits und hat bestimmt eine warme Suppe auf dem Herd stehen.«

»Spargel mit Schinken und einer geschlagenen Buttersauce würden meinen Gaumen erfreuen. In Stolpen war das Essen karg, aber ich bin sicher, Friedrich August hat nicht die Absicht, mich länger darben zu lassen.«

»Sicher nicht«, stimmte Conrada ihr zu.

Der private Gastraum, den man ihnen zur Verfügung stellte, verdiente kaum diesen Namen. Er war so klein, dass gerade einmal ein Tisch, vier Stühle und in einer Ecke ein Ofen Platz fanden, in dem noch ein Glutrest glimmte. Auf den Bodendielen fehlte der Teppich, und die Wände waren kahl. Der einzige Schmuck in dem Raum bestand aus einem Strauß Feldblumen in einer angeschlagenen Vase auf dem Tisch.

Die Wirtin knickste tief, und ihr fielen gar nicht alle höflichen Bezeichnungen ein, die sie sagen wollte, aber auch so brachte sie eine Menge Unsinn vor.

»Wir werden uns viel wohler fühlen, wenn sie den Ofen richtig anheizt und uns eine warme Suppe serviert. Das alles schnell«, unterbrach Emilius ihren Sermon.

Als Erstes brachte ein Junge mit einer schiefen Schulter und einem blöden Grinsen im Gesicht zwei Holzscheite, die er in den Ofen steckte. Die beiden Scheite würden niemals ausreichen, die Stube auf eine angenehme Temperatur zu heizen.

Dann kam die Wirtin herein, mit dem Hinterteil zuerst. In beiden Händen hielt sie ein mächtiges Tablett mit einer großen irdenen Schüssel und drei Tellern aus dem gleichen Material, außerdem einen mächtiger Brotlaib und einen Klumpen Butter, in dem ein Messer steckte. In die tiefen Teller schöpfte sie eine überwiegend aus weißen Bohnen, Zwiebeln und Karotten bestehende Suppe und stellte sie vor ihre Gäste. Dazu legte sie Holzlöffel, setzte Brot und Butter dazu.

»Bier für mich und Wein für die Damen!«, verlangte Emilius. »Und mehr Holz. Unsere Schlafstuben müssen ebenfalls eingeheizt werden.«

»Sofort, gnädiger Herr.« Wieder zog die Wirtin sich knicksend zurück.

Der grinsende Junge brachte zuerst die Getränke. Wein- und Bierbecher waren von gleicher Größe und Machart und alle gleich gefüllt. Es war viel Wein, der da vor sie gestellt wurde, fand Conrada, während Emilius sein Bier wahrscheinlich winzig fand. Er schaffte es jedoch, diesen Umstand in guter Haltung und ohne Kommentar hinzunehmen.

Die Cosel tauchte ihren Löffel in die Suppe und ließ den Inhalt auf den Teller zurückkleckern. »Das kann niemand essen. Wo bleibt der Spargel mit Buttersauce, den ich bestellt habe?«

Vorsichtig setzte Conrada ihr auseinander, dass sie auf den Spargel nicht hoffen dürfe.

»Ich esse das nicht«, beharrte die vornehme Dame. Sie griff stattdessen nach einer Brotscheibe, bestrich sie dünn mit Butter und knabberte daran, nachdem sie die Rinde entfernt hatte.

Emilius beugte sich tiefer über seinen Teller und löffelte die Suppe schnell in sich hinein. Er schaute dabei nicht auf und sagte kein Wort. Sein befremdliches Benehmen faszinierte Conrada. Sie kostete nun ebenfalls.

Die Suppe war heiß. Dies war aber auch schon alles Positive, was sich darüber sagen ließ. Als einziges Gewürz schmeckte sie heraus, dass sie beim Kochen angebrannt und wieder vom Topfboden abgekratzt worden war. Das Gewürz der Armen!

Emilius hatte seinen Teller längst geleert und machte sich über den der Cosel her, als Conrada aufgab, weil sie fürchtete, den verbrannten Geschmack nie mehr aus dem Mund zu bekommen.

»Es ist wirklich gut, dass Friedrich August nicht hierhergekommen ist. Dieses Essen wäre nicht nach seinem Geschmack. Das Brot ist mehrere Tage alt, die Suppe taugt nur für das Vieh, und offensichtlich werden wir nicht mehr als diesen einen Gang bekommen. In Stolpen musste ich mich oft genug mit armseligem Essen zufriedengeben, aber von Ihnen beiden hätte ich mehr Umsicht erwartet, Mademoiselle und Monsieur von Amhaus.«

»Wir geloben Besserung für Eure nächste Flucht«, antwortete Emilius geschmeidig.

»Das will ich hoffen.« Die Gräfin war für seinen Humor völlig unempfänglich. »Ich frage mich, warum ausgerechnet Sie beide ausgewählt wurden, mich zu retten?«

»Weil ich mit Euch verwandt bin, gnädige Frau Gräfin.«

»Weil wir verschwiegen sind«, fügte Emilius hinzu.

Für die Nacht bezogen Conrada und die Cosel eine Schlafkammer, und Emilius verschwand grinsend in einer zweiten.

Conrada musste nicht nur sich für die Nacht zurechtmachen, sondern auch die Cosel, als wäre sie deren Kammermädchen. Dabei musste sie sich anhören, dass die Gräfin zu ihren Kindern gebracht werden wollte, sie wollte außerdem Viktualien, Fasane, Kapaune und Wein aus Pillnitz geschickt bekommen. Ihre wichtigen Papiere fehlten, sie müsse nach Stolpen schreiben, damit sie ihr nachgesandt werden.

»Ihr könnt nicht nach Stolpen schreiben, Madame«, sagte Conrada erschrocken.

Zu diesem Zeitpunkt waren die Kerzen längst gelöscht, und sie lagen in den Betten. Die Gräfin war jedoch nicht verstummt, sondern klagte unentwegt weiter.

»Ich muss, sonst verbrennen sie am Ende alle meine Sachen. Sie kennen Hauptmann Holm und Major Boblick nicht. Die werden mein Eigentum mit Vergnügen ins Feuer werfen, sobald sie merken, dass ich nicht mehr da bin. An die Kuratoren muss ich auch schreiben, damit sie mir eine angemessene Garderobe und Anweisungen auf Geld nach Warschau schicken.«

Conrada konnte nicht anders, als am Verstand ihrer Verwandten zu zweifeln. Die lange Haft hatte ihr offenbar zugesetzt. Sie beneidete den wahrscheinlich seit Stunden schlafenden Emilius, während sie dieses Lamento ertragen musste.

»Madame, Ihr könnt jetzt keine Briefe schreiben, es ist mitten in der Nacht. Morgen haben wir wieder eine anstrengende Etappe vor uns. Ich denke, unser allergnädigster Kurfürst wird beizeiten alle notwendigen Anweisungen nach Stolpen und an Eure Kuratoren schicken.«

»Meint Sie? Friedrich August ist oftmals ungestüm und übersieht Dinge, an die jeder andere wie selbstverständlich denkt. Das ist gerade so liebenswert an ihm.«

»Der Kurfürst ist mit den Jahren weiser geworden und wird nicht vergessen, sich um Eure Bequemlichkeit zu sorgen, Madame.«

Das stellte die Cosel endlich zufrieden, und sie verstummte. Conrada atmete auf und kuschelte sich in das dicke Kissen. Aus dem Bett der Gräfin erklang ein Keuchen und Schnaufen, und schlagartig war Conrada hellwach. Sie lauschte in die Dunkelheit.

»Madame«, sagte sie vorsichtig.

Keine Reaktion.

Conrada drückte sich das Kissen auf die Ohren. Das dämpfte die Geräusche, aber nun wurde ihr unerträglich heiß.

»Madame!«, versuchte sie es erneut und ließ einigen Ärger in dieses Wort einfließen.

Die Cosel verstummte, und Conrada atmete auf. Gleich darauf begann das Keuchen und Schnaufen erneut. Conrada ergab sich in ihr Schicksal. Was bedeutete eine Nacht ohne Schlaf gegen ein jahrzehntelanges Martyrium als Gefangene?

Sie nahm es auch hin, als die Cosel ihr am nächsten Tag ins Gesicht sagte, sie sehe nicht wohl aus.

Anna Constantia von Cosel · 1711

Bald nach dem Karneval berief Friedrich August den Landtag ein, um sich neue Steuern für die Vergrößerung des sächsischen Heeres bewilligen zu lassen. In Russland sammelte Zar Peter seine Soldaten, aus Dänemark hörten wir, dass König Frederik die jungen Männer von der Straße weg in die Armee pressen ließ. Es tat mir um die Mütter leid. Der schwedische König Karl hatte angeblich sechzigtausend Mann beisammen, jedoch keine Offiziere, sie auch zu kommandieren. Am sächsischen Hof löste das Häme aus.

Friedrich August wollte das sächsische Heer auf dreißigtausend Mann erweitern und benötigte dazu über zwei Millionen Reichstaler im Jahr und noch einmal eine Million für unvorgesehene Ausgaben. Die Beträge sollte ihm der Landtag bewilligen. Die Stände erklärten sich dazu bereit. Unter gewissen Bedingungen. Die hatten sie dem König in einer langen Liste vorgelegt.

»Was bildet sich der Landtag ein, wie er mit mir umspringen kann«, wütete Friedrich August und strich auf dieser Liste eigenhändig etliche Punkte durch. Die Feder klekste, und am Ende sah das Papier aus, als hätte ein Kind es für erste Schreibübungen benutzt.

»Constantia, du Kluge und Schöne«, fuhr er fort, »weißt du nicht einen Weg, mich von den Ständen zu befreien? Dass ich regieren kann wie Ludwig in Frankreich, ohne ihre Einmischungen befürchten zu müssen? Zum Besten der Menschen in Sachsen.«

»So wie Flemming sich von Schulenburg befreit hat?«, gab ich zurück.

Friedrich sah von dem verschmierten Blatt auf. Im Zuge seiner Pläne für die Armee hatte er Flemming zum Generalfeldmarschall ernannt und ihm das Oberkommando über die Soldaten übertragen. Der bisherige Kommandeur, General Matthias Johann von der Schulenburg, reichte umgehend seinen Abschied ein. Dem wurde stattgegeben. Es war Flemming gelungen, erneut einen Konkurrenten um die Gunst des Königs aus dem Feld zu schlagen. Nun war neben ihm niemand mehr übrig, auf den Friedrich August hörte.

Außer mir.

»Was willst du damit sagen?«

»Dass es nie gut ist, sich zu sehr auf die Meinung eines Mannes zu verlassen und die aller anderen zu missachten.«

»Flemming rät mir weise. Du ebenfalls. Soll ich also nicht mehr auf deine Ratschläge hören?«

Ich holte so tief Luft, wie mein eng geschnürtes Kleid es zuließ. »Das will ich damit nicht sagen, mein König. Mein Ratschlag lautet nur, die Worte verschiedener Münder zu hören und sich hernach für den besten Weg zu entscheiden.«

»Ich soll also Flemming aus meiner Gegenwart verbannen, obwohl er mir außerordentlich lieb ist?«

»Nicht verbannen, aber darauf achtgeben, dass er nicht der Einzige ist, dem Ihr Euer Ohr leiht.« Ich schaute den König an, auf eine Weise, der er noch nie hatte widerstehen können.

Er kam auch jetzt auf mich zu, zog mich an seine Brust und legte das Kinn auf meinen Scheitel. »Du bist eine wahre Menschenfreundin, schöne Frau. Ohne meinen Schutz überlebst du die Schlangengrube des Hofes nicht.«

»Zum Glück seid Ihr da, mich unter den Schutz Eures Glanzes zu stellen. Das haben wir einander versprochen. Das tut Ihr doch?«

»Immer! Ich halte meine Versprechen.« Friedrich August schob mich auf Armeslänge von sich. »Gegenüber allen. Auch gegen Flemming.«

»Ihr habt ihm versprochen, ihm Schulenburg aus dem Weg zu schaffen?« Ich biss mir auf die Lippe. So hatte ich das nicht ausdrücken wollen. Es war wieder einmal meine Leidenschaft mit mir durchgegangen.

»Ich versprach ihm mehr militärische Verantwortung und er mir die entschiedene Vorantreibung meiner Pläne in Polen.«

Da Flemming als Minister des Äußeren bisher keine militärische Verantwortung innehatte, hätte er nicht gleich zum Generalfeldmarschall ernannt werden müssen. Eine Erhebung in den Generalsstand hätte völlig gereicht, und er wäre nicht vor Schulenburg zu stehen gekommen. Aber dieser hätte Flemming auch nicht neben sich ertragen. Schade!

Diesmal gelang es mir, meine Gedanken für mich zu behalten. Stattdessen sagte ich: »Ich beschwöre Euch, Majestät, geht kein Risiko ein. Das ist es alles nicht wert.«

»Was soll was nicht wert sein?« Der König hatte die Augenbrauen zusammengezogen, während ich ahnte, dass meine Gefühle mich schon wieder in eine unvorteilhafte Lage manövriert hatten.

Ich holte tief Luft. »Das letzte Jahr möchte ich nicht noch einmal erleben. Ihr in Polen mit der Pest und der Gefahr für Eure Gesundheit, und ich in Dresden … Ich habe nicht einen Augenblick ohne Angst um Euch gelebt. Wenn Euch die schreckliche Krankheit … und wir uns nie wiedergesehen hätten … Ich hätte auch nicht weiterleben mögen.« Die Gefühle des letzten Jahres überwältigten mich wieder bei diesen Worten. Ich tupfte mir eine Träne aus dem Augenwinkel.

»Schöne Frau.« Der König schaute milde auf mich herunter. »Ich begebe mich nicht leichtsinnig in Gefahren. Schließlich will ich dir keinen Kummer bereiten. Dein kleines Herzchen, das so heftig für mich schlägt.«

»Für immer?«

»Für immer«, versicherte er mir, und ich steckte das Taschentuch wieder weg.

Flemming blieb Generalfeldmarschall, Schulenburg verließ Sachsen, und Friedrich August bereitete seine Reise nach Polen vor. Dann änderte der 17. April 1711 alles. In Dresden, in ganz Sachsen, im ganzen Deutschen Reich läuteten alle Glocken. In Wien war der Kaiser gestorben.

Bis zur Wahl eines Nachfolgers war Friedrich August als sächsischer Kurfürst, gemeinsam mit dem Kurfürsten von der Pfalz, Reichsvikar. Beide mussten das Deutsche Reich verwalten. Friedrich August schob seine Reise nach Polen auf. Zwei Wochen lang läuteten jeden Tag zur Mittagszeit alle Glocken für eine halbe Stunde lang.

Den doppelten Reichsadler ließ Friedrich als Zeichen seiner Vikarswürde am 8. Mai auf die Spitze des Kreuzkirchturms setzen. Ich wusste, dass er sich Hoffnungen auf die Nachfolge Kaiser Josephs I. machte.

Ich an seiner Seite.

Als Kaiserin.

Zunächst wollte Friedrich August sein Reichvikariat nutzen, um meine Ernennung zur Reichsfürstin umzusetzen.

Das hatte er mir immer versprochen und seinen Gesandten in Wien beim Kaiser mehrfach deswegen vorsprechen lassen. Er musste jedoch erfahren, dass seine Macht als Reichsvikar dazu nicht ausreichte. Nur ein Kaiser könnte Reichsfürsten ernennen.

Friedrich August war enttäuscht, ich verständnisvoll.

Wenn er mich schon nicht zur Reichsfürstin erheben konnte, ernannte er Flemming, Vitzthum und Hoym zu Reichsgrafen. Dafür brachte ich weniger Verständnis auf. Der König fertigte eine Urkunde aus, in der er unsere gemeinsamen Töchter zu ehelich geborenen Gräfinnen erklärte. Dies war mir eine große Freude.

Im Sommer wollten Friedrich August und ich uns in Karlsbad treffen. Zuvor hatten wir jeder eine Reise zu absolvieren. Seine führte ihn nach Polen, wo er sich in Jaroslav mit dem Zar traf, um über den Krieg gegen die Türken und Schweden zu konferieren. Das Bündnis zu erneuern und sich fester in den polnischen Sattel zu setzen. Dieses Land steckte ihm im Blut, ich musste das hinnehmen, obwohl ich es weder verstand noch guthieß.

Meine eigene Reise führte mich in die andere Richtung. Wegen des wieder aufflammenden Krieges mit Schweden und der Gefahr für Sachsen hatte ich vom König die Erlaubnis erwirkt, einen Haushalt außerhalb Sachsens einzurichten. Ich plante diesen für den König und mich.

Außerdem hatte ich aus der Schatzkammer verschiedene Kostbarkeiten erhalten. Ich ließ alles in Kisten verpacken. Silberzeug, ein grünes Brokatbett für mich und ein rotes für Friedrich August, Porzellan, Tafelaufsätze, Leuchter, kleine Tische und Vitrinen, Decken, Spitzen, Goldstoff, Spiegel, Tapeten und Seidenstoffe. Am Ende war alles in einunddreißig große Kisten verteilt, und ich hielt lange Listen in Händen.

Im Juni 1711 brach ich mit einem langen Wagenzug nach Norden auf. Mein Ziel war Hamburg, und am Hof hatte ich verbreiten lassen, meine Töchter bei den Großeltern in Depenau besuchen zu wollen.

In Hamburg wollte ich die Kisten mit dem Hausrat bei einer Bank deponieren. Die versagte mir diesen Dienst zunächst, weil derartige Geschäfte nur Hamburger Bürgern erlaubt seien. Ich fand in dem Hamburger Kaufmannshaus Frey und Stratfort Helfer, die für mich bei der Bank vermittelten. Ich erhielt einen Depositenschein, und die Kisten wanderten ins Kornhaus.

Ich küsste den Schein, der mir die Sicherheit versprach, die ich bisher vermisst hatte. Was der Krieg Sachsen auch antun mochte, ich konnte mich in Sicherheit bringen und war dabei nicht auf das Wohlwollen anderer angewiesen. Mit Friedrich August könnte ich ein sicheres und standesgemäßes Leben führen – das war ein charmanter Gedanke.

Nun reiste ich zu meinen Töchtern nach Depenau.

Die Mädchen hatten sich prächtig entwickelt und waren groß geworden. Vor allen Frederike Alexandrine war ein fröhliches Kind. Sie lag in ihrem Bett, schaute mit großen blauen Augen in die Welt. Ich verliebte mich auf der Stelle in sie, hielt sie im Arm, streichelte die seidenweichen Locken auf ihrem Kopf und ließ sie auf meinem Schoß reiten.

Augusta Constantia hatte ihren dritten Geburtstag gefeiert und konnte bereits sehr hübsch auf Französisch kommunizieren, ihre Gebete aufsagen und war ein folgsames Mädchen. Sie machte meiner Mutter und ihrer französischen Erzieherin nur Freude. Sie saß auch furchtlos auf einem dicken, kleinen Pferd, das vom Stallmeister herumgeführt wurde. Vor Eifer, alles richtig machen zu wollen, schaute ihre Zunge zwischen den Lippen hervor. Ich hatte Spaß daran, die Rolle des Stallmeisters einzunehmen, führte das Pferdchen herum und zeigte ihr, wie sie richtig im Sattel sitzen musste. Dass sie die Füße und Hände ruhig halten sollte, selbst wenn sie noch so große Freude am Reiten hatte.

Das kleine Pferd störte sich nicht daran, dass Augusta Constantia meine Anweisungen nie lange befolgen konnte.

Weniger Freude machte mir dagegen mein Vater. Er war nun beinahe siebzig Jahre alt und immer starrköpfiger geworden. Von seinen Pächtern und Leibeigenen fühlte er sich verfolgt und betrogen, vom dänischen König ungerecht behandelt, wenn dieser die Bauern gegen seine Strafen in Schutz nahm. Ich versuchte, ihm ruhig zu erklären, dass er mit diesen Menschen nicht umspringen dürfe, wie es ihm seine Gedanken gerade eingaben. Er wollte nichts davon hören und schrie mich am Ende an, dass es alle auf ihn abgesehen hätten und ich mich mit diesen Verbrechern gemein mache.

Meine Mutter ging dazwischen, indem sie ihrem Mann ein Bratenbrett und eine Karaffe Wein servierte. Mich zog sie beiseite.

»Wie Sie das aushalten, Frau Mutter«, sagte ich leise.

»Bei mir hält er sich zurück.« Sie zuckte mit den Schultern. »Er ist eben, wie er ist. Was soll ich tun? Ihn wird niemand mehr ändern. Deine Töchter sind meine Freude im Leben.«

Sie reichte auch mir einen Kelch Wein. Er war sauer und von schlechter Güte. Trotzdem trank ich kleine Schlucke, weil ich meine Mutter nicht enttäuschen wollte. Ich war überzeugt, dass selbst die Bediensteten bei Hofe besseren Wein tranken als meine Eltern. Überall im Haus hatte ich bemerkt, dass ihre wirtschaftliche Lage immer schlechter wurde. Die Fenster waren undicht; der Putz bröckelte von den Wänden; Gemälde, die ich noch aus der Kindheit kannte, gab es nicht mehr – versetzt. Meine Mutter drückte sich in diesem Punkt nicht sehr klar aus. Einem Schrank fehlte ein Bein, und er war mit einem Ziegelstein abgestützt; die Weißwäsche war vielfach geflickt; statt von Silbergeschirr speisten meine Eltern vom zinnenem. Ich drückte meiner Mutter alle Taler in die Hände, die ich entbehren konnte, und versprach ihr, mehr zu schicken.

»Papa darf nichts davon erfahren, es wäre ihm nicht recht«, sagte ich dazu.

»Dein Vater erfährt seit Jahren nicht mehr alles.« Meine Mutter zwinkerte mir zu.

Den Besuch auf Depenau konnte ich nicht so ausdehnen, wie ich es mir gewünscht hatte. Im Juni rückte der Zeitpunkt der Abreise näher, denn mit Friedrich August wollte ich in Karlsbad zusammenkommen. Das Quartier für uns war bestellt.

Die anstehende Kaiserwahl und Friedrich Augusts Rolle dabei machten uns einen Strich durch diese Pläne. Er musste nach Dresden zurückkehren und wieder mit den Reichsministern konferieren. Unter diesen Umständen reiste ich auch nicht nach Karlsbad. Dass Friedrich August sich nicht um die Kaiserwahl bewarb, hatte ich inzwischen verstanden.

Anfang August sammelte der dänische König seine Truppen und marschierte mit ihnen nach Pommern. Friedrich August hatte vom preußischen König die Erlaubnis erhalten, durch seine Gebiete nach Pommern zu marschieren. Der König brach Anfang August mit einem Heer von zwanzigtausend Mann auf.

Die Schweden konzentrierten sich in Pommern auf die Festungen Stralsund, Wismar und Stettin. Der Krieg im Norden dauerte nun schon so viele Jahre, und ein Ende war nicht abzusehen. Ich konnte nichts anderes tun, als es zu ertragen.

Es gab immer wieder Tage, an denen die Gräfin das Bett nicht verlassen wollte und über verschiedene Leiden klagte. Gewöhnlich verlangte sie dann aber Medizin oder den Besuch eines Arztes oder Chirurgen. Diesmal nichts von alldem. Sie wollte niemanden sehen, nicht einmal ihr Kammermädchen.

Dieses Verhalten war so ungewöhnlich, dass Hauptmann Holm am vierten Tag persönlich nach ihr schauen wollte. Major Boblick begleitete ihn.

In der Wohnung der Cosel herrschte Grabesstille. Holm klopfte an die Schlafzimmertür, trat danach sofort ein.

Das Bett war leer!

Die Betttücher lagen sorgfältig gefaltet und mit einem Überwurf bedeckt auf der Matratze. Eine Häuslichkeit, die er der Cosel nicht zugetraut hätte. Sie fanden sie, vollständig angezogen, in ihrem Wohnzimmer in eine Ecke neben den Ofen gedrückt. Sie trug ein hellgraues Nachmittagskleid, das der Hauptmann schon an der Gräfin gesehen hatte, aber das war auch alle Ähnlichkeit, die diese Dame, die nun vor ihm saß, mit der Cosel hatte.

Holm fuhr der Schreck in die Glieder.

Er sprang auf die Frau zu, packte sie grob am Arm und stieß sie quer durch den Raum.

»Wo ist die Gräfin?«, brüllte er.

Der Frau entfuhr ein Schmerzenslaut, als sie mit der Hüfte gegen die Tischecke prallte. Holm stand schon wieder vor ihr. Er zog den Degen.

Major Boblick schritt ein. »Wir ziehen nicht gegen Frauen blank!«, bestimmte er.

Holms Blick klärte sich. Er fand zu der sein Leben bestimmenden militärischen Disziplin zurück und steckte den Degen in die Scheide.

»Das ist die Frau, die mit den Geschwistern von Amhaus verschiedentlich die Gräfin besucht hat. Madame Serafina Dhurokina. Sie wird die Güte haben, uns zu sagen, wie das alles zusammenhängt.« Trotz der höflichen Worte des Majors klang seine Stimme stahlhart, und seiner Miene war anzusehen, dass auch er sich nur mühsam beherrschte.

»Von mir erfahren Sie nichts«, antwortete Serafina gepresst und mit starkem polnischem Akzent.

»Wir kennen Mittel und Wege, Sie zum Sprechen zu bringen«, knurrte der Hauptmann.

»Wollen Sie wieder Ihren Degen gegen mich ziehen? Auch dann werden Sie von mir nichts erfahren.«

»Ich lasse Sie in Ketten legen und in das finsterste Verlies dieser Festung werfen mit nichts als Ratten und stinkendem Stroh zur Gesellschaft.«

»Vor Ratten fürchte ich mich nicht.« Serafina schob den Unterkiefer vor.

»Tagelang ohne Wasser und Brot wird Sie anderen Sinnes werden lassen.«

»Sie können mir androhen, was immer Sie wollen, Herr Hauptmann, aus mir bekommen Sie nichts heraus.« Die Polin bemühte sich um eine feste Stimme, konnte aber ein Zittern nicht verbergen.

»Sie werden mich kennenlernen. Die Gräfin glaubt doch nicht etwa, damit durchzukommen?« Holm trat drohend auf sie zu.

»Sie bleibt vorerst hier«, bestimmte Boblick. »Niemand darf diese Wohnung betreten oder verlassen. Die Schlüssel werde ich an mich nehmen. Keine Widerrede!«

»Herr Major, das können Sie nicht …« Holm schaute voll-

kommen fassungslos zwischen der Polin und dem Festungskommandanten hin und her.

»Sie kommen mit! Das ist ein Befehl!« Boblick zeigte auf
den Hauptmann.

Holm gehorchte.

Boblick schloss sorgfältig die Wohnung ab.

»Das hätte nie passieren dürfen. Vierzig Soldaten, um eine
Frau zu bewachen, und sie spaziert zur Festung hinaus, als
hätte es sich um einen Besuch im Theater gehandelt. Wir haben versagt.« Holm stammelte und fühlte sich gar nicht mehr
wie er selbst. Dann straffte er sich. »Wir müssen das nach
Dresden berichten, auf die Gnade unseres weisen und mild-
tätigen Kurfürsten hoffen und auf seine Befehle warten. Ich
werde den Bericht aufsetzen und persönlich nach Dresden
bringen. Wünschen Sie mir Glück.«

»Sind Sie verrückt!«, fuhr Boblick ihn an. »Das kostet uns
den Kopf, im wahrsten Sinne des Wortes. Denken Sie an Ihre
Instruktionen, die sehen nicht vor, dass Sie die Gefangene mit
Besuchern allein lassen. Zwei Offiziere müssen immer dabei
sein. Sie sind nachlässig geworden.«

»Wer konnte auch an so was denken? Die Geschwister
von Amhaus haben unsere Regeln nie missachtet. Wer hätte
ahnen können, dass zwei Standespersonen derartig finstere
Pläne hegen. Und immerhin haben die in Dresden den Geschwistern die Besuchserlaubnis ausgestellt. Eine Erlaubnis,
um die Gräfin immer wieder zu besuchen. Das müssen sie bei
dem Gericht über uns beachten.«

»Gar nichts müssen sie, denn so weit wird es nicht kommen. Ich habe jedenfalls nicht vor, meine Frau zur Witwe und
meine Kinder zu Halbwaisen zu machen. Denken Sie nach,
Holm, dann muss Ihnen aufgehen, wie verworren Ihre Rede
ist. Wir werden nichts nach Dresden melden.«

»Wir müssen, das ist unsere Pflicht. Wenn wir vorher gefehlt haben, müssen wir jetzt alles richtig machen.«

»Sie wollen es nicht verstehen!« Boblick ging im Vorraum der gräflichen Wohnung auf und ab. Seine Gesichtsfarbe war gerötet, und er wirkte wie ein Stier, der jeden Augenblick den Kopf senkte, um gegen etwas anzurennen. »Wir werden nichts nach Dresden melden, und auch sonst nirgendwo verlauten lassen, was hier geschehen ist. Alles wird bleiben wie in den Tagen zuvor. Die Cosel ist krank und wird von ihrer Magd gepflegt. Die Soldaten bewachen sie, wie sie es immer tun. Niemand wird die Nasenspitze dieser polnischen Person zu Gesicht bekommen.«

»Damit kommen Sie nie und nimmer durch«, protestierte Holm. »Für einen Offizier gehört es sich bei seiner Ehre, zu seinen Fehlern zu stehen. Nur dann darf unsereins auf Gnade hoffen. Diese Frau Dhurokina gehört ins Verlies, bis in Dresden entschieden wurde, was mit ihr geschehen soll.«

»Sie …« Boblick zeigte mit dem Finger auf den Hauptmann, als wollte er ihn aufspießen, »… werden die Gräfin zurückbringen. Das ist unsere einzige Möglichkeit, heil aus der Sache herauszukommen. Wir müssen die Cosel schnellstens wieder herbeischaffen, dann ist diese Sache nicht passiert. Die Magd wird dichthalten, dafür werde ich sorgen. Diese Dhurokina können Sie auch mir überlassen. Schaffen Sie die Gräfin wieder herbei!«

»Wie soll ich das machen? Drei Tage lang hat uns diese Polin etwas vorgespielt. Die Cosel ist mit ihren Entführern längst über alle Berge.«

»Nehmen Sie sich Leutnant Schröder mit. Der ist ein vernünftiger Kerl.«

»Die Cosel kann überall sein. Wir werden sie nur finden, wenn wir alle Garnisonen im Kurfürstentum in Alarm versetzen, damit sie ausschwärmen und die Flüchtige suchen.«

Holm hatte einen Augenblick an den Plan des Majors geglaubt, dass sie noch einmal den Kopf aus der Schlinge ziehen könnten. Aber es konnte ihm allein nicht gelingen, die Gräfin zu finden, nicht bei einem Vorsprung von drei Tagen.

»Sie muss danach trachten, das Kurfürstentum möglichst schnell zu verlassen. Nach Polen kann sie nicht. Nach Österreich auch nicht, der Kaiser wird ihr keinen Schutz gewähren.« Major Boblick schritt immer noch im Vorraum hin und her. Seine gerötete Gesichtsfarbe hatte sich verflüchtigt. »Nach Preußen ist sie schon einmal geflohen, dort kennt sie sich aus, und von dort kann sie weiterreisen zu ihrer Familie. Das wird der Weg sein, auf dem Sie sie aufhalten. Sie haben keine Zeit zu verlieren. Was stehen Sie hier noch rum!«

KAPITEL XXVI
· 1731 ·

*V*iktor von Tiburti fühlte sich mehr tot als lebendig, als er nach tagelanger Reise Stolpen erreichte. Das Gerüttel in der Kutsche hatte seinem gichtgeplagten Fuß und seinem Gemüt nicht gutgetan. Daneben drückte ihn die Sorge um seine älteste Tochter Conrada nieder. Der Gedanke, dass sie längst im tiefsten Verlies der Festung einsaß, ließ ihn nicht mehr los, nachdem er sich einmal in seinem Kopf eingenistet hatte. Es beruhigte ihn auch nicht, dass sich Serafina Dhurokina in ihrer Begleitung befand. So teuer ihm die Polin für den eigenen Haushalt war, wusste er doch, dass sie komplett ungeeignet war, Conrada zu lenken.

Den einzigen vergnüglichen Moment dieser Reise hatte er verspürt, als ihm knapp hinter Dresden eine unglaubliche Geschichte zu Ohren gekommen war. Sie wurde unter Fuhrleuten allenthalben erzählt und handelte von einem Kutscher, dem unterwegs die Insassen seiner Kutsche verloren gegangen waren. Er war mit zwei Damen von Stand in Begleitung eines ebenso vornehmen Herren losgefahren. Man hatte ihm ein flottes Tempo befohlen, da die Herrschaften am selben Tage noch Dresden erreichen wollten. Obwohl es ein regnerischer Tag gewesen war, gab der Kutscher sich die größte Mühe, diesen Befehl zu befolgen. Nachdem er Pirna durchquert hatte, hatte er jedoch ein dringendes Bedürfnis nicht länger aufschieben können und war an den Rand gefahren, um das Unaussprechliche schnell zu erledigen. Dabei war ihm im Inneren der Kutsche eine seltsame Ruhe aufgefallen, als lägen dort alle im tiefen Schlaf. Doch erst als die Kutschpferde in Streit gerieten und nicht länger stillstanden, und er mit halb zugeknöpfter Hose hinter dem Busch hervorrannte, fiel ihm auf, dass das an den Kutschkasten angebundene Pferd des jungen Herrn nicht mehr da war. In der Kutsche befand sich niemand, aber beide Türen waren fest verschlossen, und das Gepäck lag im Kutschkasten. Fortan galt er als der Kutscher, der seine Herrschaften verlor, und seine Geschichte wurde entlang der Postkutschenstrecken mit Schenkelklopfern erzählt.

Schwer stützte er sich nun auf Julia und quälte sich den Weg zum Festungstor empor. Dieser war alles andere als steil und nicht einmal besonders lang, aber Viktor von Tiburti kam er dennoch vor wie der Gang nach Canossa.

Hauptmann Holm und Major Boblick machten gerade den vertrauenswürdigen Leutnant Schröder mit der Aufgabe vertraut, die er gemeinsam mit Holm zu bewältigen haben würde, als ihnen die Ankunft einer Familie von Tiburti gemeldet wurde. Der Herr ließe sich nicht abweisen, sondern habe etwas von einer verschwundenen Tochter gefaselt, die er unbedingt finden müsse, hieß es. Boblick schaute den Fähnrich, der stramm und schmal in der Tür stand und ihr Gespräch unterbrochen hatte, unwirsch an. »Kenne ich nicht, den Herrn. Soll morgen wiederkommen. Fort mit ihm, wir haben hier eine wichtige Beratung.«

Kaum war der Fähnrich verschwunden, setzte er Leutnant Schröder weiter auseinander, was von ihm gefordert wurde. Der Mann verfügte zum Glück nicht über den ehrpusseligen Sinn Holms, sondern verstand sofort, dass auf keinen Fall ein Bericht nach Dresden abgehen dürfe. Er wollte seine Verlobte bald heiraten, und einen Knick in seiner militärischen Laufbahn konnte er dafür nicht gebrauchen.

Der Fähnrich erschien ein zweites Mal in der Tür, weil sich der Herr von Tiburti nicht abweisen ließ. Er suchte seine älteste Tochter und vermutete, sie sei mit einer Begleiterin, einer älteren Polin, nach Stolpen auf die Festung gekommen.

»Der Mann spricht immer nur von einem Unglück, das geschieht, wenn wir ihn nicht anhören«, schloss der Fähnrich und zog die Schultern in Erwartung eines gleich über ihn hereinbrechenden Donnerwetters hoch.

»Er soll …«, begann der Major wieder.

Holm hob die Rechte. »Der Herr soll reinkommen!«

Kurz darauf betrat ein älterer würdig aussehender Herr mit Gehstock die Amtsstube, stellte sich als Viktor von Tiburti, Gutsbesitzer aus Mobschatz vor und setzte sich umständlich auf den Stuhl, den der Leutnant freigemacht hatte.

»Sie sind auf der Suche nach Ihrer Tochter. Warum vermuten Sie sie bei uns auf der Festung? Das ist nicht gerade ein Ort, den eine Frau aufsucht.« Hauptmann Holm sprach unerwartet sanft mit dem Mann.

»Sie wollte hierher.«

»Hier ist keine Frau. Das wüssten wir.«

Der Gutsbesitzer schüttelte den Kopf, und das ließ ihn traurig wirken. Die Überzeugung, die eben aus ihm gesprochen hatte, fiel von ihm ab wie ein alter Strumpf. Er war kaum noch zu verstehen. »Meine Conrada ist gekommen wegen einer Verwandten, die sie nicht länger leiden sehen konnte. Sie wollte ihr helfen, weil sie ein gutes Herz hat, meine Conrada. Mehrere Gesuche hat sie an die hohen Herren gerichtet, aber alle wurden abschlägig beschieden. Sie sah keinen anderen Weg mehr, als es auf diese Art zu versuchen. Mich trifft daran auch einige Schuld, weil ich ihr weitere Interventionen beim Geheimen Kabinett verboten habe. Ich spreche von der Gräfin Cosel, mit der wir weitläufig verwandt sind.«

»Ihre Tochter ist mit der Gräfin verwandt? Warum haben Sie das nicht gleich gesagt?«, wetterte Boblick, wurde dann ruhiger. Es brachte nichts, den ohnehin gebeutelten Mann noch weiter zu verschrecken.

»Was bringt Sie auf die Idee, Ihre Tochter könnte nach Stolpen gekommen sein, um hier etwas auszurichten? Die Gräfin darf nur nach entsprechender Ankündigung und mit einer speziellen Erlaubnis besucht werden …« Boblick verstummte.

Ihm kam ein schlimmer Verdacht, und an Holms Miene erkannte er, dass der den gleichen Gedanken hegte. Die Tochter dieses Tiburti mit einer Polin. Bei ihnen saß eine Polin fest – das konnte kein Zufall sein.

»Hatte Ihre Tochter eine Erlaubnis zum Besuch der Gräfin?«, fragte Holm eindringlich.

Tiburti sackte in sich zusammen. »Conrada kann Briefe in jeder beliebigen Handschrift schreiben. Diese Gabe wurde ihr in die Wiege gelegt. Sie meint es nie böse, und oft haben wir uns darüber amüsiert. Verstehen Sie meine Befürchtungen?«

Hauptmann Holm räusperte sich und berichtete nun vom Verschwinden der Gräfin und den Besuchern, die in den Wochen zuvor immer wieder zu ihr gekommen waren als angebliche Verwandte und mit einer Erlaubnis des Geheimen Kabinetts aus Dresden. »Eine richtige Kriegslist hat sich Ihre Tochter ausgedacht«, schloss er.

»Ich habe es immer geahnt, dass diese verfluchte Gabe ihr eines Tages zum Verhängnis werden wird. Von einem Mann weiß ich nichts, aber Sie müssen sie finden und aus den Händen dieses gewissenlosen Schurken befreien.«

»Um Ihre Tochter müssen Sie sich selbst kümmern, uns geht nur die Gräfin etwas an. Sollte es uns nicht gelingen, ihrer habhaft zu werden …« Holm ließ den Satz drohend verklingen. »Haben Sie eine Idee, wohin sie geflüchtet sein könnten?«

»Zu meiner Schwester nicht.« Viktor von Tiburtis Backen hingen herab, sein Blick war der eines traurigen Hundes. »Conrada besitzt ein Bauerngut im Kurfürstentum Brandenburg. Sie hat es von ihrem Patenonkel geerbt, und sobald sie fünfundzwanzig Jahre alt wird oder heiratet, kann sie darüber frei verfügen. Bis dahin untersteht es meiner Gewalt, aber ich habe mich immer bemüht, alle Entscheidungen mit ihr zu besprechen, und in den letzten Jahren hat sie sich zunehmend allein darum gekümmert; ich habe nur die notwendigen Unterschriften geleistet. Ach, mein armes Mädchen. Wie konnte sie nur auf diese Idee verfallen? Und es so weit treiben? Ich hielt sie immer für vernünftig.« Viktor von Tiburti verbarg das Gesicht in den Händen.

»Da haben wir unsere Spur«, trumpfte Boblick auf. »Die Ankunft dieses Herrn ist ein Glück für uns, aber nun haben wir keine Zeit mehr zu verlieren. Dieser Dame werden wir einen Strich durch ihre Kriegslist machen. Wo liegt das Bauerngut?«

»Bei Küstrin.« Die Antwort kam dumpf zwischen den Handflächen hervor.

Zum ersten Mal seit der Ankunft Viktor von Tiburtis meldete sich Leutnant Schröder zu Wort: »Wir können nicht ohne Pässe und Geleitbriefe ins Brandenburgische reisen. Die Anwesenheit fremder Militärpersonen ohne Geleitbriefe kann als feindlicher Akt aufgefasst werden.«

»Sie ahnen gar nicht, wie egal mir das ist. Ich habe auch nicht vor, die Uniform zu tragen. Und Sie auch nicht«, blaffte Holm den Leutnant an.

Anna Constantia von Cosel · 1711

Ich folgte Friedrich August im September 1711 ins Kriegslager bei Stralsund.

Die sächsische und die dänische Armee hatten die Stadt auf der Landseite eingeschlossen. Beide Könige befehligten ihre Soldaten und hielten sich im Feldlager auf. Wir wohnten in Zelten, speisten in Zelten, hörten zu, wie der Regen auf die Lederplanen trommelte.

Friedrich August und Frederik, ihre Minister und die Offiziere der Generalstäbe kamen täglich in einem großen runden Zelt zusammen und besprachen die Lage. Ich durfte daran nicht teilnehmen. Da ich im Lager die einzige Frau von Stand war, langweilte ich mich häufig allein in meinem Zelt. Manchmal unterhielt mich Flemming. Wir spielten Karten oder Tricktrack, waren aber beide nicht richtig bei der Sache.

Bei Sonnenschein spazierte ich im Lager umher, drehte einen Sonnenschirm über meinem Kopf, und Flemming begleitete mich. Manchmal auch Friedrich August.

Eine Woche verging auf diese Weise, dann eine zweite. Uns erreichte die Nachricht über den Friedenschluss zwischen Russen und Türken. Das hob die Stimmung im Lager. Bald würden weitere Truppen kommen, und dann wäre es vorbei mit den Schweden in Stralsund.

Friedrich August speiste zusammen mit mir zu Abend. Wir aßen mit Parmesan bestreute und zusammengerollte Pfannkuchen, die ich mit eigener Hand zubereitet hatte. Sie gehörten zu den Leibspeisen des polnischen Königs, und ich hatte mich bereits vor Jahren darin unterweisen lassen, sie zuzubereiten. Es gab außerdem Wildschweinrücken in der Schwarte, weißes Brot und graues Brot, mit Kohl umwickelte Entenbrüste und dazu eine Rotweinsauce. Das graue Brot ließen wir beide unangetastet. Es war das gleiche, mit dem die einfachen Soldaten verpflegt wurden. Unsere Verbundenheit mit den Männern brachten wir damit zum Ausdruck, dass auf unserem Tisch das stand, was sie zu sich nahmen. Wir griffen beide nach dem weichen, weißen Brot und wischten damit die Rotweinsauce von unseren Tellern. Friedrich August grinste mich schelmisch an.

Bis dahin hatten wir an einem kleinen Tisch einander gegenüber gesessen, aber nun wechselte der König den Platz und saß neben mir. Wir aßen nur noch von meinem Teller. Fütterten uns gegenseitig mit den Eierkuchen, dem Brot und den Entenbrüsten. Friedrich August stopfte sich alles mit der Hand in den Mund, und ich machte es ihm nach. Es gefiel mir wider Erwarten.

Der König redete über die Belagerung und das Leben der einfachen Soldaten, als lebte er mitten unter ihnen. Wie sie vorrückten und sich wieder zurückzogen, wie sie schanzten oder wie die Artillerie die Mauern beschoss. Er redete mit Händen und Füßen.

Ich riss ein Stück des Eierkuchens ab und steckte es ihm in den Mund. Er kaute begeistert und revanchierte sich bei mir. Ein Bissen führte zum nächsten, zum ersten Kuss und danach zu weiteren.

Der König beglückte mich mit einer Leidenschaft, die ich lange vermisst hatte. Die Sorgen um Polen, um Sachsen, all die Aufgaben und Menschen, die ihm anvertraut waren, das war oft zu viel für einen einzelnen Mann. Auch wenn er die Kräfte eines Herkules besaß. Es reichte ihm dann, bei mir zu sein, seine Gedanken mit mir zu teilen, mich an seine Brust zu ziehen und das Kinn auf meinen Scheitel zu stützen.

In dieser Nacht war alles anders. Der König machte einem Herkules alle Ehre. Wir kamen nicht einmal, nicht zweimal, nicht dreimal, sondern fünfmal zusammen.

Dies war der Auftakt zu einer Reihe von leidenschaftlichen Nächten zwischen uns. Friedrich August richtete es so ein, dass wir wenigstens einmal am Tag allein zusammen speisten – meistens das Nachtmahl, und dabei ließen wir alle Zügel schießen.

Der König dichtete eine Ode auf meine Schönheit. Er las sie mir vor, während wir unbekleidet im Bett lagen. Er war kein begnadeter Dichter, was wir beide wussten, und seine Ode entlockte uns herzliches Gelächter.

Ich schob die königliche Leidenschaft auf den Krieg. Die Beschäftigung mit Angriffsplänen, Blut und Tod ließ sein eigenes Blut heiß durch die Adern strömen. Dann musste die Kraft irgendwohin. Sie entlud sich in Leidenschaft, und ich war glücklich, seine Auserwählte zu sein.

Allen Bemühungen der beiden Könige zum Trotz ging die Belagerung Stralsunds nicht recht voran. Es schien, als hätten sich die Schweden in den Steinen der Stadt verbissen. Den Belagerern fehlte schwere Artillerie, die die Mauern der Stadt zusammenschoss. Die aus Dänemark erwartete war bisher noch nicht eingetroffen, und das sorgte zwischen Friedrich August und König Frederik für Unstimmigkeiten. Jeder warf dem anderen vor, die Last der Belagerung allein tragen zu müssen, während der Verbündete nur Däumchen drehte. Die beiden Generalstäbe waren nicht hilfreich, diese Unstimmigkeiten zu bereinigen, jeder war auf seine eigene Reputation bedacht und tat alles, um möglichst gut dazustehen. Die Belagerung interessierte sie dabei nur in zweiter Linie. Flemming war dies genauso anzulasten wie allen anderen. Es wäre für Friedrich August ein Leichtes gewesen, dem mit einem Faustschlag auf den Tisch zu begegnen. Er tat es nicht, und ich verstand ihn nicht.

Außer der dänischen Artillerie fehlten den Belagerungstruppen auch zwölftausend Mann, die der Zar schicken wollte. Sie waren für Ende September versprochen und kamen einfach nicht. Flemming in seiner Eigenschaft als Generalfeldmarschall entwickelte stattdessen den Plan, mit Flößen nach Rügen überzusetzen und Stralsund auch von der Inselseite einzuschließen, um sie von der über das Meer anlandenden Versorgung zu trennen. Flemming schickte ein Regiment nach Rostock, das dort alle Schiffe beschlagnahmte. Die Schiffer wehrten sich dagegen, aber es half ihnen nichts – sie mussten tun, was der Generalfeldmarschall befahl. Ein Regiment Soldaten war ein Argument, gegen das sie nicht ankamen.

Bis der Plan die Zustimmung aller Beteiligten erhalten hatte und so ausgereift war, dass an seine Umsetzung gedacht werden konnte, hatten die Schweden Lunte gerochen. Sie hatten im Fahrwasser vor Rügen Schiffe versenkt und Kanonen auf die Insel gerichtet. Es war nicht mehr möglich, Soldaten dorthin überzusetzen.

Für diese Ereignisse war nicht Friedrich August mein einziger Gewährsmann, obwohl wir immer noch einmal am Tag miteinander speisten. Ich erfuhr sie ebenso von Flemming.

»Diese verfluchten Schweden! In der Hölle sollen sie brennen, zusammen mit ihrem König!«, echauffierte er sich gegen seine Gewohnheit. Er machte Anstalten, sich die Haare zu raufen, erinnerte sich jedoch noch rechtzeitig daran, dass er eine Perücke trug.

Bisher hatte ich ihn noch nie so erlebt und fragte mich, ob seine Anhäufung von Ämtern und Ehren nun doch Spuren hinterließ. Auch die Kraft eines Flemming war endlich.

Er hatte sich aber gleich wieder in der Gewalt und schaute mich kühl an. »Die Schweden werden sich umschauen, sobald die dänische schwere Artillerie eintrifft.«

Mit diesen Worten ergriff er meine Hand und führte die Fingerspitzen an seine Lippen. »Ich muss Euch verlassen, gnädige Frau, ich werde im Generalstab erwartet. Nachdem unser schöner Rügen-Plan zunichtegemacht wurde, muss eine neue Strategie her.«

»Eine mit der schweren Artillerie«, sagte ich scherzhaft und schaute Flemming mutwillig über den Rand meines Fächers an.

»Wenn sie denn kommt.«

Anfang Oktober war die dänische Artillerie immer noch nicht im Feldlager eingetroffen. Mich fragte niemand, aber meiner Meinung nach würde sie auch nicht mehr kommen. Friedrich August dachte offenbar ähnlich, denn er befahl seine eigene Artillerie aus Sachsen herbei. Obwohl er einen Eilboten schickte, waren die Regimenter Meilen um Meilen entfernt.

Die Stimmung bei den Königen wurde nun richtig gereizt. Bei gemeinsamen Mahlzeiten unterhielt sich Friedrich August demonstrativ nur mit den Sachsen und den Polen und tat, als wären die Dänen nicht vorhanden. Sein Hofstaat machte es ihm nach.

Die Dänen hielten es genauso. Das führte zu einer ungemütlichen Atmosphäre bei Tisch. Ich fühlte mich zwischen allen Stühlen und beiden Seiten hin- und hergerissen. Meine Liebe und Loyalität gehörten Friedrich August. Gleichzeitig fühlte ich mich dem dänischen König verbunden, war er doch der Fürst meiner Eltern und der meiner Jugend. Beide Könige waren zudem Cousins und Verbündete, doch ich hatte eher das Gefühl, unter Feinde geraten zu sein.

Wegen dieser Kindereien hätte ich die beiden gerne mit den Köpfen zusammengeschlagen, um ein wenig Vernunft in ihre Gedanken zu bekommen. Doch ich hatte keine andere Wahl, als die bedrückende Stimmung bei den Mahlzeiten zu ertragen.

Ich versuchte, auszuloten, ob Flemming die gleichen Gefühle beseelten wie mich. Er bildete sich so viel auf seine Menschenkenntnis und Geschmeidigkeit ein. Und auf seinen Einfluss auf den König. Sollte er ihn doch endlich einmal nutzen, um Gutes zu bewirken und dieser unerträglichen Stimmung ein Ende bereiten.

Zunächst tat er, als verstehe er nicht, was ich von ihm wollte. Er ließ die Maske erst fallen, nachdem ich deutlicher geworden war.

»Meine liebe Madame, ich bitte Euch, sprecht nicht weiter. Noch habt Ihr nichts gesagt, was Euch angelastet werden könnte. Aber jedes weitere Wort ...« Er ließ den Satz unangenehm in der Schwebe hängen. »Waren meine Lektionen verschwendet?«

»Wir kennen uns seit vielen Jahren, da wird doch ein offenes Wort möglich sein. Ich bitte Ihn.«

»Nein, nein. Bittet mich um nichts, das ich nicht versprechen kann. Eure Worte sind bei mir sicher, aber das gilt längst nicht für jeden in diesem Feldlager. Es gibt einige, die nur darauf warten, Euch etwas am Zeuge zu flicken.«

»Ich bin mir keiner Nachlässigkeit bewusst, Herr Generalfeldmarschall«, sagte ich schneidend.

Flemming sprach weiter, als hätte er mich nicht gehört: »Es gibt einige, denen Eure Anwesenheit, die Anwesenheit einer Frau, im Feldlager nicht gefällt und die nur zu gerne dem König ins Ohr flüstern würden, wie unbotmäßig Ihr Euch in

Dinge einmischt, die allein Angelegenheit der Generäle und Offiziere sind.«

»Pah!« Ich klappte meinen Fächer zu, den ich geöffnet in der Hand gehalten hatte, und wandte mich halb ab.

»Ich bin nicht Euer Feind, höchst verehrte Dame«, sagte er schnell und aalglatt. »Das könnt Ihr schon daran erkennen, dass ich mehr gesagt habe, als ich sollte.«

»Etwas Neues war für mich nicht darunter.« Diese Worte warf ich ihm über die Schulter zu und verließ das Zelt.

Draußen empfing mich Nieselregen, und ich eilte in mein Quartier. Das Zelt der ersten Woche hatte ich mittlerweile gegen ein festes Haus aus Holz getauscht. Soldaten hatten es zusammen mit einem Haus gleicher Machart für Friedrich August errichtet. Es bot besseren Schutz gegen die Unbilden des Wetters. Das war aber auch schon alles Gute, was sich darüber sagen ließ.

Flemming hörte die Flöhe husten und oft genug welche, die nicht vorhanden waren. Friedrich August und ich, wir waren uns nahe. Zwischen uns passte niemand. Erst recht kein Generalfeldmarschall. Nur ich gab dem König die Leidenschaft, die er dringend benötigte.

Das Jahr 1711 schritt voran, und die Belagerung Stralsunds stand auf der Stelle. In der zweiten Oktoberhälfte wurden Lebensmittel und Pferdefutter knapp. Die Rationen für die Soldaten wurden herabgesetzt und Fouragetrupps ausgeschickt, die in dem ausgeplünderten Land das Benötigte requirieren sollten. Oft genug kamen sie mit leeren Karren zurück. Die Offiziere ritten zur Jagd, und auch ihnen war das Glück nicht immer hold. Wenigstens gelang es den Dänen und Sachsen, eine bei Peenemünde gelegene Schanze zu erobern. Dieser kleine Sieg wurde gefeiert wie der in einer Entscheidungsschlacht, um die Soldaten aufzumuntern.

Der Bruder des verstorbenen Kaisers Joseph wurde am 12. Oktober zum Kaiser gewählt. Die Nachricht war uns kaum ein Nicken wert. Kein anderer hatte jemals eine ernsthafte Chance auf den Kaisertitel gehabt. Nun hatten wir also einen Kaiser Karl VI.

In Sachsen traf Zar Peter ein, und Flemming verließ das Feldlager, um mit dem russischen Herrscher zu verhandeln. Dafür traf bei uns der päpstliche Gesandte Salerno ein und wich den Königen nicht mehr von der Seite.

Er war natürlich gekommen wegen der Religionszugehörigkeit des sächsischen Kurprinzen. Der hatte immer noch nicht den katholischen Glauben angenommen, und das freute mich. Ich schloss den jungen Mann in meine Gebete ein, damit er die Kraft fand, standhaft zu bleiben.

Der Prinz hielt sich augenblicklich in Frankfurt am Main auf und hatte sich an König Frederik um Hilfe gewandt. Deshalb saßen nun beide Könige und Salerno stundenlang beisammen und stritten über den Glaubenswechsel des sächsischen Kurprinzen.

Er sollte die älteste Tochter des verstorbenen Kaisers Joseph heiraten, dazu musste er katholischen Glaubens sein. Um auf diese Weise den Einfluss seines Vaters zu mehren.

Weiter bewegte sich nichts im Feldlager.

Aber Mitte Dezember geschah doch noch, was niemand mehr erwartet hatte. Die Artillerie kam. Die sächsische und die dänische. Bei Tisch redeten die Könige wieder miteinander, und ihre Höfe taten es ihnen nach. Die Kanonen wurden in Stellung gebracht, Stralsund angegriffen.

Und der Angriff misslang. Ich wusste nicht, wie das geschehen konnte. Der Allmächtige musste mit den Schweden gewesen sein. Anders war es nicht möglich, dass sie den Beschuss der Stadt überstanden. Der Winter machte dann der Belagerung ein Ende. Die Soldaten rückten in die Winterquartiere ab, ich durfte Anfang Januar 1712 das Feldlager verlassen.

Ich ließ die Kutschpferde galoppieren, bis sie vor Erschöpfung keuchten und ihnen die Schaumflocken vom Maul flogen. Die ganze Zeit hoffte ich, so ein Jahr nicht noch einmal erleben zu müssen.

Friedrich August folgte mir wenige Tage später an der Spitze seiner Soldaten.

KAPITEL XXVII
· 1731 ·

*H*olm und Schröder verließen auf zwei Hengsten im schnellen Trab die Festung. Kaum hatten sie den steilen Torweg hinter sich gelassen, gaben sie ihren Pferden die Köpfe frei.

Beide Offiziere trugen zivile Kleidung und konnten für Handlungsgehilfen gehalten werden, die von ihrem Prinzipal mit einer eiligen Botschaft auf die Reise geschickt worden waren. In seiner Satteltasche verwahrte Holm zwei Pässe für den Fall, dass sie auf preußischem Gebiet aufgegriffen wurden. Neben einer Rolle Taler befand sich dort auch eine Karte, die ihm den kürzesten Weg nach Küstrin zeigte. Holm hatte ihn sich gut eingeprägt.

Es gab die Möglichkeit, über Dresden, Leipzig und Berlin auf gut ausgebauten Wegen zu reisen, aber diese Strecke war befahren. Er glaubte nicht, dass die Flüchtigen dieses Risiko eingingen. Seiner Meinung nach hatten sie einen verschwiegenen Weg über schmale Pfade und kleine Dörfer gewählt. Dieser Route folgten er und der Hauptmann, so schnell es die Kräfte ihrer Pferde zuließen.

263

Sie ritten in den Abend hinein und einen Großteil der Nacht hindurch. Die Pferde waren erschöpft, und die Reiter ebenso. Im ersten Morgenlicht gönnten sie den Tieren eine kurze Rast. Holm studierte die Karte.

In einem einsam am Weg liegenden Gasthaus tränkten sie die Hengste und gaben ihnen einige Hände voll Hafer zu fressen. Dort erhielten sie auch die Gewissheit, auf der richtigen Spur zu sein: Vor drei Tagen waren zwei Frauen und ein Mann in einer Kutsche gekommen und hatten eine Nacht dort verbracht. Das und noch einiges mehr über das merkwürdige Gebaren dieser Leute erfuhren sie von der Wirtin, während die ihnen ein kräftiges Frühstück aus Eiern, frischem Brot, gebratenem Speck und einer Bohnensuppe servierte.

»Nichts war ihnen gut genug«, lamentierte die Frau. »Die Betten zu hart und mein Essen zu einfach. Am Ende haben sie nicht einen Krümel übriggelassen.«

»Mir schmeckt es«, antwortete Leutnant Schröder mit vollem Mund. »Und für ein Bett …« Er verstummte, weil Holm ihn unter dem Tisch getreten hatte.

»Ihre Betten sind sicher angemessen«, sagte der Hauptmann. Er riss einen weiteren großen Brocken Brot aus dem Laib und wischte damit die Reste der Bohnensuppe aus dem Teller. »Und Ihre Mahlzeiten reichhaltig, gut und preiswert. Mehr können Männer in unserer Lage nicht verlangen.«

»Die anderen Herrschaften hielten sich jedenfalls für was Besseres.«

Der Leutnant schob den Teller von sich und gähnte demonstrativ.

Doch Holm entschied sich gegen einen längeren Aufenthalt – sie waren unterwegs, um die Cosel einzuholen, nicht für einen gemütlichen Ritt. Nach dem Frühstück saßen sie wieder im Sattel.

Die Pferde trabten längst nicht mehr so frisch wie bei ihrem Aufbruch. In einer Kutsche auf diesen schmalen Nebenstraßen kämen die Flüchtigen niemals schneller voran als sie. Holm ließ eine Hand auf dem schweißnassen Hals seines Hengstes ruhen und dachte daran, was für ein braves Tier der Braune war.

Hinter ihm ertönte ein Schrei, gefolgt von einem dumpfen Laut, als falle etwas Schweres zu Boden. Der Hauptmann drehte sich im Sattel um. In einem Durcheinander von Beinen, fuchsfarbenem Fell, einem grauen Rock und strohbraunem Haar lagen der Leutnant und sein Pferd auf dem Weg. Vergeblich versuchte der Mann, ein Bein unter dem Leib des Tieres hervorzuziehen und gleichzeitig die Zügel festzuhalten. Seine Miene war schmerzverzerrt.

Herr im Himmel und der Heilige Geist, das hatte ihm gerade noch gefehlt. Holm sprang aus dem Sattel.

»Lassen Sie den Zügel los!«, rief er und eilte zu seinem Begleiter.

Dem glitt das Leder aus der Hand, und der Fuchs rappelte sich auf. Mit hängendem Kopf stand er auf dem Weg und schonte die rechte Hinterhand. Holm kniete sich neben Schröder, der leicht benommen wirkte.

Der Hauptmann legte einen Arm um dessen Schultern und half ihm, sich aufzurichten.

»Was ist mit Ihnen? Wie konnte das passieren? Wo hatten Sie Ihre Augen? Auf dem Weg jedenfalls nicht.« Sorge um den Kameraden und Ärger kämpften in seiner Brust.

»Was ist mit dem Pferd?« Der Leutnant wischte sich über das Gesicht und schaute sich um.

»Lahmt hinten rechts.«

»Kümmern Sie sich darum. Mein Bein wird wieder.«

Die Untersuchung des Pferdebeins ergab ein verletztes und heißes Fesselgelenk. Es war klar, dass er nicht mehr weiterkonnte. Das rechte Kniegelenk des Leutnants war auch auf die doppelte Größe angeschwollen.

Schröder versuchte tapfer, sein Gewicht auf das verletzte Bein zu verlagern. Fast wäre er wieder gestürzt. Holm konnte ihn im letzten Moment halten.

»Sie müssen ohne mich weiter.«

»Wie soll ich ohne Sie …?«

»Es bleibt Ihnen nichts anderes übrig. Die Zeit reicht nicht aus, auf der Festung Hilfe zu holen.«

»Ich lasse Sie nicht allein. Nicht so.«

»Wir haben beide keine Wahl!«

Am Ende kam es, wie Leutnant Schröder gesagt hatte: Er blieb auf einem Stein sitzend mit seinem verletzten Pferd zurück, und Holm machte sich wieder auf den Weg. Nicht ohne das Versprechen, Hilfe zu schicken. Wohl fühlte er sich nicht dabei, einen Kameraden allein und versehrt zurückzulassen. Deshalb war er froh, als er eine knappe Stunde später ein Bauerngut erreichte, wo drei Frauen auf einer Wiese einen Waschzuber aufgestellt hatten und mit verschwitzten, roten Gesichtern weiße Wäsche wuschen. Die Älteste der Frauen versprach, ihren Mann mit einem Karren zum Verletzten zu schicken.

Holm dankte erleichtert und gab ihr einen Taler. Zuerst beäugte sie das Geldstück erstaunt, dann warf sie ihm einen listigen Blick zu.

»Euer Pferd sieht nicht mehr besonders frisch aus, mein Herr. Sie können gerne bei uns auf dem Hof eine Weile rasten. Für noch einen Taler füttert mein Sohn das Pferd, und ich setze Euch eine anständige Mahlzeit vor.«

Der Vorschlag fühlte sich verlockend an, aber Holm schüttelte den Kopf. »Keine Zeit. Bin mit einem eiligen Auftrag meines Prinzipals unterwegs. Bei einer Verspätung macht er mich einen Kopf kürzer.«

»Was ist das für eine Welt«, wunderte sich die Bäuerin, »in der Menschen nicht einmal mehr Zeit zum Essen und Schlafen haben?«

»Eine schnelle.«

Der Braune folgte brav dem Schenkeldruck, stolperte jedoch beim Antraben. Es tat Holm in der Seele weh. In Gedanken versprach er dem Braunen einen Scheffel Hafer und eine Rübe noch dazu.

Am späten Vormittag konnten weder der Hengst noch Holm weiter. Er fühlte sich wie ein alter Mann, nachdem er abgestiegen war. Am Ufer eines Baches band er den Braunen an eine Birke und vergewisserte sich, dass das Pferd fressen und trinken konnte, ehe er sich im Gras zusammenrollte. Binnen Augenblicken war er eingeschlafen.

Er wachte jäh davon auf, dass ihn etwas unter der Nase kitzelte. Prustend richtete Holm sich in eine hockende Stellung auf und fand sich Auge in Auge mit einem barfüßigen Knaben, der Hose und Hemd trug, in die leicht ein doppelt so breiter Bursche hineingepasst hätte. Er hielt einen langen Grashalm in der Hand. Mehr als ein halbes Dutzend Gänse hatte sich schnatternd am Ufer verteilt.

»Was soll das?«, fuhr Holm den Knaben an. »Kannst du fremde Leute nicht in Ruhe lassen.«

»Ihr habt komische Geräusche gemacht, da war ich mir nicht sicher, ob der Herr wohl ist.«

»Deshalb musst du mich mit einem Grashalm kitzeln!«

»Ich habe dem Herrn zuerst an die Schulter gefasst, das hat er aber nicht bemerkt. Ich sehe, Euch ist wohl.«

Mit Zischlauten trieb der Junge die Gänse zusammen. Holm blickte ihm erbost nach. Obwohl er sich nicht annähernd erholt fühlte, gelang es ihm nicht, wieder einzuschlafen. Nachdem er sich ein paarmal gedreht hatte, gab er es auf und machte sich wieder an die Verfolgung. Er ritt die meiste Zeit im Schritt oder im leichten Trab und entschied sich dafür, die Nacht in einer Scheune zu verbringen. Wenn er sein Pferd nicht völlig zuschanden reiten wollte, musste er ihm diese Erholung gönnen. Zu dem Groschen für die Übernachtung legte er einen zweiten, damit das Pferd mit einer Schüssel Hafer und einem Heunetz gefüttert wurde. Er selbst begnügte sich mit hartem Käse, einem Brotkanten und sehr dünnem Bier.

Im Schein einer Kerze studierte er wieder die Karte.

* * *

Viktor von Tiburti und Julia verließen Stolpen am Tag darauf in ihrer bequemen Reisekutsche. Er spürte einen Gichtanfall nahen, und die Vernunft hätte es geboten, zu ruhen und diesen mit hochgelegtem Fuß abzuwarten. Gleichzeitig konnte er Conradas Schicksal nicht Offizieren wie Holm, Boblick und Schröder überlassen. Sein Vaterherz war mehr in Sorge, als er sich eingestand.

Es war seine Pflicht, Conrada beizustehen. Mehr Gedanken als um die von der Festung entkommene Gräfin Cosel machte er sich um den unbekannten jungen Mann, der sich in Begleitung seines Mädchens befand und sich in Stolpen als ihr Bruder ausgegeben hatte. Welche Absichten verfolgte er?

Die Kutschpferde bewegten sich in einem flotten Trab auf einer Straße, auf der er normalerweise nur im Schritt gereist wäre und sich über das schreckliche Gerüttel beklagt hätte. Die Schmerzen in seinem Fuß nahmen stetig zu, bis er das Gefühl hatte, dieses Körperteil stehe in Flammen.

Viktor von Tiburti beugte sich aus dem geöffneten Kutschenfenster. »Können wir nicht schneller fahren? Lass er die Pferde galoppieren!«, rief er dem Mann auf dem Bock zu.

»Auf dieser Straße? Mit Verlaub, gnädiger Herr, niemals! Ich will nicht, dass sich eines der Pferde ein Bein bricht. Dann werden Sie nämlich viel später ankommen, als wenn wir vernünftig fahren, gnädiger Herr.«

Dieses Argument ließ Viktor von Tiburti gelten.

Anna Constantia von Cosel · 1712

Wann hatte es angefangen, dass er sich von mir entfernte? Sooft ich darüber nachdachte, fielen mir immer andere Begebenheiten ein. Eines aber wusste ich: Friedrich August hörte zu gern auf die falschen Leute. Er brauchte die Bestätigung seiner Gedanken und scharte Männer um sich, die ihm nach dem Mund redeten. Einer davon war Flemming, den ich viel zu lange für einen Freund gehalten hatte, während er immer gegen mich arbeitete. Seine Lektionen zur Formung meines Charakters hatten nur dazu gedient, mich leichter kontrollieren zu können.

Graf Jakob Heinrich von Flemming.

Er liebte mich. Auf eine schwer zu durchschauende Weise. Bei Flemming war es eine kalte Liebe. Er beobachtete mich, sezierte mich, lächelte mich an, und ich konnte mir sicher sein, er bot mir Hilfe und Verständnis an, bevor mir bewusst wurde, dass ich beides benötigte. Er nannte mich la femme du monde la plus parfaite. Nie überschritt er mir gegenüber die Grenzen des Anstandes, aber wenigstens einmal in der Woche sah ich ihn als Gast an meiner Tafel. Aber dann starb am 8. April 1712 in Warschau der Oberhofmarschall Pflugk, und unter den Höflingen in Friedrich Augusts Nähe entbrannte ein erbitterter Kampf um seine Nachfolge.

»Wen soll ich wählen, Constantia?«, fragte Friedrich August, als wir beim Frühstück saßen. Neben der Tür stand ein Lakai, und ein weiterer wartete uns auf.

Friedrich August tat vor allen anderen, als bemerkte er diese Grabenkämpfe nicht. Dabei entging ihm nichts, und er amüsierte sich heimlich darüber. Mir gegenüber ließ er die Maske fallen, und verschiedentlich hatten wir eine vergnügte Stunde damit zugebracht, die hilflosen Versuche der Höflinge Revue passieren zu lassen. Wir kicherten und alberten wie Kinder, und nicht selten endete dies in anderen Spielen.

An diesem Morgen klang Friedrich August ernst. Ich schluckte das Lachen herunter, das mir in die Kehle stieg.

»Ich brauche einen neuen Oberhofmarschall, ehe die Angelegenheiten des Hofes in Unordnung geraten. Du tust dein Bestes, dies zu verhindern, aber du kannst nicht mein Oberhofmarschall werden, liebste Constantia.« Er strich mir mit einem Finger über die Wange, und ich schaffte es, einen flüchtigen Kuss darauf zu drücken. »Ich bekäme dich kaum noch zu Gesicht und wenn, dann nur, um die Abrechnungen abzuzeichnen, die du mir vorlegst. Flemming schlägt Wackerbarth vor. Wozu rätst du mir?«

Ich ließ mir einen Augenblick Zeit mit der Antwort, führte erst eine mit Schinken umwickelte Spargelspitze zum Mund, kaute bedächtig. »Wackerbarth ist ganz Flemmings Geschöpf. Der tut nichts, ohne sich vorher zu besprechen. Ihr könntet das Amt auch gleich Flemming geben.«

Ich freute mich über dieses vertraute Gespräch, nahm es als einen Beweis für seine fortwährende Liebe zu mir.

»Flemming habe ich mit Ämtern wahrlich gut bedient.«

»Daran habt Ihr recht getan. Er ist ein fähiger Kopf und fleißig. Nirgends wird so gut und gründlich gearbeitet wie in seiner Kanzlei«, beeilte ich mich zu sagen. Es war nicht klug, zu viel gegen Flemming zu sagen. »Nur ist es nie gut, zu viel

Macht in die Hände eines einzelnen Mannes zu legen. Am Ende dünkt er sich mächtiger als Ihr.«

Ein kurzes Auflachen belohnte meine Worte.

»Wen soll ich also ernennen?«

Ich neigte mich zu ihm und flüsterte ihm einen Namen ins Ohr. Erneute lachte er.

»Damit ist es entschieden, liebste Constantia. Dein Rat war wie immer Gold wert.«

Friedrich August zog einen Ring mit einem fingernagelgroßen gelben Stein vom Finger und steckte ihn mir an. Er war mir viel zu groß, passte nicht einmal auf meinen Daumen, aber mein Herz floss sofort über. Auf der Stelle verliebte ich mich in den Ring.

Friedrich August ernannte am 7. Mai 1712 Baron Woldemar von Löwendal zum Oberhofmarschall.

Flemming muss von meinem Rat erfahren haben. Möglicherweise hat Friedrich August es ihm selbst erzählt. Es gefiel ihm, den Menschen die Grenzen ihres Einflusses aufzuzeigen.

Flemmings Verhalten mir gegenüber änderte sich nicht, er besuchte weiterhin mein Haus, plauderte amüsant und kenntnisreich über Politik, Musik, Jagd, die Oper, Pferde oder exotische Länder. Es schien nichts zu geben, worin er nicht bewandert war, und jedermann hörte ihm gerne zu. Dass er beschlossen hatte, mich aus der Umgebung Friedrich Augusts zu entfernen, darauf konnte ich wahrlich nicht kommen.

Es erfolgte dann aber im Juni desselben Jahres eine Umbildung des Kabinetts. Friedrich August ernannte Flemming zum leitenden Kabinettsminister; die übrigen Ressorts wurden mit dem Graf besonders ergebenen Männern besetzt. Mannteuffel, Wackerbarth und Watzdorf. Flemming hatte einen Punkt in einem Spiel gemacht, von dessen Eröffnung ich noch gar nichts wusste.

Im Gegenteil war ich doch von Friedrich August wieder schwanger, und er bestätigte mir in einer Urkunde vom 8. Juli all meinen Besitz. Das Rittergut Pillnitz, vier Häuser auf dem Taschenberg, meine Barschaft, das Silber, meine Preziosen und seine Geschenke – natürlich auch der Ring mit dem gelben Stein, den ich für meine Hand hatte umarbeiten lassen –, alles sollte auf ewiglich mir gehören. Wir waren einander so nah, dass keine Hand zwischen uns passte. Obwohl wir uns den ganzen restlichen Sommer nicht sahen.

Friedrich August hielt sich in Stralsund und in Warschau auf, während mich die Schwangerschaft zusehends unbeweglicher machte. Ich kümmerte mich um Pillnitz, für das ich einen guten Verwalter gefunden hatte, und um den Weiterbau meines Palais auf dem Taschenberg. Beinahe jeden Tag war ich auf der Baustelle und besprach mit dem Baumeister Pöppelmann die anstehenden Arbeiten.

Wenige Wochen vor der Niederkunft wagte ich eine Reise zur Herbstmesse nach Leipzig, und Friedrich August überraschte mich dort mit einem kurzen Besuch. Wir speisten zusammen zu Mittag und zu Abend, ansonsten sahen wir uns kaum. Ich konnte es ihm nicht verdenken; in meinem Zustand kurz vor der Niederkunft waren weder mein Leib noch meine Laune besonders angenehm für ihn.

Ich hörte, dass er bei anderen Damen suchte und fand, was ich ihm zurzeit nicht geben konnte. Das kränkte und schmerzte mich, trug ich doch sein Kind unter dem Herzen. Ich hatte auf sein Verständnis gehofft.

Unser Sohn wurde am 12. Oktober 1712 geboren, an meinem zweiunddreißigsten Geburtstag. Wie nach der Geburt der Mädchen fühlte ich mich matt und elend. Dem Kind gab ich den Namen Friedrich August. Wir beide verbrachten den Winter in Dresden, sein Vater im Feldlager in Stralsund.

Georg Ludwig von Haxthausen war mir in dieser Zeit ein treuer Freund. Er besuchte mich regelmäßig, kitzelte meinen kleinen Sohn und erfreute sich an dessen munteren Bewegungen. Er war ihm in dieser Zeit mehr ein Vater als Friedrich August, der ihn nicht einmal besucht hatte.

»Teuerste Freundin«, sagte Haxthausen an einem Abend zu mir, als wir müßig beieinander saßen und jeder eine Weile seinen Gedanken nachgehangen hatte. »Ihr vergrabt Euch schon zu lange in der Einsamkeit Eures Hauses.«

»Ich bin nicht einsam, solange Ihr mich besucht«, widersprach ich. »Der kleine Friedrich August braucht seine Mutter. Er ist ein zartes Kind.«

In Wahrheit konnte ich nicht beurteilen, ob er zarter war als andere Kinder. Meine beiden Mädchen hatte ich vor ihrem ersten Geburtstag zu meiner Mutter nach Depenau gegeben, damit sie dort erzogen wurden, weil ich ihrem Vater meine ganze Aufmerksamkeit schenken musste. Viel zu lange war mein letzter Besuch in Depenau her. Ich sehnte mich danach, über ihre Köpfchen zu streichen, ihre zarten Stimmen zu hören, mit denen sie mir die Abenteuer des Tages berichteten. In ihren Briefen nannte die Älteste mich zärtlich Maman, aber ich war eine Fremde für sie. Das war der Preis, den ich für ein Leben an der Seite eines Königs zahlen musste; noch ein Kind wollte ich nicht weggeben. Ich fürchtete mich vor der Trennung.

»Dafür entbehrt ein anderer Friedrich August Eure Gesellschaft, Madame. Es sind Leute um ihn, denen Eure Abwesenheit besser gefällt, als wenn Ihr bei ihm seid. Sie trachten danach, ihn Euch zu entfremden.«

Er meint Flemming, schoss durch meine Gedanken. Gleich darauf beruhigte ich mich.

»Mach Er sich keine Sorgen, mein treuer Haxthausen.« Ich zeigte ihm Briefe Friedrich Augusts, die ich in großer Zahl empfangen hatte und in denen sich ein zärtliches Wort an das nächste reihte. Ich las ihm daraus vor.

Haxthausen schüttelte den Kopf. Ich las schneller, wühlte zugleich in den Briefen herum, um einen zu finden, der immer noch zärtlicher war als der vorangegangene. So lange, bis mein Freund meine Hände festhielt, mir die zerknitterten Blätter aus den Fingern wand und auf dem Tisch zu einem Haufen zusammenschob.

»Kehrt an seine Seite zurück, und umhütet ihn mit Eurem Witz und Mut, Eurer Liebe und Munterkeit, wie nur Ihr es versteht, bevor er sich zu sehr daran gewöhnt, ohne Euch zu sein. Niemand weiß besser als Ihr, wie sehr er geliebt werden will. Auch von denen, denen er übel will. Deshalb überschüttet er diese mit Aufmerksamkeiten und lässt sie dann ganz plötzlich fallen. Denkt an Beichling, der seit vielen Jahren auf dem Königstein sitzt und sich nichts anderes hat zuschulden kommen lassen, als sich nicht oft genug in König Augusts Nähe aufgehalten zu haben.«

»Das gilt für mich nicht!«, rief ich aus. »Ich bin seine Frau und habe ihm drei Kinder geboren.«

»Seine Frau ist seine Frau, und sie hat seinen Nachfolger geboren.«

»Darauf kommt es nicht an. Ich habe sein Wort, dass er mich immer lieben wird.« Dabei dachte ich an das Eheversprechen, das Friedrich August mir vor sieben Jahren gegeben hatte und das ich im Familienarchiv der Rantzaus auf Schloss Drage deponiert hatte. Dort lag es sicher, und ich war seine Frau. Trotz allem und für immer.

Haxthausen sagte nichts weiter, sah aber drein wie jemand, der zu viel gesagt hatte. Glücklich wirkte er nicht, nicht einmal zufrieden. Durch vielerlei Schmeicheleien und kleine Anekdoten von meinem Sohn und die neuesten Bonmots aus der Residenz, schaffte ich es, seine Stirn zu glätten.

Ich blieb in Dresden, kümmerte mich um meinen Sohn, meine Geschäfte, um Pillnitz und hielt Hof auf dem Taschenberg, obwohl die Besucher täglich weniger wurden.

KAPITEL XXVIII
· 1731 ·

*I*n meinem Rücken verspüre ich ein Stechen«, klagte die Cosel von hinten aus dem Wagen.

Conrada war dazu übergegangen, neben Emilius auf dem Kutschbock zu sitzen. Sie reagierten nicht.

»Meine Hände sind heiß und geschwollen«, kam es wieder von hinten.

Conrada drehte sich um und spähte in den Wagen. Die Hände der Cosel lagen in deren Schoß, und sie konnte daran nichts Verdächtiges feststellen. Sie war sich nicht sicher, ob die Klagen der Gräfin Ausdruck tatsächlicher oder eingebildeter Leiden waren.

»Sie müssen noch eine kleine Weile durchhalten, Madame. Sobald wir das Kurfürstentum Sachsen verlassen haben, sind Sie in Sicherheit und können einige Tage ausruhen.«

Seit dem Vortag hatte die Gräfin beschlossen, nicht länger daran zu glauben, dass man sie zu Friedrich August bringen würde. In ihrer Hoffnung, dadurch würde alles leichter werden, sah sich Conrada jedoch getäuscht. Seitdem klagte und jammerte die Cosel über immer neue Unbilden, dass es wirklich erstaunlich war, wie viele davon einen einzelnen Menschen treffen konnten.

»Ausruhen in einem Ort, der nicht einmal halb so viele Einwohner wie mein Pillnitz hat. Was soll ich dort?«, lamentierte es wieder von hinten.

»Zum Ausruhen sind kleine Orte mit wenigen Einwohnern genau richtig. Niemand stört sich daran, wenn jemand tagelang dieselbe Kleidung trägt. Jeden Tag macht Ihr Spaziergänge und Picknicks unter einer ausladenden Eiche«, sagte Emilius fröhlich. »Alles ist rosig und frisch, einschließlich der Menschen.«

»Ich trage nicht tagelang dasselbe Kleid, sondern wochenlang.« In aller Ausführlichkeit ließ sich die Cosel über die Unzulänglichkeiten ihrer Garderobe aus.

Es war Conrada gelungen, bei einer Bäuerin ein besseres Kleid für sie zu besorgen. Etwas Dankbarkeit wäre nach Conradas Meinung angebracht, stattdessen erntete sie nicht weniger Vorwürfe als für Serafinas Kleid.

»Gar nicht hinhören«, sagte Emilius neben ihr leise. »Haben Sie sich schon mal gefragt, ob es nicht das Beste für uns alle wäre, die Gräfin auszusetzen und alleine weiterzufahren? Ich tue es gerade in diesem Moment.«

»Unterstehen Sie sich«, flüsterte Conrada zurück. »Das kommt nicht infrage. Soll Serafinas Opfer umsonst gewesen sein?«

»Dann schlagen Sie die Frau mit einem Holzscheit auf den Kopf, damit sie endlich Ruhe gibt. Wir werden danach viel besser vorankommen.«

Conrada unterdrückte mit Mühe ein Kichern. Sie hatte entschieden, Emilius' Vorschläge nicht mehr allzu ernst zu nehmen, und seitdem hatte sie in seiner Gegenwart viel mehr Spaß. »Das können wir nicht machen.«

»Weil sie Ihre Verwandte ist?«

»Weil wir keinen Holzscheit haben.«

»Das ist gut. Das ist wirklich gut.« Emilius unterdrückte sein Lachen nicht. Er übertönte mühelos die im Hintergrund klagende Cosel. »Wir knebeln sie mit einem Halstuch. Das wird sich finden. Notfalls verzichte ich auf meines.«

Bevor Conrada darauf antworten konnte, tauchte neben der Kutsche ein Reiter auf.

»Sofort anhalten! Geben Sie die Gefangene heraus!« Eine zitternde Degenspitze zeigte auf ihre Brust. Sie war kaum mehr als eine Handbreit entfernt.

»Hauptmann Holm!«, kreischte von hinten die Gräfin.

Conrada zuckte vor dem Degen zurück und lehnte auf einmal in Emilius Arm.

»Halten Sie an, oder tragen Sie die Konsequenzen!«, wiederholte der Hauptmann. Sein Brauner fiel ein Stück hinter die Kutschpferde zurück, und der Degen verschwand von Conradas Brust.

»Hören Sie nicht auf ihn!«, rief wieder die Gräfin.

»Ich entscheide mich für die Konsequenzen!« Emilius packte die Zügel fester und hob die Peitsche. »Halten Sie sich fest, Mesdames!«

Der Riemen schnalzte in der Luft. »Ho, ho!«, trieb er die Pferde an.

Die Gräfin klammerte sich mit einer Hand an einen Haltegriff. Auf dem Kutschbock wurde Conrada hin und her geworfen, als die Pferde in Galopp fielen. Sie griff nach dem Gestänge, das das Verdeck der Kutsche trug.

Sie fegten um eine Kurve, und zum ersten Mal wurde Conrada bewusst, wie meisterhaft Emilius das Kutschieren beherrschte. Breitbeinig hielt er auf dem Bock das Gleichgewicht, die Zügel hatte er sich um die Hände gewickelt. Die Pferde gaben ihr Bestes und legten ein Tempo vor, das Conrada ihnen niemals zugetraut hätte.

»Was ist mit diesem Menschen?«, rief Emilius und nahm eine weitere Kurve.

»Woher soll ich das wissen?«

»Schauen Sie sich um!«

Conrada nahm allen ihren Mut zusammen, löste eine

Hand vom Griffbrett, um einen schnellen Blick nach hinten zu werfen. Mit den Fingerspitzen konnte sie sich noch knapp festhalten.

»Was ist?«

Sie sah den Hauptmann auf einem galoppierenden Braunen. In einer Hand hielt er immer noch den Degen.

»Er folgt uns.«

»Merde! Wie weit entfernt?«

»Mehrere Wagenlängen! Kommt näher!«

»Merde!« Emilius trieb die Kutschpferde weiter an.

Attilas lief frei neben dem Wagen her und hielt sich auf Höhe der Kutschpferde. Es war erstaunlich, mit welcher Treue der Hengst an seinem Besitzer hing.

»Wir schaffen es nicht. Mit dem Wagen sind wir nicht schnell genug! Ich kann ihn nicht abschütteln. Merde!«

»Was machen wir?« Conrada ärgerte sich über die Furcht in ihrer Stimme. Sie hatte einen Augenblick das Gesicht des Hauptmannes gesehen, als er mit dem Degen auf sie gezeigt hatte. Er hatte kalt und zu allem entschlossen ausgesehen.

»Das!« Emilius lenkte die Pferde vom Weg auf eine Wiese. Die Wagenräder rumpelten über einen Absatz, und Conrada fürchtete, sie würden umkippen. Dann rollte die Kutsche aus. Mit bebenden Flanken standen die Pferde still.

Holm erreichte sie. »Sehr vernünftig. Damit wären Sie nie durchgekommen. Geben Sie mir die Gräfin heraus.«

»Ich gebe Ihnen das!« Emilius schwang sich vom Kutschbock, federte bei der Landung elegant in den Knien und zog den Degen.

Holm tat es ihm nach, und sie standen sich mit den Blankwaffen gegenüber. Derselbe Emilius von Kobsdorff, der früher am Tag bereit gewesen war, die Gräfin zurückzulassen oder bewusstlos zu schlagen, wollte nun auf Leben und Tod um sie kämpfen.

»Was verhandeln die Männer? Sagen Sie es mir«, verlangte die Cosel. »Ich verbiete es, mich an den Hauptmann auszuliefern.«

Umständlich und steif kletterte Conrada vom Kutschbock, als das erste Mal die Degen aufeinanderschlugen. Das brachte auch die Gräfin auf die Beine. Beide Frauen standen neben der Kutsche. Mit offenem Mund beobachtete Conrada den Kampf.

Emilius war schlanker als der Hauptmann, vielleicht auch eine Handbreit größer, und er bewegte sich elegant. Es sah beinahe aus, als schwebe er im Gras. Holm wirkte kräftig, und genauso focht er auch. Beide schwangen ihre Degen mit tödlicher Sicherheit. Ihre Fertigkeiten schienen Conrada ausgeglichen. Vor Anspannung ballte sie die Hände, dass die Fingernägel in die Handflächen schnitten, und bemerkte den Schmerz nicht einmal.

»Warum machen Sie das? Sie haben mit der Gefangenen doch nichts zu schaffen.« Diesen keuchend hervorgestoßenen Worten folgte ein Vorstoß des Hauptmannes.

Emilius wich zurück, steckte zwei Schläge ein, die von der schmalen, biegsamen Klinge abtropften. »Wollen Sie kämpfen oder reden?«

»Passen Sie auf!«, rief die Gräfin ihm zu. »Holms rechte Seite ist offen.«

Als sie es sagte, schloss der Hauptmann seine Deckung sofort. Sie offenbarte erheblich mehr Wissen über den Degenkampf, als Conrada vermutet hätte, und feuerte Emilius lauthals an. Conrada brachte kein Wort heraus, denn eine eiserne Klammer hatte sich um ihre Brust gelegt.

Jetzt ging Emilius zum Angriff über und drängte den Hauptmann zurück. Sein Degen flirrte so schnell durch die Luft, dass die Klinge nur zu erahnen war. Holm zuckte zurück, und sofort senkte Emilius die Degenspitze. Im rechten Rockärmel des Hauptmannes klaffte ein langer Riss. Der trennte den Stoff mit wütenden Rucken ab. Das Hemd darunter färbte sich schnell rot.

»Sie haben ihn verletzt! Wunderbar! Lassen Sie ihn nicht zu Atem kommen«, freute sich die Gräfin.

Conrada atmete auf. Offene Freude über die Verletzung eines Menschen mochte sie nicht zeigen, aber sie schöpfte Hoffnung auf einen guten Ausgang.

»Geben Sie auf und lassen uns ziehen? Es wäre nicht unehrenhaft, sich dem stärkeren Gegner zu beugen«, sagte Emilius.

»Niemals!« Holm sprang mit waagerecht ausgestrecktem Degen vor.

Der Kampf erreichte eine neue Qualität. Alles Leichte und Elegante war von Verbissenheit abgelöst worden. Schweiß strömte über die Gesichter der Kämpfer, und es schien, als hätten sich die Degen in Fudergewichte verwandelt. Die Anstrengung stand beiden in die verkniffenen Mienen geschrieben, und der rote Fleck auf dem Hemd des Hauptmannes vergrößerte sich stetig. Seine Bewegungen kamen Conrada gequält vor.

Aber dann gelang ihm ein Vorstoß. Auf Emilius' rechtem Oberschenkel breitete sich ein Blutfleck aus. Die Unterbrechung des Kampfes und die Frage nach einem Aufgeben wiederholte sich mit umgekehrten Vorzeichen. Mit zusammengebissenen Zähnen schüttelte Emilius den Kopf.

Conrada hatte einen erstickten Schrei ausgestoßen. Die Klammer um ihre Brust verengte sich.

»Das ist schlecht. Ihm bleibt nicht mehr viel Zeit, um den Kampf zu beenden«, kommentierte die Cosel.

Die Degen schlugen wieder aufeinander. Emilius musste zurückweichen und zog das rechte Bein nach. Holm schien dagegen von seiner Verletzung kaum behindert.

Einen Stoß noch, bitte. Du musst es beenden, betete Conrada. Und als hätte Emilius sie gehört, raffte er seine letzte Kraft zusammen und griff an, und Conrada war sich nicht sicher, ob er Holm mit der Degenspitze in der Seite berührte oder dieser geschickt auswich. Aber selbst sie sah, dass Emilius die Deckung auf seiner rechten Seite komplett aufgab. Holm bemerkte das auch. Ein Stich in Richtung Schulter.

Emilius fiel auf die Knie. Er kippte zur Seite und blieb bewegungslos liegen.

Der Kampf war beendet. Holm lag ebenfalls im Gras.

»Nein!«, schrie Conrada. Sie raffte ihre Röcke und rannte über die Wiese.

KAPITEL XXIX

· 1731 ·

Neben Emilius fiel sie auf die Knie. Schweißüberströmt und bleich versuchte er, sich aufzurichten.

»Der Rock muss herunter«, knurrte er zwischen zusammengebissenen Zähnen. »Schneiden Sie ihn auf, auch wenn es mein einziger ist. Und nicht weinen, ich habe die Malaise, nicht Sie.«

Das war wieder echt Emilius von Kobsdorff. Conrada konnte nicht anders als lachen und merkte dabei, dass ihr Tränen über die Wangen liefen. Verlegen wischte sie sie fort. Mit Hilfe der kleinen Nähschere, die eine Frau von Stand immer bei sich trug, um mit ihr und einer Reihe kleiner Nadeln ein Malheur wie einen heruntergetretenen Saum sofort beheben zu können, befreite Conrada gemeinsam mit der Gräfin Emilius von seinem Rock. Das war nicht leicht, denn die Schere war für diese Art Arbeit nicht gemacht. Außerdem bereitete dem Verletzten jede Bewegung neue Schmerzen. Emilius ertrug sie tapfer, aber mehrfach entwich ihm ein Stöhnen.

Das Hemd war an der rechten Schulter blutgetränkt.

»War es das wert, Mann?«, keuchte Holm hinter ihnen. »Sie haben mit der Sache nichts zu schaffen, da Sie nicht der Bruder dieser Frau sind. Das weiß ich inzwischen zuverlässig.«

Conrada sah sich kurz um. Der Hauptmann hatte sich im Gras in eine sitzende Stellung aufgerichtet, sich ebenfalls von Rock und Weste befreit und wand sich gerade ein Taschentuch um den verletzten Unterarm.

»Im Dienst für zwei schöne Frauen ist kein Leid zu schwer.«

Die Cosel hatte Emilius' Schulter freigelegt und ihm das Halstuch abgenommen. Die Verletzung war nicht mehr als ein kleiner roter Punkt, aus dem das Blut quoll. Vorsichtig betastete sie die Haut um die Wunde und drückte die Ränder zusammen. Frisches Blut strömte heraus.

»Scheint mir nicht tief zu sein. Bewegen Sie den Arm«, forderte sie Emilius auf.

Der tat sein Bestes und hob den Arm mit einiger Mühe.

»Wunderbar. Ich mache Ihnen einen Verband aus Ihrem Halstuch, und in einigen Tagen sind Sie wieder wie neu.« Die Cosel klang zufrieden, wie es Conrada bei ihr noch nie gehört hatte.

»Was wird aus der Beinwunde?«, mischte sie sich ein.

»Das ist nur ein Kratzer«, wehrte Emilius ab. »Jemand muss sich um die Verletzungen des Hauptmannes kümmern.«

Conrada schaute sich erneut nach Holm um. Er saß im Gras, hatte die Wunde am Arm verbunden und untersuchte nun seine Seite. Ohne ihn wären sie nicht in dieser Lage. Sie schüttelte leicht den Kopf.

Emilius sah sie streng an. »Gehen Sie zu ihm und schauen Sie nach ihm. Er hat es nicht weniger verdient als ich. Los! Oder Ihr geht, gnädige Frau Gräfin?«

»Auf keinen Fall!«, sagte die Cosel sofort. »Dem Mann verdanke ich die armseligsten Jahre meines Lebens.«

Conrada zuckte angesichts dieser harten Worte zusammen. Sie erhob sich und trat zu dem Hauptmann, half ihm, die Verletzung an seiner Seite freizulegen. Ein stetiger Blutstrom sickerte ins Gras. Die Wunde sah gefährlicher aus als die in Emilius' Schulter. Ihr zu einem Bausch zusammengepresstes Taschentuch drückte sie darauf.

»Haben Sie große Schmerzen, Herr Hauptmann?«, erkundigte sie sich.

»Kaum der Rede wert. Es ist freundlich von Ihnen, mir beizustehen. Dabei tut es mir leid, dass Sie dies erleben müssen. Den Augen einer jungen Frau sollte Derartiges nicht zugemutet werden. Ich muss mich für meine Gedankenlosigkeit entschuldigen. Als einzige Erklärung kann ich anbieten, dass mir keine andere Lösung eingefallen ist. Ich fürchte, der junge Herr von Kobsdorff wäre einer friedlichen Verhandlung nicht zugänglich gewesen.« Diese lange Rede hatte Hauptmann Holm erschöpft. Er sank ins Gras zurück.

Conrada dagegen fühlte, wie sie rot wurde. Sie senkte den Kopf tiefer über seine Verletzung und drückte das Tuch weiter auf die Wunde. Holm riss einen Streifen vom Hemd, mit dem sie den Bausch an seiner Seite festband. Danach half sie ihm aufzustehen. Er ging langsam zu Emilius hinüber. Der wollte sich ebenfalls aufsetzen.

»Bleiben Sie liegen, Mann. Sie müssen nicht den Helden spielen.«

Das waren genau die falschen Worte für Emilius. Sie spornten ihn an, statt ihn zu beruhigen. Es gelang ihm, in eine sitzende Stellung zu kommen. Obwohl er keinen Laut von sich gab, erkannte Conrada an seinem Gesicht, welche Schmerzen er leiden musste.

Der Hauptmann fragte, wo sie Hilfe finden könnten.

»Jemand fährt in den nächsten Ort und holt einen Arzt«, schlug Conrada vor.

»Ich kann das machen«, bot sich die Cosel an und stand auf. Sie ordnete ihre Röcke. »Ich kann auch reiten.«

»Auf keinen Fall lasse ich Euch aus den Augen. Ihr seid immer noch meine Gefangene.«

»Wie will Er mich daran hindern, zu gehen, Herr Hauptmann?« Sie machte ein paar Schritte zur Seite und blickte Holm herausfordernd ins Gesicht.

Der hielt seinen Degen in der Linken und hob ihn an. »Der lässt sich werfen.«

»Sie werden mir doch nicht dieses Ding in den Rücken schleudern. Pfui, wie ehrlos.«

»Verlassen Sie sich nicht darauf.«

Emilius war während des Geplänkels immer blasser geworden und schien sich nur mit großer Mühe in sitzender Stellung zu halten. Sein rechter Arm hing herunter, als gehöre er nicht mehr zu seinem Körper, und der Blutfleck auf dem Oberschenkel wurde größer, obwohl die Wunde mit einem Taschentuch verbunden war.

»Hören Sie auf damit! Sie streiten sich hier, während es Herrn von Kobsdorff von Augenblick zu Augenblick schlechter geht«, schimpfte Conrada.

Alle Gesichter wandten sich ihr und Emilius zu. Die Tatsache, dass er nicht gegen ihre Worte protestierte, zeigte, wie schlecht es ihm wirklich ging.

»Wir legen ihn in den Wagen und verlassen alle zusammen diese Wiese«, bestimmte der Hauptmann.

Es waren sechs Hände und viele Pausen nötig, ehe Emilius in der Kutsche saß, sich mit der gesunden Schulter anlehnte und die Beine ausgestreckt hatte. Der verletzte Arm lag auf der zusammengefalteten blutigen Jacke des Hauptmanns. Conrada wollte zu ihm hereinklettern, um während der Fahrt für seine Bequemlichkeit zu sorgen. Die Gräfin weigerte sich aber rundweg, neben dem Hauptmann zu sitzen, sich von ihm auch nur auf den Bock helfen zu lassen.

Conrada war nahe daran, sie scharf anzufahren, dass für derartige Animositäten nicht der rechte Augenblick wäre, sie fürchtete jedoch, den Streit auf die Weise weiter anzufachen. Sie einigten sich darauf, dass Conrada kutschierte, die Gräfin neben ihr Platz nahm und der verletzte Holm sich zu Emilius in den Wagen begab.

Sie fanden Unterschlupf in einer ehemaligen Mühle, die jetzt der Aufzucht von Pferden für die sächsische Armee diente. Auf großen umliegenden Weiden grasten Herden von Jährlingen und Zweijährigen. Lange Unterstände und Scheunen umgaben den Hof. Er wurde von zwei Brüdern geführt, wie sie unterschiedlicher nicht sein konnten.

Während Holm um ihre Unterkunft verhandelte, galt Conradas Sorge Emilius, der bleich und mit schweißbedeckter Stirn in der Kutsche saß. Er wollte nichts davon wissen, dass sie ihm das Gesicht mit einem feuchten Tuch abwischte oder eine Flasche mit kaltem Tee an seine Lippen setzte.

»Gegen einen Krug Bier habe ich nichts einzuwenden, aber nicht das Zeug für kleine Kinder und alte Frauen«, murmelte er.

Diese Sturheit machte Conrada Mut, weil es ihm dann nicht allzu schlecht gehen konnte.

In dem geräumigen, aber teilweise baufälligen Mühlenhaus fanden sie Unterkunft in zwei schlecht gelüfteten Kammern. Das Bettzeug war vielfach geflickt, aber sauber. Die Männer mussten sich eine Kammer teilen, und Conrada mit der Gräfin die andere. In der Küche schwang eine schlampig gekleidete Magd unbestimmbaren Alters das Zepter.

Emilius hatte die Nacht mit Stöhnen verbracht, berichtete

Holm am Morgen. Conrada befand, er habe die Farbe von Wachs angenommen mit einem bläulichen Schimmer um die Lippen. Als sie seine Verbände wechseln wollte, beschimpfte er sie, sobald sie nur in die Nähe der Wunden kam. Sie entschied, ein Arzt müsse her. Der redseligere der beiden Brüder, Frieder Wessel mit Namen, erbot sich, einen zu holen. Er ritt auf einem knochigen Braunen ohne Sattel und mit wehendem Haar davon.

Der Arzt kam gegen Mittag und verdiente kaum diesen Namen. Er tat nichts anderes, als die Wundränder mit harten Fingern abzutasten und zu drücken, bis wieder Blut kam. Emilius jammerte mit zusammengebissenen Zähnen, dass jeder Erbarmen haben musste. Nicht dieser Arzt.

»Alles Schlechte muss ausfließen, bevor die Wunden verheilen können«, begründete er sein Tun.

Als er sich Holms Verletzungen zuwenden wollte, floh dieser aus der Schlafstube.

Das Fläschchen mit einer übel riechenden Medizin gegen Fieber, das der Arzt daließ, mochte zuvor alle möglichen anderen Arzneien enthalten haben. Das Mittel nahm die Cosel an sich, roch daran und schüttete es weg. Sie erbot sich, eine wirksame Medizin zu brauen und nannte eine Reihe von Zutaten, von denen die Magd nur Wasser und Honig im Haus hatte.

Die Gräfin wollte im Wald und auf den Wiesen nach Kräutern suchen, doch das gestattete Holm nicht. Er betrachtete sie weiterhin als seine Gefangene und erlaubte ihr nicht mehr, als sich im Haus und auf dem Hof zu bewegen und sich mit Conrada in die Krankenpflege zu teilen.

Die befürchtete Auseinandersetzung blieb aus. Die Cosel zuckte mit den Schultern und bemerkte spitz, sie hätte ja kein Fieber. Beide Verletzte mussten sich weiterhin ein Zimmer und ein Bett teilen, und Conrada wechselte täglich die Verbände. Sie wusch die benutzten Binden in kochendem Wasser aus und hing sie zum Trocknen im Hof auf eine Leine. Trotzdem nahmen sie allmählich eine gräuliche Farbe an, denn ihr fehlte die Seife, die Serafina zum Waschen nutzte.

Conrada sorgte sich um Emilius. Er lag blass und apathisch im Bett und konnte den Arm nur unter großen Schmerzen bewegen. Sein sonst unbändiger Appetit war auf ein Minimum geschrumpft, und das konnte nicht an der Küche der schlampigen Magd liegen, denn die war überraschend schmackhaft und abwechslungsreich. Es gab täglich Fleisch, von dem die Cosel rundheraus behauptete, es sei in den umliegenden Wäldern gewildert. Bei vielen Mahlzeiten konnte Emilius nur mit Mühe überredet werden, ein paar Bissen zu sich zu nehmen. Fieber hatte er keines, aber statt einer Besserung seines Zustandes schien er von Tag zu Tag mickriger zu werden.

»Am besten schaut der Arzt noch einmal nach Ihnen«, sagte sie und nahm einen Teller mit kaum angerührter Karottensuppe fort.

Emilius ließ sich erschöpft in seine Kissen zurücksinken und schloss die Augen. »Was soll das bringen?«

Conrada antwortete nichts darauf, aber am späten Nachmittag erschien der Arzt ein zweites Mal. Diesmal sah er aus, als käme er geradewegs von einer Jagd. Emilius blieb mit geschlossenen Augen liegen und blinzelte erst, als der Arzt sich an seinem Schulterverband zu schaffen machte.

»Ich brauche keinen Quacksalber, der an mir rumfingert«, murmelte er und versuchte, von dem Mann wegzurücken. Weil er sich nicht auf den verletzten rechten Arm stützen konnte, gelang es nicht.

Der Arzt nahm den Quacksalber nicht übel, sondern entfernte den Verband und betastete die Wunde wieder mit seinen harten Fingern. Diesmal befand sich noch Dreck unter den Nägeln. Conrada hielt eine Schüssel mit Wasser bereit.

Nachdem er lange genug beide Verletzungen betastet hatte, konnte er keinen Grund feststellen, warum es dem Patienten so offenkundig schlecht ging. Die Wunden heilten, waren nicht brandig und der Patient nicht fiebrig.

»Der Mann versteht sein Handwerk nicht. Jedermann sieht doch, dass es Herrn von Kobsdorff schlecht geht«, mischte sich Hauptmann Holm ein. Er hatte die Untersuchung bisher schweigend von einem Sessel aus verfolgt. Ihm machten seine Verletzungen viel weniger zu schaffen, und er stand jeden Tag für einige Stunden auf.

Dafür musste er auch eine Untersuchung über sich ergehen lassen, und am Ende ließ der Arzt eine weitere Flasche seiner Arzneien da. Sie hatte eine grünliche Farbe. Conrada nahm die Medizin an sich und wollte sie wegschütten. Die Hand der Cosel schoss vor und verlangte das Fläschchen. Auch diesmal zog sie wieder den Korken heraus und roch daran.

Ein Lächeln glitt über ihr Gesicht. Neben Baldrian nannte sie eine Reihe anderer Zutaten in dieser Medizin, die den Körper kräftigen sollten.

»Und so was wollten Sie wegschütten, liebe Cousine. Geben Sie es dem Herrn von Kobsdorff, und es wird ihm im Nu besser gehen.«

Anna Constantia von Cosel · 1713 und 1714

Im Jahr 1713 wurde es April, wurde es Mai, und ich blieb in Dresden. Dafür erreichte mich ein königlicher Befehl, ich müsse für einige Zeit aus meinem Palais auf dem Taschenberg ausziehen, damit es umgebaut werden könne. Seit Jahren wurde daran gebaut, und immer hatte ich währenddessen darin gewohnt. Ich empfand Friedrich Augusts Forderung als

Affront, obwohl er mir das Palais zum Wohnen auf Lebzeit und nicht zum Eigentum gegeben hatte. Haxthausen überredete mich, diesem Befehl Folge zu leisten, da es einiges an den Fenstern und am Dach des Hauses zu reparieren gebe, und mir solange ein Haus in Dresden zu mieten.

Ich schickte einen Privatsekretär aus, ein Haus in Dresden zu finden, das meinen Anforderungen genügte. Es bereitete ihm Schwierigkeiten. Nicht wegen der Anforderungen. Haxthausens Warnungen waren nicht einfach dahingesagt gewesen. Mein Stern am Hofe sank. Niemand wollte an mich vermieten und auf diese Weise mit mir in Verbindung gebracht werden. So konnte ich es in Dresden nicht aushalten. Ich ließ das Gerücht verbreiten, nach Hamburg reisen zu wollen, um dort ein Haus zu kaufen.

In Wahrheit reiste ich nach Osten. Richtung Warschau. Zu Friedrich August. Im polnischen Widawa kehrte ich zum Mittagessen in einen Gasthof ein. Der Zufall wollte es, dass auch die Herren Montargon und de la Haye dort Rast machten. Ich kannte beide: der eine ein Höfling, der andere Oberstleutnant der Chevaliergarde. Ihr Weg führte sie von Warschau nach Dresden. Wir kamen überein, zusammen zu speisen.

Ich war froh über diese Gelegenheit, aus erster Hand zu erfahren, wie die Dinge standen. De la Haye war schweigsam, das Gespräch führte Montargon. Nach dem Essen riet er mir, nach Sachsen zurückzukehren.

»Wie kommt Er dazu, mir Derartiges zu raten?«, rief ich aus.

»Ich will mich nur erkenntlich zeigen für ein Mittagessen in so vorzüglicher Gesellschaft, gnädige Frau.«

»Da gibt Er mir diesen Rat?«

»Es ist der beste, den ich Euch zuteilwerden lassen kann.«

Montargon hatte wie ich seine Stimme erhoben.

»Nun, dann muss ich Danke sagen und hinzufügen, dass mein Reiseziel meine Angelegenheit ist, werter Herr Montargon.« Meine Stimme war kalt wie Eis, und so fühlte sich auch mein Herz an. Als schwerer Klumpen schlug es in der Brust. Dieser Herr erdreistete sich unbeschreiblicher Frechheiten, als wüsste er nicht, wen er vor sich hatte. Es wurde höchste Zeit für meine Ankunft in Warschau.

Er schaute mich mit einem Blick an, vor dem ich wohl erzittern sollte. »Ich spreche im Namen des Königs. Er hat mich ausgesandt, Euch zur Umkehr zu bewegen«, verkündete er.

Danach waren im Raum nur meine Atemzüge zu hören.

»Das glaube ich nicht«, brachte ich endlich hervor.

»Ich trage einen königlichen Befehl bei mir, Euch mit jeglichem Mittel zur Umkehr nach Dresden zu bewegen. Notfalls mit Gewalt! Der König wünscht Eure Anwesenheit in Warschau unter keinen Umständen.«

In meinen Ohren rauschte es. Nichts hielt mich länger auf dem Stuhl. Mit Gewalt würde ich mich nicht fortschleifen lassen. Wild riss ich eine der Pistolen, ohne die ich niemals reiste, aus einer in meinen Röcken verborgenen Tasche, spannte den Hahn und zielte auf Montargon.

Der feige Wurm floh aus dem Speisezimmer wie ein Kaninchen vor der Schlange.

Ich richtete meine Waffe auf de la Haye. Er stand auf und blickte kalt in die Mündung.

»Ihr könnt mich erschießen, gnädige Frau, aber das ändert nichts an dem königlichen Befehl. Es werden andere kommen, ihn auszuführen. Diese werden Euch nicht mehr den schuldigen Respekt erweisen und höflich zu Euch sprechen. Ich denke, ich muss nicht deutlicher machen, was Euch erwartet, solltet Ihr auf der Fortführung Eurer Reise bestehen?«

Seine vernünftigen Worte milderten meine Wut. Wir setzten uns wieder an den Tisch. Er stellte ein Glas Süßwein vor mich und redete freundlich mit mir. Er nannte mich eine kluge Frau; der König sei unser aller Herr und seine Wünsche unsere Befehle. Er sprach es nicht aus, aber durch die Blume verstand ich, dass da eine andere Frau war, um deren Gunst Friedrich August buhlte und dabei nicht gestört werden wollte. Bereits in Dresden hatte ich von einer jungen Gräfin Dönhoff gehört, die der polnische Hof ihm als Maitresse andiente, weil in ihren Augen ein polnischer König eine polnische Gespielin benötigte. Es schmerzte mein ganzer Leib, als ich die Dresdner Gerüchte nun bestätigt fand, aber gegenüber de la Haye ließ ich mir nichts anmerken.

»Ihr müsst dem König gehorchen«, schloss er. »Es tut mir leid um Euch, Madame. Euren Verstand und Euren Charme schätze ich sehr. Dem Hof fehlt etwas, wenn Ihr nicht dort seid. Ihr seid genau das, was einen Hof ausmacht. Niemand kann Euch ersetzen.«

Ich hatte Zeit gefunden, meine Nerven zu beruhigen. Was sollte ich tun? Mich einem Befehl Friedrich Augusts entgegenzustemmen, kam nicht infrage. Damit gab ich meinen Feinden bei Hofe neue Nahrung und entfremdete mir den König immer mehr. De la Hayes letzte Worte machten mir Hoffnung, auch Friedrich August würde meine Abwesenheit als schmerzlich empfinden und dass seine kleine Dönhoff mich keinesfalls ersetzen konnte. Es nützte mir mehr, die Ruhe zu bewahren, statt einen Skandal heraufzubeschwören. Die Dönhoff musste ich ihm nachsehen, so schwer es mir fiel, schließlich kannte ich ihn und wusste, wie leicht seine Sinne zu beeinflussen waren.

»Sprich Er ihm gut von mir«, sagte ich darum zu de la Haye. »Lasse Er auch andere das Gleiche tun.«

Er versprach es, und wir schieden freundlich voneinander. Ich in Richtung Dresden, er zurück nach Warschau.

Mir kam auf der Reise der Gedanke – mehrmals – wieder umzukehren. Stände ich dem König erst gegenüber und spräche mit ihm über meine Liebe und unseren noch kein Jahr alten Sohn, könnte ich ihn wieder für mich einnehmen. Ich war mir sicher. Am Ende wagte ich nicht, seinem königlichen Befehl zuwiderzuhandeln.

Einsam und abgekämpft erreichte ich Dresden.

Hämmern und Klopfen ließen mich in der Nacht aus dem Schlaf schrecken. Ich wohnte wieder in meinem Palais auf dem Taschenberg. Ich stieg aus dem Bett und warf mir einen Morgenmantel über.

Im Vorzimmer, in dem gewöhnlich mein Kammermädchen hinter einer spanischen Wand schlief, war niemand. Der Lärm setzte kurz aus, um dann mit gleicher Heftigkeit erneut zu beginnen. Ich hielt eine meiner Reisepistolen geladen in der Hand und machte mich auf den Weg.

Die Schar meiner Bediensteten drängte sich in der Eingangshalle zusammen. Der Lärm war hier noch lauter. Die Schläge dröhnten in den Ohren.

»Was ist los?«, herrschte ich meine Leute an.

Sie schüttelten nur die Köpfe und blickten mir aus schreckgeweiteten Augen entgegen. Wo ihnen die nötige Traute fehlte, war ich umso entschlossener, sie mir nicht abkaufen zu lassen. Ich fuchtelte mit der Pistole herum und ging zur Tür. Die war verriegelt und verschlossen, niemand hatte sich daran zu schaffen gemacht. Mit nur einer Hand brauchte ich eine Weile, sie zu öffnen.

Eine meiner Schildwachen vor der Tür sollte für mich die Ursache des Krachs herausfinden.

Die Männer fehlten!

Seit Jahren standen Tag und Nacht zwei Wachen vor meiner Tür. Jetzt war sie ungeschützt. Ich vermutete Flemming dahinter, aber es war nicht die Zeit, sich darum zu kümmern. Wahrscheinlich saß er in diesem Augenblick auf einem Ball, plauderte galant, mehrte seinen Einfluss und lachte in Gedanken über mich.

Es bereitete mir keine Mühe, die Ursache des Krachs herauszufinden. Am Gang, der das Palais mit den privaten Räumen Friedrich Augusts im daneben liegenden Schloss verband, fanden im Schein von Laternen Bauarbeiten statt. Abbrucharbeiten, wie ich auf den zweiten Blick bemerkte. Auf der Gasse lag bereits ein ansehnlicher Schuttberg neben ordentlich aufgestapelten Dachziegeln. In Wand und Dach klaffte ein großes Loch.

Im Morgenmantel und mit wehenden Flechten fuhr ich wie eine Erinnye unter die Arbeiter. Mir war nicht bewusst, dass ich mit der Pistole vor ihnen herumwedelte, aber sie wichen erschrocken zurück.

»Sofort aufhören!«

»Wir haben unsere Befehle, gnädige Frau.«

»Welche Befehle?«

»Diesen Gang abzureißen. Bis zum Mittag sollen wir fertig sein.«

»Wessen Befehl?«

Ich wusste, dass nur Flemming dahinterstecken konnte. Ich ging ins Haus zurück, ließ sie mit ihrer Arbeit fortfahren. Das Hämmern und Klopfen dauerte die restliche Nacht. Die Ehrenwache kehrte bis Tagesanbruch nicht zurück. Dafür unterrichtete mich ein Briefchen Flemmings davon, dass dies auch in Zukunft nicht mehr der Fall sein würde und dass der Gang zwischen Schloss und Palais komplett abgebrochen werde. Beides geschehe auf königlichen Befehl. Die Worte ›königlicher Befehl‹ verursachten mir inzwischen Brechreiz.

Was musste dieser Kretin triumphieren? Ich gönnte ihm nicht die Genugtuung einer Antwort, sondern stopfte mir

Seidentücher in die Ohren, um den Krach der Abbrucharbeiten nicht länger hören zu müssen.

Dies geschah Mitte Dezember, und wenige Tage später hielt die launische Fortuna den nächsten Schicksalsschlag für mich bereit.

Mein guter Freund Haxthausen ließ sich bei mir melden. Auch er hatte mich in letzter Zeit seltener besucht. Ich ging eine Weile im Zimmer auf und ab, um mich zu sammeln, spazierte sogar in den winterlichen Garten hinaus. Die eisige Luft kühlte mir die erhitzte Stirn, danach war ich bereit, ihn zu empfangen.

Ich sah ihm gleich an, dass er gekommen war, um sich einer Pflicht zu entledigen. Und dass es keine angenehme war. Innerlich wappnete ich mich, wollte alles ruhig ertragen, egal was er mir zu sagen hatte. Sowie er zu sprechen begann, vergaß ich meinen guten Vorsatz. Ich schrie, tobte, wütete gegen ihn und weinte. Ich fluchte und drohte. Ich beschwor die Leidenschaft, die Friedrich August und mich immer vereint hatte, unsere drei gemeinsamen Kinder, die lange Zeit, in der wir einander alles gewesen waren. Wohl über eine halbe Stunde gebärdete ich mich so; die ganze Zeit saß Haxthausen auf einem Stuhl und hörte mir ruhig zu. Nachdem mich die Kraft verlassen hatte, umfing er mich und tröstete mich.

»Ihr müsst dem König gehorchen, Dame Constantia. Nur so könnt Ihr sein Herz zurückgewinnen. Wer gegen ihn wütet und ihm Widerworte gibt, macht ihm Angst. Das wisst Ihr so gut wie ich.«

Er trocknete meine Tränen.

»Ich will es tun«, versprach ich, um gleich anzufügen: »Das kann er mir nicht antun! Ich lasse mich nicht wegschicken, damit er die Dönhoff nach Dresden holen kann.«

Bisher war ihr Name in meinem Haus nicht ausgesprochen worden. Nun wollte sie Friedrich August nach Dresden be-

294

gleiten und fürchtete angeblich um ihr Leben, wenn wir beide uns zur selben Zeit in der Stadt aufhielten. Daher sollte ich weichen. Pillnitz lautete der Ort meiner Verbannung.

»Er lässt mich nicht fallen. Nicht für eine wie die. Sag Er mir, dass das alles nicht stimmt. Mein treuer Haxthausen«, flehte ich.

»Constantia, Ihr müsst folgen.« Der Freund hielt meine Hände und sah mich beschwörend an. »Denkt an die Königsmarck und die Teschen. Die haben ihren Frieden mit ihm gemacht, sind zurückgetreten, als er es verlangte, und erfreuen sich weiterhin seiner Wertschätzung. Die Teschen lebt sogar in Dresden.«

»Das waren Maitressen. Ich aber bin seine Frau und niemand, den man nach Belieben fortschicken kann.«

»Seine Frau ist seine Frau«, sagte Haxthausen bestimmt, sprach danach eine Weile ruhig mit mir und verabschiedete sich nicht eher, bis ich ihm Besonnenheit gelobte.

Ich ging mit dem kleinen Friedrich August auf dem Arm durch die Räume und konnte mich nicht dazu entschließen, den Befehl zum Packen zu geben. Ich wollte mich nicht wegschicken lassen, wie man einen Hund von dem Platz vorm Kamin verjagt. Sollte die Dönhoff doch zeigen, wie viel Mut in ihren bleichen Knochen steckte.

Auf diese Weise verlebte ich einige Tage in höchster Anspannung, bis sich Flemming bei mir melden ließ. Diesen Herren hatte ich lange nicht mehr in meinem Haus begrüßt und legte auch keinen Wert darauf.

Einen Augenblick überlegte ich ernsthaft, ob ich mich zu Bett legen und eine Krankheit vortäuschen sollte. Gleich darauf schalt ich mich eine Närrin; war ich noch nie feige gewesen, sondern hatte dem Schicksal immer mutig ins Auge geblickt. Ich würde ihn empfangen. Vorsorglich steckte ich eine Pistole ein.

Ich empfing den Günstling Friedrich Augusts sehr gerade auf einem Stuhl sitzend. Vor mir auf dem Tisch lag aufgeschlagen das Haushaltsbuch, und ich tat, als müsse ich die Abrechnungen kontrollieren und abzeichnen. Flemming sollte gleich sehen, wie wenig Zeit ich für seinen Besuch hatte.

Geziert wie üblich schritt er herbei, neigte den Kopf und beugte sich mit gespitzten Lippen über meine Hand. In seiner Miene konnte ich nichts lesen, aber er kam gleich zur Sache.

»Ihr solltet nicht mehr hier sein, Gräfin. Der König hat Eure Abreise nach Pillnitz verfügt. Ich wurde beauftragt, Sorge zu tragen, dass Ihr wirklich geht.«

»Packt Er mich sonst an den Haaren und schleift mich fort?« Ich baute mich vor ihm auf. Wir waren etwa gleich groß, aber er war breiter als ich.

»Ich habe meine Befehle, und die werde ich befolgen. Ihr habt die neue Zeit noch nicht verstanden, scheint mir. Das wundert mich, denn ich hielt Euren Geist immer für bemerkenswert. Es ist nun einmal so, dass Eure Zeit vorüber ist, verehrte Frau Gräfin.«

Flemming sagte dies alles im Plauderton und ging dabei im Zimmer umher. Schließlich stand er neben dem Fenster, schob den Vorhang beiseite.

»Kommt einmal zu mir, damit ich Euch etwas zeigen kann.« Er winkte mir.

Mein erster Impuls war, mich ans andere Ende des Zimmers zurückzuziehen, ihn von dort aus zu verabschieden. Ich hatte diesen Gedanken noch nicht zu Ende gedacht, als mir aufging, wie albern das sei. Ich ging zum Fenster, spähte durch den Spalt im Vorhang auf die Schlossgasse.

Dort war alles wie immer. Menschen gingen ihren Geschäften nach; Jungen liefen mit ihren Büchern unterm Arm zur Schule; andere mussten arbeiten und trugen Lasten. Ein

Geistlicher in dunkler Kleidung zog einen Knaben am Ohr; Hühner und herrenlose Hunde wühlten im Dreck; Frauen kamen mit gefüllten Körben vom Markt zurück.

»Was will Er mir zeigen?«, fragte ich. »Das Gewöhnliche kenne ich zur Genüge.«

»Das!« Flemming winkte einmal mit der Hand, und aus Hauseingängen, schmalen Durchlässen, hinter Wagen und Kisten traten Gardisten hervor. Ihre Waffen trugen sie vor der Brust. Sie stellten sich vor dem Fenster auf.

»Diese Männer sind auf mein Geheiß hier. Sie werden den Willen des Königs durchsetzen, geht Ihr nicht freiwillig nach Pillnitz. Ich empfehle mich, Madame.« Flemming beugte sich wieder über meine Hand, nachdem er mit einem zweiten Wink die Soldaten hatte forttreten lassen.

Er drohte mir, und ich fand keinen Weg, dem zu trotzen. Ich konnte nichts anderes tun, als mit den Vorbereitungen für die Reise zu beginnen. Eine halbe Stunde später war der Haushalt in Aufruhr. Truhen wurden vom Dachboden geholt, Decken und Tücher ausgeschüttelt, meine Garderobe eingepackt, Geschirr, Bücher und was sonst für meinen Aufenthalt in Pillnitz unverzichtbar war zusammengetragen. In allen Gängen herrschte ein ständiges Kommen und Gehen. Davon unberührt blieb nur das Zimmer des kleinen Friedrich August. Ich stand an seinem Bett und beobachtete ihn im Schlaf.

Am nächsten Tag reiste ich mit meinem kleinen Sohn nach Pillnitz.

Auf dem Rittergut brachte ich die Zeit mit Geschäften zu und mit meinem Sohn. Der kleine Friedrich August war über ein Jahr alt und sprach die ersten Worte. Er nannte mich Maman, versuchte sich an meiner Hand an tapsigen Schritten und entzückte mein Herz jeden Tag aufs Neue. Er ließ mich aber auch schmerzlich meine beiden Töchter vermissen. Ich schrieb ihnen beinahe jeden Tag, packte Pakete mit Kleidern und Schleckereien für sie.

Am liebsten hätte ich sie um mich gehabt wie den kleinen Friedrich August. Ich wagte es jedoch nicht, sie herkommen zu lassen oder mit ihrem Bruder zu ihnen zu reisen. Ich war mir nicht sicher, ob ich Kursachsen verlassen durfte, und wollte nicht riskieren, an der Grenze aufgehalten zu werden. Die Demütigung wäre mehr, als ich ertragen könnte.

In dieser Zeit erhielt ich keinen Besuch aus Dresden. Nur der Pfarrer der kleinen Dorfkirche in Hosterwitz, wohin das Rittergut eingepfarrt war, suchte mich auf, und am Dreikönigstag sangen die Kinder vor meinem Fenster. Selbst mein treuer Haxthausen hatte mich verlassen, und ich konnte es ihm nicht verdenken. Dennoch war Pillnitz nicht weit genug von Dresden entfernt, als dass ich nichts aus der Residenz hörte.

Friedrich August vergnügte sich mit der Dönhoff öffentlich beim Karneval. Sie feierten Ringreiten, Nachtschießen, Maskenbälle und Bauernwirtschaften. Auf der Elbe herrschte unterdessen Eisgang, und an vielen Tagen fielen dichte Schneeflocken zur Erde. Sollten er und die Dönhoff sich kalte Nasen und Hände holen.

Sollte Friedrich August sich mit der Dönhoff tummeln, bis er genug von ihr hatte. Ich wollte mich in Geduld üben, obwohl mir das noch nie leichtgefallen war. Wahrscheinlich hatte er sich auf diese Polin nur eingelassen, weil er dazu gedrängt worden war, und wartete auf die Gelegenheit, zu mir zurückzukehren. Auf diesen Tag bereitete ich mich vor. Schließlich war ich seine Frau, das hatte er mir schriftlich versprochen. Der Gedanke half meiner Geduld ebenso wie die Briefe meiner Mutter, in denen sie mir von den Mädchen berichtete und mich ermahnte: ›Um Gottes willen bedenken Sie sich wohl, was Sie tun und sprechen, denn öfter mal aus Ungeduld einem ein Wort entfällt, welches die falschen Freunde auffangen.‹ Sie kannte mich gut, meine Frau Mama.

KAPITEL XXX
· 1731 ·

*E*in Schrei weckte Conrada. Im ersten Moment wusste sie nicht, ob jemand vor dem Fenster oder im Traum geschrien hatte.

Ein zweiter Schrei!

»Lass Er mich los!«, rief eine Stimme. Sie kam Conrada bekannt vor.

»Conrada, schlaf Sie nicht! Hilf Sie mir!«

Conrada war hellwach und setzte sich auf. Der durchs Fenster scheinende Mond beleuchtete einen Teil des Zimmers, auch die Seite der Gräfin. Nachdem ihre Augen sich an das Licht gewöhnt hatten, erkannte Conrada Hauptmann Holms Rücken. Er stand über das Bett der Cosel gebeugt, ein Knie hatte er auf die Matratze gestützt.

Dann sah sie den Strick, den er um ihre Handgelenke winden wollte. Die Cosel wehrte sich, aber der Hauptmann hatte ihre Arme mit einer Hand gepackt, und gegen seine Kraft kam sie nicht an. Mit dem Oberkörper hielt er sie nieder. Nun begriff Conrada, was er vorhatte. Augenblicklich war sie auf den Beinen, sprang Holm von hinten an und riss an seinen Rockschößen, um ihn von der Gräfin wegzuziehen.

»Lassen Sie das! Fort mit Ihnen aus unserem Schlafzimmer!«, rief sie dabei.

Der Hauptmann stieß sie mit einem Arm von sich, mit der anderen Hand hielt er weiter die Handgelenke der Gräfin umklammert. Conrada stolperte nach hinten, verfing sich in ihrem Nachthemd und landete auf dem Hinterteil. Den Kopf stieß sie sich schmerzhaft an der Bettkante. Sie fühlte sich benommen und rang keuchend nach Luft. Vor ihren Augen tanzten Schemen.

Dieser kurze Moment genügte Holm, die Handgelenke der Gräfin zu fesseln. Die wand sich wie ein Aal, schlug dem Hauptmann mit den gebundenen Händen auf den Rücken. Holm kümmerte sich nicht darum, sondern fesselte ihre Beine.

»Tu Sie was, statt nur dazuliegen!«, kreischte die Cosel.

Das vertrieb Conradas Benommenheit, aber sie konnte nicht verhindern, dass der Hauptmann sich die Gräfin über die Schulter warf und mit ihr aus dem Zimmer eilte. Die versuchte noch, mit gefesselten Händen nach dem Türrahmen zu greifen, aber es gelang ihr nicht.

»Hilfe! Zu Hilfe! Entführung!«, rief sie.

Conrada rappelte sich hoch und lief den beiden hinterher, sah aber nur noch, wie Holm die Gräfin über den Rücken seines Pferdes warf und sich dahinter in den Sattel schwang. Er trieb den Braunen zu einem schnellen Trab an und verließ den Hof.

Die Hilfeschreie und den Tumult konnten die Brüder Wessel nicht überhört haben, aber sie zeigten sich nicht.

»Feiglinge!«, schimpfte Conrada vor sich hin. Sie war drauf und dran, über den Hof zu rennen, um Attilas zu satteln und den beiden zu folgen. Dann fiel ihr Emilius ein. Sie konnte den Verletzten unmöglich zurücklassen.

Sie hörte ihn fluchen. Ihn musste der Krach ebenfalls geweckt haben. Wenn ihm nur keine Dummheiten in den Kopf kamen. In seiner Lage …

Conrada rannte ins Haus zurück und verschwendete keinen Gedanken daran, dass es sich für eine anständige Dame nicht gehörte, nachts das Schlafzimmer eines Herrn zu betreten. Sie kam gerade rechtzeitig, denn Emilius war dabei, sich aus dem Bett zu quälen. Ein Bein hatte er bereits auf den Boden gestellt.

»Unterstehen Sie sich!«, befahl Conrada streng. »Sofort legen Sie sich wieder hin!«

»Das geht nicht. Der Hauptmann ist fort, und den Schreien nach zu urteilen, hat er die Gräfin mitgenommen. Wir müssen den beiden nach.«

»Sie müssen nichts anderes, als wieder gesund zu werden.« Sanft, aber bestimmt legte sie ihm eine Hand auf die linke Schulter und verhinderte seine weiteren Versuche aufzustehen. »Seien Sie ein braver Junge und legen Sie sich hin.«

»Sie verstehen nicht … Sollen all unsere Mühen umsonst gewesen sein?«

»Doch, ich verstehe. Und wenn Sie nicht wollen, dass ich andere Saiten aufziehe, nehmen Sie Vernunft an. Es bringt uns gar nichts, Holm nachzujagen, wenn wir dabei nur verlieren können. Köpfchen ist gefragt«, widersprach Conrada. Sie war überzeugt davon, recht zu haben, einen Plan, wie die beiden zurückzuholen seien, hatte sie allerdings nicht.

»Welche Saiten sollten in diesen zarten Händen schlummern? Sie bringen mich fast in Versuchung, es herauszufinden.«

»Unterstehen Sie sich«, erwiderte sie und konnte trotz ihrer Anspannung ein Kichern nur mühsam unterdrücken. »Ich müsste etwas Verstand in Ihren Kopf schlagen, und das ist nicht sehr damenhaft.«

»Aber Sie würden es tun?«

»Wenn Sie mich zwingen.«

Emilius gab ein Pfeifen von sich und ließ sich in die Kissen zurücksinken. »Ich beuge mich der Gewalt. Einstweilen. Obwohl Sie einen Fehler machen.«

»Sie müssen immer das letzte Wort haben.«

Er grinste nur und bewies Conrada dadurch, dass sie unrecht hatte.

* * *

Holm hatte mit seinem Pferd und der widerspenstigen Cosel viel Mühe. Ihm ging mehrfach der Gedanke durch den Kopf, die Frau aus dem Sattel zu stoßen und sein Heil in der Flucht zu suchen. Er dachte dann aber an seine Frau und die Kinder in Stolpen, an das Gut, das er erst vor wenigen Jahren erworben hatte und das ihm im Alter Auskommen und Wohnung bieten sollte. Die Repressalien, die seine Frau nach diesem Verrat erleiden würde, konnte er sich nur zu gut vorstellen. Er liebte seine Familie, also lenkte er den Braunen gen Stolpen, ertrug die Schmähreden der Cosel und wunderte sich nur über ihren erstaunlichen Vorrat an Flüchen.

Ich hätte sie knebeln sollen, dachte Holm ärgerlich.

Alle Versuche, sich mit ihr ins Benehmen zu setzen, schlugen fehl.

In einem letzten Vorstoß sagte er zu ihr: »Gnädige Frau Gräfin, ich kann auf diese Weise bis nach Stolpen reiten, ob Ihr dies ebenfalls könnt, weiß ich nicht. Ich will gerne Euer Los erleichtern, aber dazu müsst Ihr mir Vernunft zeigen.«

Ob es die Worte waren oder etwas in seiner Stimme, wusste er nicht, jedenfalls beschimpfte sie ihn nicht weiter und war geneigt, ihm zuzuhören.

»Ich besorge einen Wagen und einen Kutscher, damit Ihr reist wie eine standesgemäße Dame. Im Gegenzug versprecht Ihr, keinen Fluchtversuch zu unternehmen, niemandem das Ziel unserer Reise zu verraten und Euren Namen nicht zu nennen.«

»Mir scheint, ich soll Ihm mehr versprechen als Er mir, da

Er mich nur wieder in die Armut meines Stolpener Loses zurückstoßen will.«

»Wisst Ihr etwas über das Los, das diese leichtsinnigen jungen Leute Euch zugedacht haben?«

»Sie bringen mich mit Friedrich August zusammen, der sich heimlich mit mir versöhnen will.«

Holm lachte. Die Gräfin war ihm schon immer verschroben vorgekommen, aber das schlug dem Fass den Boden aus. Er musste den Braunen zügeln und sich Tränen aus den Augen wischen.

»Er glaubt mir nicht? Ich weiß jedoch in meinem Herzen, dass Friedrich August sich mit mir versöhnen will, aber die Staatsräson verbietet es ihm, mich öffentlich an seine Seite zu holen.«

»Das haben die jungen Leute Euch glauben gemacht?«, japste Holm.

»Sie müssen mir nichts einreden, was ich weiß.« Die Gräfin sprach so hoheitsvoll, wie ihre Lage es zuließ.

»Ich weiß jedenfalls, dass sie Euch ins Kurfürstentum Brandenburg schaffen wollten, wo die junge Dame bei Küstrin ein Bauerngut besitzt, auf dem sie Euch unterbringen wollte.«

»Das glaube ich nicht.« Die Cosel klang jedoch nicht mehr so überzeugt wie zuvor. »Nun mach Er mich endlich los. Ich verspreche Ihm bei meiner Ehre, dass ich nicht vom Pferd springen und davonlaufen werde.«

Nur zu gern erfüllte Holm ihren Wunsch. Danach saß sie im Sattel, und er führte den Braunen am Zügel.

»Ich weiß es zufällig genau«, sagte er dabei. »Der Vater der jungen Dame ist auf der Suche nach ihr in Stolpen aufgetaucht. Sie muss Euch außer Landes schaffen, Gnädigste, und sie kann Euch nur eine Wohnung auf dem Gut bei Küstrin geben.«

»Ein Gut wie Pillnitz?«, fragte die Cosel hoffnungsvoll.

»Rechnet lieber nicht damit. Es wird ein Gut für eine Bauernfamilie sein, aber kein standesgemäßes Anwesen für eine Reichsgräfin. Ein einfaches Leben unter Rindern und Schweinen wäre Eure Zukunft. Über das Schicksal Eurer Kinder könntet Ihr nicht mehr wachen, die Kuratoren werden Euer Vermögen einziehen, und keinen einsamen Taler werdet Ihr mehr davon sehen.«

Das verschlug der Cosel die Sprache und gab Holm Hoffnung.

»Er bringt mich nach Stolpen zurück?«, fragte sie nach einer Weile. »Was geschieht dort mit mir?«

»Ihr nehmt Euer früheres Leben wieder auf.«

»Und die Frau, die an meiner statt dortgeblieben ist?«

»Darüber hat der Major zu befinden. Er wird Milde walten lassen, wenn ich ihm sage, dass Ihr freiwillig mit mir gekommen seid.«

»Das wird Er tun?«

»Wenn Ihr Vernunft annehmt, mich einen Wagen besorgen lasst und keinen Fluchtversuch unternehmt.«

Sie nickte, und Holm atmete hörbar auf.

Es dauerte eine Weile, ehe sie einen Vierseithof erreichten, der vermögend genug aussah, um eine Kutsche und einen Knecht auf dem Bock hergeben zu können.

Holm zog ein Papier aus dem Ärmelaufschlag seines Rocks und wedelte einem Mann damit vor dem Gesicht herum. Er verlangte, den Bauern sprechen.

Der ließ nicht lange auf sich warten und war weder bereit, zwei Pferde noch einen Wagen und einen Knecht herzugeben. Er sei ein freier Bauer und nicht zu Spanndiensten verpflichtet.

Holm ließ ihn das Papier lesen, eine Anweisung, dem Inhaber dieser Nachricht mit allen zu Gebote stehenden Mitteln auszuhelfen. Darunter befanden sich die Unterschrift des Kurfürsten und sein Siegel. Holm selbst hatte die Anweisung auf das Blankett, das er zu Beginn des Dienstes bei der Cosel erhalten hatte, geschrieben.

Der Bauer gab nach. Zwei Pferde wurden vor eine kastenförmige Kutsche mit schweren Rädern gespannt.

Die Gräfin rümpfte beim Anblick der Kutsche die Nase. Als sie den Mund öffnete, um ihrem Ärger Luft zu machen, flüsterte Holm ihr ins Ohr: »Diese oder keine!«

Sie gab nach, und im Schritt rollte das Gefährt vom Hof. Holm ritt nebenher. Sie kamen nicht schnell voran und würden bei diesem Tempo eine Woche oder länger bis nach Stolpen benötigen.

»Schneller!«, verlangte auch die Gräfin herrisch aus der Kutsche. »Es ziemt sich für eine vornehme Dame nicht, in diesem Schneckentempo zu reisen.«

»Das sind keine Rennpferde. Da müsst Ihr entschuldigen, gnädige Frau«, nuschelte der Kutscher.

»Ich werde nichts entschuldigen.«

Obwohl es weiterhin nur im Schritt voranging, verstummte die Cosel und lehnte sich in die Polster zurück. Sie sah in dieser Pose beinahe königlich aus. Nun konnte Holm besser verstehen, womit sie die Männer angezogen hatte wie das Licht die Motten.

Sie fuhren den ganzen Tag. Auf ebenen Wegstrecken brachte der Knecht die Pferde zum Traben.

»Wohin geht die Reise, wenn ich fragen darf?«, wagte sich der Kutscher am späten Nachmittag vor.

»Vorerst nach Stolpen, danach werden wir weitersehen«, sagte die Cosel.

»Das geht – geht nicht. Der Bauer hat mir gesagt, dass ich am Abend zurücksein muss. Ich kann nicht weiterfahren.« Er zügelte die Braunen, die nur zu gern stehen blieben.

»Er wird uns fahren, solange wir es wünschen. Sein Herr weiß, was er uns schuldig ist«, sagte Holm.

»Lange können die Pferde nicht mehr gehen, dann müssen sie eine Pause machen.«

Dem ließ sich nicht widersprechen. Beide waren nass geschwitzt vom Hals bis zur Kruppe. An den Stellen, an denen das Geschirr anlag, hatte sich weißer Schaum gebildet.

»Wir rasten«, ordnete Holm daher an.

»Da vorne gibt es einen Bach, wo die Pferde trinken und sich im Schatten ausruhen können.«

»Das nützt mir nichts. Ich möchte eine Erfrischung, und ein Taubenbrüstchen in Gelee wäre mir bekömmlich.«

Offenbar hatte die Gräfin sich entschieden, nicht länger friedfertig zu sein, sondern wieder schwierig zu werden. Holm seufzte.

Er bot ihr den Arm und half ihr aus der Kutsche.

Der Knecht trieb die Braunen zum Bach. Statt aber anzuhalten und sie trinken zu lassen, knallte er mit der Peitsche, kehrte zurück auf den Weg und trieb die Pferde weiter an. Sie gingen zum Galopp über.

Holm und die Cosel schauten hinterher.

Anna Constantia von Cosel · 1714 und 1715

Das Jahr 1714 schritt fort. Inzwischen war es Sommer geworden, Friedrich August und die Dönhoff befanden sich weiterhin in Dresden. Ich hatte Order, in Pillnitz zu bleiben.

Die Dönhoff wohnte in meinem Palais, ging durch meine Räume, empfing meine Besucher, aß an meinem Tisch, schlief in meinem Bett. Ich hatte gute Lust, des Nachts nach Dresden zu reiten und eine Fackel durch ein Fenster zu werfen. Mir tat es nur leid um das Haus.

Von den Gärtnern hatte ich Hainbuchenhecken anlegen lassen, die zu schattigen Laubengängen emporwachsen sollten. Ich ergötzte mich daran, zwischen ihnen umherzugehen und stellte mir vor, welch wohltuenden Schatten sie mir und Friedrich August in einigen Jahren spenden würden. Das waren seltene Momente der Freude in einer Zeit des Kummers.

Der begann damit, dass mich Leute besuchten, die sich früher nicht über meine Schwelle getraut hätten. Nun aber meinten sie, ihre Schaulust befriedigen zu müssen. Die Gattinnen gänzlich unbedeutender Majore und Leutnants waren unter ihnen. Niemand von Rang und Bedeutung ließ sich bei mir blicken.

Gerede kam mir zu Ohren, das in der Residenz über mich die Runde machte. Nach außen hin blieb ich unbeteiligt, innerlich jedoch befanden sich meine Gedanken in Aufruhr. Mir wurde eine Tändelei mit diesem und mit jenem angedichtet. Zum Teil waren es Männer wie der Oberhofmarschall Löwendal, andere kannte ich nicht einmal. Sofort wurde mir jedoch klar, was das in Friedrich August auslösen musste.

Ihm durfte das auf keinen Fall zu Ohren kommen, sein Herz würde sich völlig gegen mich verhärten. Die bösen Zungen mussten zum Schweigen gebracht werden, und ich konnte mich nicht selbst darum kümmern, war ich in Pillnitz doch festgesetzt, als wäre ich eine Gefangene. Meine Feder flog über das Papier, als ich an Flemming schrieb.

Er musste verhindern, dass das Gerede dem König zu Ohren kam. Nichts davon sei wahr, so wahr mir Gott helfe, beschwor ich ihn. Ich erinnerte ihn an die Eintracht, die früher zwischen uns geherrscht hatte, und wie sehr es des Königs Gemüt betrüben musste, derartige Lügen über mich zu hören.

Eine Antwort erhielt ich nicht, nicht einmal eine Bestätigung, dass meine Schreiben überhaupt in seine Hände gelangten.

Im Juni erhielt ich doch noch einen Brief von ihm. Flemming verlangte ein Dokument zurück, das der König mir vor Jahren anvertraut hatte. Ich wusste sofort, was gemeint war. Der Ehevertrag.

Mir wurde erst heiß, dann kalt. Dieses Papier war mein Unterpfand gegen Friedrich August. Der Garant für mein Leben und das meiner Kinder. Ich schrieb zurück: ›Das Dokument werde ich keinesfalls herausgeben, und ich bitte den König, nicht darauf zu bestehen. Denn es ist die Grundlage, auf der mein ganzer Anspruch beruht, da das Talent meiner Person und das meines Herzens nicht mehr zählen.‹

Kaum zwei Wochen später reiste Friedrich August nach Warschau, und ich frohlockte, nun nach Dresden zurückkehren zu können. Allein ich erhielt Order, in Pillnitz zu bleiben.

Flemming gab wegen des Ehevertrages nicht nach, seine Forderungen wurden drängender, seine Worte dreister und meine Antworten heftiger: Lieber wollte ich mein Leben geben als den Vertrag. Eher würde ich ihn aller Welt bekannt machen, schrieb ich zurück. Darüber verstrichen die Wochen.

Ich schrieb Friedrich August nach Warschau und verlangte zu wissen – mit allem schuldigen Respekt –, was mit unseren Kindern geschehen solle.

Als Antwort darauf suchte mich der Generaladjutant Friedrich Augusts auf, um mit mir über mein Schicksal zu verhandeln. Sein Name war Benedict Detlof von Thien, und ich kannte ihn bisher nicht.

Er war eine angenehme Erscheinung, blaue Augen in einem freundlichen Gesicht. Seit Langem war er bei weitem der angenehmste Mensch, der mich in Pillnitz aufsuchte.

Er sei gekommen, um mit mir im Namen des Königs über die Herausgabe gewisser Sachen zu verhandeln, erklärte er und konnte dabei den Blick nicht von meinem Gesicht lösen. Ich bat ihn, in einem Fauteuil Platz zu nehmen, und setzte mich ihm gegenüber auf ein Sofa, breitete die Röcke um mich herum aus. Zwischen uns stand nur ein kleiner Tisch, auf den ein Lakai eine Erfrischung setzte.

Auf den Knien hielt Thien eine lederne Mappe. Er umklammerte sie so fest, dass seine Fingerknöchel scharf hervortraten, und ich schenkte Tee in winzige Porzellantassen. Über den Tassenrand hinweg schaute ich Thien an. Er war wirklich eine angenehme Erscheinung.

»Erkläre Er mir rundheraus, worin sein Auftrag besteht.«

Thien nestelte einige Unterlagen aus der Mappe und sortierte sie umständlich. Danach begann er mit einer vorbereiteten Rede, und ich hing an seinen schön geschwungenen Lippen.

Bei den ersten Sätzen sprach er flüssig die vorbereiteten Worte über eine Aufstellung meines Vermögens, die erstellt worden war. Alle Geschenke und Gaben des Königs solle ich zurückgeben, und die mir geschenkten Häuser wolle er zurückkaufen. Eine lange Liste lag auf der ledernen Mappe.

Thien wich nach und nach von den vorbereiteten Worten ab, er verhaspelte sich mehr und mehr.

Der Tee in den Tassen war längst kalt geworden, als ich ihm mit einer Handbewegung Einhalt gebot.

»Wir sollten uns besser kennenlernen und Vertrauen zueinander finden, bevor wir über Vereinbarungen sprechen. So habe ich es mit meinen Geschäften immer gehalten, und ich habe nicht vor, davon abzuweichen.«

»Wie Madame wünschen. Verfügt ganz und gar über mich.«

»Ich meine das nicht als Befehl. Als Erstes möchte ich, dass Er mir über sich und seine Familie berichtet.«

Der junge Mann kam meinem Wunsch nach. Über das Vermögen und die Papiere sprachen wir bei diesem Besuch nicht mehr und bei seinen nächsten auch nicht. Wir gingen gemeinsam im Park spazieren, sprachen über Musik, Wissenschaft und Literatur. Thien offenbarte überall ein profundes Wissen. Ich lieh ihm ein Buch, das er mir wenige Tage später zurückbrachte. Zwischen den Blättern entdeckte ich eine gepresste Kornblume und ein Briefchen. Mit winzig klein geschriebenen Worten sprach er darin von Gefühlen und seiner Bewunderung mir gegenüber.

Der Brief rührte mich. Ich trug ihn in einer Rocktasche bei mir, um bei seinem nächsten Besuch mit ihm darüber zu sprechen.

Doch er kam nicht.

Besuchte Thien mich sonst alle paar Tage, verging nun eine Woche. Er ließ nichts von sich hören. Nach einem Dutzend Tagen Schweigen war ich mir sicher, dass etwas geschehen war und ich den angenehmen Herrn von Thien nicht mehr wiedersehen würde.

Dafür erschien der Kabinettsminister Watzdorf mit einer ledernen Mappe, in der sich die Aufstellung meines Vermögens befand. Er war ein weniger angenehmer Gesellschafter und ließ durchblicken, dass der freundliche Herr von Thien von Friedrich August verprügelt worden sei, weil er sich von mir habe umgarnen lassen, statt die Sache voranzutreiben.

»Ich werde bestimmt nicht den gleichen Fehler machen. Aber wir beide können sehr leicht zu einer Übereinkunft gelangen. Mir wäre es eine Ehre, der gnädigen Frau Gräfin zu Diensten zu sein.«

Er kam näher.

Ich wich zurück, bis ich an einen Tisch stieß. Watzdorf umarmte mich, und seine Lippen suchten gierig meine. Im letzten Moment konnte ich den Kopf wegdrehen, und sein feuchter Kuss landete auf meinem Kinn.

Ich stieß ihn zurück.

»Was erlaubt Er sich?« Ich befreite mich aus seinen Armen und brachte mich hinter dem Tisch in Sicherheit.

»Was ich schon immer einmal tun wollte. Es mit einer Frau treiben, die bei einem König gelegen hat, muss etwas ganz Besonderes sein.«

Watzdorf grinste mich unverschämt an. Er war nicht im Mindesten verlegen.

»Gebt es ruhig zu, dass Euch auch schon lange der Sinn danach steht, mal wieder einen Mann zu haben.«

»Gehe Er augenblicklich fort!«, schrie ich ihn an.

»Ihr solltet zu mir nicht spröde sein, gnädige Frau Gräfin. Ich bin nur zu gern bereit, Euch entgegenzukommen bei den Dingen, die wir miteinander auszuhandeln haben.«

»Was denkt Er von mir?«

»Dass Ihr Eure Vorteile erkennt und nutzt. So habt Ihr es in der Vergangenheit gehalten. Also habt Euch nicht so. Ich will auch nicht anspruchsvoll sein, mir reicht es gleich hier auf dem Tisch.«

Das war eine bodenlose Frechheit!

Er kam wieder um denselben herum und versuchte erneut, mich zu umarmen. Ich ohrfeigte ihn, dass meine Handfläche brannte.

Zufrieden beobachtete ich, wie er zurücktaumelte, sich der Abdruck meiner Finger rot in seinem Gesicht abzeichnete.

»Auf der Stelle verlässt Er mein Haus und das Gut! Wagt Er sich noch einmal hierher, werde ich Ihn niederschießen, so wahr mir Gott helfe!«

Watzdorf gab Fersengeld. Ich sah ihn nicht wieder.

Der Sommer war längst in den Herbst übergegangen. Friedrich August hielt sich in Warschau auf, und ich wartete auf die Erlaubnis, in mein Palais auf dem Taschenberg zurückkehren zu dürfen. Wenn der Regen gegen die Fenster prasselte und Oktoberstürme ums Haus tobten, man kaum hinausgehen konnte, ohne sich zu erkälten, war das Leben in Pillnitz eine einsame Angelegenheit. Den ganzen Tag mussten im Haus Kerzen brennen und die Kamine geheizt werden, und dennoch hatte ich das Gefühl, Kälte und Feuchtigkeit krochen in jede Ritze.

Meine Hofroben, die ich das ganze Jahr über nicht einmal getragen hatte, ließ ich in große Koffer packen. Sie mussten nur noch auf ein Boot geladen und nach Dresden gebracht werden. Solange die Elbe noch kein Eis führte.

Die Erlaubnis kam nicht.

Der Winter verging. Ich lebte wie eine Gefangene in Pillnitz. Von allem war ich abgeschnitten und erfuhr die Dinge nur aus zweiter oder dritter Hand.

Weder zur Herbst- noch zur Frühjahrsmesse hatte ich nach Leipzig reisen können, um mich um meine Geschäfte zu kümmern. Die ausstehenden Zahlungen und Zinsen von Herrschaften, denen ich Geld geliehen hatte, gingen nur spärlich ein.

Im April 1715 musste ich einen erneuten Besuch Watzdorfs über mich ergehen lassen. Ich trug eine Pistole in der Rocktasche.

Was im Jahr zuvor zwischen uns vorgefallen war, fand keine Erwähnung.

»Er bringt mir die Erlaubnis, nach Dresden reisen zu dürfen?«, fragte ich hoffnungsvoll, als er sich über meine Hand beugte.

»Die bringe ich nicht. Aber die Zusage, dass Ihr sofort reisen dürft, sofern Ihr bereit seid, das Palais am Taschenberg zu räumen und einige Geschenke des Königs zurückzugeben.«

Ich zögerte. Den Taschenberg herausgeben, damit die Dönhoff sich dort einrichtete? Nachdem er mir das Palais zur Wohnung gegeben hatte? Nicht ohne Gegenleistungen! Vor allen Dingen wollte ich Pillnitz verlassen dürfen. Außerdem verlangte ich Zusagen und Garantien für mich und die Kinder. Sie mussten standesgemäß erzogen werden, und es durfte ihnen nie an etwas fehlen.

Der Abschluss der Vereinbarung verzögerte sich. Watzdorf musste in Warschau Rücksprache beim König halten. In all dieser Zeit war ich in Pillnitz festgenagelt.

Watzdorf brachte mir neue Forderungen Friedrich Augusts. Ich dürfe nicht länger verzögern, die Dokumente – gemeint war das Eheversprechen – herauszugeben. Ich war mit allem einverstanden. Es sollte nur endlich ein Ende haben.

»Die Möbel aus dem Palais behalte ich für mich«, sagte ich matt. Wenn die Dönhoff schon mein Haus haben musste, sollte sie selbst sehen, wie sie es sich wohnlich einrichtete.

Watzdorf musste wieder nachfragen. Wenn ich schon nicht mit Friedrich August selbst sprechen durfte, sollte er mir wenigstens jemanden schicken, der über Kompetenzen verfügte. Er sollte mir Flemming schicken.

In all dieser Zeit in Pillnitz hatte ich es irgendwann einfach nicht mehr ausgehalten. Es war genau der Himmelfahrtstag, an dem ich anspannen ließ. Ich setzte mitsamt der Kutsche über die Elbe über, dann ging es Richtung Dresden. Direkt in die Stadt einzufahren wagte ich nicht, aber ich fuhr zu meinem Garten vor der Stadt und ging darin spazieren. Es kam mir vor, als schiene die Sonne hier heller, als wäre das Gras grüner und als röchen die Rosen süßer. Nach einigen Stunden fuhr ich zurück nach Pillnitz und fühlte mich gestärkt. Einmal hatte ich andere Luft geatmet und der Welt gezeigt, dass es mich noch gab. Niemand hatte mich bei der Ausfahrt behelligt, aber hinterher hörte ich über drei Ecken, welche Schwierigkeiten dem Dresdner Kommandanten mein Tun bereitet hatte. Nun tat es mir beinahe leid. Der Mann hatte mir nie etwas getan, und ich wollte ihm nichts Böses.

Im Juli unterschrieb ich die Bedingungen für die Rück-
gabe des Palais auf dem Taschenberg, übergab Watzdorf die
Schlüssel und den Ring mit dem gelben Stein. Mir kamen
beinahe die Tränen, als ich ihn vom Finger zog. Er war das
letzte Geschenk Friedrich Augusts gewesen, und ich hatte ihn
jeden Tag getragen.

Doch ich durfte endlich nach Dresden!

In das Palais konnte ich nicht mehr, und die gemietete Wohnung war beengt und bei Weitem nicht, was ich gewohnt war.
Aber es war endlich nicht mehr die Pillnitzer Einsamkeit. Ich
begann, mich einzurichten mit den Möbeln aus dem Palais.
Was in die enge Wohnung nicht passte, ließ ich zusammen-
packen und mit Schmuck, Porzellan und anderen Kostbarkeiten nach Hamburg bringen und dort in einer Bank einlagern.
Die Kisten, die ich bereits im letzten Herbst hatte packen lassen, sandte ich auch dorthin. Sie ergänzten den Haushalt, den
ich vor Jahren dorthin geschickt hatte.

Ich fand neue Kraft, holte den kleinen Friedrich August
nach Dresden. Sein Vater sollte ihn endlich kennenlernen,
und dann würde zwischen uns alles gut. Dem Charme des
Jungen könnte er sich nicht entziehen.

Für Herbst war die Ankunft des Königs in Dresden angekündigt. Ich musste in dieser Zeit nach Pillnitz zurück. Bevor
ich mich in der neuen Wohnung eingerichtet hatte, sollte ich
schon wieder gehen. Seinen Sohn durfte der König auch nicht
zu Gesicht bekommen.

In Pillnitz saß ich mit Watzdorf an einem Tisch. Wieder ging
es um das Ehe-Dokument – über dessen Inhalt Watzdorf
immer noch nichts wusste – und meine Häuser. Er drängte
mich, die Urkunde zu übergeben.

»Es ist der Wille des Königs«, sagte er.

»Ich will das Papier ja herausgeben, und die Häuser verkaufe ich ihm auch. Allein ich brauche Garantien für mich und die Kinder. Und ich benötige Zeit, die Papiere zu beschaffen. Ich habe sie an einem sicheren Ort hinterlegt.«

»Ihr hattet genug Zeit, verehrte Frau Gräfin.«

Ich ließ seine Worte unkommentiert. Mit dem Verkauf der Häuser kamen wir voran, seit Friedrich August in Dresden weilte. Er wollte mir den Kaufpreis für die Häuser zu Michaelis des Jahres 1719 zahlen und die Summe bis dahin mit sechs Prozent verzinsen. Ich war einverstanden. Was sollte ich sonst sagen?

Die Übergabe der Häuser wurde vorbereitet, und erneut hielt der Winter Einzug in Pillnitz. Ein Dekret des Königs versprach mir für meine Häuser in Dresden, für Pillnitz und meinen Weinberg in Lößnitz die Summe von zweihunderttausend Talern. Meine jährliche Pension sollte mir fortgezahlt werden, solange ich nicht wieder heiratete. Ich dürfe mich überall dort aufhalten, wo der König gerade nicht sei. Den königlichen Freibrief sollte ich erhalten, sobald ich das Eheversprechen – im Dekret wurde es als Urkunde bezeichnet – auslieferte.

Ich war mit allem einverstanden, versprach die Beschaffung der Urkunde so schnell als möglich. Dann verließ der König Dresden, um den restlichen Winter in Warschau zu verbringen. Ich bereitete mich darauf vor, während dieser Zeit wieder in die Residenz zu ziehen.

Am Tag vor meiner Abreise aus Pillnitz, erreichte mich eine königliche Order.

»Nein!« Mein Schrei hallte durch das ganze Haus.

Das Kammermädchen schaute besorgt um die Ecke, aber als sie meinen Gesichtsausdruck sah, suchte sie schnell das Weite. Der königliche Befehl lag auf dem Boden.

Der König hielt sich in Polen auf, aber mir wurde trotzdem

verboten, nach Dresden überzusiedeln. Ich hatte in Pillnitz zu bleiben, bis ich das Eheversprechen auslieferte. Die Vereinbarung vom Sommer galt plötzlich nichts mehr.

KAPITEL XXXI
· 1731 ·

*D*as hat Er nun von seiner Freundlichkeit«, höhnte die Gräfin. »Dem Mann hätte Er zeigen müssen, wer das Sagen hat.«

Holm kam es vor, als betrachtete die Gräfin ihn als einen Teil ihres Gesindes. Seit Jahren nahm er sich vor, sich von keiner ihrer Aussagen treffen zu lassen; immer wieder gelang es ihr dennoch. Er biss die Zähne fest zusammen, bis sein Kiefer schmerzte. Sofort nach der Rückkehr nach Stolpen würde er erneut um seine Versetzung bitten. Oder seinen Abschied nehmen. Hauptsache, er musste nichts mehr mit dieser Frau zu tun haben.

Sie setzten ihren Weg fort, Holm im Sattel und die Gräfin auf der Pferdekruppe hinter ihm. Die Arme hatte sie um ihn geschlungen, und er spürte ihre Nähe unangenehm im Rücken.

* * *

Conrada fand Emilius aufrecht sitzend im Bett vor, wo er sich abmühte, ein schlaffes und nicht ganz sauberes Stoffstück um seinen Hals zu knüpfen. Die Stiefel hatte er bereits an den Füßen. Weste und Rock lagen auf dem Bett.

Conrada blieb in der Tür stehen. Sie hielt eine Schüssel warmes Wasser und sauberes Leinen in Händen, mit denen sie Emilius' Wunden neu verbinden wollte.

»Was geht hier vor sich? Sie denken doch nicht etwa daran, das Bett zu verlassen?«

»Genau das tue ich.« Emilius unterbrach seine Arbeit mit dem Halstuch und schaute zu ihr auf. »Meine Schulter ist in einem strammen Verband gebettet. Ich bin in wenigen Minuten fertig. Mich verlangt nach einem guten Frühstück, bevor wir die Flüchtigen verfolgen.«

»Wir werden niemanden verfolgen. Sie gehören ins Bett und lassen mich nach Ihrer Schulter schauen. Außerdem werde ich nach dem Arzt schicken, damit der sich um Ihren Kopf kümmert. Mit dem scheint mir auch etwas nicht richtig zu sein.« Conrada stellte die Schüssel so heftig auf der Kommode neben dem Bett ab, dass Wasser überschwappte. Sie musste jedoch zugeben, dass Emilius besser aussah als in den Tagen zuvor. Seine Wangen hatten wieder Farbe, und er blickte munterer um sich.

»Zuerst gehen Sie und geben Befehl, den Wagen anzuspannen. Sie werden den Kutscher für mich spielen müssen. Danach helfen Sie mir in Weste und Rock.«

»Ich denke nicht daran«, platzte Conrada heraus.

»Wenn ich Sie ansehe, beschleicht mich das Gefühl, Sie wollen unsere Sache aufgeben.«

»Ihre Wunden dürfen nicht aufbrechen und sich entzünden, mehr will ich nicht. Ich habe mir alles genau überlegt«, sagte Conrada. Sie hatte tatsächlich die meiste Zeit der Nacht gegrübelt, was nun zu tun sei, und vor allen Dingen, wie sie Serafina aus den Klauen des Militärs befreien könnte. »Ich nehme alle Schuld auf mich, schließlich ist die Gräfin meine Verwandte, und es war meine Idee. Sie haben mit der ganzen Sache nichts zu tun. Es ist die Verirrung eines schwärmerischen Mädchengeistes, dem leider erlaubt wurde, zu viele Romane zu lesen. Meiner Familie werde ich Schande bereiten, das ist nicht zu ändern. Ich kann nur auf die Verzeihung meines Papas hoffen. Die meiner Schwester wird nicht zu erlangen sein.«

»Sehr edel von Ihnen, aber als Mann von Ehre kann ich nicht zulassen, dass eine junge Dame sich ruiniert. Wir jagen Holm Ihre Verwandte wieder ab. Die Wunde in der Schulter ist nicht der Rede wert. Es war alles eine Kriegstaktik.«

Sein Geist scheint doch in Mitleidenschaft gezogen worden zu sein, dachte Conrada.

»Ich sehe schon, dass Sie davon nicht das Geringste verstehen«, redete Emilius weiter. »Meine Wunden setzen mir längst nicht so zu, wie ich alle glauben gemacht habe. Der Hauptmann sollte sich in Sicherheit wähnen. Es war mir klar, dass er bei der ersten Gelegenheit versuchen würde, mit Ihrer Großcousine zu verschwinden. Er sollte mich für ausgeschaltet halten, um es nicht für nötig anzusehen, mir etwas über den Kopf zu schlagen oder einen Dolch in meiner Brust zu versenken. Dann wäre wirklich alles verloren gewesen.«

»Besonders für Sie.«

»Sie spotten wieder, das ist gut. Nun helfen Sie mir endlich, oder ich gehe ohne Weste und Rock zum Frühstück und später aus dem Haus.« Er erhob sich vom Bett und stand sehr gerade, allerdings stützte er den linken Unterarm mit der rechten Hand.

Ihm in die Weste zu helfen, bereitete kaum Mühe, aber den Rock mit seinen engen Ärmeln verweigerte Conrada ihm. Stattdessen knüpfte sie aus einem Tuch eine feste Schlinge, in die Emilius den rechten Arm legen konnte.

Im Hof stand der Wagen bereit, daneben der treue Attilas. Emilius begrüßte seinen Hengst wie einen lang vermissten Freund, fütterte ihn mit Karotten und schmiegte die Wange an die des Pferdes. Der Anblick rührte Conrada, und sie fragte sich zum wiederholten Male, ob es in seinem Leben eine Frau gab, der er diese weiche Seite zeigte. An ihr ließ er nur seine Spottlust aus, dabei hätte sie … Ihre Gedanken wanderten in eine gefährliche Richtung. Der Plan für ihr Leben sah vor, zusammen mit Serafina und der Cosel einen Haushalt auf ihrem Bauerngut zu gründen.

Um sich von allen trüben Gedanken abzulenken, gehorchte sie Emilius und erklomm den Kutschbock, während er sich in den Wagen helfen ließ. Unter seinen verletzten Arm stopfte Emilius sich ein Kissen und ein weiteres in den Rücken. Vorsichtig lenkte Conrada die Pferde vom Hof.

»Geht das nicht schneller?«, maulte Emilius von hinten.

»Wir müssen Ihre Großcousine einholen.«

»Das werden wir nicht schaffen.«

»Nicht in diesem Tempo. Treiben Sie die Pferde zu einem flotten Trab an. Die faule Bande hat sich lange genug im Stall durchgefressen, da können sie jetzt arbeiten.«

»Ich denke an Ihre Schulter.«

»Um die kümmere ich mich schon.«

Kaum lockerte Conrada die Zügel, fielen die Pferde von selbst in Trab. Sie schaute sich nach Emilius um, ob er nicht zu sehr durchgerüttelt wurde.

»Wollen Sie umschmeißen? Nach vorne schauen!«, rief der.

Emilius beklagte sich nicht, aber bei jeder kurzen Pause, in denen sie die Pferde tränkten oder ihnen einen Hafersack umhängten, sah sein Gesicht grauer aus. Ein Schweißfilm bedeckte die Oberlippe. Er antwortete jedoch fröhlich auf alle Fragen und tat, als könne es ihm gar nicht besser gehen. Er bestand sogar darauf, die Nacht durchzufahren. Der fast volle Mond würde ihnen genug Licht spenden, und Flüchtige hole man nicht ein, indem man sich gemütlich im Bett aalte.

Eine erste Spur erhielten sie auf einem Bauerngut, wo der Hauptmann einen Wagen und zwei Pferde requiriert hatte.

Sie baten um zwei Schalen Dickmilch. Nachdem sie diese verzehrt hatten – Krankenkost, befand Emilius verächtlich, während Conrada die saure Frische genoss – und die Pferde mit Futter und Wasser versorgt waren, ging es weiter.

»Auf dem schnellsten Weg nach Stolpen. Ich wusste es«, murmelte Emilius zufrieden. »Ich wette mit Ihnen um meinen Hengst, dass die Gräfin dem Hauptmann Knüppel zwischen die Beine wirft, wo sie nur kann, damit sie nicht schnell vorankommen.«

»Ich bringe es nicht über das Herz, Sie von Ihrem Hengst zu trennen«, erwiderte Conrada schlagfertig.

»Das sagen Sie nur, weil Sie die Wette nicht verlieren wollen.«

Mitten in der Nacht kam ihnen auf dem Weg ein altmodischer Wagen mit zwei schweren Pferden entgegen. Sie trotteten mit hängenden Zügeln und schweißnassem Fell dahin. Dem Mann auf dem Bock war der Kopf auf die Brust gesunken. Er wachte erst auf, als die beiden Gespanne voreinander stehen blieben.

Es handelte sich um den Knecht, der die Cosel und Holm gefahren hatte. Er ließ sich über die Unfreundlichkeit der Dame aus und dass beide von ihm verlangt hatten, nach Stolpen gebracht zu werden, wo doch der Wagen am Sonntag auf dem Hof für die Fahrt zur Kirche gebraucht würde. Der Schlaf im Sitzen schien den Mann erfrischt zu haben, er wollte gar nicht wieder aufhören zu reden.

Conrada unterbrach ihn schließlich mit dem Hinweis, sie müsse ihren verletzten Ehemann nach einem Sturz vom Pferd zu einem Arzt bringen.

Es war nicht leicht, die beiden Kutschen auf dem schmalen Weg aneinander vorbei zu bugsieren, insbesondere Conrada befürchtete jeden Augenblick, in den Feldrain zu geraten. Doch schließlich war es geschafft.

»Ehemann!«, forschte Emilius nach.

»Ich habe einfach das Erstbeste gesagt, was mir eingefallen ist. Das habe ich von Ihnen gelernt.«

»Aber mich vom Pferd fallen zu lassen, ist eine Beleidigung. Das letzte Mal runtergefallen bin ich als Knabe.«

In den frühen Morgenstunden kam der Moment, an dem Conrada sich weigerte, auch nur eine Wagenlänge weiterzufahren. Sie suchten Schutz hinter einem Gebüsch, wo sie vom Weg aus nicht gesehen werden konnten. Dann kletterte sie zu Emilius in den Wagen und lehnte sich in eine Ecke. Sie schlief ein, bevor sie auch nur die Augen geschlossen hatte.

KAPITEL XXXII

· 1731 ·

*I*ch hätte Ihm einen Vorschlag zu machen«, sagte die Cosel in die mittägliche, nur vom Zwitschern der Vögel und summenden Insekten schwangere Luft hinein. Sie saß auf einem Baumstumpf und beschäftigte ihre Hände damit, Gräser zu einem dünnen Band zu flechten.

Holm stand mit dem Rücken zu ihr. Er pflückte wilde Erdbeeren in sein Taschentuch und drehte sich nicht um. »Lasst hören, gnädige Frau.«

»Ich bin mir sicher, wir können zu einem Einvernehmen kommen, Er muss nur ein wenig guten Willen zeigen.«

»Macht Euren Vorschlag ohne geziertes Gerede. Auf diese Weise erreicht Ihr mein Wohlwollen am ehesten.« Er warf ihr einen kurzen Blick zu, aber sie schien ihn nicht zu beachten, sondern ganz auf ihre Hände konzentriert zu sein. Er wusste, dass das täuschte.

»Fragt Er sich nicht hin und wieder, wie es wäre, ein anderer zu sein und ein anderes Leben zu führen, als es Ihm beschieden ist? Er muss nichts sagen. Ich weiß, dass es so ist und Er nicht länger für mich verantwortlich sein möchte.«

Er brachte ihr die Erdbeeren, fand auf dem breiten Baumstamm Platz und wartete. Das Taschentuch mit den roten Früchten lag auf ihrem Schoß. Mit zwei Fingern steckte sie sich eine nach der anderen in den Mund. Sie spitzte dabei die Lippen, und es sah aus, als empfange sie Küsse.

»Ich verschaffe Ihm die Möglichkeit zu einem gänzlich neuen Dasein, indem ich Ihm den fünften Teil meines Vermögens biete. Das ist für jemand wie Ihn mehr als genug, um sorgenfrei zu leben. Was sagt Er dazu?«

»Was muss ich dafür tun?« Holm war völlig klar, was die Gräfin ihm gleich vorschlagen würde.

»Er reitet weiter und lässt mich hier zurück. Wähle Er jede Richtung, nach der Ihm der Sinn steht.«

»Mit nichts als Eurem Versprechen in der Tasche?«

»Ich stelle Ihm eine Anweisung aus, nach der Er Kreditbriefe, Schmuck und andere Wertgegenstände aus meinem Vermögen erhalten wird. Hat Er etwas zum Schreiben?«

Er verneinte.

»Dann fertige ich die Anweisung im nächsten Gasthaus aus. Es gefällt mir auch besser, wenn Er mich nicht mitten in der Einsamkeit sitzen lässt.«

»Ich habe Frau und Kinder in Stolpen, für die ich verantwortlich bin.«

»Lasse Er ihnen eine Nachricht zukommen, wo Er sich mit ihnen treffen will. Ein Ort in der Schweizerischen Eidgenossenschaft wäre keine schlechte Idee, dort wäre Er vollkommen sicher vor etwaigen Nachstellungen Friedrich Augusts.«

»Aber vorher treffe ich mich mit Euren Kuratoren, die mir den fünften Teil Eures Vermögens aushändigen werden. Einfach so?«

Der ernste Eifer, mit dem die Cosel sprach, ließ Holm daran zweifeln, dass sie alle Sinne beisammen hatte.

»Es ist mein Besitz, den ich verwenden kann, wie es mir gefällt.«

»Mir steht der Sinn danach, mit Euch nach Stolpen zu reisen.« Als sie Einwände erheben wollte, sprach Holm schnell weiter: »Ihr tragt ein schäbiges Kleid, in dessen Taschen Ihr nicht die kleinste Münze mit Euch herumtragt. Ich dagegen bin Offizier in der kurfürstlich sächsischen Armee und werde nicht zum Verräter an meinen Pflichten und an meinem guten Namen werden. Meine Familie setze ich keiner Gefahr aus.« Er machte sich bereit zuzupacken, sollte die Gräfin davonrennen wollen.

Sie blieb jedoch ruhig sitzen. »Das ist Seine Meinung über mich. Er hält mich für eine vertrocknete alte Frau ohne jeden Einfluss.«

Sie klang müde, fand Holm. Als hätte sie einen der seltenen Momente, in denen sie ihre Lage richtig einschätzte.

»Das habe ich mit keinem Wort gesagt oder gedacht, gnädige Frau. Ihr seid, was Ihr seid, und ich bin, was ich bin. Wäre alles wie geplant verlaufen, wären wir uns niemals begegnet. Es ist anders gekommen, und wir müssen das Beste daraus machen.«

»Er schlägt den fünften Teil meines Vermögens aus, ohne länger als eine Minute darüber nachzudenken? Es ist ein großes Vermögen.«

»Das weiß ich«, sagte Holm mit Sanftheit in der Stimme. Sie tat ihm beinahe leid, wie sie um eine Chance bettelte. Ehe sie ihre Würde vollends verlor, sprach er weiter: »Ich will Euch nicht eines Großteils Eures Vermögens berauben für eine Sache, die von vornherein zum Scheitern verurteilt ist. Lasse ich Euch gehen, werden andere kommen und nach Euch fahnden.«

Während ihres Gesprächs hatte die Cosel die ganze Zeit von den Erdbeeren genascht. Nun hielt sie ihm das leere Taschentuch hin. »Machen wir uns wieder auf den Weg.«

Anna Constantia von Cosel · 1715 und 1716

Der Ehevertrag lag seit Jahren in Schloss Drage in Holstein. Im Familienarchiv der Rantzaus, einer Familie, die mit der meinen eng verwandt war. Mehr als die über zehn Jahre alte Bestätigung der Einlieferung hielt ich nicht in Händen. Das Archiv unterstand meinem Vetter Graf Christian Detlev zu Rantzau, der in preußischen Militärdiensten stand.

Bisher wusste Watzdorf nicht, welche Papiere ich herausgeben sollte. Ihm gegenüber habe ich immer nur von Dokumenten gesprochen, und er hielt es im Gespräch genauso. Deshalb ging ich davon aus, dass der König ihn nicht über den Inhalt der Papiere unterrichtet hatte. Ich wiederum ließ ihn und den König über den genauen Ort im Unklaren, an dem sich die Papiere befanden.

Meinem Vetter hatte ich schon im Frühjahr geschrieben und um Hergabe des Eheversprechens gebeten. Ihm schrieb ich auch nur von den Papieren, die ich bei ihm eingelagert hätte. Sie waren ja in einer Kapsel verschlossen und versiegelt, so dass ihm der Inhalt nicht bekannt sein dürfte. Wie auf so viele meiner Briefe erhielt ich auch auf diesen keine Antwort. Rantzau war schon immer schreibfaul gewesen, aber die Angelegenheiten der Familie sollte er mit mehr Aufmerksamkeit behandeln. Sein Schweigen erboste mich.

Unglücklicherweise saß er zu dieser Zeit in der Festung Spandau bei Berlin ein.

Dieser Umstand erhöhte meine Schwierigkeiten beträchtlich. Ich hätte nach Berlin reisen und dort eine Erlaubnis zum Besuch meines Vetters beantragen müssen, um mit ihm über die Herausgabe des Eheversprechens zu verhandeln.

Die Freiheit für eine Reise nach Preußen besaß ich nicht, ich musste in Pillnitz bleiben. Ich wusste mir keinen Ausweg, das Eheversprechen zu erlangen, und hätte mich darüber gerne mit jemandem beraten. Früher wäre meine Wahl auf Flemming gefallen, aber der hatte sich gegen mich gewandt, und außer Watzdorf besuchte mich niemand. Dem Kabinettsminister traute ich nach dem Vorfall vom letzten Jahr nicht mehr. Immer trug ich eine geladene Pistole bei mir, wenn ich ihm gegenübertrat. Sonst kam niemand infrage.

Mehrere Tage vergingen, und ich gelangte zu keiner Entscheidung. Dann sprach wieder Watzdorf bei mir vor, fragte im Namen des Königs nach den Papieren.

»Unser gnädiger Herrscher wird ungeduldig. Ihr müsst dem König gehorchen und die Dokumente hergeben.« Seine Stimme klang an diesem Tag ungewöhnlich milde. Es schien beinahe, als bemerkte er, in welcher Verfassung ich mich befand.

»Die Papiere kann ich nicht holen, wenn ich Pillnitz nicht verlassen darf«, erwiderte ich heftig. Danach kamen mir die Worte wie von selbst über die Lippen: »Er muss mir helfen, lieber Freund. Ich muss mit meinem Vetter Rantzau sprechen und dazu nach Berlin fahren. Er ist da in eine Affäre verwickelt und derzeit in der Festung Spandau festgesetzt.«

»Was für eine Affäre?«

»Wegen unreiner Umtriebe.«

Watzdorf spitzte die Lippen. »Unangenehm. Wirklich unangenehm. Ist was dran?«

»Ich weiß es nicht. Ist mir auch egal.«

»Kann dauern, bis so eine Affäre erledigt ist. Manchmal jahrelang. Könnt Ihr die Papiere nicht ohne Euren Vetter erlangen?«

»Vollkommen ausgeschlossen. Meine Briefe hat er nicht beantwortet. Ich weiß nicht einmal, ob sie ihn erreicht haben.«

Watzdorf sah nicht glücklich aus bei meiner Antwort. Er runzelte die Stirn. »Eine Reise nach Berlin kann ich Euch nicht erlauben. Das steht nicht in meiner Macht. Aber ich kann schweigen. Tut, was nötig ist, um diese Papiere zu erlangen, und unterrichtet mich über jeden Schritt. Nur so können wir beide unsere Köpfe aus der Schlinge ziehen. Und kommt schnell zurück. Lange kann ich Euch den Rücken nicht freihalten. Sobald unser König Verdacht schöpft …« Er ließ den Satz in der Luft verklingen.

Für mich hörte es sich an, als ginge die Sonne auf. Eine kalte Wintersonne, aber immerhin. Mit den Reisevorbereitungen begann ich sofort. Ich glaubte nicht, noch einmal nach Pillnitz zurückzukehren, deshalb musste ich mein Eigentum in Sicherheit bringen. In meiner Abwesenheit sollte niemand herkommen und es wegtragen können. Zu gut stand mir Beichlings Beispiel vor Augen. Nach seiner Inhaftierung auf dem Königstein lagen seine Besitztümer und Güter ungeschützt, und jedermann trug weg, war er hatte raffen können. Beichling war längst wieder frei, aber sein Vermögen blieb verschwunden. Das goldene Tafelservice, die Polster und Fenster meiner vergoldeten Kutsche, den Schmuck und andere Kostbarkeiten vertraute ich dem Hofjuden Mayer an. Dem Juden Perlheffter, der mich eine Zeitlang im Schachspiel unterwiesen hatte, schickte ich mehrere Fuhren mit insgesamt fünfzehn Kisten Silberzeug und anderen Wertsachen nach Töplitz. Für den kleinen Friedrich August regelte ich, dass er mit der Kinderfrau in Pillnitz blieb, bis ich über seine und meine weitere Wohnung entschied. Bei der Kinderfrau wusste ich ihn in den besten Händen, sie liebte ihn wie einen eigenen Sohn.

Am 12. Dezember hatte ich endlich alles geregelt und fuhr in der Kutsche vom Hof. Friedrich August und seine Kinderfrau standen auf den Stufen des Hauses und sahen mir nach. Der Kleine winkte mir. Mir lief das Herz über. Ich war versucht, halten zu lassen, den Jungen in die Arme zu schließen und ihn mit mir nach Berlin zu nehmen. Das befahl mir mein Herz, aber der Verstand sagte mir, ein erst dreijähriger Knabe blieb besser in seiner vertrauten Umgebung mit ihm vertrauten Personen. In längstens drei Wochen wären wir wieder vereint.

Berlin erreichte ich zwei Tage später und schrieb sofort an Watzdorf. Über keinen meiner zukünftigen Schritte wollte ich ihn im Unklaren lassen. Er war zu meinem Vertrauten wider Willen geworden.

Berlin hatte meine Ankunft nicht beachtet. Ich fand ein Quartier am Hundemarkt im Hause eines Stallmeisters. Es verfügte über zwei Stuben, eine Schlafkammer, ein Speisezimmer, Kammern für mein Mädchen und den Diener. Die Räume waren niedrig, und auch noch so viele Kerzen vermochten die Düsternis nicht aus den Ecken zu vertreiben. Das Mobiliar war alt, angestoßen und nicht glänzend, wie ich es gewohnt war. Dafür kostete diese Wohnung nur wenig Miete, und ich hatte mir vorgenommen, sparsam und unauffällig zu leben.

Als Erstes schrieb ich Briefe. Einen an meinen Vetter Rantzau nach Spandau. Ich ermahnte ihn streng, dass ich diesmal eine Antwort erwartete und mich nicht mit Schweigen zufriedengeben wollte. Dass ich mich in Berlin aufhielt, verschwieg ich ihm vorerst. In einem weiteren Brief bat ich den Festungskommandanten in Spandau um die Erlaubnis, meinen Vetter aufsuchen zu dürfen.

Keiner von beiden antwortete mir. Ich musste warten. So viele Jahre wartete ich schon.

In dieser Zeit lebte ich zurückgezogen. Ich ging nicht in Gesellschaft, verließ das Haus nur, um in Begleitung des Kammermädchens ein paar Schritte auf der Gasse oder über den nahen Markt zu gehen. Dabei achtete ich darauf, mein Gesicht verschleiert zu halten.

Aus Dresden empfing ich ein Schreiben Watzdorfs, in dem er mich beschwor, sofort nach dem Besuch meines Vetters nach Pillnitz zurückzukehren; der König werde ungeduldig und beginne zu glauben, mein Gespräch mit Rantzau sei vorgeschoben und ich wäre in Wahrheit unter den Schutz fremder Mächte geflohen. Am Schluss des Briefes schrieb er, er habe sich dafür eingesetzt, dass ich meinen Cousin im Gefängnis besuchen könne.

Das Jahr endete mit großer Kälte. Jeden Morgen lagen steifgefrorene Körper armer, heimatloser Menschen in den Gassen. Einmal wurde einer direkt vor meinem Fenster gefunden. Die Stadtwachen wollten von mir wissen, ob ich den Kerl kannte. So musste ich aus dem Haus treten und dem Mann ins Gesicht blicken. Jung war er, und die Haut spannte sich bleich über den Wangenknochen. Ohne die blauen Lippen und die offenen Augen hätte man denken können, er schlafe nur. Der einsame Tod des jungen Unbekannten dauerte mich.

»Wie wird er beerdigt?«, fragte ich leise die Stadtwache, nachdem ich erklärt hatte, ihn noch nie gesehen zu haben.

»Vor den Toren der Stadt, zusammen mit den anderen, die von keinem Angehörigen abgeholt werden. Der Armenpfarrer spricht ein Gebet und einen Segen. Das war's.«

Ich drückte dem Mann einige Taler in die Hand. »Er soll ein ordentliches Begräbnis bekommen, auf einem Gottesacker und mit Geläut. Dafür soll er sorgen.«

»Ihr habt ein gütiges Herz, gnädige Frau. Es wird alles geschehen, wie Ihr befohlen habt.« Das Geld verschwand blitzschnell in seiner Rocktasche.

Der Tote wurde auf einen Karren geladen, auf dem schon andere lagen. Ich konnte nicht mehr für die Seele dieses Mannes tun und trat zurück ins Haus.

Es waren bald drei Wochen seit meiner Ankunft in Berlin verstrichen, als ich endlich die Erlaubnis zum Besuch meines Vetters erhielt. Sofort schickte ich nach der Kutsche und eilte nach Spandau.

Die Festung lag unter einem trüben Januarhimmel, das Rot der Backsteine war beinahe zu Grau verblasst. Auf den Dächern lasteten Schneehauben, die die Festung zierlicher erscheinen ließen, als sie war. Das flockige Weiß war im Hof zu einem schmutzigen Matsch zertrampelt. Als ich von einem Leutnant hinübergelotst wurde, musste ich die Röcke höher raffen, als schicklich war, und achtgeben, nicht auszurutschen.

Meinen Vetter traf ich in einem zwar kalten, aber mit einem Teppich und gepolsterten Stühlen behaglich eingerichteten Raum an. Er erhob sich bei meinem Eintritt und hauchte einen Kuss auf meinen Handrücken. Der Leutnant war nicht mit eingetreten, und hinter mir fiel die Tür ins Schloss. Geräuschvoll wurde ein Schlüssel umgedreht.

Ich musste schlucken. Das Zimmer kam mir auf einmal kleiner und weniger behaglich vor. Das gesamte Gewicht der Festungsmauern schien auf meinen Schultern zu lasten.

Das Gespräch mit Rantzau wollte ich nicht mit Vorwürfen beginnen und fragte ihn deshalb nicht, warum er auf meine Briefe nicht geantwortet hatte, sondern zog aus einem Samtbeutel die Quittung hervor, die er mir vor Jahren für die Einlieferung des Ehevertrages gesandt hatte. Das Papier war an den Ecken abgestoßen.

»Ich benötige dringend das Dokument, das du für mich in Drage verwahrst. Es ist bereits zu viel Zeit darüber vergangen.« Ich biss mir auf die Unterlippe, weil mir beinahe ein Vorwurf herausgerutscht wäre.

»Ich bin gerne behilflich, aber meine Möglichkeiten sind derzeit leider eingeschränkt.« Er hielt mir die an den Handgelenken überkreuzten Arme entgegen, als wäre er gefesselt.

»Es wird genügen, dass du ein entsprechendes Schreiben aufsetzt, damit mir die Kapsel mit meinem Dokument nach Pillnitz gesandt wird.«

»Ich frage mich, um was es sich dabei handelt. Es muss von großer Bedeutung für dich sein, wenn du extra eine Reise auf dich nimmst, um mich in meinem Kerker zu besuchen.«

»Für die Welt ist es gänzlich ohne Bedeutung«, antwortete ich nicht komplett der Wahrheit entsprechend. »Für mich hängen Erinnerungen daran.«

Er sah mich mit schief gelegtem Kopf an. »Liebesbriefe deines Königs? Ich hatte dich nie für eine Frau gehalten, die wegen Erinnerungen große Mühen auf sich nimmt. Da habe ich mich augenscheinlich in dir getäuscht.«

»Wie auch immer.« Es bereitete mir Mühe, aber ich lächelte. »Diese Kapsel samt Inhalt gehört mir, und ich hätte mein Eigentum gern zurück. Du musst nur ein einfaches Schreiben fertigen und nach Drage schicken.«

»Mit einem Eilboten?«

»Ich zahle dafür.«

»Dir wird besser gedient sein, wenn ich mich eigenhändig um deine königlichen Liebesbriefe kümmere. Du hast einiges auf dich genommen, da sollst du jetzt nicht unter weiteren Verzögerungen leiden.«

»Deine Situation ist im Moment … Wie soll ich es sagen?« Ich schaute ihn an, zur Tür und wieder zu ihm zurück. »In deiner Reisefähigkeit bist du auf diesen einen Raum beschränkt.«

»Du glaubst, ich bin hier eingeschlossen?« Rantzau lachte trocken auf. »So vornehm bin ich nicht untergebracht, das kann ich dir sagen. Ein Teppich und Stühle mit Polstern sind mir nicht vergönnt. Für meine Kehrseite reicht hartes Holz, kalter Stein für die Füße und ein winzig kleines vergittertes Fenster, um mir Licht zu spenden. Mit Kerzen muss ich sparsam sein, da in meinen Taschen Ebbe herrscht. Seit ich hier bin, ist mir nicht mehr warm gewesen. In diesen Raum haben sie mich gebracht, um meiner vornehmen Cousine nicht mein Elend vor Augen zu führen.«

»Das tut mir leid«, sagte ich und meinte es auch so.

»Du wirst verstehen, dass ich großes Interesse daran habe, meine Freiheit wiederzuerlangen. Du kannst auf einfache Weise dazu beitragen, und ich werde mich danach sofort um deine Kapsel kümmern.«

»Was soll ich tun?«

»Gegen Zahlung einer Kaution von fünfzehntausend Talern komme ich frei. Dir wird es ein Leichtes sein, mir das Geld zu geben.«

Diese Dreistigkeit machte mich sprachlos.

»Fünfzehntausend Taler sind keine Kleinigkeit«, brachte ich schließlich heraus.

»Dir wird es nicht schwerfallen, das Geld zu beschaffen. Dein König versorgte dich doch auf das Beste mit allem.«

»Ich trage so viele Taler nicht mit mir herum.« Meine Stimme war schneidend geworden, mehr Gefühle ließ ich mir nicht anmerken.

»Einige Tage werde ich es hier noch aushalten.«

»Du erpresst mich!«

»Ich nenne es ›eine Hand wäscht die andere‹. Du möchtest von mir etwas und ich von dir. Was liegt da näher, als daraus ein gegenseitiges Geschäft zu machen?«

»Es bleibt eine Erpressung. Nach dem, was ich für dich getan habe – all die Jahre über –, kommst du mir so. Die Güter besäßest du ohne meine Hilfe nicht mehr. Wahrscheinlich hättest du sogar deinen Titel verloren, und da wagst du es, mir diese Worte ins Gesicht zu schleudern?«

Rantzau lehnte sich im Stuhl zurück. Er grinste mit über dem Bauch gefalteten Händen. »Das ist mein Angebot. Wenn du deine Briefe so dringend benötigst, rate ich dir, das Geld für die Kaution herauszurücken.«

»Das ist impertinent.« In mir brodelte ein Vulkan.

»Weil du mir in der Vergangenheit geholfen hast, wie es unter Verwandten üblich ist? Dafür bin ich dir dankbar. Aber das war früher, und jetzt ist jetzt.«

»Ich trage das viele Geld nicht in einer Hutschachtel mit mir herum. Was stellst du dir vor?« Ich wusste, dass ich mich wiederholte, aber der Vulkan in mir explodierte und verhinderte, dass ich einen klaren Gedanken formulieren konnte. Ich schleuderte Rantzau entgegen, was mir gerade in den Sinn kam.

»Gemach, gemach, liebe Cousine. Dich kostet es ein Schreiben, und du hast das Geld, das zwischen mir und der Freiheit steht.« Auch Rantzau erhob die Stimme. »Ich werde nicht Jahre hier schmoren, obwohl ich nichts getan habe.«

»Du wurdest beschuldigt!«, schrie ich.

»Zu Unrecht beschuldigt!«, wütete er zurück.

»Zeige mir deine Redlichkeit und schreibe nach Drage um mein Dokument.«

»Zeige mir deine Güte und verschaffe mir die Freiheit. Dann reise ich sofort nach Drage und gebe dir deine Dokumente.«

»Ich will mein Eigentum jetzt! Von einem wie dir lasse ich mich nicht erpressen.«

»Erst meine Freiheit!« Rantzau schrie mir die Worte mit aller Kraft ins Gesicht.

Der Leutnant öffnete die Tür einen Spalt und schaute mich besorgt an. »Ist alles in Ordnung, Madame?«

»Nur ein Disput unter Verwandten. Nichts Ernstes«, wiegelte Rantzau ab.

»Wirklich, Madame?«

Ich nickte wie betäubt. Der Leutnant zog sich zurück. Ich blieb nur noch so lange, bis ich meine Nerven wieder unter Kontrolle hatte. Es kam mir vor, als hätten wir stundenlang einander stumm gegenüber gesessen, in Wirklichkeit konnte es kaum eine halbe Stunde gedauert haben. Danach verabschiedete ich mich mit knappen Worten.

KAPITEL XXXIII

· 1731 ·

*H*olm hatte einige der Taler zusammengekratzt, die Major Boblick ihm gegeben hatte, und ein Pferd für die Gräfin erstanden. Es handelte sich um eine alte Schimmelstute mit schütterer Mähne und hängender Unterlippe.

Die Cosel hatte diese mit kritischem Blick gemustert und einige Einwände gegen deren Alter und Temperament vorgebracht.

»Ein anderes, an einen Damensattel gewöhntes Pferd stand nicht zum Verkauf«, antwortete Holm knapp.

»Ich bin schon im Herrensitz geritten, als Er noch nicht auf der Welt war.«

»Ihr werdet dabei kein Kleid getragen haben.«

Sie schaute an sich herunter, befühlte den Stoff mit den Fingern. »Vielleicht hat Er Ersatzkleidung in seinem Bündel?«

»Ein Hemd, ein zweites Paar Strümpfe.« Er grinste, weil

er sich die Gräfin in seiner Kleidung vorstellte. Sie war ganz die Frau, die sich in Hosen so wohlfühlte wie in einem Kleid. »Steigt auf.«

Sie drehte sich um und kletterte ohne fremde Hilfe in den Sattel. »Erwarte Er nicht, dass ich Ihm das Geld für diese Mähre ersetze.«

»Die Taler stammen aus Major Boblicks Kasse.« Holm saß ebenfalls auf und griff nach einem am Zaum der Stute befestigten Führzügel. Diese Art der Kontrolle schien ihm angebracht.

Sie ritten zwischen Wiesen hindurch, auf denen Bauernfamilien mit hölzernen Harken Heu wendeten. Anderswo wurde es zu hohen Nocken zusammengeschoben. Holm dachte an sein eigenes Bauerngut. Dort wäre der Pächter jetzt ebenfalls mit dem Heu beschäftigt.

In diesem Moment spürte er einen Ruck am Führzügel. Der Strick wurde ihm aus der Hand gerissen. Er hörte die Gräfin hinter sich schreien und ein Klatschen, als schlüge jemand mit der Hand auf eine Pferdekruppe. Als er den Braunen auf der Hinterhand gewendet hatte, sah er die Cosel das Pferd mit Hacken und Händen antreiben. Das Tier sprang in einen steifbeinigen Galopp.

Er schüttelte den Kopf. Sein Brauner kaute unruhig auf dem Gebiss und wollte hinterher. Er spürte die Gefühle seines Reiters, aber Holm hielt ihn noch zurück. Die Cosel verschwand in einem schmalen Pfad, der sich an einer Hecke entlang schlängelte.

Jetzt reichte es.

Holm ließ seinem Hengst die Zügel schießen. Es gelang ihm mühelos, die Schimmelstute einzuholen, aber selbst jetzt gab die Cosel nicht auf, sondern trieb das Pferd weiter an. Holm setzte mit seinem Braunen über einen Graben, galoppierte schräg über ein Feld und schnitt ihr den Weg ab. Gleich darauf stand die Gräfin vor ihm und blitzte ihn an. Die Stute keuchte.

»Ihr habt hoffentlich nicht geglaubt, mir auf diesem Pferd entkommen zu können«, sagte er freundlich.

»Ich musste es versuchen«, gab sie im gleichen Tonfall zurück. »Es ist die Pflicht einer jeden Gefangenen, nach Freiheit zu streben und nichts unversucht zu lassen.«

»Auch ich habe meine Pflichten.« Holm nahm den Führzügel an sich und wickelte ihn sich um die Rechte. »Versucht das nicht noch einmal.«

In ihrem Blick lag Verachtung, und sie rührte keinen Muskel, ihm dabei zu helfen, die Pferde auf dem engen Pfad zu wenden.

* * *

Der Mann, der ihnen zu Pferd entgegenkam, ritt ein überaus edles Tier, das erkannte auch Conrada mit ihrem geringen Pferdeverstand. Ein Fuchs mit einer weißen Blesse und vier weißen Fesseln. Er bog anmutig seinen Hals, als der Reiter ihn zur Seite lenkte, um Platz für den Wagen zu machen.

»Meiner Treu!«, tönte Emilius von hinten. »Wenn das nicht Hermann Carl ist. Mann, ist das eine Freude, dich zu sehen, altes Haus. Was führt dich her? Du kommst gerade recht. Halten Sie an, Conrada!«

So aufgeregt hatte sie Emilius noch nie erlebt. Der Mann ritt neben den Wagen, lüpfte seinen Hut und stellte sich ihr als Hermann Carl von Lobschütz vor, Emilius' Freund in allen Lebenslagen. Etwas ungelenk küsste er ihr die Hand, ehe er sich dem Passagier im Wagen zuwandte.

»Immer korrekt und höflich mit den Damen, so muss es sein«, bemerkte der junge Herr von Lobschütz. Danach war Conrada vergessen. »Hatte so eine Ahnung, dass du mich brauchen könntest, und irre seit Tagen durch die Gegend. Außerdem hat mir meine Mutter einen Brief geschrieben, da erschien es mir ratsam, so zu tun, als hätte er mich nicht erreicht. Mich dünkt, ich bin im rechten Augenblick gekommen, wenn ich dich ansehe. Hast ordentlich Federn lassen müssen. Mit wem bist du aneinandergeraten?«

»Das sind nur ein paar Kratzer. Nicht der Rede wert. Ein uneinsichtiger Hauptmann wollte mir ans Leder«, wehrte Emilius ab.

»Nicht deine Kreise. Ging es um das Herz dieser Dame?« Hermann Carl von Lobschütz warf Conrada einen abschätzenden Blick zu.

Sie fühlte sich in ihrem abgetragenen Kleid, das ihr seit Tagen auf dem Leib klebte, schäbig. Verlegen strich sie sich einige verirrte Haarsträhnen aus dem Gesicht.

»Wo denkst du hin«, lautete Emilius wenig charmante Antwort. »Der Kerl hat ihre Großcousine entführt.«

»Die Dame befindet sich in der Gewalt des Hauptmannes?« Hermann Carl von Lobschütz sah bestürzt drein, und sein rundes Gesicht wirkte mit weit aufgerissenen Augen und geblähten Nasenflügeln dermaßen theatralisch, dass Conrada nur mit Mühe ein Lachen unterdrücken konnte. Aus seinen Worten sprach dagegen echtes Gefühl.

Emilius nickte.

»Wir müssen ihnen nach. Stattdessen lässt du dich gemütlich in einer Kutsche herumfahren. Du bist mir ein schöner Patron. Dein Attilas ist da, also worauf wartest du?«

»Ich kann diese Dame nicht alleine in der Natur stehen lassen. Außerdem hat der Hauptmann mich einmal aufs Bett gestreckt, und bevor ich nicht sicher bin, ihm diesmal gewachsen zu sein, will ich mich ihm nicht nähern.«

»Gute Strategie. Nun bin ich da, um die Sache in die Hand zu nehmen. Zum Degen lasse ich den Menschen nicht greifen. Das ist immer wieder dein Fehler, dass du keine Pistolen bei dir trägst.« Emilius' Freund klopfte mit der Rechten auf seine Satteltasche.

»Nicht jeder ist so ein begnadeter Schütze wie du. Du bist den beiden vielleicht begegnet«, sagte Emilius. »Ein Mann und eine Frau auf einem Pferd.«

Hermann Carl von Lobschütz dachte nach, den Blick in den Himmel gerichtet. Conrada erkannte instinktiv, dass man ihn nicht stören durfte, und verhielt sich mäuschenstill.

Endlich senkte er den Blick. »Da waren ein Mann und eine Frau auf zwei Pferden. Die Frau nicht mehr jung.« Er gab eine recht genaue Beschreibung der Cosel und Hauptmann Holms ab.

»Das sind sie!«, rief Emilius erfreut.

»Wer entführt denn eine alte Frau?«

»Schäbig, nicht wahr? So ist dieser Hauptmann nun mal. Zum Glück bist du mit deinen Pistolen da, und wir können ihnen nach.« Emilius machte Anstalten, aus der Kutsche zu steigen.

Nun fühlte sich Conrada verpflichtet einzugreifen. »Das kommt nicht infrage. Sie müssen im Wagen bleiben und Ihre Schulter schonen.« Nach einem Moment des Zögerns fügte sie hinzu: »Sie können mich außerdem nicht alleine lassen.«

»Sie kommen mit, liebste Conrada. Wir lassen den Wagen hier und …«

»Ich reite nicht auf einem Kutschpferd!«

»Hermann Carl wird es tun, und Sie nehmen seinen Marc Aurel. Der Bursche ist ein Braver, auch wenn er etwas nervös aussieht.«

»War noch nie in seinem ganzen Leben nervös. Braver Kerl«, stimmte Hermann Carl sofort zu.

Es war klar, dass sie die Männer von ihrem Plan nicht würde abbringen können. Sie ließ sich auf den hochbeinigen

Fuchs helfen. Trotz ihrer Röcke entschied sich Conrada für den Herrensitz. Sie sortierte die Stoffmassen und musste es hinnehmen, dass ihre Knöchel zu sehen waren. Emilius war auf seinen Attilas geklettert, kraulte ihn zwischen den Ohren und flüsterte ihm etwas zu. Hermann Carl hatte eines der Pferde von der Kutsche losgeschirrt und das andere an eine junge Birke gebunden. Dass der Wagen den halben Weg versperrte, kümmerte ihn nicht.

Anna Constantia von Cosel · 1716

Was dachte mein Vetter über meine Verhältnisse? Ich schrieb an meinen Vertrauten Perlheffter, an meinen Agenten in Leipzig. Sie sollten das Geld auftreiben. Genügend Leute schuldeten mir größere Summen und hatten im letzten Jahr weder die Zinsen noch das Kapital gezahlt. Da kam weit mehr als fünfzehntausend Taler zusammen. Dem Hofjuden Mayer schrieb ich zudem, er solle einige Teile meines Schmuckes versetzen, die er für mich aufbewahrte. Ich bezeichnete ihm genau die Stücke, die dafür infrage kamen. Ihr Wert überstieg die benötigte Summe. Die Zeit verrann mir zwischen den Fingern. Der erste Monat in Berlin verging, und ich war keinen Schritt weitergekommen.

Während meine Agenten für mich die Gelder eintrieben, drohte ich Rantzau, ein anderes Mal schmeichelte ich ihm. Das Geld würde ich ihm sofort geben, sobald ich es hätte. Seine Hilfe bräuchte ich aber jetzt.

»Du bist immer noch am schönsten, wenn du wütend bist, Constantia. Ich muss aber an mich denken und für meine Freiheit auf der Kaution bestehen.«

Meine Rechte klatschte auf seine Wange.

»Ich sagte es. Wütend bist du einfach wunderbar.«

Mayer schickte mir ein paar Hundert Taler. Weit weniger, als ich erwartet hatte. Wortreich entschuldigte er sich dafür, aber mehr hätte er in der kurzen Zeit nicht zusammenbringen können.

Ich erwog, an Watzdorf zu schreiben. Ihn um Vermittlung zu bitten, zögerte jedoch. Seit Jahren war ich vom Hof abgeschnitten, kannte mich mit den Allianzen nicht mehr aus. Watzdorf war immer Flemmings Geschöpf gewesen. Konnte ich ihm so weit trauen?

Mitten in diesen Gedanken erreichte mich ein Brief meines Pillnitzer Verwalters.

Die Kisten mit Silberzeug und Leinen, die er in meinem Auftrag nach Töplitz schicken sollte, hielt der böhmische Zoll dort fest.

Mir kam es vor, als hätte sich die Welt gegen mich verschworen. Watzdorf hatte ich versprochen, Berlin nur zu verlassen, um nach Sachsen zurückzukehren, aber nun sah ich keinen Ausweg, als nach Töplitz zu fahren und selbst mit der Zollbehörde über die Freigabe meines Eigentums zu verhandeln.

Kaum in Töplitz angekommen, warf mich ein Fieber nieder. Tagelang lag ich im Wahn zu Bett, wusste kaum meinen Namen. Als ich wieder bei Sinnen war, war ich schwach, konnte keinen Löffel halten. Mein Kammermädchen musste mich mit Suppe füttern.

Es war bereits März, als ich endlich genügend Kraft fand, an Watzdorf von den neuerlichen Schwierigkeiten zu schreiben. Er wünschte mir eine gute Genesung, sparte aber nicht mit Vorwürfen, weil ich Berlin verlassen hatte, ohne ihn zuvor zu unterrichten. Er wisse allmählich nicht mehr, wie er vor dem König die lange Dauer meiner Abwesenheit rechtfertigen solle. Verstand er denn nicht, dass ich nichts lieber täte, als meine Ehre zurückzuerlangen und Friedrich August das Eheversprechen vor die Füße zu legen?

Doch man ließ mich nicht zu ihm. Seit Jahren verhinderten die Speichellecker in seiner Umgebung, dass ich ihm nahekam.

Der Töplitzer Zollinspektor war von ähnlicher Gesinnung wie mein Vetter Rantzau. Mein beschlagnahmtes Eigentum wollte er nur gegen klingende Münze freigeben. Dreitausend Taler musste ich für die Freigabe zahlen. Das Geld kratzte ich mit Mühe und Not zusammen. Danach ließ ich die Kisten nach Berlin bringen, reiste selbst so schnell wie möglich hinterher. Völlig erschöpft erreichte ich meine angemietete Wohnung.

Das Geld, das ich für den Aufenthalt in Berlin mitgebracht hatte, war restlos aufgebraucht. Ich musste einige Schmuckstücke versetzen, um weiterhin die Miete zahlen zu können und nicht hungern zu müssen. Watzdorf drohte mir offen, ich müsse sofort nach Sachsen zurückkehren, sonst könne er mir nicht länger beistehen. Ich schrieb ihm zurück, nun ginge es gerade voran, und wenn ich jetzt alles stehen ließe, zerflösse mir das Erreichte wieder unter den Händen.

Meine Situation hatte ich ihm schöner dargestellt, als sie in Wirklichkeit war. Ich war nach wie vor weit davon entfernt, das Geld für meinen räuberischen Vetter zusammenzubringen.

Der April neigte sich dem Ende entgegen. Überraschend besuchte mich mein alter Freund Thien. Zu meiner großen Bestürzung hörte ich diesmal von ihm, der König sei der Meinung, ich hätte das fragliche Dokument längst im Besitz und wollte es nicht herausgeben.

Erregt schrieb ich an Watzdorf, ich wolle den König nicht täuschen, nichts läge mir ferner.

Watzdorf reiste nun selbst nach Berlin. Wir saßen einander in der Stube gegenüber. Seit Langem bemerkte ich die schäbigen Verhältnisse nicht mehr, zu denen meine finanzielle Lage mich zwang, aber an diesem Nachmittag blieb mir ein gewisser Blick des Kabinettsministers nicht verborgen. Ich sah die Stube durch seine Augen. Den abgewetzten Teppich, die glanzlosen Möbel, ich in einem einfachen dunkelblauen Hauskleid. Auf hohen Besuch war ich nicht vorbereitet gewesen, da Watzdorf sein Kommen nicht angekündigt hatte. Diesen Effekt der Überraschung hatte er wohl beabsichtigt.

»Der König ist sehr unzufrieden mit Eurer langen Abwesenheit. Er verlangt Eure umgehende Rückkehr«, sagte der Kabinettsminister frostig.

»Ich komme sofort zurück, sowie ich in Händen halte, was Er von mir verlangt.«

»Das erklärt Ihr seit Jahr und Tag, Madame. Sagt mir, wie soll der König noch daran glauben?«

»Weil ich es sage«, rief ich aus. »Ich habe es versprochen, und auf Ehre und Geburt halte ich mein Wort.«

»Das habe ich dem König immer wieder versichert. Eurem Wort müssen nun Taten folgen. Kehrt nach Sachsen zurück, Madame. Einen anderen Rat kann ich Euch nicht geben.«

Watzdorf verließ Berlin, und ich blieb mit dem Gefühl zurück, froh sein zu müssen, nicht in Ketten nach Pillnitz geschleift zu werden. Als ob ich nicht lieber dort als hier wäre. Ich vermisste meinen Sohn, und nur, weil ich ihn in der Obhut eines fürsorglichen Kindermädchens wusste, konnte ich es aushalten, ohne ihn zu sein. Zur Sorge um das Kind gesellte sich Furcht um meine Zukunft.

Meine Gefühle vertieften sich, als mich wenige Tage später der sächsische Gesandte von Manteuffel besuchte und mir erneut ins Gewissen redete. Ich würde den König vor aller Welt blamieren.

»Ihr riskiert, zur Staatsfeindin erklärt zu werden, gnädige

Frau Gräfin«, sagte er mit einem Lächeln im glatten Gesicht, das mir das Blut in den Adern erstarren ließ.

Ich schrieb an jeden, der mir einfiel, um an Geld zu kommen. Sogar der dänische König war darunter, der über Holstein herrschte und dem meine Familie treue Untertanen waren. Ich bat ihn um ein Wort der Vermittlung und vorsichtig um eine Bürgschaft.

Dann endlich ein erster Erfolg: Eine Hamburger Bank stellte achttausend Taler zur Verfügung. Mehr als die Hälfte des geforderten Betrages hatte ich zusammengebracht. Der Rest konnte nun nicht mehr lange dauern. Ende Juni teilte ich dies Watzdorf mit. Er möge mit Friedrich August günstig über mich sprechen und ihm diesen Erfolg vortragen.

Im Oktober fand in Leipzig die jährliche Herbstmesse statt. Dort könnte ich das restliche Geld für Rantzaus Erpressung leicht zusammenbekommen, ich fürchtete jedoch, man ließe mich nicht zurück nach Berlin, und alles bisher Erreichte wäre dahin. So gut kannte ich meinen Vetter, dass er neue Gründe finden würde, mir die Kapsel mit dem Eheversprechen nicht auszuhändigen. Ich traute ihm nicht mehr. Daher wollte ich die Geschäfte in Leipzig lieber meinem Agenten überlassen und vorher alles mit ihm besprechen.

Also reiste ich nach Halle, das nahe der sächsischen Grenze lag, um ihn dort zu instruieren. Zuvor ließ ich in Berlin alles Wertvolle verpacken, um es in Sicherheit zu wähnen. Ein Koffer blieb in der Berliner Wohnung zurück. In ihm steckten Papiere und ein Teil meines Schmucks. Diesen übergab ich Frau Neubauer, die mir treu aufgewartet hatte. Den Koffer sollte sie nur meiner Person ausfolgen oder jemandem, der eine schriftliche Anweisung von mir vorzeige. Nach diesen Maßnahmen wähnte ich mein Eigentum sicher, um Berlin auf kurze Zeit zu verlassen.

In Halle bezog ich einige Zimmer unweit des Ballhauses. Mein Haushalt war noch beengter, als es der in Berlin gewesen war.

Ich hatte mich noch nicht richtig eingerichtet, da erreichte mich ein königlich-preußischer Befehl, der es mir bei Androhung von Festungshaft verbot, das Haus zu verlassen. Ein Grund für diese Maßnahme wurde nicht genannt.

Meine Pläne fielen in sich zusammen wie ein Kartenhaus. Mir wurde die Brust eng. Mit dem preußischen König Friedrich Wilhelm hatte ich bis dato nichts zu schaffen gehabt. Warum bestrafte er mich? In aller Demut fragte ich nach dem Grund für die gegen mich ergriffene Maßnahme. Ich bat ihn um die Freiheit, nach Berlin zurückkehren zu dürfen.

Am 13. Oktober erschien ein preußischer Oberst von Winterfeldt bei mir. Er lüpfte den federgeschmückten Hut, neigte den Kopf und stand vor mir, als hätte er einen Ladestock verschluckt. Wie die Preußen eben waren.

»Meine Verehrung, gnädige Frau Gräfin«, sagte er mit einer trägen Stimme, die nicht zu seiner steifen Haltung passen wollte.

»Bringen Sie mir die Freiheit? Darf ich meine Geschäfte abschließen und nach Berlin zurück?«

Ich biss mir auf die Unterlippe.

»Es tut mir leid, Euch das sagen zu müssen. Ihr dürft das Haus nicht verlassen. Es wird unter Bewachung gestellt.«

Ich brauchte einen Augenblick, um zu begreifen, was er zu mir gesagt hatte.

»Ich muss nach Berlin zurück, in Halle kann ich nicht lange bleiben. Mein Vetter, er ist … er benötigt meine Hilfe. Ich habe nichts getan. Es gibt keinen Grund, mich hier unter Arrest zu stellen. Das habe ich Seiner Majestät auch geschrieben.« Erschöpft verstummte ich.

Der preußische Oberst von Winterfeldt war einen guten

Kopf größer als ich und schaute mit einem Gesichtsausdruck auf mich herunter, den ich als Mitleid deutete. Das war wirklich das Letzte, was ich gebrauchen konnte.

»Gnädige Frau, ich bin nur der Überbringer eines königlichen Befehls. Ihr dürft nicht hinausgehen.«

»Nein! Das kann nicht sein. Es gibt keinen Grund, mich auf diese Weise zu behandeln.«

»Ich habe eine schriftliche Order in der Tasche.«

»Es gibt keinen Grund«, wiederholte ich stur. »Ich werde jetzt diese Wohnung verlassen. Ich werde meine Geschäfte tätigen und danach nach Berlin zurückkehren.«

»Madame!«

»Er wird mich nicht daran hindern.«

Ehe er seinen großen preußischen Körper bewegt hatte, war ich an ihm vorbei und aus dem Zimmer hinaus. Ich eilte über den Flur und auf die Treppe zu.

»Madame!« Hinter mir hörte ich Schritte auf den Dielen. »Ich bitte Euch. Macht Euch nicht unglücklich.«

Ich hatte die Treppe erreicht. Polterte die Stufen hinunter und kümmerte mich nicht um ihn.

»Das ist keine Lösung, Madame. Ich bitte Euch, zwingt mich nicht zu Gewalt gegen Euch«, rief mir von Winterfeldt hinterher.

Die rettende Tür im Blick, rutschte ich auf der Treppe mit dem linken Fuß eine Stufe hinunter und knickte um. Ein scharfer Schmerz schoss in meinen Knöchel. Ich klammerte mich am Geländer fest und verhinderte, vollends die Treppe hinunterzustürzen.

Winterfeldt erreichte mich. Er erlaubte es sich, mich mit kräftigem Griff um die Hüfte zu fassen.

Er half mir die Treppe wieder hinauf und zurück in mein Zimmer. Dort sorgte er dafür, dass ich auf einer Chaiselongue Platz nahm.

In meinem Knöchel pochte es, ich spürte es durch das ganze Bein. Vor dem Oberst mochte ich mir jedoch keine Blöße geben und setzte beide Füße fest auf den Boden.

Der Knöchel musste mit feuchten Lappen gekühlt werden. Mein Kammermädchen begann damit, sobald Oberst von Winterfeldt sich verabschiedet hatte. Er tat es, nicht ohne Bedauern über meine Lage auszudrücken und mich noch einmal um Gehorsam zu bitten.

Vor meiner Tür stand wieder eine Wache. Diesmal nicht, um mich zu schützen, sondern um mich am Fortlaufen zu hindern. Jeden Tag besuchte mich Oberst von Winterfeldt und erkundigte sich nach meinem Wohlergehen. Mit mir sprach er höflich, aber nie ein über seine Pflicht hinausgehendes Wort.

»Setze Er sich zu mir und nehme Er eine Tasse Tee mit mir«, lud ich ihn zehn Tage nach unserer ersten Begegnung ein.

Er schüttelte den Kopf. »Ich bedaure, Madame, das gestattet mein Dienst nicht.«

»Denke Er doch nicht immer an Seinen Dienst.«

»Auch das ist nicht gestattet.«

»Dann muss ich Ihm entfliehen, wenn Er nicht mit mir Tee trinken will.« Ich bedachte den Oberst mit einem mutwilligen Lächeln.

»Dann muss ich alles daransetzen, Euer wieder habhaft zu werden.«

»Er kann mich entkommen lassen und findet mich dann in Berlin wieder. Ich schwöre Ihm bei meiner Ehre, ich werde nirgendwo anders hinreisen. Dort erledige ich, was ich mit meinem Vetter verhandeln muss, und harre jeder Entscheidung, die seine Majestät König Friedrich Wilhelm über mich zu fällen gedenkt.«

»Ich werde Euch nicht entkommen lassen, gnädige Frau.

Ihr müsstet aus dem Fenster steigen und über die Dächer davonfliegen.«

»Vielleicht mache ich das.«

»Nicht einmal der Wunsch verleiht uns Menschen Flügel«, antwortete der Oberst milde.

»Wenn Er einen Befehl erhielte, mich entkommen zu lassen?«

»Wer sollte mir das befehlen?« Er war verblüfft.

»Sein König?« Genau darum hatte ich Friedrich Wilhelm in einem meiner zahllosen Briefe gebeten. Wenn er vielleicht aus gewissen Gründen nicht öffentlich meine Freiheit verfügen wollte, wäre ich auch mit einer geduldeten Flucht einverstanden, hatte ich geschrieben.

»Wenn Eure Einladung zum Tee noch steht, trinke ich nun eine Tasse mit Euch. Ich möchte Euch etwas von meinem König erzählen. Ihr scheint ihn nicht sehr gut zu kennen.«

Wir tranken gemeinsam den Tee, und Oberst von Winterfeldt referierte über die Bescheidenheit und das Pflichtbewusstsein des preußischen Königs. Für mich klang das alles nach einem langweiligen Mann, und ich beneidete die Frauen in seiner Umgebung nicht. Gehen ließ mich der Oberst auch danach nicht.

KAPITEL XXXIV

· 1731 ·

*C*onrada fühlte sich unwohl auf dem Rücken des Fuchses, obwohl er ruhig hinter Attilas hertrabte. Sie hatte zu viel damit zu tun, ihre Röcke in einer züchtigen Position zu halten und dabei auf Emilius zu achten. Der junge Mann saß trotz seiner Verletzungen aufrecht im Sattel, und wer es nicht wusste, bemerkte nicht, wie er die rechte Schulter schonte.

Hermann Carl ritt auf dem Kutschpferd ohne Sattel neben ihr. Nicht zum ersten Mal wünschte sich Conrada, besser reiten zu können.

»Wollen Sie einen Galopp wagen?«, erkundigte sich Hermann Carl.

»Ich weiß nicht.«

»Sie müssen nicht. Wir holen die anderen schon ein.«

»Ich meine eher wegen Emilius und seiner Schulter. Wenn die Wunde aufbricht … Und Sie ohne Sattel.«

»Machen Sie sich um uns keine Sorgen. Emilius ist zäher, als er aussieht, und ob ich nun mit oder ohne Sattel reite, ist mir egal. Als Junge habe ich mich oft genug ohne Sattel und Zaum davongestohlen, wenn ich über lateinischen Vokabeln schwitzen sollte.«

»Nicht zu vergessen, dass du alles Mögliche gejagt hast«, rief Emilius von vorne. »Er hat Kaninchen geschossen, kaum dass er ein Gewehr heben konnte. Sie finden keinen besseren Jäger im Kurfürstentum als ihn.«

»Der übertreibt mal wieder.«

»Ich bin bereit für einen Galopp«, unterbrach Conrada die Männer.

»Mutiges Mädchen.« Emilius trieb Attilas zu einem kräftesparenden Galopp, den die Pferde eine Weile durchhalten konnten.

Bei Einbruch der Dunkelheit legten sie eine kurze Rast im Häuschen eines Jagdaufsehers ein. Wenn er sich darüber wunderte, eine Dame ohne angemessene Begleitung in der Gesellschaft zweier junger Herren anzutreffen, die noch im Herrensitz in den Hof getrabt kam, ließ er es sich nicht anmerken. Vor Sonnenaufgang machten sie sich wieder auf den Weg.

»Da vorne sehe ich sie!«, rief Conrada halblaut. Sie hatten einen alten Damensattel für sie aufgetrieben, und sie hatte auf dem so gezäumten Kutschpferd die Spitze des Trios übernommen. Deutlich erkannte sie das abgewetzte Kleid der Gräfin. Die saß auf einem Schimmel mit knochiger Kruppe, und soweit Conrada es erkennen konnte, hielt ihn Holm an einem Führstrick.

Emilius und Hermann Carl schlossen sofort zu ihr auf. Letzterer zog aus der Satteltasche eine Pistole und reichte sie Emilius, gleich darauf brachte er eine kleinere zum Vorschein, die er Conrada hinhielt. Die zuckte zurück.

»Nehmen Sie«, sagte er leise. »Sie müssen nicht schießen, aber der Hauptmann lässt sich damit in Schach halten.«

Zögernd griff Conrada zu. Die Waffe lag überraschend gut in ihrer Hand. Aus der anderen Satteltasche holte Hermann Carl die nächste Pistole.

»Ein Mann sollte immer mindestens drei bei sich haben.« Er zwinkerte ihr zu.

»Auf zum Angriff!«, kommandierte Emilius und forderte Conrada auf: »Schießen Sie!«

»Was?«

»Einfach in die Luft. Der Hauptmann soll sich gehörig erschrecken. Los!«

Conrada streckte den rechten Arm nach oben, zog den Abzug und feuerte den ersten Schuss ihres Lebens ab.

Es krachte ohrenbetäubend neben ihrem Kopf, brachte das Trommelfell zum Klingeln. Die Wirkung auf alle anderen war verblüffend: Holm und die Cosel zuckten zusammen, der Schimmel wollte durchgehen, wurde aber vom Führzügel daran gehindert. Conradas Pferd erschrak sich ebenfalls. Sie ließ die Pistole fallen, weil sie beide Hände an den Zügeln brauchte.

»Zum Angriff!«, schrie Emilius und preschte los.

Hermann Carl folgte.

»Sie! Ich hätte es wissen müssen. Sie sind schlimmer als

eine Laus im Pelz«, rief Hauptmann Holm, als Emilius seinen Hengst zwei Pferdelängen vor ihm zügelte.

Hermann Carl kam ebenfalls heran und stellte sich ein wenig seitlich auf, die Pistole im Anschlag. Conrada hielt sich dahinter. Sie wollte keinesfalls zwischen die Männer und ihre Waffen geraten.

»Geben Sie die Dame heraus, oder ich schieße!«, rief Emilius.

»Mit Ihrer Schulter sollten Sie besser im Bett liegen, sonst wird die Wunde brandig.«

»Die ist nicht halb so schlimm, wie ich Sie glauben machte. Alte Kriegslist! Sollten Sie eigentlich kennen.«

»Schmutziger Trick würde ich sagen.«

»Lassen Sie den Zügel los! Sie haben doch Frau und Kinder? Also wenn Sie die wiedersehen wollen …« Emilius zielte mit der Waffe genau auf Holms Kopf.

»Eher bringen Sie sich um Kopf und Kragen«, erwiderte der mit erstaunlicher Ruhe. »Wenn Sie schießen, wie Sie fechten, muss ich mir keine großen Sorgen machen.«

»Bei mir vielleicht nicht, aber mein Freund ist Hermann Carl von Lobschütz, er schießt bestimmt nicht daneben.«

Der Name sagte Holm offensichtlich etwas, denn seine bisher gleichmütige Miene wechselte zu einem besorgten Ausdruck.

»Ich treffe einen Taler auf hundert Schritt Entfernung, und ich werde nicht zögern«, bekräftigte Emilius' Freund.

»Die Damen können den Ort des Geschehens verlassen, derweil wir den Hauptmann in Schach halten.«

Conrada war viel zu angespannt, um auf diese Worte zu reagieren, aber die Cosel setzte ihren Schimmel in Bewegung. Mit einer fast zärtlichen Geste zog sie den Führstrick aus Holms Hand und stellte sich dann vor den Hauptmann.

»Niemand wird irgendwen erschießen! Ich verbiete es!«

»Wie sollen wir Euch dann aus den Klauen dieses Menschen retten? Wir krümmen dem Hauptmann kein Haar, wenn er Vernunft annimmt. Andernfalls ...« Emilius ließ das Wort unheilvoll verklingen.

»Ich will nicht gerettet werden!«, rief die Gräfin schrill.

Alle wirkten gleichermaßen überrascht. Sogar Holms Miene spiegelte Fassungslosigkeit.

»Aber verehrte gnädige Frau, Ihr seid die Großcousine jener Dame und müsst aus den Klauen des Unholds befreit werden.« Hermann Carl blickte unschlüssig von einem zum anderen.

»Ich muss nicht gerettet werden. Und jetzt die Waffen runter, ehe ich ärgerlich werde.« Die Cosel presste die Lippen zu einem Strich zusammen. Obwohl sie im schäbigen Sonntagskleid einer verstorbenen Bäuerin steckte, ihr Haar strähnig war und sie es nur zu einem einfachen Zopf geflochten und am Hinterkopf festgesteckt trug, strahlte sie eine Hoheit aus, der sich niemand entziehen konnte.

Hermann Carl senkte seine Pistole als Erster, dann Emilius.

»Sehr vernünftig, die Herren. Wenn mir nun jemand vom Pferd hilft.«

Holm fand seine Fassung wieder und bot der Gräfin den verlangten Dienst. Conrada stieg aus dem Sattel und eilte zu ihrer Cousine.

Die beiden Frauen umarmten sich.

»Was hat der Hauptmann Euch angetan?«, fragt Conrada leise.

»Nicht mehr, als ich von ihm gewohnt bin. Machen Sie sich um mich keine Sorgen. Ich bewundere Ihren Mut und Ihre Entschlossenheit, Kindchen, aber es muss nun ein Ende haben.«

»Warum?« Conrada fühlte sich wie betäubt. Sie ließ sich von der Cosel fortführen zu einem Haufen Steine, auf den sie sich setzten. Die Gräfin hatte immer noch den Arm um Conrada gelegt. Jedermann musste sie für enge Vertraute halten. Die Wirklichkeit hätte mit diesem Bild nicht weniger übereinstimmen können.

KAPITEL XXXV
· 1731 ·

*I*ch hatte Zeit, meine Gedanken zu ordnen«, begann die Cosel. »Friedrich August hat mich längst vergessen. Dabei schätzte er einst meine Gedanken, nannte mich seine kluge und schöne Constantia. Vorbei! Hat er eine andere Frau an seiner Seite?«

Conrada zuckte zusammen. Mit einer derartigen Frage hatte sie nicht gerechnet. »Ich … ich weiß es nicht. Die Kurfürstin ist vor Jahren gestorben.«

»Egal. Mich will er nicht um sich haben. Was hat mein Leben außerhalb der Festung dann für einen Sinn?«

»Ihr seid frei, müsst nicht länger die Schikanen dieses Hauptmannes ertragen.«

»Frei werde ich nie wieder sein. Komme ich weiter mit Ihr und diesen Herren, werde ich mich mein Leben lang verbergen müssen. Keinen Schritt kann ich setzen, ohne mich umzusehen, ob hinter einem Busch nicht ein Häscher vom Schlage Holms hervorspringt.«

»Ich besitze ein Bauerngut bei Küstrin, dort könnt Ihr sehr bequem leben, liebe Cousine«, widersprach Conrada.

»In der Einsamkeit vergraben. Kann Sie sich vorstellen, dass ich, Reichsgräfin Anna Constantia von Cosel, in der Einsamkeit eines Küstriner Bauerngutes zufrieden bin? Mit einer Katze auf dem Schoß neben dem Ofen sitze? Ich nicht.

Ich will auch nicht dafür verantwortlich sein, Ihr Leben und das des jungen Herrn von Kobsdorff verdorben zu haben. Alles, was für mich gilt, trifft Sie beide umso mehr, da Sie mir geholfen haben.«

»Ich habe sowieso geplant, zusammen mit Serafina Dhurokina auf dem Bauerngut zu leben.«

»Es ist ein großer Unterschied, auf einem Bauerngut zu leben oder sich auf einem zu verbergen. Noch kann alles gut werden. Holm und Boblick haben mein Entweichen nicht nach Dresden gemeldet. Sie fürchten um ihre Stellung, das können wir uns zunutze machen.«

»Wofür soll dann alles gut gewesen sein?«

»Nun kann ich ruhigen Sinnes mein Schicksal ertragen, weil ich nicht von aller Welt vergessen bin, sondern es Menschen wie Sie gibt, liebe Conrada. Sie gibt mir Mut und ist eine wunderbare Frau. Lasse Sie sich von niemandem etwas anderes einreden. Und lasse Sie nicht länger den Kopf hängen. Nicht wegen mir.«

Conrada wusste dazu nichts weiter zu sagen. Sie gingen zu den Männern zurück, die sich weiterhin misstrauisch belauerten.

»Das kann nicht wahr sein!« In Emilius' attraktives Antlitz schoss die Röte. Eine steile Zornesfalte bildete sich zwischen seinen Augenbrauen, nachdem die Cosel ihre Entscheidung wiederholt hatte. »Ihr sagt mir ins Gesicht, es sei alles umsonst gewesen! Wir haben uns alle für Euch in Gefahr begeben, damit Ihr uns nun mit warmen Worten auf die Rüben schickt. Soll ich Euch sagen, wie ich das nenne?«

»Ich bitte darum.«

»Undankbar! Ich nenne das undankbar. Meine dringenden Geschäfte habe ich aufgegeben, um Euch nach Küstrin zu bringen. Nun habe ich keine Zeit mehr, mein eigenes Leben zu regeln.«

»Er ist jung.«

»Ich habe trotzdem keine Zeit mehr!«, wütete Emilius. »Ein Jahr und ein Tag sind beinahe verstrichen, und ich sitze hier wie ein auf die Schlachtbank wartendes Lamm.«

Für Conrada ergaben Emilius' Worte keinen Sinn, aber sie bekam Angst vor seiner Wut. Sie wollte ihm etwas Beschwichtigendes sagen, wusste jedoch nicht, was.

»Wir müssen vernünftig sein und werden eine Lösung finden.« Holm gab sich versöhnlich.

»Das nützt mir nichts.« Emilius sah aus, als wollte er am liebsten auf jemanden losgehen.

»Er muss am vierundzwanzigsten Juni verheiratet vor unseren Kurfürsten treten, oder dieser wird eine Ehefrau für ihn auswählen«, erklärte Hermann Carl.

»Pah, als ob ich es so weit kommen lasse. Ich wollte ins Ausland gehen. Aber das will vorbereitet sein, wenn ich nicht wie ein Bettler in einer zugigen Hütte hausen will. Das braucht Zeit, die ich damit verplempert habe, Euch, gnädige Frau …«, er zeigte auf die Cosel, als wollte er sie aufspießen, »… vor einem Los zu retten, das Ihr herbeisehnt. Das hättet Ihr vor dem Austausch sagen können. Damit hättet Ihr auch der armen Madame Dhurokina einiges an Leid erspart.«

»Um diese Dame tut es mir leid. Um Ihn dagegen nicht.« Die Cosel bedachte Emilius mit einem jener Blicke, vor denen früher Fürsten gezittert hatten. Er hielt ohne Wimpernzucken stand. »Diese Zusammenhänge müssen Sie mir einmal darlegen.«

Die Erklärung übernahm Hermann Carl von Lobschütz. Alles hatte auf dem Großen Campement bei Radewitz im Juni letzten Jahres begonnen. Dort habe Emilius die These beweisen wollen, dass Adel anerzogen und nicht angeboren sei. Er habe zu diesem Zweck ein Mädchen aus dem Volke als seine adelige Cousine in das Hoflager eingeführt. Die Sache war schließlich aufgeflogen, obwohl ihr viele die adelige Dame abgenommen hatten. An dieser Stelle wurde Hermann Carls Erklärung verworren. Der Kurfürst hätte dann entschieden, Adel sei eine Sache des Herzens. Er habe jedoch Emilius befohlen, innerhalb eines Jahres und eines Tages verheiratet zu sein, andernfalls werde er eine Frau für ihn auswählen. Wohl in der Hoffnung, der Ehestand werde ihm die Kindereien austreiben.

»Diese weise Entscheidung passt zu Friedrich August.« Die Cosel lächelte auf eine Art, die verstehen ließ, warum sie einst den Kurfürsten bezaubert hatte.

»Wer wird die Glückliche sein, der Sie in zehn Tagen die Hand zum Ehebund reichen?«, erkundigte sich Holm.

»Keine!«, knurrte Emilius. »Ich wollte die Damen nicht ohne männlichen Schutz nach Küstrin reisen lassen. Das liegt immerhin in Preußen und kam daher meinen eigenen Plänen entgegen. Von dort wollte ich alles für ein Leben im lieblichen Italien vorbereiten. Wer hätte so etwas ahnen können? Jede andere Dame wäre froh gewesen über ihre Befreiung – aber nicht diese ehemalige Maitresse eines Kurfürsten.«

»Ich bin seine Frau! Ich hatte sein Versprechen!«, rief die Gräfin.

»Das Bauerngut bei Küstrin steht zu Ihrer Verfügung, Herr von Kobsdorff. Sie können dort Wohnung nehmen, solange es Ihnen beliebt«, warf Conrada ein.

»Heiraten Sie einfach die Dame, die unser gnädiger Kurfürst für Sie aussucht«, riet Holm.

»Auf keinen Fall!«, schrie Emilius wild. »Er wird mir eine Frau aussuchen, die so wenig zu mir passt wie rosa Kniebundhosen. Es wird eine Frau sein wie eine Betschwester. Da kann ich mich gleich in einem Kloster lebendig begraben.«

»Das ist auch eine Möglichkeit«, kam es trocken von Holm.

Conrada versuchte, sich Emilius in rosa Kniebundhosen

oder in einer Mönchskutte vorzustellen, und musste einsehen, dass es ihr nicht gelang.

»Es gibt eine einfache Lösung!«, rief die Cosel auf einmal aus.

Anna Constantia von Cosel · 1716

Lautes Klopfen und aufgeregte Rufe im Haus ließen mich aufmerken. Ich hörte fremde Stimmen im Flur und dazwischen Oberst von Winterfeldt.

»Ich muss doch sehr bitten!«, rief er.

Die Antwort verstand ich nicht. Kam jemand, um mir die Freiheit zu bringen? Ich warf die Karten auf den Tisch, an dem ich mir gerade die Zeit mit Patiencen vertrieben hatte, und stürmte aus dem Zimmer.

Im Flur bot sich mir der Anblick eines sächsischen Gardeobersten, der die Treppe mit festen Schritten heraufkam. Ihm folgte von Winterfeldt. Dahinter ein weiterer Mann, den ich nicht kannte. Meine Aufmerksamkeit war auf den sächsischen Oberst gerichtet. Gesehen hatte ich diesen Herrn noch nie, aber seine Anwesenheit konnte nur eines bedeuten: Friedrich August holte mich nach Sachsen zurück und hatte ihn als Eskorte geschickt. Er stellte das fehlende Geld bereit, damit ich das Eheversprechen bei meinem Vetter auslösen konnte! Und Dutzende weitere Gedanken wirbelten durch meinen Kopf.

Der Gardeoberst blieb vor mir stehen und salutierte. Seinen federgeschmückten Hut klemmte er sich danach unter den Arm. Hinter ihm zwinkerte von Winterfeldt mit den Augen und bewegte die Lippen, aber ich war viel zu aufgeregt, um dem Beachtung zu schenken.

»Bringt Er mir Kunde von meinem König?«, brachte ich atemlos hervor.

»Oberst von Diemar zu Euren Diensten, Madame. Ihr steht nicht länger unter dem Schutz des preußischen Staates, sondern seid an Sachsen ausgeliefert. Ich muss Euch bitten, die Schränke und Behältnisse Eures Quartiers zu öffnen, damit sie durchsucht werden können.«

Der zweite Herr, Justizrat Wenzel, wie ich erfuhr, im schmucklosen schwarzen Rock und beiger Hose trat vor.

»Benötige ich einen rechtlichen Beistand?«, fragte ich keck.

»Ich bin als Justizperson anwesend, um eine amtliche Handlung auszuführen und zu protokollieren«, lautete die steife Antwort des Herrn Wenzel.

»Welche?«

»Die Durchsuchung Eurer Habe, wie bereits gesagt. Ihr steht wieder unter sächsischem Schutz, und dies ist eine angezeigte Maßnahme.«

»Verstehen Sie das als sächsischen Schutz?«, herrschte ich die beiden Herren an. Ich fühlte mich, als hätte mir jemand einen Kübel Jauche entgegengeschleudert. Das musste Flemmings Werk sein, der nun endgültig über mich triumphierte.

»Der König wird hiervon erfahren! Er wird Ihn für die ehrlose Behandlung meiner Person zur Rechenschaft ziehen! Der preußische König wird es ebenfalls erfahren, und ich will Ihm nicht ausmalen, wie er zu diesem Bruch der Gastfreundschaft in seinem Reich steht.«

Wieder machte Oberst von Winterfeldt mir Zeichen mit den Augen, die ich nicht zu deuten vermochte. Ich hatte die Hände in die Hüften gestemmt und versperrte zornig den weiteren Weg in die Räume.

»Madame, Ihr dürft versichert sein: Beide Majestäten wissen hierüber Bescheid. Ich habe meine Befehle vom polnischen König persönlich erhalten.«

»Verehrte gnädige Frau, das Beste wird sein, Ihr lasst diese Herren ihre Arbeit tun. Je schneller alles vorbei ist, desto eher habt Ihr wieder Eure Ruhe«, mischte sich Oberst von Winterfeldt ein.

Ich wirbelte zu ihm herum. Meine Röcke bauschten sich. »Er hat davon gewusst! Und mir nichts gesagt. Seit Wochen schleicht Er hier rum, tut freundlich mit mir und …!« Mir blieben die Worte im Halse stecken.

»Ihr tut mir unrecht. Ich habe von diesen Entwicklungen …«

»Es ist mir völlig egal! Wenn hier alles durchsucht werden muss, dann soll es eben sein. Schauen Sie sich um!«, schleuderte ich dem Justizrat entgegen. Ich lief von Tür zu Tür und riss sie auf. »Öffne Er jeden Schrank und jede Lade! Tue Er sich keinen Zwang an!«

»Madame, ich bitte Euch.« Der preußische Oberst wollte mich aufhalten, aber ich schlug seine Hand von meinem Arm.

Justizrat Wenzel und Oberst von Diemar durchsuchten ungerührt die drei von mir bewohnten Zimmer. Sie schauten in jeden Schrank, rückten Kommoden von den Wänden, schlugen Teppiche zurück und tasteten in den Ritzen der Stuhlpolster herum.

Sie machten auch vor meinem Schlafzimmer nicht halt. Wenzel schlug die Bettdecken zurück und tastete auf der Matratze umher. Er nahm die Kissen hoch und untersuchte sie, ob etwas eingenäht war. Er legte danach alles wieder ordentlich hin, aber für mich war klar, dass ich unter diesen Decken nicht mehr schlafen würde.

»Was sucht Er?«, höhnte ich. »Kann ich behilflich sein?«

»Papiere, Pretiosen, andere Kostbarkeiten«, gab Oberst von Diemar Auskunft. Bisher hatten sie meinen Schmuck, silbernes Besteck, eine Zuckerdose und einige kleine Silberteller auf dem Esstisch zusammengestellt. Sie hatten auch alle von mir empfangenen Briefe und jedes Fitzelchen beschriebenen Papiers zusammengetragen. Alles sollte in einer Liste erfasst und später von mir unterzeichnet werden.

»Sie können auch noch zwischen meiner Wäsche nach-schauen.«

»Das müssen wir sogar.«

»Nun dann. Ich sehe, dass ich keinerlei Rechte habe und meine Wünsche keine Rolle mehr spielen. Tun Sie, als wäre ich nicht vorhanden.«

Der sächsische Oberst warf mir einen Blick zu, Justiz-rat Wenzel wandte sich ungerührt der Kommode zu, in der meine Wäsche verstaut war. Dieser Mann kam mir nicht vor wie ein Mensch, sondern wie ein mechanisches Wesen.

Er wühlte zwischen den Unterröcken rum. Und dann zeigte er doch eine Regung. Ein Ausdruck des Erstaunens glitt über seine Züge, als er meine Reisepistolen aus der Kommoden-schublade zog. Er hielt beide mit spitzen Fingern.

»Was haben wir denn da?« Es fehlte nur noch, dass Oberst von Diemar durch die Zähne pfiff. Er nahm dem Justizrat die Waffen ab und untersuchte sie.

»Das sind meine Reisepistolen, die sind nicht geladen«, in-formierte ich ihn.

»Die behalten wir trotzdem.«

Die Durchsuchung der restlichen Kommodenschubladen förderte nichts mehr zutage. Die beiden Herren schauten mich an.

»Was?«, wollte ich wissen.

»Eure Taschen. Eure Kleidung«, quetschte der Justizrat zwischen dünnen Lippen hervor.

Er schaute mir dabei nicht ins Gesicht. Längst war ich der Meinung, es gefiel ihm, in anderer Leute Habe herumzuwüh-len, die zur Schau getragene Unbehaglichkeit nahm ich ihm nicht ab. Im Innersten freute er sich wahrscheinlich darauf, mir unter die Röcke zu tasten.

»Ja schaue Er, was ich in den Taschen habe! Ein Schnupftuch, ein paar Groschen. Nichts anderes als andere Menschen auch.« Während ich sprach, leerte ich alles aus und knallte es vor dem Justizrat auf den Tisch.

Es dauerte dann eine Ewigkeit, jedes einzelne Stück auf dem Esstisch zu verzeichnen. Justizrat Wenzel war in seinem Element, meine Ungeduld wuchs von Augenblick zu Augenblick.

»Wenn die gnädige Frau hier unterschreiben wollen«, sagte er endlich und hielt mir die Feder hin.

»Ich denke nicht daran, an der Wegnahme meines Eigentums noch mitzuwirken!« Ich schlug ihm die Feder aus der Hand. Tinte spritzte auf die Liste. »Sie handeln hier nicht rechtens«, warf ich ihnen weiter vor. »Darüber werde ich nicht schweigen. Ich dulde kein Unrecht gegen mich.«

Ungerührt hob der Justizrat die zu Boden gefallene Feder auf, kontrollierte, ob die Spitze Schaden genommen hatte. Sie war intakt. Also vermerkte er auf der Liste, dass ich die Unterschrift verweigert hatte.

»Madame … beruhigt Euch. Es geht nur darum, Euer Eigentum zu verzeichnen, damit nichts verlorengeht.«

Ich erkannte eine Lüge, wenn sie mir gesagt wurde.

Inzwischen war es Abend geworden. Ein Wagen stehe im Hof für mich bereit, hieß es dann.

Eingehüllt in meinen pelzgefütterten Umhang eskortierten mich die beiden sächsischen Herren nach unten. Der Wagen, der dort auf mich wartete, verschlug mir die Sprache. Ich hatte meine Kutsche erwartet, aber da stand ein offener Karren, gezogen von zwei derben, zotteligen Pferden. Ich wäre ungeschützt Wind, Kälte und dem Schnee ausgesetzt wie eine gemeine Verbrecherin auf dem Weg zum Schafott. Oberst von Diemar schob mich vorwärts.

»Meine Herren, ich bitte Sie. Sie können die Gräfin nicht auf diese Weise reisen lassen«, protestierte der preußische Oberst. »Lassen Sie sie in ihrer eigenen Kutsche fahren.«

»Sie fährt, wie es ihrer Lage zukommt«, entgegnete von Diemar.

»Das ist ein Karren für Gefangene.«

»Was die Lage der Frau Gräfin genau beschreibt. Sie wird ausgetauscht gegen preußische Deserteure und Verbrecher und verdient keine andere Behandlung.«

Während die Männer redeten, stand ich neben dem Karren und konnte keinen klaren Gedanken fassen.

»Sie ist eine Dame von hoher Geburt, daran wird nichts etwas ändern«, widersprach von Winterfeldt.

Die beiden Männer debattierten eine lange Zeit miteinander, aber mir fehlte die Kraft, ihrem Gespräch zu lauschen. Schließlich erreichte es der Preuße, dass ich in meiner Kutsche fahren durfte. Sie wurde in den Hof gebracht und meine Pferde vorgespannt. Mich hob man hinein und kutschierte mich einem ungewissen Schicksal entgegen.

Von Halle wurde ich zunächst nach Leipzig gebracht und von dort ging es weiter. Waren es eine oder mehrere Nächte, die ich ohne Pause in der Kutsche durchgeschüttelt wurde? Mich dünkte es eine Ewigkeit, aber tatsächlich konnten es nicht mehr als eine oder zwei gewesen sein. Die ganze Zeit saß Oberst von Diemar bei mir in der Kutsche. Nicht einmal richtete er das Wort an mich. Er nannte nicht das Ziel der Fahrt, nicht den Grund für meine Auslieferung oder welches Schicksal mir von meinem König zugedacht worden war.

»Mein König verlangt die Auslieferung gewisser Dokumente von mir«, sagte ich zu ihm, während vor dem Kutschfenster Flocken wirbelten. »Dieses habe ich zugesagt, und meine Versprechen will ich gern halten.«

Die einzige Reaktion von Diemars bestand in einem verächtlichen Blick. Danach schaute er wieder aus dem Fenster.

»Ich muss eine gewisse Summe Geldes beschaffen, um Zugriff auf die Dokumente zu erhalten. Nur deshalb habe ich Sachsen verlassen. Niemals wollte ich mich den Wünschen meines Königs ungehorsam zeigen. Ich stand in ständigem Briefkontakt mit dem Kabinettsminister Watzdorf. Er war über jeden meiner Schritte unterrichtet. Die Pflicht zur Besorgung dieser Dokumente trifft mich weiterhin, aber je weiter Er mich fortbringt, desto schwerer wird es mir fallen. Ich bitte Ihn deshalb, mich wenigstens mit meinem Agenten in Leipzig sprechen zu lassen. Wenn ich ihm genaue Instruktionen geben kann, besorgt er das fehlende Geld – mehr als die Hälfte der Summe steht bereits zur Verfügung.«

Der Oberst schwieg stoisch.

»Es wird reichen, wenn Er mir Papier, Feder und Tinte überlässt, damit ich die Anweisungen schriftlich erteilen kann.«

Keine Reaktion.

In dieser Nacht schlief ich so gut wie gar nicht. Allenfalls nickte ich kurz ein, ehe mich die ungewohnte Anwesenheit der Herren, die in der Herberge in meiner Kammer nächtigten, um mich von einer Flucht abzuhalten, wieder aus dem Schlaf riss. Ich lauschte ihren Atemzügen und malte mir aus, wie leicht es ihnen fallen würde, mir Gewalt anzutun.

Das Frühstück bestand aus dünnem Tee und Brühe, und bevor die Sonne über den Horizont kroch, ging die Reise weiter. Auf einmal war es mir doch erlaubt, Briefe zu schreiben. Ich kritzelte hastig einige Nachrichten an Winterfeldt und berichtete von meiner schrecklichen Lage und dass ich immer noch nicht wüsste, wohin ich gebracht werden sollte. Ob die

Briefe je ihren Empfänger erreichten, vermochte ich nicht zu sagen. Es könnte auch eine Falle des Oberst von Diemar gewesen sein, um Beweise gegen mich zu sammeln und herauszufinden, an wen ich mich um Hilfe wandte.

Diesmal ging die Reise auch des Nachts weiter. Lange bevor der Morgen graute, konnte ich in der Kutsche vor Schmerzen im Kreuz und in den Beinen kaum noch sitzen. Meine Füße in den dünnen Schuhen waren zu Eisklumpen gefroren, weil niemand daran gedacht hatte, mir einen heißen Ziegelstein zu bringen. Um meine Hände hatte ich Kaninchenfelle gewunden, weshalb sie einigermaßen warm geblieben waren.

Ich fühlte mich mehr tot als lebendig, als die Kutsche endlich hielt und von außen der Schlag aufgerissen und der Tritt heruntergeklappt wurde. Ich erblickte ein Stück eines fahlen Morgenhimmels und eine dunkle Mauer. Oberst von Diemar streckte mir eine Hand hin, um mir aus dem Wagen zu helfen, aber ich war nicht in der Lage aufzustehen. Ich stöhnte und ächzte, fühlte mich weit älter als meine sechsunddreißig Jahre und sank kraftlos in den Sitz zurück.

Am Ende musste ich aus der Kutsche gehoben und ins Haus getragen werden. Ich erkannte im Morgenlicht die Silhouette der Burg Nossen. Ich wurde in eine recht große Wohnung gebracht. Es gab Platz für mein Mädchen, einen Diener und sogar einen Sekretär. Die Räume befanden sich jedoch in keinem guten Zustand. Durch alle Fenster zog es, von den Wänden blätterte die Farbe ab, die Dielen waren abgenutzt und sahen aus, als könnten sie jeden Moment nachgeben. Ich wurde zu Bett gebracht.

Oberst von Diemar wurde abgelöst und durch einen Hauptmann Holm ersetzt. Die Gründe dafür wurden mir nicht mitgeteilt, aber ich weinte dem Oberst keine Träne nach. Jetzt durfte ich keine Briefe mehr schreiben oder empfangen. Keiner der Offiziere, die Tag und Nacht vor meinen Zimmern Wache hielten, durfte mit mir sprechen. Aus einem Fenster konnte ich beobachten, dass jeder Wagen, der die Burg verlassen wollte, peinlich genau durchsucht wurde. Ungefähr ein Dutzend Soldaten hatten ihn umstellt, und ein Leutnant stocherte mit einer Stange zwischen den geladenen Kisten herum.

Ich beobachtete auch, dass jeder Herr und jede Dame ihre Taschen und Körbe ausleeren mussten und über alles, was sie hinein- oder herausbringen wollten, Rechenschaft ablegen mussten. Da die Burg der Sitz der Kreisamtmannschaft war, kamen täglich etliche Leute, die durchsucht werden mussten und manchmal erst nach Stunden ihr eigentliches Anliegen vorbringen durften. Es musste sichergestellt werden, dass keine von mir geschriebenen Briefe hinausgeschmuggelt oder an mich gerichtete hereingebracht wurden.

Die ersten Tage in Nossen vergingen in quälender Langsamkeit. Ich bat Hauptmann Holm darum, mir einen Brief an den König zu erlauben oder wenigstens einen an Watzdorf. Ich sah ihm an, wie wenig ihm sein Posten als mein Bewacher zusagte.

Er schüttelte den Kopf. »Das widerspricht meinen Instruktionen, gnädige Frau Gräfin. Bevor ich keine anders lautenden Weisungen aus Dresden erhalte, kann ich Euch keinen Briefverkehr erlauben.«

»Was muss Er für andere Instruktionen tun?«

»An meinen Vorgesetzten schreiben.«

»Dann tue Er das. Ich flehe Ihn an. Ich bin hier gänzlich abgeschnitten von allem, dabei braucht es nur noch wenig, um mein dem König gegebenes Versprechen zu erfüllen.«

Ob er es getan hat, vermag ich nicht zu sagen. Eines Abends Ende November stürzte ich in der Stube zu Boden und konnte nicht mehr aufstehen. Meine rechte Seite war lahm, immer wenn ich mich auf den Arm stützen wollte, stürzte ich wieder hin. Das rechte Bein konnte ich nicht bewegen. Ich wollte um Hilfe rufen, aber kein Wort verließ meinen Mund. Eine Weile lag ich auf den Dielen und dachte, so müsste sich das Ende anfühlen. Schließlich versuchte ich, mich mit dem linken Arm in mein Schlafzimmer zu ziehen, um Zuflucht im Bett zu finden.

Was dann mit mir geschah, weiß ich nicht. Die folgenden Tage und Wochen sind unter einem dichten Nebel verborgen. Ich hörte manchmal Stimmen, spürte Hände auf meinem Körper, die ich wegschlug. Die meiste Zeit lag ich aber einfach in Dunkelheit.

Als ich wieder zu mir kam, erblickte ich eine fremde, kräftige Frau neben dem Bett. Sie strickte etwas aus schwarzer Wolle, und die Nadeln klapperten beruhigend. Mein Erwachen bemerkte sie nicht, und obwohl mein Mund trocken war und ich gerne einen Schluck Tee zu mir genommen hätte, fand ich nicht die Kraft, mich bemerkbar zu machen, sondern schlief wieder ein.

Bei meinem nächsten Erwachen saß sie immer noch da und strickte. Diesmal entging ihr nicht, wie ich die Augen aufschlug.

Das Strickzeug fiel zu Boden.

»Ach Gottchen. Die gnädige Frau ist wach. Wie fühlt Ihr Euch? Wir waren wirklich in Sorge um Euch?«

Ich wusste nicht, wie ich mich fühlte, und sagte nichts.

»Ihr müsst essen und trinken. Eine Tasse Tee und Brühe sind genau das Richtige. Ich lasse etwas kommen und sage allen Bescheid, dass Ihr wieder wach seid. Endlich!«

Sie wollte aufstehen, aber mit einer schwachen Handbewegung hinderte ich sie daran.

»Von wem sprecht Ihr?«, fragte ich leise. Meine Stimme klang ungewohnt heiser für mich, und es bereitete mir Mühe, die Worte zu formen.

»Hauptmann Holm natürlich, die gute Frau von Meggenburg, der Hofrat Troppaneger, der Apotheker und ich. Die Frau von Meggenburg hat mich extra bestellt, damit ich Euch nicht aus den Augen lasse und sofort Bescheid gebe, wenn Ihr aufwacht.«

Der Tee und die Brühe wurden gebracht. Von einer Frau in einem dunkelroten Samtkleid und einer turmhohen Frisur. An ihren Fingern blitzten goldene Ringe mit roten Steinen. Ein Kreuz in der gleichen Machart zierte ihren Hals. Es musste sich um Frau von Meggenburg handeln. Ich kramte in meinem Gedächtnis, ob ich sie schon einmal gesehen hatte. Der Name Meggenburg kam mir bekannt vor, aber mit dem Gesicht dieser Frau konnte ich nichts anfangen.

Die Wärterin half mir in eine sitzende Stellung, stopfte mir mehrere Kissen in den Rücken, und dann wurde das Tablett über meinen Beinen abgestellt. Frau von Meggenburg fütterte mich mit der Brühe und hielt mir die Tasse an die Lippen. Die Wärme breitete sich in meinem Körper aus und tat mir gut.

Beim Essen erzählte sie mir von dem großen Schrecken, den meine Krankheit hervorgerufen hatte. Wie entsetzt Hauptmann Holm gewesen sei, als man mich leblos auf dem Boden liegend gefunden habe.

»Ich will mich nicht selbst loben«, sagte Frau von Meggenburg, »aber Hauptmann Holm verlor vollkommen die Nerven ob Eurer Krankheit. Er schrieb Briefe und Berichte nach Dresden, statt einen Apotheker zu holen. Er musste erst eine Erlaubnis einholen, jemanden zu Euch zu lassen. Die ganze Zeit fürchtete er, es könne zu spät sein und man gäbe ihm die Schuld daran.«

Das klang nach dem Holm, den ich bisher kennengelernt hatte: trocken und pflichtbewusst bis zum Letzten.

»Zum Glück war ich da«, fuhr Frau von Meggenburg fort, »und konnte ihn davon überzeugen, mich zu Euch zu lassen.

In so einer Situation braucht eine Frau eine andere Frau an ihrer Seite, die für ihr Wohlergehen sorgt. Das verstand auch Hauptmann Holm nach einigem Zureden. Als es Euch aber gar nicht wieder bessergehen wollte, wurde mir schnell klar, dass wir Euch in kundige Hände geben mussten. Ich fuhr kurzerhand nach Dresden, und es gelang mir, Hofrat Troppaneger herzubringen. Er kümmerte sich tagelang um Euch. Sogar zum Apotheker nach Freiberg wurde jemand geschickt.«

»Was fehlte mir denn?«, wollte ich wissen. Nachdem ich einen halben Teller der Brühe gegessen und eine Tasse Tee getrunken hatte, fühlte ich mich erschöpft und wünschte, Frau von Meggenburg würde gehen, damit ich schlafen konnte.

»Erschöpfung an Leib und Seele haben den Fluss Eurer Körpersäfte ins Stocken geraten lassen. Hofrat Troppaneger hat Einreibungen der Arme und des Halses verordnet. Ihr befindet Euch auf dem Weg der Besserung.«

»Ist der Hofrat noch da?«

»Er musste nach Dresden zurückkehren, richtet Euch aber seine herzlichen Grüße aus. Draußen wartet noch jemand, der sich von Eurer Genesung überzeugen möchte.«

Die Meggenburg nahm das Tablett fort und ließ Hauptmann Holm ins Zimmer.

Zwei Schritte von meinem Bett entfernt blieb er stehen und verschränkte linkisch die Hände ineinander.

»Ihr habt uns einen riesigen Schrecken eingejagt, Frau Gräfin. Als ich Euch da liegen sah, wie tot ... Es ging mir durch Mark und Bein. Deshalb bin ich doppelt froh, Euch wieder auf dem Weg der Besserung zu finden.«

Er verneigte sich und verließ meine Krankenstube wieder. Ich winkte nun auch Frau von Meggenburg, mich allein zu lassen, und sank in die Kissen zurück.

*E*milius blickte wild um sich. Seine Rechte hatte er auf dem Degengriff abgelegt. Es musste doch etwas geben, um ihn wieder zu beruhigen. Conrada machte einen Schritt auf ihn zu, als Emilius wieder zu sprechen begann. Er spuckte die Worte aus.

»Bietet Ihr mir an, mir die nötigen Mittel für ein Leben in Italien zur Verfügung zu stellen? Daran glaube ich nicht. Die Kuratoren über Euer Vermögen werden dem nicht zustimmen.«

Nach dem Wutausbruch klang er wieder erstaunlich gefasst.

»Ach, vergessen Sie das. So gerne ich Ihnen auf diese Weise unter die Arme greifen würde, ich müsste ein Jahr und länger mit den Männern korrespondieren und würde doch nichts erreichen«, winkte die Cosel in einem seltenen Anflug klarer Einschätzung ihrer Situation ab. »Es ist etwas viel Besseres.«

»Lasst hören.«

Die Cosel drehte sich zu Conrada um und ergriff ihre Hände. »Es ist ganz einfach: Sie und Emilius von Kobsdorff werden heiraten.«

»Großartige Idee!« Das kam natürlich von Hermann Carl.

»Sie beide passen wunderbar zusammen. Verzeihen Sie mir meine offenen Worte, Conrada, aber in all dem Durcheinander der letzten Tage hat Ihr Ruf gelitten. Die Heirat ist für alle die beste Lösung, dann kann Ihnen niemand etwas nachsagen.«

»Es weiß doch keiner«, murmelte Conrada wie betäubt.

»Das kommt raus. So ist es immer. Nichts verbreitet sich so schnell wie das, von dem die Beteiligten nicht wollen, dass es bekannt wird.« Was das für ihre eigene Situation bedeutete, ging der Gräfin offenbar nicht auf.

Alle Augen richteten sich auf Emilius. Die Cosel hatte recht mit ihren Überlegungen: Die eigenen Heiratschancen hatte Conrada sich in den letzten Tagen gründlich verdorben. Es machte ihr nichts aus, aber niemand der anderen wusste das.

Ihr und Emilius' Blick kreuzten sich, hielten einander fest. Ein Lächeln glitt über sein Gesicht. Eines der spitzbübischen Art, die so typisch für ihn war.

Er kam auf sie zu und ließ sich vor ihr auf ein Knie nieder, schaute zu ihr auf.

»Das muss richtig gemacht werden«, murmelte er stockend.

Wie von selbst streckte sie ihre Hand vor, und er ergriff sie.

»Conrada von Tiburti«, begann er feierlich, »hier knie ich und bitte Sie, mir die Hand zum Ehebund zu reichen. Meine Situation kennen Sie zur Genüge, ich will auch nicht verhehlen, dass ich in der Lage bin, Ihnen ein angemessenes Leben zu bieten. Sobald ich mich daran gewöhnt haben werde, verheiratet zu sein, versteht sich. Die Sache kommt plötzlich. Sie haben jedes Recht, mir die Antwort zu geben, die Ihr Gewissen Ihnen eingibt, und ich werde alles in guter Ordnung hinnehmen. Ihre Antwort erwarte ich nicht jetzt, nehmen Sie sich Bedenkzeit. Nur nicht zu lange, ich hätte die Antwort gerne morgen. Sie kennen meine Lage.« Zum Abschluss seiner Rede zwinkerte Emilius ihr zu und erhob sich wieder. Er wischte sich Erdkrümel vom Knie.

»Großartig, ganz großartig. Sagen Sie Ja, Frau von Tiburti. Er ist ein großartiger Kerl, reitet wie der legendäre Dschingis Khan, ist auf der Jagd beinahe so verwegen wie ich und scheut sich nie, seine eigenen Belange zurückzustellen, um für andere in die Bresche zu springen. Außerdem ist er der großartigste Freund, den man sich wünschen kann.« Hermann Carl grinste von einem Ohr zum anderen.

Nun waren vier erwartungsvolle Augenpaare auf Conrada gerichtet. Emilius' Blick war am schwersten zu ertragen.

»Ich muss … darüber nachdenken. Es ehrt mich … ehrt mich wirklich. Aber ich brauche Zeit für eine Antwort.«

»Dann wollen wir nicht mehr davon reden, sondern die Dinge tun, die getan werden müssen«, sagte Emilius in seiner üblichen unbekümmerten Art.

Die Dinge, die unbedingt getan werden mussten, bestanden darin, den Wagen und das zweite Kutschpferd zu holen, was Hermann Carl in erstaunlich kurzer Zeit bewerkstelligte, und ein Quartier für die Nacht zu suchen.

Sie fanden es, wie in den vorangegangenen Nächten auch, auf einem Bauernhof. In wortloser Einmütigkeit erhielt Conrada eine Kammer für sich allein. Die Cosel nahm mit einem Schlafplatz in der Kammer der Bauerntöchter vorlieb, und die Männer behaupteten, es gäbe kein bequemeres Quartier als den Heuboden.

Das Fenster stand offen, die Gardinen wehten in der lauen Sommerluft. Conrada hatte sich für das Bett fertig gemacht, war aber nicht unter die zurückgeschlagene Decke geschlüpft. Sie stand am Fenster und schaute in den Sternenhimmel.

Diese eine Nacht hatte sie, eine Entscheidung zu treffen, die den Rest ihres Lebens verändern sollte. Nicht viel Zeit!

Emilius hatte aufrichtig wie selten gewirkt, als er vor ihr kniete. Ihr erster Impuls war tatsächlich gewesen, seinen Antrag anzunehmen.

Die Sterne leuchteten vom wolkenlosen Himmel herunter. Conrada betrachtete sie eine lange Zeit und senkte den Blick erst, als ihr Nacken schmerzte.

»Typisch Frauen, beten den Mond an, damit er ihnen Wünsche erfülle.« Sie hörte Emilius' spöttische Stimme so deutlich, als stände er neben ihr.

Conrada wandte sich vom Fenster ab und sprach ein Vater-
unser, wie sie es jeden Abend tat.

Ob sie Emilius' Antrag annehmen sollte, wusste sie danach
so wenig wie zuvor.

Emilius war einmal in ihre Kammer gekommen. Was ein
ganz und gar ungehöriges Verhalten gewesen war, aber sie
hatte sich keinen Augenblick von ihm bedroht gefühlt, und
er hatte auch keinerlei Anstalten gemacht, die Situation aus-
zunutzen. Oft genug ritt ihn der Schalk, aber im Herzen
war er ein anständiger Kerl. Sie hatte gute Lust, jetzt in seine
Kammer zu gehen und mit ihm zu reden, um ihre Antwort
zu finden. Seine Kammer war allerdings ein Heuboden, den
er sich mit Hermann Carl von Lobschütz und Hauptmann
Holm teilte. Für deren Ohren war ein Gespräch, wie es Conrada vorschwebte, nicht gedacht. Sie wusste auch nicht mehr,
wo sie den Mut dafür hernehmen sollte.

In dieser Nacht wälzte sie sich schlaflos im Bett und konnte
zu keiner Antwort kommen.

KAPITEL XXXVII
· 1731 ·

*D*ie Gräfin Cosel war am nächsten Morgen ungewohnt
gut gelaunt. Das lag zum einen daran, dass die älteste Bauern-
tochter sie frisiert und ihr mit einer Brennschere sogar Locken gedreht hatte. Ihre Garderobe ließ weiterhin sehr zu
wünschen übrig, aber wenigstens auf dem Kopf sah sie wieder wie eine Frau von Stand aus.

Conrada ahnte dagegen, dass sie genauso übernächtigt aussah, wie sie sich fühlte. Ruppig zog sie einen von der Bäuerin geborgten Kamm durch ihr Haar, begrüßte den Schmerz

auf der Kopfhaut. Anschließend flocht sie es zu einem Zopf und schlang ihn um ihren Oberkopf. Eine Frisur, wie Serafina sie gerne trug, kaum passend für eine junge Frau. Ohne Hilfe und Spiegel brachte sie jedoch nichts anderes zustande. Nichts Besseres für … Auf einmal hatte sie einen schlechten Geschmack im Mund und einen Knoten im Leib. Mit kleinen Schritten verließ sie die Kammer.

Emilius sah auch nicht aus, als hätte er eine erholsame Nacht gehabt, wie er hinter Holm und seinem Freund das Haus betrat. Er war ungewohnt schweigsam und schaute überall hin, nur nicht in Conradas Richtung. Die Cosel ließ sich davon nicht in Verlegenheit bringen. Sie ergriff Conradas Rechte und zog sie an ihre Seite.

»Wie das blühende Leben sehen Sie heute Morgen nicht aus, meine Liebe«, zwitscherte sie. »Das erwartet auch niemand an einem Tag wie diesem. Sagen Sie Ja zu dem jungen Mann, dann haben Sie es hinter sich, und wir können alle wieder normal atmen.« Weiter flüsterte sie Conrada ins Ohr: »Ich weiß, dass Sie Gefühle für ihn hegen. Das ist überdeutlich zu sehen. Als er mit dem Degen verletzt wurde, hat es Sie ebenso getroffen wie ihn. Es war Ihnen völlig egal, was aus mir oder dem Hauptmann wird.«

Conrada wusste nichts dazu zu sagen. Sie erlebte den schrecklichen Moment noch einmal, als sich Holms Degenspitze in Emilius' Schulter bohrte und er zurücktaumelte. Der Schmerz war auch durch ihren eigenen Körper gefahren.

»Ein Emilius von Kobsdorff ist genau der Mann, mit dem Sie glücklich werden können. Er ist vieles von dem, was Sie nicht sind, und deshalb werden Sie sich perfekt ergänzen.«

»Was ist mit ihm?«, wisperte Conrada, die endlich ihre Sprache wiedergefunden hatte.

»Er weiß noch nicht, welche Gefühle er für Sie hat, aber er wird es lernen. So ist das bei Männern nun einmal: Sie benötigen eine Frau, die ihnen ihre Gefühle vor Augen führt. Wir haben die bessere Menschenkenntnis, und ich hatte hierin einen besonders strengen Lehrmeister. Das wäre nicht die erste Ehe, die ich stifte, und alle sind sie glücklich geworden.«

»Ich weiß nicht. Es kommt so plötzlich«, flüsterte Conrada zurück. »Ich kann mir nicht vorstellen, eine Ehefrau zu sein.«

»Das kann niemand, und das ist gerade das Schöne daran. Seien Sie mutig!«

»Ja …«, kam es zögerlich von Conrada.

»Habe ich da eben ein Ja gehört? Ist es das?« Die Cosel drückte ihren Arm fester. »Sagen Sie es noch einmal. Lauter.«

»Ja.« Viel lauter kam es nicht heraus.

»Sie haben es gehört, meine Herren«, sagte nun die Gräfin. »Diese junge Dame hat eingewilligt, den Antrag des Herrn von Kobsdorff anzunehmen. Wir haben eine Hochzeit vorzubereiten. Hopp, hopp, an die Arbeit.«

Holm applaudierte höflich, Hermann Carl begeistert. Er grinste von einem Ohr zum anderen.

Dann stand Conrada auf einmal vor Emilius. Er sah nicht so erleichtert aus, wie es zu erwarten gewesen wäre. Er bedachte sie zwar mit einem warmen Blick, wie es sich für einen Verlobten gehörte, aber die Freude, die sie erwartet hatte, fehlte. Endlich ergriff er ihre Hände.

»Conrada, ich danke Ihnen. Sie können gar nicht ermessen, wie dankbar ich Ihnen für Ihre Bereitschaft bin, Ihr Leben mit mir teilen zu wollen. Das wollte bisher noch keine Frau, ohne von ihrer Mutter gedrängt worden zu sein. Nur wird es mir nichts nützen. Ich habe mich gestern hinreißen lassen, ohne zu bedenken, dass die Zeit niemals mehr ausreicht, um ein Aufgebot zu bestellen, das an mindestens drei Wochenenden von der Kanzel herab verlesen wird. Ich hatte in der Nacht viel Zeit, gründlich darüber nachzudenken. Verzeihen Sie mir. Sie müssen sich nicht an Ihr Versprechen gebunden fühlen.«

»Sie müssen im Ausland heiraten. Das Kurfürstentum Brandenburg ist nicht weit, dort haben Sie alle Zeit der Welt. Lassen Sie mich nur machen. Ich werde einen Pfarrer finden und für Sie beide bürgen. Es ist mir noch immer gelungen, das zu erreichen, was ich wollte.« Bei dem Feuer, mit dem die Cosel sprach, glaubte Conrada ihr das ohne Weiteres.

Holm mischte sich ein. »Nur werdet Ihr keine Fußspitze über die Grenze des Kurfürstentums Sachsen setzen, gnädige Frau Gräfin.«

»Er ist wirklich noch unentspannter, als man es den Preußen nachsagt, Herr Hauptmann«, beschwerte sich die Cosel. »Lasse Er mich diese eine Sache für meine Cousine erledigen, und ich verspreche Ihm, mit Ihm zu kommen, wohin immer Er will. Das Ehrenwort einer …«

»Ihr sollt Euren Willen haben. Ich werde Euch jedoch nicht aus den Augen lassen, das verspreche ich Euch«, antwortete Holm streng.

»Du brauchst eine Heiratserlaubnis«, sagte auf einmal Hermann Carl aus dem Hintergrund. »Löst alle deine Probleme mit Aufgebot und Warten.«

»Nur habe ich keine und werde auch so schnell keine bekommen.«

»Ich habe eine. Ist in meiner Rocktasche.« Hermann Carl zog ein zusammengefaltetes, reichlich zerknittertes Papier heraus und hielt es Emilius hin.

»Wofür benötigst du eine Heiratserlaubnis? Trägst du dich mit dem Gedanken …?«

»Ist nicht für mich, sondern für dich. Hatte so im Gefühl, du könntest eine brauchen, und bin nach Pirna geeilt, sie zu holen. Hat mich einiges an Überredung gekostet.« Hermann Carls Geste dazu deutete an, dass die Überredung in klingender Münze bestanden hatte.

»Warum hat Er das nicht früher gesagt?«, fuhr die Cosel

ihn an und gleich darauf: »Ihn küsst der Himmel.« Sie sah aus, als wollte sie das stellvertretend für diesen erledigen.

Hermann Carl wich erschrocken zurück. »Hab gerade eben erst wieder daran gedacht.«

Conrada und Emilius schauten gemeinsam auf die von der Parochie Pirna ausgestellte Heiratserlaubnis, die in gewundenen Sätzen formuliert war und auf der ein handtellergroßes Siegel prunkte.

»Sie müssen nicht, wenn Sie sich genötigt fühlen«, flüsterte Emilius ihr zu.

»Ich will aber«, antwortete Conrada laut und deutlich.

Die Cosel stürzte sich sofort in die Vorbereitungen für ein angemessenes Hochzeitsfest. Unabdingbar war es ihrer Meinung nach, ein anständiges Kleid für sich und Conrada zu finden. Für die Braut natürlich eines in hellen Farben der Unschuld; für sich schwebte ihr eine Robe in einem dunkleren Blau mit Hermelinbesatz am Kragen vor, aber ob sich der auftreiben ließ? Dazu gehörte angemessener Schmuck, eine Perlenkette für die Braut und passende tropfenförmige Ohrenringe. Oder noch besser Brillanten, weil sie die Reinheit einer jungen Frau so schön unterstrichen. Bei diesen Ausführungen schaute sie Emilius streng an.

»Ich brauche keinen Brillantschmuck«, sagte Conrada schnell. »Mir reicht das Kreuz, das ich immer trage.« Sie legte eine Hand auf das kleine goldene Kreuz um ihren Hals, das von ihrer Mutter stammte und das sie deshalb nie ablegte.

»In meiner Familie gibt es tatsächlich einen Brautschmuck aus Brillanten. Seit wenigstens vier Generationen hat ihn jede Frau bei ihrer Hochzeit getragen. Er wird auf Postelau aufbewahrt«, warf Emilius ein.

»Du wirst nicht auf Attilas durch das Land jagen, um ihn zu holen. Völlig wahnsinnig.« Hermann Carl stellte sich breitbeinig hin, als müsse er Emilius daran hindern, den Raum zu verlassen.

»Ich will keinen Brautschmuck. Und ich will auch nicht, dass irgendjemand durch das Land jagt, um einen zu holen. Am allerwenigsten Herr von Kobsdorff, der seine Schulter schonen muss«, wiederholte Conrada.

»Wie gut, dass ich meine Schulter schonen muss. Ich habe nämlich nicht die geringste Lust, mich auf Postelau blicken zu lassen. Obwohl die Brillanten schöne Stücke sind, wie ich zugeben muss. Aber was das für ein Gerede gäbe.« Emilius grinste frech und war endlich wieder der spitzbübische Kerl, als den Conrada ihn kannte.

Beim Schmuck musste die Gräfin nachgeben, aber bei den Toiletten blieb sie unbarmherzig. Conrada konnte unmöglich in diesem Fetzen heiraten. Kein Pfarrer würde sie darin trauen, ob nun mit oder ohne Sondererlaubnis. Mit Holm als Wache und Hermann Carl machte sie sich auf den Weg, einen Pfarrer und danach einen passablen Schneider zu finden. Bevor sie aufbrachen, kritzelte Hermann Carl noch schnell einen Brief an den Verwalter seiner Güter, den er anwies, zwei genau bezeichnete Anzüge nebst Schuhen, Strümpfen, einer Auswahl an Hemden und Halstüchern und allem, was zwei Herren von Stand benötigten, hurtig zu schicken. Da er und Emilius beinahe die gleiche Statur hatten, war er auf den Gedanken verfallen, dem Freund einen seiner Anzüge zu leihen. Für Emilius war damit das Problem der Hochzeitsgarderobe zur allseitigen Zufriedenheit gelöst.

Holm schrieb nach Stolpen an Major Boblick und bat um die Hersendung seiner Galauniform. Er machte sich jedoch darauf gefasst, dass Boblick dem Wunsch nicht nachkommen würde und er der Hochzeit in dem schäbigen Anzug beiwohnen musste, den er trug.

Als ich das nächste Mal aufwachte, erblickte ich die fleischige, von roten Äderchen durchzogene Nase des Hofrates Troppaneger über mir. Sein schmallippiger Mund verzog sich zur Andeutung eines Lächelns.

»Verehrte Frau Gräfin …«

Ich bewegte die Hände unter den Bettdecken, versuchte, die Arme darunter hervorzuziehen. Es fühlte sich an, als stächen mich tausend Nadeln, und meine Arme wogen so schwer, als hingen daran Bleigewichte. Ich stöhnte.

»Haltet Euch ruhig, gnädige Frau«, riet Troppaneger mir.

»Was ist das?«

»Vesicatorienpflaster auf Euren Armen.« Der Hofrat schlug die Decke zurück.

Darunter kamen meine dick bandagierten Arme zum Vorschein. Ich konnte nur die Finger bewegen.

»Ihr habt einen Rückfall erlitten. Statt der Tinktur vom letzten Mal musste ich zu den Pflastern greifen, um Eure ins Stocken geratenen Körpersäfte wieder in Fluss zu bringen.«

»Was ist mit mir passiert?« Wenn ich die Arme nicht bewegte, ließen die Stiche nach.

»Ihr habt Fieber bekommen, phantasiert, um Euch geschlagen und seid in Ohnmacht gefallen. Mehrere Tage lang. Frau von Meggenburg hat mich eiligst wieder aus Dresden kommen lassen. Ihr seid erst ruhiger geworden, seit ich Euch die Pflaster aufgelegt habe.«

»Danke«, hauchte ich.

Auf Troppanegers Geheiß musste ich die Pflaster noch zwei Tage auf den Armen tragen, dann schnitt er die Verbände auf und wickelte die Binden ab. Die Haut darunter war gerötet und mit Blasen übersät. Mit einer feinen Lanzette stach der Hofmedikus in die Blasen und saugte die darin befindliche Flüssigkeit ab. Ich biss die Zähne zusammen.

Die Flüssigkeit sammelte er in einem Glasgefäß, betrachtete sie durch eine Lupe und wedelte sich anschließend deren Geruch in die Nase.

»Es sollte alles Schlechte und Stockende aus Eurem Körper entfernt sein. Ruht Euch aus und verlasst das Bett nicht, ehe Eure Arme nicht vollständig verheilt sind.«

Das hatte ich auch nicht vor. Die stark gerötete Haut und die immer noch nässenden Blasen boten keinen schönen Anblick. Die Nadelstiche vom Pulver der Spanischen Fliege waren einem pochenden Schmerz gewichen. Die beiden Nossener Bader wurden beauftragt, sich um die Wunden auf meinen Armen zu kümmern und sie zweimal täglich zu verbinden.

Diese beiden Männer hatten die unangenehme Angewohnheit, immer dann zu kommen, wenn ich gerade eine Mahlzeit zu mir nehmen wollte.

Außer ihnen und Frau von Meggenburg befand sich auch immer ein Offizier aus der eigens für mich abgestellten Wachmannschaft im Raum, wenn sie meine Arme mit Salben einrieben und verbanden. Oft war es Hauptmann Holm persönlich.

Sie ließen mich keinen Moment aus den Augen, damit ich nicht etwa einem der beiden Bader heimlich ein Briefchen zusteckte. Ich hätte es mit meinem Blut auf einen Stofffetzen tropfen müssen, da mir Feder und Papier nicht zugestanden wurden.

Am 17. Dezember verließ ich zum ersten Mal den ganzen Tag über das Bett. Die Wunden auf meinen Armen waren abgeheilt, die beiden Bader am frühen Morgen das letzte Mal da gewesen. Die Anfälle waren auch nicht zurückgekehrt. Ich saß am Fenster und vertrieb mir die Zeit mit Lesen und Nähen. Über Hauptmann Holm bestellte ich acht Pfund Wachslichter und schwarze Nähseide.

Er brachte mir die zu einem Ballen verschnürte Sendung persönlich in meine Stube und stellte sie mit feierlichem Ernst auf den Tisch. Die Verschnürung war bereits gelöst, die Sachen durchsucht.

»Es ist alles, wie Ihr es bestellt habt, gnädige Frau Gräfin«, sagte er dazu.

»Werde ich nun immer in Nossen bleiben?«, fragte ich ihm.

»Darüber habe ich nicht zu entscheiden.«

»Vielleicht wäre es möglich, mich in Pillnitz Wohnung nehmen zu lassen. Von dort aus könnte ich mich besser um meine Angelegenheiten kümmern. Es steht immer noch die Herbeischaffung der Dokumente aus, die ich dem König zugesagt habe.« Ich legte den Kopf schief und schaute den vor mir stehenden Holm von unten herauf an.

»Ich denke, dass in Nossen alles zu Eurer Zufriedenheit gestaltet ist«, erwiderte er steif.

»Ich verspreche Ihm hier und jetzt und bei meiner Ehre, alle Auflagen zu erfüllen, die mich in Pillnitz treffen mögen. Aber dort ist mein kleiner Sohn, und er braucht seine Mutter. Verwende Er sich für mich bei Seinen Vorgesetzten. Ich bitte Ihn inständig. Sein Schaden soll es nicht sein.«

Er prallte zurück, als hätte ich ihn geschlagen. »Ihr wollt mir einen Vorteil zukommen lassen, der mir nicht zusteht? Das muss ich mir verbitten, gnädige Frau Gräfin.«

»Da hat Er mich falsch verstanden. Ich meine nichts Ungesetzliches. Aber ich werde sehr brav sein und Ihm keine Schwierigkeiten machen. Verwende Er sich für mich in Dresden.«

In dieser Zeit gelang es mir zum ersten Mal, dem übereifrigen Hauptmann Holm ein Schnippchen zu schlagen, als ich nämlich einen meiner Kammerdiener aus Pillnitz kommen ließ und ihn mit Aufträgen dorthin zurückschickte. Der arme Mann wurde in Dresden in Gewahrsam genommen. Davon hörte der Hauptmann zum ersten Mal aus meinem Mund.

Ich weidete mich an seinem erschrockenen Gesicht. Wie konnte ich, die man von allen abschirmte und die mit anderen nur in Gegenwart eines Offiziers sprechen durfte, etwas wissen, von dem er bisher keine Ahnung gehabt hatte? Ich dachte nicht daran, es ihm zu verraten, aber er fand es auch ohne meine Hilfe heraus: Ein Korporal der Wachmannschaft hatte es meinem Sekretär erzählt, der wiederum trug es mir zu. Der Korporal wurde verhaftet, und einen Sekretär gestattete man mir danach nicht mehr.

Ich nahm es hin. Über kurz oder lang hätte sich meine Arretierung sowieso erledigt, es mussten nur endlich alle Missverständnisse geklärt werden. Dann war ich frei, und jemand wie Hauptmann Holm wäre mir dann nicht einmal ein kurzes Nicken wert.

Als Arretierte entwickelte ich einen sechsten Sinn, um zu erspüren, was um mich herum vorging. Unter den Wachmannschaften herrschten Unruhe und Tuscheln, dabei warfen sie mir Blicke zu, in denen ich selten Mitleid, öfter aber Erleichterung las.

Am 24. Dezember wurde ich morgens in meine Kutsche gesetzt, erhielt einen heißen Ziegelstein unter die Füße und eine Decke über die Beine gelegt, und meine Odyssee begann.

Hauptmann Holm begleitete uns zu Pferd. Mehr als seinen Oberschenkel und den Leib seines Pferdes bekam ich von ihm nicht zu sehen. Mit mir in der Kutsche fuhr ein Leutnant Schröder.

Nur kurz gab ich mich der Illusion hin, man brächte mich nach Pillnitz, aber meine Wünsche gingen schon eine lange Zeit nicht mehr in Erfüllung. Statt Pillnitz war mein Schicksal wohl eher eine kalte Zelle auf dem Königstein. Bei diesem Gedanken fühlte ich das Blut im Leib stocken.

War das mein Los? War das Friedrich Augusts Wille? Wir hatten uns geliebt. Liebten uns noch. Ich vergrub mich tiefer in der wollenen Decke, in die ich mich zu Beginn der Fahrt gehüllt hatte. Ich beschäftigte meine Gedanken damit, ob es mir möglich wäre, heimlich einen Brief aus dem Fenster zu werfen und einen unbekannten Finder um Hilfe zu bitten. Einmal mussten wir ja eine Pause machen, um etwas zu uns zu nehmen. Vielleicht gelang es mir dann, ein paar Zeilen zu schreiben?

Die Reise ging in flottem Trab voran. Die vier Vorreiter sorgten dafür, dass uns entgegenkommende Reisende auswichen. Der Pferdewechsel dauerte kaum ein paar Minuten, in denen die Vorreiter die Kutsche umstellten und darauf achteten, dass niemand ein Wort mit mir sprach.

Gegen Mittag hielten wir vor einem Gasthaus. Ich erwartete, dass Leutnant Schröder mir hinaushelfen würde, doch stattdessen hielt er die Tür zu.

»Soll ich verhungern?«, fragte ich spitz.

»Euch wird etwas zu essen gebracht, Frau Gräfin. Einen Moment Geduld.«

»Soll ich dann mit den Händen essen wie eine Barbarin?«

»Es wird alles so gut zugehen, wie das unter diesen Umständen möglich ist«, antwortete der Leutnant steif.

»Was mir nicht sehr viel zu sein scheint.« Ich schaute aus dem Fenster als Zeichen dafür, dass das Gespräch beendet sei.

Es dauerte eine lange Zeit, bis endlich ein Tablett mit Essen an die Kutsche gebracht wurde. Darauf standen mehrere Schüsseln, abgedeckt mit einem weißen Tischtuch. Wenn ich etwas essen wollte, blieb mir nichts anderes übrig, als es auf den Schoß zu nehmen. Das Kammermädchen nahm das Tuch fort, und was mir dann aus drei Schüsseln und zwei Tiegeln entgegenschaute, ließ mich schaudern. Alles war kalt. Die Suppe von grünbrauner Farbe war an den Rändern geronnen, die Fleischscheiben sahen trocken und hart aus, als könnte mit ihnen ein Schuh besohlt werden. Eine andere Schüssel enthielt eingelegtes Gemüse. Das schien mir das einzig annehmbare Gericht auf diesem Tablett zu sein. Geröstetes – vielmehr verbranntes – Brot lag in einem Tiegel und in einem anderen eine Eierspeise mit Pilzen und Käse überbacken. Pilze waren mir seit jeher ein Gräuel. Auf einem kleinen Teller ruhte sich ein Klumpen gräulicher Butter aus, auf der etwas haftete, das wie ein Fliegenflügel aussah.

Das schien mir eher ein Versuch zu sein, mich zu vergiften, als mich zu beköstigen. Da ich jedoch ahnte, dass ich nichts anderes bekommen würde, bedeutete ich meinem Mädchen, mir etwas von dem Gemüse und ein Stück geröstetes Brot zu reichen.

Auf eine zweizinkige Gabel spießte ich eine kleine Zwiebel und führte sie zum Mund. Statt knackig unter meinen Zähnen zu zerplatzen, spürte ich sauren Matsch auf der Zunge. Essiggeschmack überlagerte alles. Empört spuckte ich die Zwiebel wieder aus. Ich war nicht bereit, Derartiges herunterzuwürgen. Mein Kammermädchen wollte sich bücken, um den Unrat wegzuräumen.

»Sie lässt das liegen!«, sagte ich scharf. »Es ist nicht Ihre Aufgabe, das wegzutun.«

Nach der Zwiebel versuchte ich ein Karottenstück, das nur wenig genießbarer war. Es war hart und schmeckte wieder übermäßig nach billigem Essig. Ich aß von dem eingelegten Gemüse, was mir möglich war. Von einer Brotscheibe kratzte ich das Verbrannte ab. Da mir niemand ein Messer gegönnt hatte, musste ich die Gabel nehmen. Krümel flogen in alle Richtungen. Der nicht verbrannte Teil des Brotes war hart, aber ich aß trotzdem davon.

Kaum war ich fertig, reichte Leutnant Schröder das Tablett hinaus. Er hatte die Wagentür noch nicht geschlossen, da zogen die Pferde an.

»Darf ich mir nicht die Füße vertreten oder eine Stunde ruhen?«, wollte ich wissen.

»Ihr könnt in der Kutsche ruhen, gnädige Frau.«

In Pirna überquerten wir die Elbe. Ich atmete auf: Unser Ziel war also nicht der Königstein, der jetzt auf der anderen Elbseite lag. Beichlings Schicksal blieb mir erspart. Mir entfuhr ein Seufzer.

»Fühlen sich die allergnädigste Frau Gräfin nicht wohl? Soll ich den Herrn Hofrat Troppaneger holen lassen? Oder Hauptmann Holm?«, fragte erschrocken Leutnant Schröder.

»Keinen von beiden«, erwiderte ich und lehnte mich in meiner Ecke der Kutsche zurück.

»Ich kann beim nächsten Haus anhalten lassen, damit Euch ein heißer Stein gebracht wird oder eine weitere Decke«, bot Schröder an und kam mir nun ungewohnt fürsorglich vor.

»Ich wünsche einfach nur Ruhe!«, wies ich ihn ab.

Das brachte ihn zum Verstummen. Sein Unbehagen umgab ihn wie eine Mauer, aber er sagte nichts mehr.

Auf einmal standen sich Emilius und Conrada allein in der Bauernstube gegenüber. Dem Frühstückstisch, den die Bäuerin liebevoll gedeckt hatte, hatte niemand einen Blick gegönnt. Auch jetzt verspürte Conrada keinen Hunger, als sie die Augen über Schinken, Würste, Käse, süße Dickmilch und frisches Brot gleiten ließ.

»Möchtest du mit mir spazieren gehen, Conrada?«, fragte Emilius und bot ihr den Arm. Sie ließ sich von ihm aus dem Haus führen.

Im Hof roch es nach Schwein. Zwei Säue suhlten sich in einem schlammigen Koben, eine umlagerten wenigstens ein halbes Dutzend Ferkel. Von einem Hahn bewacht, pickte eine Schar Hühner unter einer Linde. Menschen waren nicht zu sehen, aber aus einem geöffneten Fenster im Erdgeschoss des Hauses drang Gesang. Eine offen stehende Stalltür gähnte wie eine dunkle Höhle. Auf der Hausweide standen die Pferde und schlugen sich die Bäuche mit Gras voll.

»Ich sollte wohl besser reiten lernen«, sinnierte Conrada.

»Das wäre in der Tat hilfreich.«

»Bringst du es mir bei?« Die vertrauliche Anrede war ungewohnt, fühlte sich aber richtig an.

»Alles, was du willst. Ich muss dich aber warnen, ich bin kein sehr geduldiger Lehrer.«

»Ich habe nichts anderes erwartet.«

»Der Stallmeister auf Postelau wäre besser geeignet als ich.«

»Werden wir auf Postelau leben? Nach unserer ... meine ich.« Conrada brachte das Wort Hochzeit nicht über die Lippen.

»Ich weiß noch nicht einmal genau, wie es dazu gekommen ist, dass wir nun als verlobt gelten. Wie soll ich da entscheiden, wo wir leben werden?«

»Wir haben auch mein Bauerngut bei Küstrin.«

»Ist das eines wie dieses hier?«

»Etwas größer vielleicht. Die Wirtschaft ist verpachtet, und das Haus steht leer.«

»Zum Bauer fühle ich mich nicht berufen.« Emilius sprach schroff. Sie schwieg deshalb und ging neben ihm an der Pferdeweide vorbei. Ihr Weg führte sie in die Feldmark. Sie ließen die letzten Häuser des Dorfes hinter sich.

Unter einer ausladenden Kastanie blieb Emilius stehen.

»Ich entschuldige mich bei dir. Du hast versucht, ein Gespräch zu führen, und ich habe mit meiner Unhöflichkeit alles verdorben. Es tut mir wirklich leid, Conrada. Ich fühle mich verlegen und weiß nicht, wie ich dir gegenübertreten soll.«

»Mir geht es doch genauso. Du musst dich nicht entschuldigen. Wir werden uns schon daran gewöhnen.«

»Das müssen wir nicht, wenn du es nicht wirklich willst.« Er sprach nun leise und eindringlich.

»Aber du musst heiraten. Da ist diese Frist …«

»Vergiss einfach diese lausige Sache und denke an dich. Ich komme zurecht.«

»Das kann ich aber nicht, weil ich zu gern wissen will, wie es dazu gekommen ist. Was dein Freund erzählt hat, war leider nicht sehr klar.«

»Hermann Carl konnte noch nie gut erzählen.« Emilius grinste und berichtete, wie er eine einfache junge Frau von der Straße auf dem Großen Campement bei Radewitz in die Hofgesellschaft eingeführt hatte und wie alle sie mit offenen Armen empfangen hatten.

Er erzählte so anschaulich, dass Conrada öfter lachen musste. Besonders die Schilderung eines kleinen Hundes namens Monchou gelang ihm so witzig, dass sie gar nicht wieder aufhören konnte.

»Was ist aus der Frau von der Straße geworden?«

»Aus Christiana? Sie wollte nichts als eine Bäckerin sein und hat sich auf dem Campement immer wieder zu den Backzelten geschlichen, wenn ich einmal nicht hingesehen habe. Dabei hat sich ein Bäcker in sie verguckt. Sie hat ihn geheiratet.«

»Hast du noch Kontakt zu ihr?«

»Ja. Sie kann nicht glücklicher sein, als sie es in ihrer Backstube ist. Sie hat meiner Großmutter mit einem Eilboten ein Paket Backwaren geschickt, dafür habe ich ihr gedankt.«

»Ein Brief in einem Jahr?«

»Briefe sind nicht ihr Ding. Wahrscheinlich hat sie nie richtig schreiben gelernt. Nun weißt du also, dass ich vollkommen leichtsinnig und gewissenlos bin, und ich habe auch nicht vor, in Zukunft etwas daran zu ändern.«

»Ich will dich gar nicht anders haben, als du bist«, platzte Conrada heraus. »Was soll ich mit einem Mann, bei dem ich schon vor dem Frühstück weiß, was er mir den Tag über erzählen wird? Das wäre mir unerträglich langweilig.« Sie schaffte es, Emilius gerade in die Augen zu schauen. »Du musst aber auch wissen, dass ich das bin, was man gemeinhin als spätes Mädchen bezeichnet. Die Verehrer stehen bei mir nicht Schlange. Ich gehe nicht gerne unter Leute und bei den wenigen ländlichen Bällen, die ich bisher besucht habe, habe ich am liebsten in der Ecke gestanden und den anderen beim Tanzen zugesehen.«

»Bälle sind unerträglich langweiliges Zeug, also kommt es darauf nicht an. Jedenfalls bist du mein spätes Mädchen.«

»Du hättest eine wesentlich Jüngere finden können«, flüsterte Conrada, der auf einmal die Kehle eng wurde.

»Ein junges Ding mit Löckchen, das ständig kichert und

den ganzen Tag über Mode reden will, treibt mich in ein frühes Grab. Die Mütter solcher Dämchen haben nach mir geangelt, du kannst es glauben, aber ich bin immer davongekommen. Ich kann mir wirklich niemanden vorstellen, mit dem ich lieber verheiratet sein will als mit dir, Conrada von Tiburti.«

Emilius zog sie an sich, und sie ließ es nur zu gern geschehen, lehnte den Kopf an seine Schulter.

Ihr Herz pochte heftig. In seinen Armen fühlte sie sich so sicher. Er nahm den Arm auch nicht fort, als sie weitergingen.

KAPITEL XXXIX
· 1731 ·

*D*ie Cosel fand einen Schneider, der ihr annehmbar erschien und der versprach, innerhalb weniger Tage zwei festliche Roben zu liefern. Er zeigte ihr eine Reihe von Stoffen und ein halb fertiges Kleid aus fliederfarbenem Taft. Dieses bestimmte die Gräfin zu Conradas Hochzeitskleid, da sie der Meinung war, die Farbe passe gut zum Teint ihrer Großcousine. Sie wählte eine Spitzenborte in einem hellgrauen Ton, mit dem alle Säume und Nähte abgesetzt werden sollten.

Holm interessierte sich nicht für die modischen Fragen der Frauengarderobe, aber Hermann Carl nickte begeistert zu allen Anordnungen der Gräfin.

»Ich könnte ein schreckliches Grasgrün neben ein Rostbraun halten und behaupten, daraus meine Roben schneidern lassen zu wollen, und Sie wären immer noch begeistert.«

»Weil Euch einfach alles steht, gnädige Frau Gräfin.«

Sie verdrehte die Augen. »In Wirklichkeit bemerken Sie nicht einmal, was eine Dame für ein Kleid trägt, weil Sie noch nie eine länger als nötig betrachtet haben. Tritt jedoch ein

386

Hirsch aus dem Wald, wissen Sie sofort, wie viele Enden sein Geweih hat.«

Hermann Carl wandt sich, schaute hilfesuchend zu Holm, aber der ließ gedankenverloren ein Stück weiße Borte durch die Finger gleiten.

»Ich weiß jedoch, dass ich einer Dame besser in allem zustimme, dann werde ich weniger Opfer ihrer spitzen Zunge. Das weiß ich von meiner Frau Mutter«, stotterte er schließlich hervor.

»Na, Ihre Mutter möchte ich nicht sein.«

»Sie möchte es manchmal auch nicht sein«, brachte er mit entwaffnender Ehrlichkeit vor.

Die Cosel zog eine silbergraue Seide hervor. Je nachdem wie das Licht darauf fiel, glänzte sie in einem anderen Farbton. Diesen für das Oberkleid, abgesetzt mit dunkelblauer Spitze, und ein elfenbeinweißes Unterkleid, bestimmte sie für sich. Dann holte sie tief Luft, um weitere Bestellungen für ihre Garderobe aufzugeben.

»Gnädige Frau«, ergriff der Hauptmann zum ersten Mal das Wort. »Es wird keine Zeit sein, damit Euch eine vollständige Garderobe geschneidert wird. Zudem wartet Eure gut bestückte Kleiderkammer an Ihrem Ziel auf Euch.«

»Gut bestückt nenne ich sie nicht, aber ich will Ihm vergeben, denn Er kennt meine frühere Ausstattung nicht.« Die Zurechtweisung nahm die Cosel mit ungewohnter Gelassenheit vor und ließ von den Stoffen ab. Sie verpflichtete den Schneider, die Nacht durchzuarbeiten und tags darauf bei der Braut vorzusprechen.

Nach dem Schneider bestand sie auf einem Besuch bei einem Spezereihändler, und als es einen solchen nicht gab – die meisten Bewohner dieses Landstrichs schienen nicht einmal zu wissen, was sich dahinter verbarg –, dirigierte sie ihre Begleiter zu einem Käsehändler, einem Jagdaufseher, einem

Bäcker und zuletzt zu einem Mann, der ihr unter der Hand empfohlen worden war, weil er Zuckerwerk herstellen konnte. Er erklärte sich bereit, einiges an Konfekt zu liefern, hielt dafür jedoch kräftig die Hand auf.

Hermann Carl zahlte, ohne mit der Wimper zu zucken.

Die Cosel stieg danach zufrieden auf ihre weiße Stute. »Wir haben alles beisammen, damit die Bäuerin mit ihren Töchtern ein Festmahl bereiten kann«, sagte sie zu niemand Bestimmtem.

»Sie glauben, die Frau bekommt das hin?«, wunderte sich Hauptmann Holm.

»Ich werde ihr sagen, was sie zu tun hat.«

»Es kommt aber eher auf die Vorstellungen der Braut an«, warf der Hauptmann ein.

»Um meine Cousine tut es mir leid. Sie hat sich so viel Mühe gegeben, mir beizustehen, als es niemand anderer mehr tun wollte. Und einen genialen Plan hat sie ausgeheckt. Das muss selbst Er zugeben, Hauptmann Holm?« Sie wartete eine Antwort gar nicht erst ab. »Sie hätte ein rauschendes Hochzeitsfest verdient, nicht nur ein einsames Essen nach der Trauung im Kreise von nicht einmal drei Dutzend Hochzeitsgästen.«

Hermann Carl hatte die Stirn in Falten gelegt und war tief in Gedanken versunken. »Eine Jagd könnte ihnen zu Ehren veranstaltet werden«, sagte er auf einmal. »Mein Jagdhaus ist nicht weit weg. Ich schreibe dem Jagdaufseher. Was halten Sie von diesem Plan?«

»Nichts!«, erwiderten Holm und die Cosel wie aus einem Munde.

Conrada machte sich Sorgen wegen der Kosten, die auf ihren Vater zukämen. Als Vater der Braut oblag es ihm, die Hochzeitsfeier auszurichten und zu bezahlen. Wie sie ihn kannte, würde er sich das nicht nehmen lassen, obwohl er bei der Feier nicht einmal dabei war. Emilius dagegen erklärte, er werde für die Kosten aufkommen. Zum Schluss bedauerte er, dass es die von Hermann Carl vorgeschlagene Jagd nicht geben würde.

Die Gräfin war in der Küche verschwunden, um die entsetzte Bäuerin über das Festmahl in Kenntnis zu setzen, das sie vorzubereiten habe. Alle Einwände über fehlende Töpfe und Schüsseln bis hin zu fehlender Erfahrung wischte sie mit einer Handbewegung beiseite. Sie verlangte Feder, Tinte und Papier, um die Menüfolge und die Rezepte aufzuschreiben. Bis zur Hochzeit würden die Bäuerin und ein gutes halbes Dutzend Helferinnen alle Hände voll zu tun haben.

Tags darauf kam wie versprochen der Schneider mit einem Gehilfen. Die Cosel und Conrada scheuchten die Männer aus der Stube, in der die schon vormittags Bier getrunken hatten. Conrada war überwältigt von dem Kleid, das die Gräfin für sie ausgesucht hatte. Als sie sah, wie das Fliederfarbige und das Graue miteinander harmonierten, fühlte sie sich wie eine Prinzessin vor ihrem Hofstaat. Sie war der Meinung, in diesem Kleid würde Emilius sie nicht wiedererkennen.

»Das ist gerade eben angemessen. Auf jedem Ball laufen die Debütantinnen herausgeputzter rum als Sie auf Ihrer Hochzeit.«

Conrada, die gerade auf einem Hocker stand, während der Schneider die Änderungen absteckte, sah an sich herunter. »Mir gefällt es.«

»Seien Sie dankbar für Ihren einfachen Geschmack, er wird Ihnen noch manche Enttäuschung ersparen.«

Deren hatte die Gräfin wohl zu viele erlebt, oder weshalb war sie nach der Heiterkeit der vergangenen Tage auf einmal wieder derartig ungenießbar?, fragte sich Conrada, behielt diesen Gedanken jedoch für sich.

»Wenn Ihr Bräutigam Sie vor dem Altar nicht erkennt, liegt das weniger am Kleid, sondern daran, dass er am Tag zuvor zu tief ins Glas geschaut hat. Das kommt bei Männern vor der Hochzeit gerne einmal vor.«

Der Pfarrer der kleinen Kirche in Lohsa erklärte sich im Angesicht der Sondererlaubnis bereit, die Trauung von zwei Standespersonen vorzunehmen. Er schrieb die Namen von Braut und Bräutigam auf und fragte nach den Trauzeugen.

»Hermann Carl von Lobschütz für den Bräutigam«, antwortete der eine.

»Hauptmann Holm für die Braut«, sagte der andere.

»Madame Hymnen, geborene von Brockdorff, ebenfalls für die Braut«, ergänzte die Letzte.

Der Pfarrer nahm die Namen ohne erkennbare Reaktion hin, aber kaum hatten sie seine Studierstube verlassen, verneigte sich Hermann Carl vor der Cosel und hauchte einen Kuss auf ihren Handrücken.

»Verzeiht mein ungalantes Verhalten, gnädige Frau Reichsgräfin. Hatte keine Ahnung, habe Euch nicht erkannt. Wo doch jedermann in unserem Kurfürstentum … Ich dachte, Ihr lebt auf der Festung Stolpen, also seid dort … könnt dort nicht weg.« Dann raunte er Holm zu: »Hätten mir was sagen können.«

»Ich verzeihe Ihnen Ihre Unwissenheit. Sie müssen noch ein Junge gewesen sein, als ich das letzte Mal bei Hofe gewesen bin.«

»Noch ein sehr kleiner Rotzbengel«, stimmte Hermann Carl zu.

Anna Constantia von Cosel · 1716 und 1717

Gegen Abend, die Sonne war längst untergegangen, hielt die Kutsche. Ich hörte die Pferde erschöpft schnauben. In einiger Entfernung wurde rasselnd ein Gitter heruntergelassen. Leutnant Schröder lupfte den Vorhang eine Handbreit und spähte hinaus. Unter gesenkten Augenlidern hervor beobachtete ich ihn. Es war mir inzwischen einerlei, wohin ich gebracht wurde, es sollte nur enden.

»Gnädige Frau, wir sind am Ziel. Hauptmann Holm wird gleich kommen, um Euch in Eure neue Unterkunft zu geleiten.« Er öffnete die Tür und sprang hinaus.

Ein Schwall kalter Luft kam herein, aber bevor ich mich darüber beschweren konnte, stand schon Hauptmann Holm da und streckte eine Hand aus, um mir aus dem Wagen zu helfen. Mein Mädchen nahm mir die Decke von den Knien.

Kaum hatte ich die Kutsche verlassen und mich umgesehen, wusste ich, wo ich mich befand. Die Dunkelheit verbarg die hohen Mauern nicht, die den Hof umgaben. Mit Friedrich August war ich mehrmals hier gewesen, im Sonnenschein und bei besserem Wetter.

Es war die Festung Stolpen.

Ich blieb im Hof stehen und schaute mich um. Holm verharrte neben mir. Im Hof war der Schnee zu Matsch zertreten, und die Dunkelheit wurde nur von wenigen Laternen neben den Türen erhellt. Gelbe Inseln in schwarzer Nacht. Aus einer dieser Inseln trat der Festungskommandant auf uns zu. Er stellte sich als ein Major von Wehlen vor und streckte mir die Hand hin.

Im schwachen Licht erkannte ich einen älteren Mann, der die fünfzig hinter sich gelassen hatte. Unter einem dicken

Mantel wölbte sich ein stattlicher Bauch. Seine Miene wirkte gemütlich.

»Es ist in der Wohnung alles für Euch vorbereitet, Madame«, sagte er mit warmer Stimme und klang, als freue er sich über meine Ankunft. »Vor Wochen wurde mir Euer Aufenthalt angekündigt, und ich habe gleich damit begonnen, die Wohnung für Euch vorzubereiten. Ich habe auch einheizen lassen.«

Es tat mir gut, mich willkommen zu fühlen. Die lange Zeit in der Kutsche hatte mich außerdem ermüdet.

»Ich möchte mich ausruhen. Begleite Er mich in meine Räume.« Ich wusste genau, wo sie lagen. Die Fürstenwohnung mit ihren herrschaftlichen Gemächern befand sich im dritten und letzten Hof der Festung neben der Kapelle. Ich wartete nicht ab, sondern schritt vorsichtig durch den Matsch.

Die Herren folgten mir. Bevor ich den dritten Hof erreichte, berührte der Major mich sacht am Ellenbogen. »Folgt mir, Madame. Dies ist der richtige Weg.« Er dirigierte mich nach links, wo in der Dunkelheit ein in den Hof hineingebautes Haus lauerte.

Ich erinnerte mich an dieses zweistöckige Gebäude, in dessen unterem Stockwerk das Pulver der Festung gelagert wurde.

»Die Fürstengemächer liegen im nächsten Hof«, widersprach ich.

»Eure Gemächer befinden sich hier.« Der Griff an meinem Ellenbogen wurde fester.

Im Pulverhaus ging es eine steil gewendelte Treppe nach oben. Holm schritt voran, und Wehlen folgte mir. Ich war fest entschlossen, mich auf nichts einzulassen, was immer sie mir zeigen wollten. Die einzige angemessene Unterkunft waren die Fürstengemächer. In diesen hatte ich gewohnt, wenn ich mit Friedrich August Stolpen besucht hatte. Wir hatten mit unseren Gästen an einer langen Tafel gespeist, der Musik eines kleinen Orchesters gelauscht, den Gottesdienst besucht, waren im Morgengrauen zur Jagd geritten und erst in der Dämmerung zurückgekehrt. Es waren Tage voller Frohsinn und Glück gewesen.

Oben erreichten wir ein kleines, vollkommen leeres Antichambre. Wehlen schloss eine Tür auf und lud mich mit einer Handbewegung zum Eintreten ein.

»Dies sind Eure Räume, Madame.«

Warme Luft schlug mir entgegen. Den ganzen Tag über war ich der Kälte in der Kutsche ausgesetzt gewesen. Dem Sog der Wärme konnte ich mich nicht entziehen und trat hinter Wehlen über die Schwelle.

Mehrere Räume gingen ineinander über. Der erste war eben jenes kahle Antichambre mit dem abgewetzten Teppich. Außerdem gab es ein Wandbord, auf dem ein Leuchter sein Licht in die Ödnis warf. Die nachfolgenden Räume waren besser möbliert, es gab zwei Öfen. Die Krönung war ein breites Bett mit Matratze und Bettzeug.

Was Hauptmann Holm mir zu dieser Unterkunft und den Bedingungen meines zukünftigen Lebens erklärte, rauschte an mir vorbei. Ich nickte gelegentlich, ohne ihm zuzuhören. Ich konnte immer nur daran denken, wie ich mit Friedrich August hier gewesen war. Wochen zuvor waren Möbel und Kostbarkeiten herbeigeschafft worden, überall brannten Kerzen, Fackeln erleuchteten die Höfe. Lavendelduft hatte in der Luft gehangen, und unsere Füße versanken in weichen Teppichen. Wir hätten vergessen können, dass wir uns in einer Fortifikationsanlage befanden, so lieblich war alles. Jetzt ...

Mir schwanden die Sinne. Als ich wieder zu mir kam, lag ich in dem breiten Bett, und Troppaneger saß auf einem Stuhl daneben.

»Schön, dass Ihr wieder unter uns weilt, gnädige Frau.« Er lächelte mir warmherzig entgegen.

»Was ist passiert?« Ich fühlte mich matt, als hätte ich gerade den ganzen Tag auf der Jagd im Sattel gesessen.

»Ein Schwächeanfall. Dem Herrn sei Dank, nichts Schlimmes.«

Ich neigte nicht zu Schwächeanfällen, außer in meinen Schwangerschaften.

»Bei allem, was Euch zugemutet wurde, ist das kein Wunder. Soldaten verstehen nichts vom zarten Wesen einer Frau. Ihr dürft es ihnen nicht übelnehmen. Hauptmann Holm war selbst ganz erschrocken.«

Bei der Nennung dieses Namens lichtete sich schlagartig der Nebel über meinen Gedanken. »Der …«

»Zürnt ihm nicht, Madame. Ihr seid ihn los. Jetzt ist ein Hauptmann Heinecke für Euch zuständig. Er ist ein freundlicher Mensch, dem sehr an Eurem Wohlergehen gelegen ist. Ich lasse Euch ein Stärkungsmittel da.«

»Er bleibt nicht?«

»Ich muss Euch verlassen. Meine Anwesenheit wird in Dresden verlangt.« Troppaneger hob eine Hand, als wollte er mir über den Kopf streichen. Er ließ sie aber wieder sinken, ohne mich zu berühren, und stand auf.

Ich blieb einige Tage im Bett. Dann stand ich auf und schrieb an Friedrich August. Fragte ihn, was ich verbrochen hätte, dass ich wie eine schwer kriminelle Person behandelt würde. Noch während ich diesen Brief schrieb, wurde es erneut schwarz um mich. Wieder befand ich mich im Bett, als ich erwachte. Fieberphantasien suchten mich heim, aus denen ich nur langsam auftauchte. Eines Tages Anfang Januar stand Hauptmann Heinecke mit einem Arzt an meinem Bett. Ich brach in Tränen aus.

Der Hauptmann reichte mir einen Arm als Stütze. Er sprach tröstende Worte zu mir. Langsam erholte ich mich. Der Hauptmann blieb auch danach freundlich. Half mir, mich in den neuen Verhältnissen auf Stolpen zurechtzufinden.

Es vergingen keine drei Monate, da wurde er abgelöst. Auf ihn folgte Holm, der keinen Hehl daraus machte, wie wenig angenehm ihm seine Aufgabe war. Einen Grund für diese Ablösung nannte mir niemand, aber ich konnte mir denken, dass Heinecke zu freundlich zu mir gewesen war. Jemandem wie mir stand das nicht mehr zu.

Im Frühjahr des Jahres 1717 hörte das Geheime Kabinett auf einmal auf, mich wegen des Ehevertrages zu plagen. Ich sollte nichts mehr herausgeben.

Es war so, als hätte Friedrich August völlig vergessen, weshalb er mich nach Stolpen hatte bringen lassen. Ich fühlte mich erleichtert – ein Gefühl, das mir in den letzten Jahren fremd geworden war. Das Leben bei Hofe vertrug es nicht, sich einen Augenblick nicht unter Kontrolle zu halten. Mein Leben war ein ständiges Hauen und Stechen gewesen, und wie anstrengend es gewesen war, bemerkte ich erst jetzt.

Nachdem das erste Gefühl der Erleichterung verklungen war, erinnerte ich mich wieder an mein Versprechen. Ich hatte Friedrich August zugesagt, ihm den Ehevertrag auszuliefern. Daran war ich gebunden. Nach wie vor. Ich hatte es nicht geschafft, weil sich die Mächte des Himmels und der Hölle gegen mich verschworen hatten. Solange ich in Stolpen festsaß, sah ich keine Möglichkeit, den Ehevertrag in die Hände zu bekommen. Meine Briefe an Rantzau waren alle unbeantwortet geblieben. Ob sie ihn erreicht hatten, vermochte ich nicht zu sagen.

Ich setzte mich an meinen Tisch, legte einen Foliobogen vor mich und schraubte das Tintenglas auf. Bevor ich zu schreiben begann, schaute ich aus dem Fenster. Unter mir erstreckte sich das Land im Schein der Frühlingssonne. Auf einem Feld zogen zwei Pferde einen Pflug. Mit schweren Schritten stapfte der Bauer hinterher. Ich beobachtete, wie die beiden Füchse am Ende des Feldes wendeten und eine neue Reihe durch die Erde pflügten. Eine harte, aber ehrliche Arbeit.

Ich schüttelte diesen Gedanken von mir ab, griff nach der Feder und begann meinen Brief an Friedrich August. Ich entschuldigte mich bei ihm, dass ich nicht in der Lage sei, mein Versprechen einzulösen. Die Dokumente – ich schrieb lieber nicht vom Ehevertrag, falls jemand anders den Brief läse – könne ich einfach nicht beschaffen. Nach gefälligen Grüßen setzte ich schwungvoll meine Unterschrift darunter.

Auf diesen Brief erhielt ich vom Geheimen Kabinett die Antwort, ich müsse mir weiter keine Gedanken machen, der König sei in den Besitz der Dokumente gelangt.

Mein betrügerischer Vetter! Mir wollte er nicht einen Fingerbreit entgegenkommen. Bei Friedrich August war das offenbar anders gewesen; einem König gegenüber wagte er keine Widerworte. Wütend knüllte ich den Brief zusammen.

Wenn Friedrich August im Besitz meines Exemplars des Ehevertrags war, gab es keinen Grund mehr, mich weiter in Stolpen festzuhalten. Ich könnte ein ruhiges Leben mit meinem Sohn in Pillnitz führen. Die Mädchen wollte ich auch zu mir holen. Der kleine Friedrich August lernte reiten, die Mädchen musizierten, stickten ihre Mustertücher. Alle drei sagten Gedichte auf und lasen sich gegenseitig vor.

Es waren idyllische Bilder. An den Hof würde ich nicht zurückkehren. Nicht noch einmal diese Schlangengrube. Für alle drei würden sich passende Ehepartner finden, wenn dereinst die Zeit gekommen war. Sie waren immer noch die ehelich anerkannten Kinder eines Königs, das garantierte ihnen ihren Stand. Sie mussten auch nicht hoch hinaus streben. Ein Leben als Baronin auf dem Land konnte genauso erfüllt verlaufen wie eines bei Hofe.

Nach diesen Überlegungen glättete ich den Brief wieder und legte ihn zu meiner übrigen Korrespondenz.

Die Tage vergingen. Es wurde eine Woche daraus. Schließlich ein Monat. Ich blieb auf Stolpen, und im Jahr darauf wurde mir die Verfügungsgewalt über mein Vermögen entzogen. Friedrich August setzte mir zwei Kuratoren vor die Nase. Jeden Taler, den ich ausgeben wollte, musste ich mir von ihnen genehmigen lassen. Ob es um ein Pfund Tee, einige Ellen Stoff oder eine französische Grammatik für die Mädchen ging. Für mich wollte ich ja gar nicht viel, aber die Kinder … Was hatte ich getan, dass er mich so sehr hasste?

KAPITEL XL
· 1731 ·

Die Trauung und das anschließende Festmahl waren feierlicher gewesen, als Conrada sich vorgestellt hatte. Der Kantor hatte ergreifend auf der Orgel gespielt, die Kurrende gesungen, und der Pfarrer hatte sie und Emilius mit getragener Stimme zu Mann und Frau erklärt. Die Kirche war überraschend voll gewesen. Die Kirchväter mit ihren Familien hatten es sich nicht nehmen lassen, und wer immer von den Dörflern es einrichten konnte, war ebenfalls herbeigeströmt, um der Trauung zweier Standespersonen beizuwohnen.

Kinder staunten mit offenem Mund, Frauen unterhielten sich flüsternd über die Kleider. Zwischen ihnen stand verschwitzt und außer Atem die Bäuerin, die die letzten Tage mit der Vorbereitung des Festmahls zugebracht hatte. Sie sonnte sich in der Aufmerksamkeit, die man ihr zollte, weil sie auf vertrautem Fuß mit den vornehmen Herrschaften stand.

Das Mahl hatte im Schatten einiger Weiden stattgefunden, wo ein langer Tisch aufgebaut und Stühle aus allen Haushalten zusammengetragen worden waren. Zunächst verhielten sich die Gäste steif und scheu, bis das gute Essen und der Wein ihre Zungen lockerte. Dem Mahl hatte etwas Feierliches und zugleich köstlich Spontanes innegewohnt, das Conrada noch mehr hätte genießen können, wenn sie sich nicht so fremd gefühlt hätte. Das lag zum einen daran, das sie jeder mit »gnädige Frau von Kobsdorff« ansprach, und zum anderen fürchtete sie sich nicht wenig vor dem Leben an Emilius' Seite.

In der Kirche hatte er ihr einen Kuss auf die Wange und später einen auf die Lippen gegeben. Es waren scheue, flüchtige Berührungen gewesen, aber nun standen sie sich alleine in dem zum Brautgemach umfunktionierten Schlafzimmer der Bauersleute gegenüber. Emilius schlüpfte aus Rock und Weste, lockerte das Halstuch.

»Wenn du auch etwas ablegen willst …«, bot er an.

Conrada zog unschlüssig die Handschuhe aus. Sie betrachtete das frisch bezogene Bett, das für eine Person groß, für zwei jedoch schmal war. Sie konnte sich nicht vorstellen, dort zu liegen und einen fremden Körper neben sich zu spüren. Keinen Fremden, sondern ihren Ehemann, korrigierte sie sich in Gedanken.

»Komm her, meine Liebe.« Emilius zog sie an sich und ließ sich mit ihr rückwärts in einen Sessel plumpsen.

Sie kam auf seinem Schoß zu sitzen. Erschrocken wollte sie wieder aufstehen, aber er hielt sie fest, lehnte die Stirn an ihre Schulter. Sie saß stocksteif und wusste nicht, wohin mit ihren Händen.

»Das wäre geschafft«, sagte er. »Hast du dir deine Hochzeit so vorgestellt, Frau von Kobsdorff?«

»Ich habe mir nie eine Hochzeit vorgestellt.«

»Das glaube ich nicht. Alle kleinen Mädchen tun das.«

»Nur bin ich kein Mädchen mehr.«

»Dafür bin ich dem Himmel dankbar, denn mit den jungen Dingern kann ich nichts anfangen.« Sie hörte seiner Stimme das Grinsen an.

»Was wird deine Familie zu mir sagen?«

»Das kann uns egal sein. Wenn es nach mir ginge, müsstest du sie nicht einmal kennenlernen, aber das wird sich wohl nicht vermeiden lassen. Willst du dich gleich in die Höhle des Löwen wagen und meiner Großmutter gegenübertreten oder erst den Rest der Sippe begutachten?«

»Das musst du entscheiden.«

Er hob den Kopf. »Lass dich von ihr nicht ins Bockshorn jagen. Sie kann schlimmer sein als jeder Tyrann, wenn sie mit ihrem Stock in der Luft fuchtelt. Zum Glück ist sie nicht mehr gut zu Fuß.«

Nun musste Conrada kichern, weil sie sich Emilius auf der Flucht vor seiner Großmutter vorstellte. Sie glaubte, neben einer gehörigen Portion Respekt aber auch Liebe für diese Frau herauszuhören. Trotz seiner losen Rede würde er im Zweifel alles stehen- und liegenlassen, um ihr in der Not beizustehen.

»So schlimm wird sie nicht sein.«

»Schlimmer! Bei ihr weiß man nie, an wem sie einen Narren frisst und wen sie für eine alberne Pute hält.«

Conrada seufzte. Sie zweifelte, wie es ihr gelingen konnte, eine herrische alte Dame auf ihre Seite zu bringen, war sie doch einfach eine junge Frau, die ein bescheidenes Leben führen wollte und die das Schicksal an die Seite des Enkels der Laetitia von Kobsdorff geführt hatte.

»Du musst sie beim Kartenspiel schlagen, damit beeindruckst du sie auf jeden Fall.«

»Das hat deine falsche Cousine geschafft?«

»Niemals. Christiana ist eine lausige Kartenspielerin.«

»Ich auch.«

»Das ändern wir. Hoch mit dir, Frau von Kobsdorff.« Emilius versetzte ihr einen leichten Stoß. Aus der Tasche seines dunkelblauen Hochzeitsrocks fischte er ein Paket Karten, und dann saßen sie sich auf dem Bett gegenüber, die Karten zwischen sich.

»Du hast Spielkarten zu deiner Hochzeit mitgebracht? In die Kirche mitgenommen? Wenn das der Pfarrer wüsste«, schalt Conrada ihn.

»Man kann nie wissen, ob man sie nicht braucht. Du siehst es ja. Oh, schau mich nicht an wie eine Ehefrau.«

»Ich bin deine Ehefrau. Dies ist unsere Hochzeitsnacht, sollten wir da nicht …«

»Es ist unsere Hochzeitsnacht, in der machen wir, was wir wollen. Was du willst«, verbesserte er sich.

»Müssen wir nicht ein Laken mit einem Blutfleck vorzeigen?«

»Ich werde diesem Bauernvolk kein Laken zeigen«, empörte sich Emilius. Er ergriff Conradas Rechte und zog sie an seine Lippen. »Ich weiß, wozu eine Hochzeitsnacht da ist, und wenn es dein Wunsch ist, findest du mich bereit. Aber du sollst die Zeit bekommen, die du benötigst, damit wir uns besser kennenlernen. Wie bei Verlobten üblich.«

Conrada war erleichtert, dass Emilius nicht auf seinen ehelichen Rechten bestand. »Du meinst, so etwas wie die Verlobungszeit in der Ehe nachholen?«

In schönster Eintracht spielten sie Karten. Zuerst Écarté, danach Piquet. Runde um Runde, und der Sieger durfte vom Verlierer einen Kuss fordern. Weil Conrada ständig verlor, gestaltete sich das Ganze zu einer einseitigen Angelegenheit. Emilius küsste zunächst ihre Hände, arbeitete sich dann die

Unterarme hinauf, küsste ihre Wangen und schließlich ihren Mund. Conrada waren seine Küsse angenehm, sie erwiderte sie zunächst scheu, dann zusehends kühner. Zwischendurch tranken sie Rotwein.

»Das Küssen scheint mir für eine Verlobungszeit nicht mehr angemessen«, sagte sie, als Emilius ihnen nachschenkte.

»Das ist der Vorteil am Verheiratet-Verlobtsein.«

Er reichte ihr das Glas, das sie ungeschickt ergriff. Ein Teil schwappte aufs Laken.

»Da hast du auch deinen roten Fleck«, kommentierte Emilius lachend.

Sie spielten weiter. Conrada verlor weiter und wurde geküsst.

»Das ist ungerecht«, seufzte sie irgendwann und unterdrückte ein Gähnen. »Ich will auch einmal gewinnen und dich küssen.«

»Seit wenigstens zwei Stunden versuche ich, dich gewinnen zu lassen, aber es gelingt mir einfach nicht.«

»Ich verlasse mich wohl besser nicht darauf, deine Großmutter mit meinem Kartenspiel zu beeindrucken.«

»Sie ist mit den Karten weitaus gewiefter als ich.«

Conrada ließ das hoffnungslos schlechte Blatt in ihrer Hand fallen. »Ich bin müde.«

Großzügig überließ Emilius ihr das Bett und zog sich auf einen Sessel zurück. Er kehrte ihr höflich den Rücken zu, als sie unter die Decke schlüpfte. Es war gar nicht so schlecht, verheiratet zu sein, lautete Conradas letzter Gedanke vor dem Einschlafen.

Anna Constantia von Cosel · 1723

Zwischen zwei Häusern züngelte eine Stichflamme empor. Ich sah es vom Fenster meiner Stube aus, aber es war so schnell wieder vorbei, dass ich mir nicht sicher war, es richtig gesehen zu haben.

Ich blieb am offenen Fenster stehen.

Da war es wieder!

Eine Stichflamme, kein Zweifel. Sie sprang aufs Dach. Die Schindeln gingen sofort in Flammen auf. Zwischen den Häusern entstand Unruhe. Gleich darauf wurden die Sturmglocken geläutet.

Von meinem Platz aus konnte ich alles sehr gut beobachten. Innerhalb kürzester Zeit brannten ein Dutzend und mehr Dächer. Es schien mir, als ob jedes Haus brannte und sich das Feuer immer weiter ausbreitete. Das Rauschen der Flammen war ohrenbetäubend, aber die Schreie der Stolpener übertönten sie noch. Dass eine ganze Stadt so schnell in Brand geraten konnte, war faszinierend und schockierend zugleich. Ich stand wie gebannt am Fenster.

Die Flammen schlugen höher und rückten stetig näher an die Festung heran. Ich meinte, bereits die Hitze auf dem Gesicht zu spüren. Angst kroch in meine Brust. Mein Logenplatz kam mir auf einmal nicht mehr so ausgewählt vor. Die Festung bestand zum großen Teil aus Stein, aber alle Fensterrahmen, die Dachstühle, die Türen waren aus Holz, die Treppen zum größten Teil ebenfalls. Und ich war eingesperrt. Auf das Wohlwollen Hauptmann Holms angewiesen.

Ich rannte durch die Räume zur Tür, hämmerte mit beiden Fäusten dagegen. Das hatte ich in den langen Jahren meines Hierseins noch nie getan.

»Lassen Sie mich raus!«, schrie ich. »Ich muss hier raus! Das Feuer …! Helfen Sie mir!«

Auf der anderen Seite der Tür hörte ich Schritte. Jedoch öffnete mir niemand. Ich rannte wieder zurück zum Fenster.

Das Feuer hatte inzwischen die Festungsmauer erreicht. Es schlug dagegen, als wollte es die Steine zertrümmern. Ich riss die Vorhänge vom Fenster und warf sie hinter mir ins Zimmer. Mit den anderen Fenstern auf dieser Seite verfuhr ich genauso.

Vor meiner Tür schrie jemand: »Das Feuer! Wasser! Schnell!«

Ich glaubte, Hauptmann Holms Stimme zu erkennen, konnte jedoch nicht verstehen, was er meinte. Dafür knackte es über mir. Ich schmeckte Rauch auf der Zunge. Er kratzte in meiner Kehle, brachte mich zum Husten.

Ich wusste nicht, wie viel Zeit vergangen war, als meine Tür geöffnet wurde. Ein nach Rauch riechender Holm, Ruß im Gesicht und auf der Kleidung, stand im Raum.

»Kommt schnell! Raus hier!«, forderte er mich auf und streckte mir eine Hand hin.

Ich ergriff sie und ließ mich von ihm zur Tür führen. Der Wendelstein war voller Rauch. Ich zögerte.

»Die Flammen haben auf den Dachstuhl übergegriffen«, erklärte Holm hastig. »Die Männer löschen von den Zinnen. Habt keine Angst, aber beeilt Euch.«

An seiner Hand rannte ich die Treppe hinunter. Im Hof war die Luft rauchgeschwängert. Ich hielt mir ein Taschentuch vor den Mund.

Die Flammen erleuchteten den Nachthimmel und verwandelten die Dämmerung in Tag. Der Hauptmann führte mich auf die andere Seite des zweiten Hofes und hieß mich, Schutz in einer Mauernische zu suchen.

Zitternd gehorchte ich.

Holm eilte davon. Zum ersten Mal in all den Jahren hätte ich ihn lieber an meiner Seite gewusst. Natürlich rief ich ihn nicht zurück. Die Soldaten der Garnison rannten im Hof hin und her, riefen nach Wasser und Decken. Auf mich achtete niemand. Der über der Stadt lodernde Feuerschein erleuchtete die Festung und warf gespenstisch zuckende Schatten an die Wände.

Außer dem Wendelstein meiner Wohnung brannten noch der des Seigerturms und die Haube des Schösserturms. Dort fauchte das Feuer als eine wütende Lohe. Ich starrte nach oben und konnte den Blick nicht abwenden, obwohl meine Augen tränten. Die Haube stürzte herunter. Brennende Balken und Dachschindeln flogen umher. Irgendwo löste sich ein Schuss.

Ein Balken landete direkt vor der Nische. Die Flammen leckten am Holz. Ich riss meinen aus schwerer Wolle bestehenden Oberrock ab und schlug auf die Flammen ein. Damit hörte ich erst auf, als der Balken nur noch qualmte. Ich stieg darüber und schaute mich im Hof um.

Die Tür des Schösserturms hatte Feuer gefangen. Soldaten rannten mit überschwappenden Eimern dorthin. Der Schuss hatte sich wahrscheinlich von einer der Kanonen dort gelöst.

Holm kam wieder angerannt. Sein Gesicht war noch schwärzer als zuvor, die Kleidung von Brandlöchern übersät. Vor mir blieb er stehen.

»Dem Herrn sei Dank, Ihr seid unversehrt«, keuchte er. »Hier könnt Ihr nicht bleiben. Wenn der Turm in die Luft fliegt …«

»Welcher Turm?«

»Der Schösserturm natürlich. Im Erdgeschoss werden die Pulvermischungen für die Granaten hergestellt. Kommt, ich bringe Euch in Sicherheit.«

Diesmal wich ich vor ihm zurück. »Ich lasse mich nicht einschließen.«

»Darum geht es nicht, gnädige Frau. Wenn der Schösserturm explodiert, gehen wir alle mit drauf. Kommt! Für Befindlichkeiten ist jetzt keine Zeit. Ich bringe Euch ins Torhaus, dort seid Ihr sicher.«

Ich ging mit ihm. Wir eilten durch den äußeren Hof, der keinen Schaden davongetragen hatte, zum Torhaus. In der Wachstube bot Hauptmann Holm mir einen Stuhl und ein Glas Leichtbier an. Es rann kühl und weich durch meine Kehle. Holm selbst trank auch, dabei schaute er mich über den Rand des Glases an. Er saß auf einer Bank, hatte einen Fuß auf der Sitzfläche abgestützt und den anderen in den Boden gestemmt.

»Euer Rock, was ist damit passiert?«, erkundigte er sich.

»Ich habe mit ihm auf ein Feuer eingeschlagen.« Meine Stimme klang krächzend. »Schaue Er mich nicht so an, als wäre ich dazu nicht in der Lage. Ich bin kein so verzärteltes Weib, wie Er glaubt. Ich habe schon einmal ein Feuer gelöscht, vor vielen Jahren.« Meine Stimme zerfaserte bei diesem Gedanken. Ich trank einen Schluck Bier.

»Erzählt mir davon.«

»Nein!« Meine Antwort klang barscher, als ich beabsichtigt hatte, aber die Erinnerung an dieses andere Feuer und wofür es der Beginn gewesen war, war mir noch so nah, als wäre es erst gestern geschehen.

Danach schwiegen wir. Der Stuhl war hart, die Lehne drückte mich in den Rücken. Als ich es nicht mehr aushielt, stand ich auf und ging im Raum umher. Der Hauptmann beobachtete mich, machte aber keinen Versuch, mich daran zu hindern.

Mir fiel auf, dass wir beide alleine waren, obwohl seine Instruktionen es nicht gestatteten. Sie mussten stets zu zweit zu mir kommen, und jeder sollte hören, was der andere mit mir redete. Ausnahmen gab es keine.

Das Feuer hielt uns die ganze Nacht wach. Auch als es in der Festung gelöscht war, blieb ich mit Hauptmann Holm in der Wachstube, bis aus der Stadt die Nachricht kam, sie hätten es unter Kontrolle.

Im Wendelstein vor meiner Wohnung waren die Wände schwarz vom Feuer. Es roch wie im Schacht eines Kamins, und eine kalte Märzsonne schien durch das Dach, wo die Schindeln fehlten. Der Dachstuhl hatte aber gehalten. Meine Wohnung war ebenfalls unversehrt. Es roch nur alles nach Rauch.

Im Antichambre verabschiedete der Hauptmann sich.

»Richtet Euch wieder präsentabel her, gnädige Frau. Ich werde dasselbe tun und danach versuchen, gemeinsam mit dem Major Ordnung in das Chaos auf der Festung zu bringen.«

»Ich bleibe hier nicht alleine!«, rief ich seinem Rücken hinterher.

Abrupt drehte er sich um. »Wie soll ich das verstehen, gnädige Frau?«

»Wie ich es gesagt habe.«

Der Hauptmann überlegte mit gerunzelter Stirn. »Ich kann nicht bei Euch bleiben. Auf der Festung gibt es jede Menge Arbeit zu erledigen. Berichte müssen geschrieben werden, und wir müssen den armen Menschen in der Stadt Beistand leisten. Die hat es ungleich schlimmer getroffen als uns.«

»Ich bleibe trotzdem nicht allein in dieser Wohnung. Ahnt Er, was für ein Gefühl es war? Die Tür ist verschlossen, und überall lodern die Flammen um mich herum. Ich habe gegen das Holz gehämmert, aber niemand ist gekommen. Kann Er sich vorstellen, wie ich mich gefühlt habe?« Meine Stimme bebte noch nachträglich wegen der überstandenen Schrecken. »Im unteren Stockwerk lagert Pulver in großen Fässern. Wenn das alles in die Luft fliegt wie im Schösserturm …?«

»Ein einziger Schuss hat sich dort gelöst. Das Feuer wurde gelöscht, bevor mehr passieren konnte. Hier in der Wohnung hat gar nichts gebrannt, auch in der unteren Etage nicht. Nur der Dachstuhl über dem Wendelstein hat Feuer gefangen, aber das wurde schnell wieder gelöscht.«

Der Ruß im Gesicht hatte den Hauptmann nicht verändert. Er war so streng wie immer.

»Ich habe einfach Angst! Kann Er das nicht verstehen?«, platzte es aus mir heraus. »Was ist dabei, wenn eine Magd bei mir wachen soll?«

Holm gab nach. Die Ereignisse der Nacht mussten ihm zugesetzt haben, denn er hatte meinen Wünschen nie entsprochen, wenn es sich vermeiden ließ. Aber jetzt holte er die Engelschall herbei, mein Kammermädchen, damit sie bei mir bliebe.

Sie schluchzte herzzerreißend, ließ sich nicht mit einem Glas Wein beruhigen, das ich ihr mit eigener Hand einschenkte. Sie hatte eine Tochter, die als Kostkind bei einem Schuster in der Stadt lebte. Sie hatte das Mädchen schon eine lange Zeit nicht mehr gesehen und war nun in verständlicher Sorge um das Kind.

Ich konnte ihr nicht helfen, denn an mir lag es nicht, ihr einen Weg in die Stadt zu erlauben, um nach der Tochter zu sehen. Sie musste bei Holm einen Urlaub beantragen, den dieser dann in Dresden genehmigen lassen musste. Darüber konnte Zeit ins Land gehen.

Aus der Stadt hörten wir, dass im Feuer niemand umgekommen war. Dem Herrn im Himmel sei Dank! Es hatte aber kein Haus den Brand ohne Schaden überstanden. Nicht die Kirche und nicht die Stube des Amtsschreibers; den Bader hatte es genauso getroffen wie die Schuster und Milchhändler und alle anderen. Die letzte Nacht war der verheerendste Stadtbrand gewesen, den Stolpen bis dahin erlebt hatte. Auf die Menschen kam ein großer Kraftakt zu, um die Stadt wieder aufzubauen. Ich wäre am liebsten unter ihnen umhergegangen und hätte sie trösten wollen. Mir blieb nur, einen Brief an die Kuratoren zu schreiben, die die Hände auf meinem Vermögen liegen hatten, und um eine Spende von tausend Talern für die ärmsten der armen Stolpener zu bitten.

Ich erhielt nie eine Nachricht, ob mein Brief seine Adressaten erreicht hatte und meiner Bitte entsprochen worden war. Ich grämte mich deswegen eine lange Zeit.

KAPITEL XLI
· 1731 ·

*V*iktor von Tiburti hatte einsehen müssen, dass Wille allein nicht ausreichte, um den körperlichen Schmerz zu besiegen. Obwohl er sich geschworen hatte, sich bei der Suche nach Conrada von nichts aufhalten zu lassen, zwang ihn ein Podagra-Anfall, die Reise zu unterbrechen und Quartier im Haus eines Landarztes zu nehmen. Der Mann hatte seinen lila-roten und auf mehr als die doppelte Größe angeschwollenen linken Fuß stirnrunzelnd betrachtet und Julias Geplapper über Umschläge mit Brennnesselsud und Tees aus Birkenblättern mit einer Handbewegung zum Verstummen gebracht. Statt schmerzhafter Behandlungen hatte der Arzt ihm Ruhe in einem abgedunkelten Zimmer verordnet. Allerdings auf einem übel schmeckenden Käutersud bestanden.

Erst als die schlimmsten Schmerzen abgeklungen waren, begann er mit feuchten Umschlägen.

Er empfahl eine spezielle Diät, deren strenge Befolgung sein Leiden lindern könnte. Ganz verschwinden würde die Gicht nie mehr, aber die Anfälle kämen seltener und wären erträglicher. Dieser Arzt war nicht der Erste, der Viktor von Tiburti eine Diät verordnete. Der Leidende versprach, sich daran zu halten, steckte den Zettel mit den niedergeschriebenen Anweisungen des Arztes in seinen Ärmelaufschlag und vergaß ihn dort.

Bevor der Anfall vollständig abgeklungen war, brach Viktor von Tiburti mit einer Hast auf, die den Arzt erstaunte und Julia zu besorgten Ratschlägen veranlasste.

»Wir müssen Conrada finden, bevor sie sich in ein Unglück stürzt«, wies er seine jüngere Tochter zurecht. »Wie kannst du da erwarten, dass ich mich in einen Sessel setze und das Bein hochlege?«

»Weil ich auf Ihre Gesundheit achte, wenn Sie es schon nicht selbst tun.« Julia schaute pikiert zur Seite.

Sofort schmolz sein Vaterherz. Sie meinte es nur gut mit ihm.

»Ich werde diese verflixte Diät einhalten und hoffe, dass alles gut wird. Du darfst mich streng zur Ordnung rufen, wenn ich dagegen verstoße.«

Das versöhnte Julia nicht völlig, aber sie schenkte ihm immerhin ein schmales Lächeln.

Viktor von Tiburti hatte gerade Rammenau hinter sich gelassen, als ihm eine merkwürdige Gesellschaft entgegenkam. Sie bestand aus einem offenen, für eine Reise unpraktischen Wagen, der von zwei Grauschimmeln gezogen wurde. Diesen begleiteten eine Reihe Reiter, und hinten war ein gesatteltes Pferd angebunden. Der Kutscher schien ein vornehmer Herr zu sein, aber wer im Wagen saß, konnte Viktor von Tiburti nicht erkennen.

Unter den Reitern befand sich eine Frau, die im Damensitz auf einem Schimmel saß. Etwas an ihrer Haltung kam ihm bekannt vor, und Viktor von Tiburti schaute genauer hin.

Er wollte nicht glauben, was er sah, deshalb sagte er zu Julia: »Du hast die besseren Augen, Tochter. Die Reiterin auf dem Schimmel ...?«

Julia streckte den Kopf aus dem Wagen und kniff die Augen zusammen. »Das sieht aus ... sieht aus ... wie Conrada! Aber was sind das für Herren in ihrer Begleitung? Der eine sieht aus wie ein Offizier, die anderen kenne ich nicht.«

Seine Tochter hatte Viktor von Tiburti bestätigt, was er selbst zu sehen glaubte. Ihm gingen wilde Gedanken durch den Kopf.

Conrada pochte das Herz bis zum Hals, und gleichzeitig fühlten sich ihre Beine knochenlos an, weswegen sie froh war, auf der Schimmelstute zu sitzen. Sie hatte die Kutsche ihres Vaters sofort erkannt. Wie zur Bestätigung streckte Julia den Kopf zum Fenster heraus.

Conrada lenkte ihre Stute dichter neben Attilas. »Da vorne kommt mein Vater«, raunte sie Emilius zu. »Meine Schwester ist auch dabei.«

»Ein richtiges Familienfest.«

Beide Gesellschaften hielten voreinander an. Viktor von Tiburti kletterte mit Hilfe seines Kutschers und eines Stocks aus dem Wagen. Hermann Carl half der Cosel aus ihrem Gefährt. Die Reiter saßen ab. Ihr Vater erkannte die Gräfin und verneigte sich. Er wirkte so erhaben, wie Conrada ihn sich oft gewünscht hatte. Julia versank in einen tiefen Hofknicks.

Conrada übernahm es, alle miteinander bekannt zu machen. Zuletzt sagte sie: »Dies ist Herr Emilius von Kobsdorff, mein Ehemann.«

Der Genannte schüttelte ihrem Vater die Hand, sagte etwas, was an Conrada vorbeirauschte und von dem sie nur das Wort ›Schwiegervater‹ verstand. Und er zwinkerte ihrer Schwester zu.

Überraschung, Zweifel, aber auch eine Bereitschaft, die Dinge hinzunehmen, las Conrada in der Miene ihres Vaters, und Bestürzung in Julias. Diese drückte einen Handballen gegen die Lippen, als müsste sie einen Schrei unterdrücken. Es war überdeutlich zu erkennen, wie wenig Emilius' Charme bei ihr verfing. Gleichzeitig fiel Conrada auf, dass Hermann Carl den Blick von den goldenen Locken ihrer Schwester nicht losreißen konnte.

»Eine schöne Sache, die Heirat. Freue mich darüber«, sagte er in die Stille hinein. »War genau das Richtige in dieser Lage.«

Conrada spürte, wie sie knallrot wurde.

»Ja nun … das ist …«, stotterte sie und warf Emilius einen Blick zu. Der trug wieder einen Hermann Carl gehörenden Rock, lederne Reithosen und Stulpenstiefel, denen allerdings die wochenlange Vernachlässigung anzusehen war. Dennoch bot er ein angenehmes Bild.

»Ich fasse es nicht!«, krähte Julia. Sie tastete in der Luft umher, als müsse sie sich dringend an etwas festhalten, um nicht in Ohnmacht zu fallen. Sie bekam einen Riemen eines der beiden Kutschpferde zu fassen. Hermann Carl bot ihr einen Arm, den sie übersah.

Viktor von Tiburti räusperte sich. »Ich möchte einige Erklärungen über die Umstände dieser Hochzeit. Mir scheint eine unziemliche Hast an den Tag gelegt worden zu sein. Ich möchte den Grund erfahren.«

Die Cosel ergriff seinen Arm und ging mit ihm einige Schritte beiseite. »Vorwürfe müssen Sie allein an mich richten, lieber Großcousin. Ich darf Sie doch so nennen? Wir sind verwandt, das hat mir Ihre Tochter auseinandergesetzt. Diese jungen Leute haben das alles für mich getan.«

Dann hatten er und die Gräfin sich zu weit entfernt, als dass von ihrem Gespräch noch etwas zu hören war.

Emilius schlang einen Arm um Conradas Hüfte, und sie war dankbar für diese stützende Geste. Julia sah aus, als kaute sie auf einer Zitrone.

»Ich frage mich natürlich, wann und wo du deinen Mann kennengelernt hast?«, sagte sie.

»Das war im März«, antwortete ihr Emilius fröhlich. »Conrada hatte ihre Kutsche in eine unglückliche Lage manövriert, als ich des Wegs kam. Da musste ich helfen. Seitdem setzen wir die Reise gemeinsam fort, damit dergleichen nicht noch einmal geschieht.«

»Seit März! Das sind mehr als drei Monate. Zu Hause denken wir, du besuchst Tante Ottilie, und dabei hast du dich aufgemacht, um einen Mann …«

»Sei kein Gänschen«, unterbrach Conrada ihre Schwester scharf. Es fehlte noch, dass sie von Martin Immaus und seinen hohen moralischen Grundsätzen anfing. »Die meiste Zeit war Serafina dabei.«

Emilius sprach weiter, als wäre er nicht unterbrochen worden. »Nach einem Duell mit diesem verwegenen Hauptmann war ich durch eine Schulterverletzung außer Gefecht gesetzt. Conrada konnte nichts anderes tun, als mich aufopferungsvoll zu pflegen. Mehrfach am Tag hat sie meine Verbände gewechselt.«

Krankenpflege war in Julias Augen eine barmherzige Tätigkeit, aber wenn dabei der nackte Oberkörper eines Mannes berührt wurde, sah die Sache anders aus. Sie war deshalb durch Emilius' Erklärung kein bisschen besänftigt.

»Duelle sind doch verboten.«

»Dennoch finden sie statt. Der Hauptmann wollte mit allen Mitteln die Gräfin hindern, uns weiter zu begleiten. Mir blieb nur der Griff zum Degen.«

»Es verstößt trotzdem gegen das Gesetz.« Ihre Schwester wandte sich nun an sie. »Obendrein ist schändlich, was du getan hast. Du hast unsere Familie für immer ruiniert. Papa lässt sich vielleicht Sand in die Augen streuen, aber ich … ich … Für eine Frau von Moral und Gottesfurcht gehört sich so ein Verhalten einfach nicht.« Julia blies die Backen auf und verstummte.

»Wenn ich den Ruf der Familie ruiniert habe, indem ich einen Mann im Rang weit über mir heiratete, ist das eben so. Aber seine Großmutter ist die gefürchtete Laetitia von Kobsdorff, ihr Wort hat bei Hof Gewicht. Sie braucht nur eines fallen zu lassen, und du findest dich in Kreisen wieder, die dir vorher verschlossen waren. Du wirst Einladungen in die Oper, zu Bällen und Picknicks erhalten.«

»Also ich werde meine Mutter auf jeden Fall bitten, Sie einzuladen, Mademoiselle Julia«, warf Hermann Carl wenig hilfreich ein.

»Als ob es mir darauf ankommt.« Julia sah weiterhin empört aus.

»Vielleicht gehen Sie lieber auf die Jagd?«, fragte Emilius' Freund hoffnungsvoll.

»Weltliche Eitelkeiten!«, schimpfte Julia. »Ich wünsche mir ein Leben mit geistiger Nahrung.«

»Huh!«, machte Emilius.

Julia warf ihm einen verächtlichen Blick zu, ehe sie den Schatten einer Pappel am Wegesrand aufsuchte.

»Deine Schwester ist ein reizendes Geschöpfchen«, sagte Emilius leise zu ihr.

»Wir haben nicht viel gemein.«

»Darüber bin ich herzlich froh.«

»Sie ist seit Jahren mit einem Geistlichen verlobt. Der Herr hat strenge Grundsätze, die sie sich zu eigen macht.« Conrada verspürte nur einen leisen Stich, weil sie über ihre Schwester und Martin Immaus lästerte.

»Der passt zu ihr. Soll ich ihre Empörung noch steigern?«

Emilius wartete ihre Antwort nicht ab, sondern gab ihr einen Kuss aufs Ohr.

Die Cosel und Viktor von Tiburti hatten ihr Gespräch beendet und kamen zurück. Ihr Vater stützte sich weiter schwer auf den Stock, aber die Bestürzung war aus seiner Miene verschwunden. Er trat auf die Frischvermählten zu, ergriff Conradas Hände.

»Ich denke, ich bin über die Umstände deiner Heirat im Bilde. Sie bleiben seltsam, aber sie sind nicht unehrenhaft. Ich wünsche dir alles nur erdenkliche Glück.« Er ließ ihre Hände wieder los und packte stattdessen Emilius am Unterarm. »Nun zu Ihnen, junger Mann. Ich darf Sie doch Emilius nennen? Willkommen in der Familie von Tiburti. Behandeln Sie meine Conrada immer freundlich, und passen Sie gut auf sie auf.«

»Das habe ich vor, Schwiegervater.« Vor dem letzten Wort hatte Emilius einen Moment gezögert, aber dann umarmte er ihren Vater.

Anna Constantia von Cosel · 1727

Im Juli 1727 geriet die Festung Stolpen in einen fiebrigen Zustand. Allenthalben ritten Besucher in den Hof und unter meinen Fenstern entlang. Auf meine Frage nach dem Grund für all das schüttelte Hauptmann Holm mit verbissenem Mund den Kopf. Dasselbe bei Major Boblick. Für mich ein untrügliches Zeichen, dass etwas bevorstand, was mir niemand mitteilen wollte.

Bedeutete das wieder eine neue Unterkunft für mich? Oder sollte ein zweiter Gefangener auf der Festung untergebracht werden?

Was war den Höflingen in Friedrich Augusts Nähe nun wieder eingefallen, um mich zu demütigen und zu quälen?

Als wieder einmal ein Besucher unter meinem Fenster vom Pferd stieg, beugte ich mich hinunter. Der Mann war nicht mehr jung, aber auch noch nicht alt, in der Uniform eines Gardemajors.

»Verehrter Herr«, sprach ich ihn an. »Verzeihe Er mir, wenn ich mich Ihm aufdränge, aber ich bin Anna Constantia Reichsgräfin von Cosel, und mir ist sehr daran gelegen, den Zweck Seines Besuches zu erfahren.«

Der Generalmajor schaute erschrocken zu mir hoch. Seine rechte Wange zierte eine Narbe.

»Er wird mich für neugierig halten, aber wer so viele Jahre von allen Neuigkeiten abgeschnitten ist, der kann sich keine falsche Bescheidenheit erlauben. Sonst würde ich mich Ihm nicht aufdrängen. Bitte, was führt Ihn nach Stolpen?«

Bevor der Generalmajor mir eine Antwort geben konnte, kam Hauptmann Holm in den Hof geeilt. Er rief etwas, das ich nicht verstand, das aber nichts anderes bedeuten konnte, als dass niemand mit mir sprechen dürfe. Die beiden Männer verließen den Hof. Ich blieb am Fenster sitzen.

Es dauerte nicht lange, bis ich einen Schlüssel im Schloss hörte und danach Hauptmann Holms festen Schritt im Antichambre. Er betrat meine Stube, und ich hörte seine angespannten Atemzüge hinter meinem Rücken. Sicherlich stand er neben dem Tisch. Wie immer, wenn er mir etwas mitzuteilen hatte. Ich schaute weiterhin aus dem Fenster.

Holm räusperte sich. »Madame, ich muss Euch bitten, Euch nicht aus dem Fenster zu lehnen ...«

»Weil ich hinausfallen könnte?«, warf ich schnippisch ein. Immer noch drehte ich mich nicht um.

»... und die Besucher im Hof anzusprechen. Ihr wisst sehr gut, dass Euch Gespräche mit Fremden nicht gestattet sind.«

»Der Generalmajor wäre kein Fremder, hätte Er ihm gestattet, mir zu antworten und sich vorzustellen.« Ich wandte mich ihm zu. Hoffentlich spiegelte meine Miene die Empörung wider, die ich fühlte.

»Die Anweisungen erlauben das nicht.«

»Zum Teufel mit ihnen! Auf der Festung geht etwas vor sich. Ist es denn verwunderlich, wenn ich den Grund erfahren möchte?«

Der korrekte Hauptmann war nicht leicht zu übertölpeln. »Bleibt von den Fenstern weg, gnädige Frau Gräfin. Mehr kann ich Euch nicht sagen. Ich muss sonst die Läden verriegeln und verschließen lassen.«

»Damit ich hier drin ersticke und im Dunkeln verdorre?«, begehrte ich auf.

»Es liegt bei Euch. Ich empfehle mich.« Er schlug die Hacken zusammen und verließ meinen Kerker.

Einige Tage geduldete ich mich. Obwohl weiterhin Besucher zur Festung kamen, versuchte ich nicht wieder, jemanden anzusprechen. In den langen Jahren meines Hierseins hatte ich Hauptmann Holm zur Genüge kennengelernt und wusste, dass er seine Drohung wahr machen würde.

Gegenwärtig stand kein Kammermädchen in meinen Diensten, seit die Engelschall im Februar ihren Dienst aufgekündigt hatte. Die Mahlzeiten bereitete ein Koch zu, serviert wurden sie von einer schlurfenden Magd in fleckiger Schürze.

»Was erzählt man sich in der Festung?«, fragte ich sie eines Abends Mitte Juli, als sie den Tisch für mein Abendessen deckte.

Sie schniefte, bevor sie antwortete: »Darüber darf ich mit der gnädigen Frau nicht sprechen.«

»Na, höre Sie einmal, ich will nur ein bisschen mit Ihr plaudern! Was ist dabei, mir zu erzählen, welcher der Soldaten mit einer Krankheit zu Bett liegt, während die anderen in der Hitze exerzieren müssen?«

»Darüber weiß ich nichts. Um die Soldaten kümmere ich mich nicht.« Sie schaffte es, bei diesen Worten tatsächlich zu erröten, als wäre sie ein junges, hübsches Mädchen und keine schniefende, schlurfende Person.

»Über irgendetwas werden sie reden. Menschen zerreißen sich immer das Maul über etwas, und Dienstboten noch viel mehr. Also heraus damit! Vor mir darf Sie keine Geheimnisse haben.«

»Ach Gottchen, gnädige Frau. Unser Gerede wird Euch kaum einen Gedanken wert sein.«

»Das lasse Sie mich entscheiden.«

»Herrje, herrje.« Ein Löffel klirrte gegen Porzellan. »Es geht immer nur die Rede, dass er nach Stolpen kommen soll.«

»Wer ist er?« Ich wurde ungeduldig. Diese tumbe Person sollte sich nicht alles wie Würmer aus der Nase ziehen lassen.

»Der König! Der König kommt nach Stolpen, und ich werde ihn sehen.«

Meine Gedanken rasten. Friedrich August würde kommen! Nachdem wir uns fünfzehn Jahre nicht gesehen hatten … Endlich bekam ich die Gelegenheit, ihm all das zu sagen, was mir auf der Seele liegt.

»Wann kommt er?« Vor lauter Aufregung herrschte ich die Magd an, um dann ruhiger hinzuzufügen: »Sie muss mir den genauen Tag sagen.«

»Bald. In diesem Monat, geht die Rede. Ich weiß es nicht besser.«

»Das muss Sie herausfinden und mir sagen«, verlangte ich beschwörend. Am liebsten hätte ich die Frau bei den Armen gepackt, damit sie auch wirklich begriff, wie wichtig das für mich war. Damit hätte ich sie aber wohl eher verschreckt als überzeugt.

»Wie, gnädige Frau?«

»Ihr muss etwas einfallen.« Ich streckte ihr einen Taler hin, der im Handumdrehen in ihrer Rocktasche verschwand.

»Mir wird etwas einfallen.«

»Sie bekommt noch einen, sobald Sie mir den Tag sagt.« Ich legte einen Finger an die Lippen. »Dies muss unter uns bleiben. Es wird Ihr sonst übel ergehen, wenn der Hauptmann herausfindet, was Sie mit mir geredet hat.«

Die Magd nickte und schniefte.

»Nun gehe Sie, ich werde mir selbst auftun.«

Es gab genügend, worüber ich nachdenken musste, die Gegenwart dieser Person störte da nur.

Tags darauf teilte sie mir mit, dass Friedrich August am 23. Juli kommen würde. Sie hatte sogar in Erfahrung gebracht, dass Schießversuche mit den Kanonen in des Königs Gegenwart erfolgen sollten. Den zweiten Taler gab ich ihr gerne.

Schießversuche!

Das hielt ich für einen Vorwand. Vielleicht wurden ein paar Salven abgefeuert, aber in Wirklichkeit kam Friedrich August, um mich zu sehen.

Ich musste mich vorbereiten. Es war nicht mehr viel Zeit. Und das hatte mir Holm nicht sagen wollen! Die Grausamkeit dieses Mannes kannte keine Grenzen. Zu ärgerlich, dass ich gerade jetzt kein Kammermädchen hatte. Mir blieb nur, mit der Magd vorliebzunehmen und mich auf meine eigenen Künste zu verlassen.

An dem bewussten Tag war ich lange vor Sonnenaufgang bereit. Ich trug mein bestes Gewand, die Haare waren gelockt und gepudert. Mich zierte mein mir verbliebener Schmuck, bestehend aus einem mit Granaten besetzten goldenem Kreuz und einer dazu passenden Agraffe im Haar. Die Ringe an meinen Fingern waren schmal und schlicht, die Knöpfe am Kleid leider aus Silber. Auf den goldenen hatten die Kuratoren ihre Hände liegen und gaben sie mir nicht.

Ich kannte Friedrich Augusts Vorliebe, die Dinge vor Tau und Tag zu erledigen, Besucher um die gleiche frühe Stunde zu empfangen, und mich sollte er nicht unvorbereitet finden. Nachdem mein Äußeres hergerichtet war, schickte ich die Magd fort, blies selbst alle Kerzen aus und setzte mich ans Fenster. Durch einen Spalt in den Vorhängen spähte ich in den Hof hinunter. Der lag still in der Dunkelheit, aber in den steinernen Eingeweiden der Festung spürte ich das Leben, alle waren auf den Beinen.

Es wurde fünf Uhr. Es wurde halb sechs Uhr. Es wurde sechs Uhr. Meine Ungeduld ließ mich nicht stillsitzen, ich lief von Zimmer zu Zimmer und lugte aus jedem Fenster der Wohnung in den Hof hinein oder über die Stadt hinweg. Seine Ankunft wollte ich nicht um einen Hauch verpassen.

Die Sonne stand hoch genug, dass nicht mehr der gesamte Hof im Schatten lag. Die beiden Soldaten der Wachablösung rannten Richtung Torhaus, und gleich darauf legten die abgelösten Wachen den Weg in umgekehrter Richtung zurück. Auf dem Hof kehrte wieder Ruhe ein. In meinem Herzen nicht.

Dann rannten weitere Soldaten Richtung Torhaus.

Es war so weit!

Mein Herz pumpte, Hitze breitete sich in mir aus. Mit einem Spitzentaschentuch tupfte ich mir Gesicht und Hals ab. Was ich Friedrich August sagen wollte, hatte ich seit Tagen vorbereitet.

Auf einer der Bastionen der Festung wurde eine Kanone abgefeuert. Der Salutschuss! Gleich würde Friedrich August in den Hof einreiten. Mit zitternder Hand vergrößerte ich den Spalt in den Vorhängen.

Drei weitere Kanonenschüsse folgten.

Gleich, gleich würde ich seine vertraute Gestalt erblicken. Keine Vorwürfe! Ich durfte ihm keine Vorwürfe machen. Was in den vergangenen Jahren zwischen uns gestanden hatte, wollte ich mit keinem Wort erwähnen. Es sollte vergessen sein. Nur Freude und Liebe zwischen uns herrschen.

Hauptmann Holm und Major Boblick gingen über den Hof. Sie hatten die Köpfe zusammengesteckt und wirkten unzufrieden.

Ich wartete weiter Stunde um Stunde. Beobachtete, wie der Trupp Soldaten wieder zurückkam, eine neue Wachablösung zum Torhaus trabte. Meine Freude war einer gewissen Erschöpfung gewichen. Ich eilte nicht mehr von Fenster zu Fenster, aber immer noch schaute ich dann und wann nach. Die Sonne überschritt den höchsten Punkt, schien in meine Fenster und verschwand. Friedrich August kam nicht.

Zur Zeit des Abendessens schlurfte die Magd mit einem Tablett herein.

»Sie hat mir den falschen Tag gesagt«, fuhr ich sie an. »Der König ist nicht gekommen.«

Das Tablett geriet in Schieflage. Im letzten Moment konnte die Magd verhindern, dass mein Abendessen auf dem Fußboden landete. Sie schniefte.

»Das stimmt nicht, gnädige Frau. Ich schwöre bei Jesus Christus unserem Herrn. Der König war da. Ich habe ihn mit eigenen Augen gesehen.«

»Warum habe ich ihn dann nicht gesehen?«

»Das weiß ich nicht. Der König ist sehr früh am Morgen zu einem der Vorwerke gekommen. Dort haben sie geschossen. Viermal auf die Felsen. Dann sind die vornehmen Herren hingeritten und haben sich den Felsen angeschaut. Dabei habe ich den König gesehen. Ganz dicht ist er an mir vorbeigeritten.« Die Magd setzte das Tablett auf den Tisch und begann, Teller und Besteck aufzudecken.

Sie hatte keine Vorstellung davon, was mir ein Besuch des Königs bedeutete.

»Er war gekommen, um die Kraft der Kanonenkugeln zu prüfen. Das habe ich hinterher von einem der Soldaten erfahren. Die Kugeln haben gegen den Fels nichts ausrichten können.«

Ich hatte genug gehört und befahl der Magd, das Abendessen fortzuräumen. Der Appetit war mir gründlich vergangen. Sie schniefte und stellte alles auf das Tablett zurück, ehe sie davonschlurfte. Ich begab mich zu Bett und fand tagelang nicht die Kraft, es wieder zu verlassen.

Hauptmann Holm betrat eines Abends im November 1727 meine Wohnung. Ich saß im Schein mehrerer Kerzen in der Stube und las. Gewöhnlich suchte der Hauptmann mich nach dem Abendessen nicht mehr auf. Es musste etwas Außergewöhnliches geschehen sein. Deshalb ließ ich das Buch sinken und schaute auf.

»Ich darf Madame gratulieren«, sagte der Hauptmann mit feierlichem Ernst.

»Zu meiner Freilassung?«

Er schüttelte den Kopf. »Eure Tochter ist erneut Mutter eines gesunden Jungen geworden. Der Knabe hat den Namen August Heinrich erhalten.«

»Woher weiß Er davon?«

»Der Vater hat seinen Pagen geschickt, Euch zu unterrichten. Der junge Herr hatte eine Erlaubnis des Königs, Euch die frohe Botschaft persönlich zu überbringen.«

Ich pfefferte das Buch mit einem Knall auf den Boden und stand auf. Mit in die Hüften gestemmten Händen fuhr ich den Hauptmann an: »Nur hat er es nicht getan und offenbar mich mit Ihm verwechselt. Oder wie kommt es, dass Er alles weiß und ich nichts?«

»Der Page kam um drei Uhr des Nachmittags, und Ihr habt geruht«, sagte Holm.

»Man hätte mich wecken können. Warum hat das niemand getan?«

»Weil Ihr angeordnet hattet, unter keinen Umständen gestört werden zu wollen.«

»Aber doch nicht solche Umstände. Wie hätte ich ahnen können …? Niemand ist hier in der Lage, einen klaren Gedanken zu fassen.«

»Es ist allen übel ergangen, die es in der Vergangenheit versucht haben.«

»Der Page hätte warten können.«

»Das hat er. Stundenlang sogar. Erst gegen sechs Uhr hat er mir die für Euch bestimmte Botschaft ausgerichtet und die Festung wieder verlassen. Da ich bei Euch noch Kerzenschein sah, wollte ich Euch die Neuigkeit nicht länger vorenthalten. Ihr freut Euch sicher für Eure Tochter. Ich empfehle mich, Madame.«

Ich wollte mich mit meiner Ältesten freuen, erleichtert sein über die glückliche Geburt. Es war für sie ein wahrer Glücksgriff gewesen, dass der Graf von Friesen für Augusta Constantia als Ehemann gewonnen werden konnte.

Der Ärger über Holms Anmaßung überlagerte meine Freude jedoch. Aber ich würde mich nie brechen lassen. Diese Genugtuung gönnte ich Holm und dem Festungskommandanten von Boblick nicht. Es war mein Los, eine Demütigung nach der anderen hinnehmen zu müssen.

Verstohlen wischte ich mir eine Träne aus dem Augenwinkel.

*H*auptmann Holm brachte die Gräfin in ihre Wohnung, während Major Boblick höchstselbst Serafina holte. Die beiden Frischvermählten warteten im ersten Hof der Festung. Emilius lehnte an der Mauer des Zeughauses, Conrada hatte die Hände in die Hüften gestemmt.

»Was hast du dir gedacht, derartigen Unsinn zu reden? Hast du dabei an mich gedacht?«

»Es war mir völlig ernst damit und ja, ich habe an dich gedacht. Deswegen habe ich es verlangt. Wenn dieser Boblick unbedingt jemand einsperren will, soll er besser mich als dich nehmen. Deshalb habe ich mich im Austausch für Madame Dhurokina angeboten.«

»Wie heldenhaft von dir?«

»Es wäre auf jeden Fall eine interessante Erfahrung gewesen.« Emilius strich ihr eine Locke aus der Stirn. »Ich weiß nicht, wann du am schönsten bist. Wenn du gerade aufwachst oder wenn du wütend bist.«

»Komm mir nicht so!«

»Wenn du wütend bist. Wütend bist du unzweifelhaft am schönsten.«

»Als Major Boblicks Gefangener hättest du nichts davon.«

»Daran hätte ich denken sollen. Du hast recht.«

Das Absurde dieses Gespräches zwang Conrada ein Lachen in die Kehle. Sie verschluckte sich beinahe, um ihm nicht nachzugeben. Emilius tippte ihr mit dem Zeigefinger auf die Nase.

»Dein Näschen zeigt so schön in die Luft, wenn du wütend bist. Im Ernst, ich hatte nicht vor, auch nur eine Nacht bei Wasser und Brot im Kerker zu schmachten. Zuerst haben meine Kinderfrauen, später meine Erzieher alles versucht, mir die Flausen auszutreiben. Wasser und Brot waren noch das Harmloseste dabei. Genützt hat es nichts. Ich habe jedoch beobachtet, dass Menschen das Absurde ihrer Vorhaben am besten begreifen, wenn man ihnen darin zustimmt. Der Major hat in dem Moment eingesehen, welch ein Unfug meine Einkerkerung wäre, als ich sagte, es wäre genau, was ich bräuchte. Es hat funktioniert. Wir stehen hier, und Serafina wird gleich bei uns sein.«

»Wenn es aber nicht geklappt hätte?«

»Ein Risiko bleibt immer«, gab Emilius unbekümmert zu.

Alle weiteren empörten Worte, die Conrada noch auf der Zunge lagen, schluckte sie hinunter, da der Major in diesem Moment Serafina brachte.

Ihre Freundin trug ein abgenutztes Kleid, das ihr zu weit war. Es ließ sich nicht sagen, von welcher Farbe es war, aber der Stoff hing an ihrer fülligen Figur wie ein Sack. Die Haare trug Serafina zu einem unordentlichen Zopf geflochten, ihr Gang war schlurfend, und ihr Blick irrlichterte über den Hof. Als sie Conrada sah, ging ein Ruck durch ihre Gestalt. Sie eilte mit ausgebreiteten Armen auf ihren Schützling zu, und dann fielen die beiden Frauen einander um den Hals. Sie lachten und weinten, sprachen dazwischen Unverständliches.

»Fort mit Ihnen dreien! Ich will Sie hier nie wieder sehen«, verlangte Major Boblick. Er scheuchte sie hinaus wie eine Schar Enten und verriegelte hinter ihnen das Manntor.

»Dann ist die Gräfin in Sicherheit. Ich bin so froh. Das sind ein paar Tage im Kerker wert«, sagte Serafina, als sie die Festung etliche Dutzend Schritte hinter sich gelassen hatte.

»Meine Großcousine ist in die Festung zurückgekehrt. Sie wollte es so. Wir hätten sie über die Grenze ins Kurfürstentum Brandenburg bringen können, aber sie wollte hierher zurück.«

424

Serafina sah betroffen aus. »Sie ist wieder hier? Die arme gnädige Frau Gräfin. Ich wusste, dass Holm euch nach ist, hatte jedoch gehofft … Es waren vier Tage Vorsprung. Wie hat er euch gefunden?«

»Mein Vater«, antwortete Conrada und konnte nicht verhindern, dass ihre Worte wie eine düstere Prophezeiung klangen. »Es kam alles raus. Er reiste her und hat von meinem Bauerngut bei Küstrin berichtet.«

»Holm und Boblick sind nicht dumm.« Serafina nickte. »Der Hauptmann hat mir einen gehörigen Schrecken eingejagt, als er den Degen zog.«

»Das ist seine Spezialität«, warf Emilius ein, als handele es sich um ein besonders schmackhaftes Gericht.

Nun war auch Conrada erschrocken. Den Degen gegen ihre Vertraute gezogen … Jede wollte von der anderen genau wissen, was sich zugetragen hatte. Sie ließen beim Erzählen keine Kleinigkeit aus. Als Conrada zu dem Teil mit ihrer und Emilius' Hochzeit kam, stockte sie kurz, ehe sie mutig fortfuhr.

»Du hast diesen Menschen geheiratet? Was hat er dir eingeredet, um dich dazu zu bringen?«

»Nichts. Ich habe ihn geheiratet, weil ich es wollte.«

»Das glaube ich nicht. Was soll aus unseren Plänen werden? Wir wollten zusammenleben.«

»Du hättest meinen Vater im Stich lassen müssen, Serafina. Nach Julias Heirat wäre er allein zurückgeblieben. Hättest du das gekonnt?«

»Ja, um deinetwillen«, sagte Serafina sofort. Dann stockte sie. »Es hätte sich niemand mehr um seinen kranken Fuß gekümmert? Niemand ihm seine Leibspeisen zubereitet?«

»Niemand.«

Die treue Polin dachte eine Weile nach. »Dann ist es doch besser, dass du diesen Herrn geheiratet hast und aus unseren Plänen nichts geworden ist.«

Conrada atmete auf. Es wäre sie hart angekommen, Serafina enttäuscht zu sehen. Vor diesem Teil des Gesprächs hatte sie große Furcht gehabt. »Wir werden uns sehen, das verspreche ich dir«, sagte sie herzlich. »Wahrscheinlich werden wir auf Postelau leben, dem Rittergut der Familie von Kobsdorff.« Emilius hustete, aber Conrada fuhr tapfer fort: »Ich bestehe darauf, dass du und Papa uns jedes Jahr wenigstens auf einige Wochen besuchen. Emilius' Großmutter lebt dort einsam bei dünner Suppe und Haferschleim und kann kaum das Bett verlassen.«

»Ich werde gute polnische Gerichte für sie kochen. Die bringen sie im Nu wieder auf die Beine.«

Erneutes Husten von Emilius.

Der Rückweg führte die Reisegesellschaft über Pirna in Richtung Dresden. In dem Städtchen an der Elbe verabschiedete sich Emilius von seiner Frau mit einem Kuss auf die Wange und den Worten, er hätte einiges zu erledigen, und sie solle sich auch nicht scheuen, einen Schneider aufzusuchen. Die Rechnung möge der gute Mann an ihn senden.

»Ich möchte eine perfekt gekleidete Ehefrau, wenn wir in Dresden ankommen. Suche den besten Schneider im Ort auf.«

»Als ob jemand in Dresden Notiz von uns nimmt«, widersprach Conrada.

»Du musst immer das letzte Wort haben. Sie werden uns in der Residenz bemerken, glaube mir.« Emilius grinste verschmitzt, ehe er sich umdrehte und ging.

Conrada schaute ihm nach. Sie fühlte sich zum ersten Mal wie eine Ehefrau, die ihrem Mann nachschaute, der aufbrach, um die Geschäfte der Familie zu regeln. Nur dass Geschäfte bei Emilius schwer vorstellbar waren, viel eher passte es zu ihm, zu einem Kartenspiel zu gehen.

Emilius schlenderte über den Pirnaer Markt, betrachtete hier und da das ihm nicht ansprechend erscheinende Angebot der Marktstände, kam an der Witzschschen Buchhandlung vorbei, in der er damals für die Cosel die Bücher erstanden hatte. Er suchte etwas, um es Conrada zur Vermählung zu schenken. Bisher hatte er ihr noch kein Geschenk gemacht, und es wurde dringend Zeit, das nachzuholen. Etwas Besonderes musste es sein für eine besondere Frau. In der Kirche hatte er ihr einen seiner eigenen Ringe an den Finger gesteckt, der ihr viel zu weit war und den sie nach der Trauung auch gleich wieder abgenommen hatte und seitdem in einem Samtbeutelchen in ihren Unterrock eingeknotet trug.

In seinem Leben hatte Emilius noch nicht viele Frauen beschenkt, und darunter war keine gewesen wie Conrada, die an weiblichem Firlefanz kein Interesse hatte.

Ein Mädchen trug einen Korb mit kleinen Katzen über die Gasse. Sie wollte die Kätzchen bestimmt verkaufen, und einen Augenblick war Emilius versucht, für Conrada eines zu erstehen. Eine kleine Katze wäre das richtige Geschenk, ihr weiches Herz zu erfreuen. Dann dachte er daran, dass er ständig ein Fellknäuel zwischen den Beinen und überall Katzenhaare hätte. Er ließ das Mädchen vorbeigehen. Wenn es ein Tier für Conrada sein sollte, wäre ein Hund die bessere Wahl, der ließe sich zugleich für die Jagd ausbilden.

Er hatte sich in den Kopf gesetzt, Conrada ein Geschenk vor dem Abendessen zu überreichen. Vielleicht hätte er Serafina um Rat fragen sollen? Es war ihm jedoch peinlich gewesen, als Ehemann nicht zu wissen, was der eigenen Frau Freude bereitete.

Ein Ring wäre das Beste. Ein schlichter goldener Reif mit einem dunklen Stein, und er könnte ihrer beider Anfangsbuchstaben eingravieren lassen. Er schaute sich nach einem Juwelier um.

»Herr Emilius von Kobsdorff?«, hörte er hinter sich jemanden sagen.

Er drehte sich um und stand einer Handvoll Männer in der Uniform der Sächsischen Leibgarde gegenüber, angeführt von einem Leutnant mit einem vernarbten Gesicht, der ihn auch angesprochen hatte.

»Kommen Sie ohne Aufsehen mit uns«, fuhr der Offizier fort.

»Warum sollte ich das tun? Ich habe mit Ihnen nichts zu schaffen.«

»Wir haben Befehl, Sie nach Dresden zu bringen. Notfalls mit Gewalt. Den Grund dafür werden Sie besser kennen als wir.«

Die Worte schlugen wie eine Woge über Emilius zusammen. Erklärungen wollte der Offizier keine hören. Er erlaubte Emilius nicht einmal, eine Nachricht zu schreiben. Ihm blieb nichts anderes übrig, als sich von den Gardesoldaten in die Mitte nehmen zu lassen.

KAPITEL XLIII

· 1731 ·

*B*is zum Abendessen machte sich Conrada keine Gedanken über Emilius' Ausbleiben. Sie wollte nicht zu einer Ehefrau werden, die über jeden Schritt des Gatten informiert sein musste. Emilius wäre das ein Graus und ihr auch. Erst als er zum Abendessen nicht auftauchte und auch keine Nachricht schickte, begann sie, sich Gedanken zu machen.

Beim Essen litt ihr Appetit empfindlich. Von jedem Gericht kostete sie nur ein paar Happen. Später saßen sie und Julia beim Tee zusammen, während Viktor von Tiburti sich zur Ruhe zurückgezogen hatte. Serafina hatte auch behauptet, müde zu sein, und war zu Bett gegangen.

»Mein Schwager hätte wenigstens etwas von sich hören lassen können. Es ist einer Ehefrau gegenüber nicht höflich. Tatsächlich zeugt es von einem schlimmen Mangel an Verantwortungsbewusstsein.« Julia sagte das wie nebenbei. Während sie einen Teller mit Pralinen inspizierte und am Ende doch keine auswählte.

»Ihn wird ein Kartenspiel aufgehalten haben. Das kommt bei Männern gelegentlich vor. Das Kartenspielen liegt ihnen im Blut.« Conrada zuckte in gespielter Gleichgültigkeit die Schultern.

»Papa hat nie Karten gespielt«, widersprach Julia.

»Von Serafina weiß ich, dass Papa in seinen jungen Jahren einem Spiel nicht abgeneigt war.« Conrada zögerte nicht lange über dem Teller mit den Pralinen, sondern wählte eine aus und steckte sie in den Mund. Sie schmeckte nichts und sprach weiter: »Emilius ist kein Spieler, der für eine Runde mit den Karten alles vergisst. Am Morgen hat er mir gesagt, er werde rechtzeitig zum Abendessen zurück sein.« Diese Worte drückten kaum etwas von der Sorge aus, die sie empfand.

»Dann hat er es sich eben anders überlegt. Wer kann schon wissen, was im Kopf dieser hochgestellten Hofleute vorgeht«, erwiderte Julia indigniert. »Die denken immer nur an ihr Vergnügen und machen sich nichts daraus, auf der Jagd nach einem Nervenkitzel zu verschwinden. Du hättest dir besser vor dieser übereilten Hochzeit überlegen sollen, worauf du dich einlässt.«

»Mir ist Nervenkitzel in der Ehe lieber als immer nur Beständigkeit.« Conrada aß eine zweite Praline.

»Martin Immaus würde nie leichtfertig seinen und meinen Ruf aufs Spiel setzen.«

»Das tut Emilius auch nicht!« Conrada konnte nicht länger an sich halten. Obwohl ihr Ehemann gerne den Bruder Leichtfuß gab, hielt sie ihn für einen Mann von hohen moralischen Grundsätzen, dem Familie und Freunde über alles gingen und der ein Versprechen um jeden Preis einhielt. Es war aber müßig, Ihre Schwester von Emilius' Vorzügen überzeugen zu wollen, sie hatte sich ihre Meinung über ihn längst gebildet.

»Sein Pferd steht im Stall«, sprach sie weiter. »Er kann nicht vorgehabt haben, einen weiten Weg zurückzulegen, wenn er Attilas hierlässt.«

In der Nacht schlief Conrada schlecht. Zum einen vermisste sie den Kuss, den Emilius ihr jeden Abend auf die Wange gab, zum anderen malte sie sich alle möglichen Schrecknisse aus, die ihm zugestoßen sein könnten. Am Ende hatte es sich der starrsinnige Major Boblick anders überlegt und ein paar seiner Soldaten ausgeschickt, um Emilius zu fangen und nach Stolpen zurückzuschleppen. Sie hielt den Major für fähig, jemanden ohne anständiges Gerichtsverfahren erschießen zu lassen, nur um nicht als Verlierer dazustehen. Sie dachte auch an Strauchdiebe, die ihren Ehemann niedergeschlagen und ausgeraubt und ihn dann blutend im Straßengraben hatten liegen lassen. Mit einem Schrei fuhr sie aus dem Schlaf auf.

Im Bett an der gegenüberliegenden Wand regte sich Julia. »Was ist?«, murmelte sie schlaftrunken. »Brennt es?«

»Es ist nichts. Schlaf weiter.«

Conrada fand keine Ruhe mehr.

Mit dem ersten Tageslicht erhob sie sich, raffte einen Morgenmantel über ihr Nachthemd und verließ leise die Stube, die sie sich mit ihrer Schwester teilte. Auf nackten Füßen tappte sie über den Flur und eine Treppe hoch zu der Halbkammer, in der Emilius untergekommen war. Zart klopfte sie gegen seine Tür, und als sich dahinter nichts rührte, öffnete sie sie einen Spalt.

Die Kammer war leer, das Bett unbenutzt. Emilius war also die ganze Nacht nicht zurückgekommen. Ihm musste etwas zugestoßen sein. Sie spürte es in ihrem Herzen, hatte es bereits tags zuvor gespürt, sich aber von Julias Bosheit ablenken lassen.

Conrada eilte zurück in ihre Schlafstube. Sie kümmerte sich nicht darum, ob sie ihre Schwester weckte, als sie hastig in eines der Tageskleider schlüpfte, die sie gestern erstanden hatte. Sie mühte sich mit den Haken und Schnüren ab, schloss sie, so gut es ohne fremde Hilfe ging. Während sie ihr langes braunes Haar bürstete, richtete sich Julia im Bett auf.

»Was machst du?«, fragte sie und rieb sich die Augen.

»Ich ziehe mich an.«

Conrada machte sich nicht die Mühe, Julia in ihr Vorhaben einzuweihen, sondern klapperte mit den Haarnadeln und steckte ihre Flechten zu einem einfachen Knoten auf. Der Spiegel auf der Frisierkommode zeigte ihr eine junge Frau mit einem entschlossenen Ausdruck im ohnehin recht kantigen Gesicht. Conrada streckte ihrem Spiegelbild die Zunge heraus, griff nach einem über einer Stuhllehne hängenden Umhang und eilte aus der Stube. Erst auf dem Flur stellte sie fest, dass sie den Umhang ihrer Schwester in Händen hielt, dem der schwache Geruch ihres Veilchenparfüms entströmte. Conrada verabscheute diesen süßlichen Duft, aber sie war zu ungeduldig, zurückzugehen und ihren eigenen Umhang zu suchen. Sie legte sich Julias um und verließ das Haus.

Pirnas morgendliche Straßen waren bereits von Handwerksburschen und Mägden bevölkert, die zu ihrer Arbeit eilten, die ersten Aufträge ausführten, Körbe mit Schmutzwäsche zu den Wäscherinnen brachten oder bei den Fleischbänken anstanden, um die besten Stücke zu ergattern. Personen von Stand waren zu dieser frühen Stunde keine zu sehen. Conrada scherte sich nicht darum, kniff die Augen gegen die Sonne zusammen und eilte zum Markt, wo das Amthaus stand.

Sie erreicht es gemeinsam mit einem älteren Herrn mit gepuderter Perücke. Höflich hielt er ihr die Tür auf und ließ ihr den Vortritt. Er wirkte auf Conrada wie jemand, der sich mit den Gepflogenheiten der Amtmannschaft auskannte. Sie wagte es deshalb, ihn anzusprechen, ehe er durch das Foyer in die hinteren Räume entschwand. »Verzeihen Sie, der Herr, aber können Sie mir eine Frage beantworten?«

»Womit kann ich einer jungen Dame helfen?«

»Ob der Kreisamtmann um diese Zeit zu sprechen ist?«

»Das kann ich Ihnen beantworten. Gerade in diesem Moment hat der Kreisamtmann Zeit für Sie. Er steht vor Ihnen.« Der Herr verneigte sich leicht.

Conrada nannte ihren Namen. Im letzten Moment fiel ihr ein, dass sie nun Madame von Kobsdorff hieß und nicht mehr von Tiburti. Der Kreisamtmann führte sie in sein Kabinett, beauftragte einen Schreiber damit, eine Erfrischung zu bringen, und bot Conrada einen Platz an einem wuchtigen Tisch mit ebenso wuchtigen Stühlen an. Die waren so breit, dass leicht zwei von ihrer Statur darin Platz gefunden hätten, der Kreisamtmann füllte seinen dagegen recht gut aus.

Bis die Erfrischung – bestehend aus Biskuitkuchen und Zitronenwasser – gebracht wurde, unterhielten sie sich über das Wetter, das gerade die richtige Wärme und Feuchtigkeit brachte, um den Bauern eine gute Ernte zu bescheren. Nachdem der Schreiber das Kabinett wieder verlassen hatte, legte der Kreisamtmann die fleischigen Finger gegeneinander und setzte eine geschäftsmäßige Miene auf. Das Lächeln war aus seinen Mundwinkeln verschwunden.

»Die Familie von Kobsdorff ist mir durchaus ein Begriff, aber Sie kenne ich nicht. Am besten beginnen Sie mit Ihrem Begehr, indem Sie mir erklären, in welcher Verbindung Sie zu dieser Familie stehen.«

»Emilius von Kobsdorff ist mein Mann. Wir haben vor Kurzem geheiratet«, platzte Conrada heraus.

»Wie kann ich Ihnen nun behilflich sein, Madame von Kobsdorff?«

Conrada biss sich auf die Lippe. Sie war sich nicht mehr sicher, ob eine Nachfrage in der Kreisamtmannschaft der richtige Weg war; im Gegenteil sie war überzeugt, Emilius hieße ihr Tun nicht gut. Seine Angelegenheiten in der Öffentlichkeit breitzutreten, entsprach nicht seinem Charakter.

»Erzählen Sie frei heraus«, ermunterte der Kreisamtmann sie, als ihr Schweigen andauerte.

Conrada holte tief Luft. »Ich vermisse meinen Ehemann. Gestern Morgen ging er in Geschäften fort und versprach mir, zum Abendessen zurück zu sein. Er ist nicht gekommen, auch die Nacht über nicht, und ich fürchte nun, ihm könnte etwas zugestoßen sein. Vielleicht ist er überfallen worden, oder ihm ist anderer Harm geschehen. Ist eine Nachricht darüber bis in das Amthaus gedrungen? Ich weiß niemanden sonst, an den ich mich wenden kann.«

»Sie haben recht daran getan, zu mir zu kommen, Madame von Kobsdorff. Ich weiß etwas über das Schicksal Ihres Mannes.« Der Amtmann klang weder süffisant, noch drückte seine Miene Hohn über eine Ehefrau aus, die ihren gerade angetrauten Gatten vermisste, sondern er sprach, als kämen alle Tage Menschen auf der Suche nach ihren Angehörigen zu ihm.

»Ist ihm was geschehen? Wurde er verletzt?«

»Ihr Gatte kam früh ins Amthaus und brachte eine Urkunde, damit davon eine Abschrift gefertigt werde. Er gab sie einem der Schreiber und wollte am Nachmittag wiederkommen, um Original und Abschrift zu holen. Stattdessen erschien eine Handvoll Gardesoldaten unter der Führung eines Leutnants und fragte nach Ihrem Mann. In aller Regel will niemand etwas mit diesen Leuten zu tun haben, aber was sollte ich machen? Meine Pflicht als Amtmann gebot es mir, die verlangten Auskünfte zu geben. Ich habe ihnen also gesagt, was sie wissen wollten.«

Conrada spürte alles Blut aus ihren Wangen weichen, und am Blick des Kreisamtmannes erkannte sie, dass es ihm nicht entgangen war. »Das muss nichts Schlimmes bedeuten. Ihr Gatte ist ein Mann von Stand, die Garden haben sicher keine Raufhändel mit ihm. Ich hatte vielmehr den Eindruck, sie wollten Ihren Mann finden, um ihn auf amtliches Geheiß nach Dresden zu bringen. Sicherlich soll er am Namenstag unseres Kurfürsten bei Hofe anwesend sein.«

Doch bis zu diesem Tag Anfang August war es noch über einen halben Monat hin, wie Conrada sehr gut wusste. Und sie hatte noch nie von Soldaten gehört, die ausgeschickt worden waren, um jemanden zum Namenstag des Kurfürsten nach Dresden zu bringen.

Der Kreisamtmann wiegte den Kopf. »Oder Ihr Mann soll ein wichtiges Amt übernehmen? Das hat es alles schon gegeben.«

Daran glaubte Conrada nicht. Emilius war wieder einmal zu leichtsinnig gewesen. Sie dachte jedoch nicht daran, dem Kreisamtmann die Zusammenhänge zu erklären, sondern bat nur darum, ihr die Urkunden auszuhändigen.

Nachdem dies geschehen war, eilte sie in ihr Quartier zurück. Es galt keine Zeit zu verlieren.

*E*milius sieht aus wie immer, dachte Conrada, als ihr Ehemann flankiert von zwei Offizieren der kurfürstlichen Leibgarde den Zwinger betrat. Bis auf das alberne Kostüm, das man ihm über den Rock gezwängt hatte. Eine Art knielanger Kaftan, der auf einer Seite von einer Brosche zusammengehalten wurde. Er sah aus, als sollte er einen Pan, einen griechischen Hirtenjungen darstellen. Auf den zweiten Blick erkannte sie seine geballten Fäuste und die aufeinandergepressten Lippen. Beides zeigte an, dass er im Inneren längst nicht so gelöst war, wie er nach außen schien.

Sein Blick huschte über die im Zwinger versammelten Mitglieder der Hofgesellschaft. Die Menge war zurückgewichen und hatte vor ihm eine Gasse geformt. Dabei hatten sie Conrada zurückgedrängt, die nun hilflos eingekeilt im hinteren Bereich des Zwingers stand. Eine Ledermappe presste sie fest an ihre Brust, damit sie ihr nicht aus der Hand geschlagen wurde. Sie musste den Hals recken, um ihren Ehemann überhaupt zu sehen. Einen Augenblick war sie versucht, ihm zuzuwinken, aber sie ließ die schon halb erhobene Hand wieder sinken. Er hatte seine Augen schon wieder auf die Bühne gerichtet, die am anderen Ende des Zwingers aufgebaut war. Noch war sie von einem Vorhang verdeckt, aber dahinter lauerte etwas Unbarmherziges auf ihren Ehemann. Conrada überlief ein Frösteln, als sie das etwa hüfthohe Podest aus Holz in Augenschein nahm. Vier Stufen führten hinauf. Die Nachbildungen antiker Säulen mit blütenreichen Kapitellen zierten die Treppe und die Seiten der Bühne.

Emilius hatte die Treppe fast erreicht. Seit man ihn vor über einer Woche in Pirna verschleppt hatte, hatte sie ihn nicht gesehen. Sie hatte nicht einmal in Erfahrung bringen können, wo in Dresden er festgehalten wurde. In der Stadt war nur die Rede davon gewesen, der König plane ein Schauspiel im Zwinger, bei dem das Wesen des Adels illustriert werden solle und in dessen Verlauf ein junger Mann sein Lebensglück finden werde. Namen wurden keine genannt, aber es war ihr nicht schwergefallen, zu erraten, dass Emilius gemeint war.

Um in den Zwinger eingelassen zu werden, hatte sie die Hilfe Hermann Carl von Lobschütz' und seiner Mutter benötigt. Hermann Carls Familie befand sich unter den Gästen. Auch Tante Ottilie und Conradas Vater waren anwesend, um ihr beizustehen. Nur Julia fehlte an diesem Tag, sie hielt es nicht für angebracht, einer frivolen Veranstaltung bei Hofe beizuwohnen.

Im Gedränge war Conrada von den anderen getrennt worden. Die Menschen gerieten erneut in Bewegung, als Emilius die Stufen zur Bühne hinaufstieg. Sie wogten nach vorne und rissen Conrada mit. Beinahe wäre ihr die Ledermappe aus der Hand gerutscht. Sie umklammerte sie, dass ihr die Finger weh taten. Eine Dame mit einem weit ausladenden Rock mit aufgenähten Rosen in Creme und einem ebensolchen Hut stand vor Conrada. Auf dem Arm hielt sie einen kleinen Hund, in dessen Ohr sie unentwegt flüsterte und auf dessen pelzige Stirn sie hin und wieder einen Kuss drückte. Conrada schob sich an ihr vorbei und näher zur Bühne.

Emilius stand dort oben und wurde von allen angegafft wie eine Monstrosität auf der Bühne einer Gauklertruppe. Conrada schämte sich für den Kurfürsten, der einen Angehörigen des vornehmen Standes derart zur Schau stellte. Musik ertönte von einem hinter dem Vorhang verborgenen Orchester. Die Hofgesellschaft stellte ihre Gespräche ein. Nach den ersten Takten setzte eine kristallklare Stimme ein. Sie schwang sich in jubelnde Höhe und schmetterte italienische Verse in die Sommerluft.

Auf der Bühne verdrehte Emilius die Augen, und Conrada fühlte mit ihm. Es sollte endlich beginnen, damit er es schnell hinter sich hatte, aber der Gesang schraubte sich immer höher in den Himmel und endete schließlich mit langgezogenen Fanfarenklängen.

Bevor der letzte Ton verklungen war, schob sich ein Herr hinter dem Vorhang hervor. Er trug wie Emilius eine Verkleidung über dem Rock, aber bei ihm handelte es sich um eine römische Toga. Er trug weder Hut noch Perücke, und sein eigenes graues Haar war zu einer wilden Frisur gebürstet. Weil er ein kleiner beleibter Herr war, wirkte er mit der doppelten Schicht Kleidung fassförmig. Gezierten Schrittes trippelte er in die Mitte der Bühne.

Der Vorhang wurde endlich aufgezogen. Das Orchester begann wieder zu spielen.

Der Kurfürst thronte auf einem vergoldeten Stuhl, einen güldenen Lorbeerkranz im Haar, in dem sich die Sonnenstrahlen brachen. Ihn kleideten goldene Sandalen, ein ebensolcher Harnisch über einer knielangen Tunika. Seine Beine steckten in hautfarbenen Strümpfen. Es war nicht zu verkennen, dass er eine antike Gottheit darstellen sollte.

Ein Raunen ging durch die Reihen der versammelten Höflinge. Die Herren verneigten sich, die Damen – mit ihnen Conrada – versanken in einem Hofknicks.

Im Hintergrund der Bühne war eine bemalte Leinwand aufgespannt, auf der eine antike Landschaft Weiträumigkeit vortäuschte. Davor stand eine mit einem Seidenlaken verdeckte Staffelei, als warte sie auf einen Maler. Unter dem Tuch war ein gerahmtes Bild zu erahnen.

Der Herr in der Toga ergriff das Wort. Mit hoher Fistelstimme stellte er sich als Leiter dieses Schauspiels vor, das einem Gladiatorenkampf nachempfunden war, er werde durch die Aufführung führen. Er lobte die Gnade und Güte des Kurfürsten, sprach über seine Weisheit und Weitsicht, die für alle seine Untertanen nur das Beste wollte.

Schließlich zeigte er mit einem zitternd ausgestreckten Zeigefinger auf Emilius.

»Dieser junge Herr bedarf in besonderer Weise der Lenkung durch unseren gnädigen und weisen Kurfürst. Ausreichend Zeit wurde ihm gegeben, aus freiem Willen der Forderung unseres Herrn nachzukommen. Er hat sich darüber hinweggesetzt, und wie ein ungehorsamer Sohn muss er Bestrafung für sein Versäumnis erfahren.«

Es begann eine lange Erklärung über Emilius' Tun auf dem Großen Campement bei Radewitz, und warum Friedrich August ihm aufgetragen habe, innerhalb eines Jahrs und eines Tages zu heiraten und mit seiner Ehefrau vor ihm zu erscheinen. Andernfalls werde der Kurfürst in seiner ganzen Weisheit eine Frau auswählen. Ein Raunen ging durch die Hofgesellschaft.

Mehrfach wollte Conrada sich vordrängen, um der Sache ein Ende zu bereiten, sich als Emilius' Ehefrau neben ihn stellen und zu erklären, dass alle Bedingungen erfüllt seien. Ihr Vater und Tante Ottilie hatten sich zu ihr durchgekämpft und hielten sie am Arm zurück.

»Untersteh dich, einfach auf die Bühne zu laufen. Unser Kurfürst könnte auf die Idee kommen, deine Ehe müsse sofort wieder geschieden werden, weil kein Mann von Stand mit einer Frau verheiratet sein dürfe, die so wenig Benehmen an den Tag legt«, zischte die Tante ihr ins Ohr. »Du musst selbst wissen, ob du das willst!« Sie drückte fest Conradas Arm.

Tante Ottilie hatte sich vorbehaltlos über die Hochzeit gefreut, ihre Nichte in den Arm genommen und ihr alles Glück dieser Erde gewünscht. Sie hatte Conrada sogar zugeflüstert, sie hätte keinen besseren Fang als den jungen Herrn von Kobsdorff machen können. Ihr zuliebe bezähmte Conrada ihre Wut und presste nur weiter fest die Ledermappe an die Brust.

Schließlich breitete der alberne Spielleiter die Arme aus und rief: »Deshalb hat unser hochedler Kurfürst und König in seiner unendlichen Weisheit eine Dame für diesen Herrn ausgewählt. Ein Pfarrer steht bereit, um die Trauung sofort in der Kreuzkirche zu vollziehen. Eine entsprechende Erlaubnis ist ausgestellt. Das Bild der jungen Dame befindet sich dort!« Er zeigte theatralisch auf die Staffelei. »In eben diesem Moment sind Gardesoldaten unterwegs, um die junge Dame mit aller Ehrerbietung herzubringen. Und nun lassen Sie uns enthüllen, mit wem dieser junge Mann in der Zukunft sein Leben teilen wird.« Erneut begleitete eine theatralische Geste diese Worte.

Ein als Cupido verkleideter Page mit einem leinenen Gewand über nackten Beinen und einem Kranz aus vergoldetem Weinlaub auf den Locken sprang hinter der Staffelei hervor. Er sah aus, als friere er trotz der sommerlichen Wärme, war sich aber seiner Rolle genauso bewusst wie der Spielleiter, denn mit großer Geste wies er auf die Staffelei.

Als Einziger schaute Emilius demonstrativ in den Himmel, als gäbe es dort mehr zu sehen als die Sonne. Es gelang ihm gut, seine Gleichgültigkeit zur Schau zu stellen. Conrada riskierte einen Blick zum Kurfürst. Der hatte die Hände auf dem stattlichen Bauch gefaltet und sah aus, als stehe ihm ein köstlicher Spaß bevor.

Der Kurfürst war bekannt dafür, sich gerne auf Kosten anderer zu amüsieren, und Conrada war der Meinung, dies stehe einem Herrscher nicht gut an. Sie wünschte sich Emilius' treuen Attilas an die Seite. Mit ihm auf die Bühne springen, ihren Mann holen und davongaloppieren …

Der Page an der Staffelei hielt die Seide und wartete. Und wartete.

In Emilius' Gesicht zuckte im Augenwinkel ein Muskel. Er brachte es nun auch nicht mehr fertig, gleichgültig in den Himmel zu schauen, sondern linste zum Kurfürsten. Das Lächeln in dessen Gesicht wurde noch breiter. Er nickte.

Der Page zupfte am Tuch. In einer eleganten Welle glitt es zu Boden.

Erneut ging ein Raunen durch die Hofgesellschaft. Conrada stieß ein Keuchen aus. Emilius schaute ebenfalls interessiert zur Staffelei. Seinen Gesichtsausdruck konnte sie nicht erkennen, denn er hatte ihr den Hinterkopf zugedreht.

Sie schüttelte Tante Ottilies Hand ab, nichts hielt sie noch auf ihrem Platz. Rücksichtslos drängte sie sich durch die Reihen nach vorne, erklomm die Bühne und stellte sich neben Emilius. Er warf ihr einen Blick zu, in dem das Lachen tanzte.

Conrada streckte einen zitternden Finger in Richtung der Staffelei aus. »Das ist mein Porträt! Das hängt in unserem Esszimmer über dem Kamin! Ich habe keine Erklärung, warum es auf einmal hier ist.«

»Ganz ruhig«, flüsterte Emilius ihr zu. »Du wirkst wesentlich fürstlicher, wenn du hochaufgerichtet stehst und mit ruhiger Stimme sprichst. Dann überhört dich niemand. Hast du die Urkunde dabei?«

Sie nickte und straffte sich, weil er recht hatte, fragte sich aber gleichzeitig, woher er seine Kaltblütigkeit nahm.

Der Spielleiter stockte für einen Augenblick. Er warf Friedrich August einen fragenden Blick zu und fuhr auf ein Nicken des Kurfürsten mit seiner Vorstellung fort. Die Fistelstimme schmerzte Conrada in den Ohren.

»Ein Glück! Ein Glück für uns alle. Und am meisten für das junge Paar. Die Dame ist bereits anwesend. In weniger als einer Stunde werden diese beiden verheiratet sein. Uns steht ein Fest und diesen beiden eine lange gemeinsame Zukunft bevor. Die glückliche Braut ist die ehrenwerte Conrada von Tiburti. Sorgfältige Überlegungen eines liebenden Vaters für seine Kinder haben unseren weisen Kurfürst diese beiden auswählen lassen, damit sie miteinander die Ehe eingehen.«

»Nein!«, sagte Emilius mit lauter, klarer Stimme.

»Was nein?« Der Spielleiter brach verwirrt ab.

»Wir werden nicht heiraten.«

»Schuft, du weigerst dich, dem Befehl deines Kurfürsten zu folgen!« Der Spielleiter fiel aus seiner Rolle und sprach mit normaler Stimme. Er klang nun richtig sonor und außer sich.

»Wir werden nicht heiraten, weil wir bereits verheiratet sind. Dies ist Conrada von Kobsdorff, geborene von Tiburti, und wir sind seit über einer Woche Mann und Frau.« Er küsste Conrada galant die Hand. »Mann und Frau vor Gott und den Augen der Menschen.«

Erneut ging ein Raunen durch die Reihen der Zuschauer, diesmal auch unterbrochen von erstaunten Ausrufen. Conrada hielt die Ledermappe fest umklammert und beobachtete den Kurfürsten. Seine Gedanken ließen sich in seiner Miene nicht ablesen. Er hatte nicht einmal ein Augenlid bewegt. Nur seine Hände umklammerten jetzt die Lehnen seines Throns und verrieten, dass er nicht so gleichgültig war, wie er sich nach außen gab.

Emilius sprach weiter. »Meine Frau hat die Urkunde über unsere Eheschließung bei sich. Es wurde auch eine Abschrift angefertigt, um sie Euer Hochwohlgeboren zu übergeben. Eure Gardesoldaten waren schneller und fanden mich, bevor ich mit meiner Gattin nach Dresden kommen konnte.« Er verneigte sich vor Friedrich August.

»Unser hochwohlgeborener Kurfürst wünscht, die Urkunde mit eigenen Augen zu sehen.« Der Spielleiter hatte seine Rolle aufgegeben, sich sogar die Toga heruntergerissen.

Sie ringelte sich neben dem Seidentuch auf dem Boden. Er stand vor Emilius und Conrada und streckte ihnen fordernd die Hand hin. Sie legte die Urkunde und die Abschrift hinein.

Der Kurfürst beugte sich vor und vertiefte sich in die Urkunde. Er las Zeile für Zeile, seine Finger klopften dabei einen Trommelwirbel auf die Stuhllehne. Das Geräusch fuhr Conrada durch Mark und Bein. Die Sekunden tröpfelten dahin und kamen ihr wie eine Ewigkeit vor. Sie wollte nach Emilius' Hand greifen, und die Stärke spüren, den ihr der sanfte Druck stets vermittelte.

Sie verkrampfte die Finger in den Falten ihrer Röcke ineinander.

Friedrich August schaute auf, eine steile Falte zwischen seinen Augenbrauen. Seinen rechten Zeigefinger bohrte er auf die Urkunde, als wollte er sie durchstoßen.

»In ein Chambre! Sofort!«, befahl er. »Diese beiden da auch!« Er zeigte auf Löwendal und Friesen.

KAPITEL XLV
· 1734 ·

*I*n den Hofstaat kam Bewegung. Ein Diener lief mit wehenden Rockschößen und schloss eine Tür in die Zwingergalerien auf, Friedrich August mit weit ausholenden Schritten in seinem Kielwasser, dahinter Friesen und Löwendal, der die Mappe mit den Urkunden trug. Emilius hatte Conrada in vollendeter Manier den Arm geboten. Selbst in einer Situation wie dieser verlor er nicht die Ruhe, dafür bewunderte Conrada ihn. Seine andere Hand lag warm auf ihrer.

Sie gelangten in einen langen, schmalen Raum in der Zwingergalerie. Bis auf einen Stuhl und einen Tisch war der Raum leer und wegen geschlossener Fensterläden in diffuses Licht getaucht. Friedrich August bohrte wieder einen Zeigefinger auf die Urkunde.

»Erkläre Uns das!«, fuhr er Emilius an. Die Stimme donnerte durch den Raum, und das Gesicht des Königs rötete sich. In seiner Verkleidung sah er lächerlich aus mit dem schief auf dem Kopf sitzenden Lorbeerkranz.

Emilius verneigte sich vorsorglich noch einmal. »Wir haben geheiratet, bevor ein Jahr und ein Tag der Frist verstrichen waren. Das ist der Urkunde deutlich zu entnehmen.«

»Weiter!« Friedrich August klang immer noch wie grollender Gewitterdonner.

»Und wir waren auf dem Weg nach Dresden, wie ich bereits sagte. Ich bekam leider keine Gelegenheit, jemanden von Format zu sprechen und diese Dinge vor dem heutigen Tag zu klären. Nehmt meine Entschuldigung dafür an, Euer Hochwohlgeborenen.«

»Du hast die Frau geheiratet, die wir für dich ausgesucht haben. Wir erkennen den Humor, der darin steckt, und verurteilen dich dafür nicht. Du hast die dir gesetzte Frist genutzt.« Friedrich August sprach nun leutselig, als hätte jemand in seinem Inneren einen Schalter umgelegt.

»Erklär Er uns diese Unterschrift!« Der königliche Zeigefinger lag auf dem Namen Madame Hymnen. Friedrich Augusts Blick wurde hart. »Die Unterschrift dieser Trauzeugin für eine Heirat in Lohsa! Die Dame hat auf unser Geheiß Wohnung in Stolpen zu nehmen und diesen Ort nicht zu verlassen. So lautet unser Befehl!«

Eine Pause in der königlichen Ansprache nutzte Emilius für eine weitere Verbeugung. Conrada folgte mit einem Knicks.

»Daran habt Ihr wohlgetan in Eurer übergroßen Weisheit mein Fürst. Diese Dame ist eine Verwandte meiner Frau. Es ist doch angemessen, dass sie bei einer Hochzeit wenigstens von einer Verwandten begleitet wird. Das ist die ganze Erklärung.«

»Das ist Hochverrat!« Friedrich August sprang auf. Der Tisch kippte um. Die Urkunde und die Abschrift segelten zu Boden. Mit einem Fußtritt schleuderte der König das störende Möbelstück beiseite. Seine vergoldete Sandale landete auf der Abschrift.

»Hochverrat!«, schrie er wieder. Speicheltröpfchen sprühten von seinen Lippen.

Conrada und Emilius waren zurückgewichen.

»Das wird Folgen haben! Boblick und Holm müssen ihre Köpfe verlieren!«

Conrada gab einen erstickten Aufschrei von sich. Im Geiste sah sie die beiden Offiziere bereits vor dem Richtblock stehen. Sie musste sich an der Wand abstützen. Für die beiden Herren hegte sie keine freundschaftlichen Gefühle, aber dass ihr Handeln für die beiden ein solches Ende nehmen sollte …

Mutig trat Emilius einen Schritt auf den König zu. Er riss sich das lächerliche Kostüm herunter und schleuderte es dem Tisch hinterher, stemmte die Arme in die Hüften. »Ich bin Eurem Verlangen nachgekommen und habe geheiratet. Zuvor war ich allerdings drauf und dran, mein Leben in der Ferne zu beschließen. Dass es nicht so weit gekommen ist, verdanke ich der auf der Burg Stolpen weilenden Dame. Ohne ihre Fürsprache hättet Ihr einen Untertanen weniger.«

Das versöhnte den Kurfürsten keineswegs. Friedrich August brummte etwas.

Emilius sprach mutig weiter: »Besagte Dame ist eine entfernte Verwandte meiner Frau. Deren Schicksal dauerte sie. Aber nachdem nun besagte Dame unsere Ehe gestiftet hat und freiwillig auf die Burg Stolpen zurückgekehrt ist, um dort ihr ferneres Leben zu verbringen, fühlt sich meine Gattin beruhigt. Das ist alles, was ich dazu sagen kann, hochedler, weiser und gnädiger König.«

»Es bleibt Hochverrat! Diese Herren werden ihre Pflichtvergessenheit büßen. Wir dulden keine Nachlässigkeit!« Der König stieg über die am Boden liegende Urkunde hinweg und stampfte auf die Tür zu.

Das brachte endlich Bewegung in Löwendal und Friesen, die bisher im Hintergrund ausgeharrt hatten. Sie stürzten an des Königs Seite und flüsterten aufgeregt auf ihn ein. Jeder in ein Ohr. Emilius schob Urkunde und Abschrift in die Ledermappe und hob alles auf. Danach trat er neben Conrada, legte einen Arm um ihre Mitte. Sie stützte den Kopf an seiner Schulter ab.

»Was wird nun werden? Werden Major Boblick und Hauptmann Holm wirklich …?«

Emilius legte einen Finger an die Lippen. Weil er in der Hand auch die Ledermappe hielt, bereitete ihm das einige Schwierigkeiten. Dann deutete er auf die drei Herren. »Still, Liebes! Boblick und Holm werden ihre Köpfe behalten, oder ich will nicht mehr Emilius von Kobsdorff heißen.«

»Woher weißt du das?«, wisperte Conrada.

»Weil diese Sache sonst in aller Munde wäre. Das kann niemand wollen, am allerwenigsten der König und Kurfürst. Redet erst einmal alles wieder von der Cosel, muss er sie am Ende noch freilassen und als Maitresse wieder an seine Seite holen. Oder sogar in sein Ehebett, schließlich ist er jetzt Witwer.«

»Das wäre nur gerecht.«

»Und würde ihn der Lächerlichkeit preisgeben. Alle Fürstenhäuser Europas würden mit dem Finger auf ihn zeigen.«

Conrada wollte weiter argumentieren, als die Herren und der König ihr Gespräch beendeten. Der Oberhofmarschall und der Kabinettsminister sahen erleichtert aus, Friedrich

August, als müsse er gute Miene zu einem bösen Spiel machen.

»Wir werden Gnade vor Recht ergehen lassen«, verkündete er mit Leichenbittermiene. »Die Eheurkunde ist in der Schatzkammer zu verwahren und niemals jemandem zu zeigen!« Er streckte fordernd die Hand aus.

Emilius legte die Urkunde hinein, zwinkerte dem Kurfürst dabei zu.

Der runzelte die Stirn. Böse betrachtete er noch einmal den Foliobogen, ehe er ihn an Friesen weiterreichte. »Niemand wird je wieder davon sprechen. Keines unserer Worte wird diesen Raum verlassen. Die Dame hat ihre Wohnung wieder dort genommen, wo wir es befohlen haben. Es ist kein Schaden entstanden. Schwört es!«

Jeder schwor einen feierlichen Eid.

Emilius und Conrada verließen den Zwinger durch eine Seitentür. Er winkte eine Ratchaise herbei, einen der Tragsessel, die in Dresden von jedermann gemietet werden konnten. Er befahl den beiden stämmigen Trägern, sie hurtig zu einem Haus in der Münzgasse zu bringen.

Emilius schloss eine Tür auf und schob seine Ehefrau hinein, knallte die Tür wieder zu und legte einen Riegel vor. Aufatmend lehnte er sich von innen dagegen. »Das hätten wir geschafft.«

Conrada schaute sich um. Sie standen in einem schmalen Vestibül, das mit einer erlesenen Garderobe und einer ebensolchen Kommode ausgestattet war. An den Wänden hingen Bilder mit Pferden, und spätestens die verrieten ihr, wohin Emilius sie gebracht hatte. »Das ist deine Wohnung in Dresden?«

»Es gehört sich eigentlich nicht, dich herzubringen. Für einen verheirateten Mann gehört es sich nicht einmal mehr, sie zu haben. Du wirst mir hoffentlich nachsehen, dass ich noch keine Zeit hatte, sie aufzulösen, und mir ist auch nichts anderes eingefallen, um uns vor der Meute in Sicherheit zu bringen.«

»Mussten wir uns in Sicherheit bringen?«

»Dem Getuschel willst du nicht ausgesetzt sein. Aber hach, hast du ihre Gesichter gesehen? Die waren einfach zu köstlich, und am Ende haben wir allen ein Schnippchen geschlagen. Obwohl es mir natürlich leidtut, dich dem ausgesetzt zu haben.«

»Ich bin längst nicht so ein empfindliches Dämchen, wie du zu glauben scheinst«, entrüstete sich Conrada. Sie hatte ihre Handschuhe ausgezogen und warf sie nun nachlässig auf die Kommode.

»Du siehst zart aus. Da vergesse ich, unter welchen Umständen wir uns kennengelernt haben und dass der Mut einer Löwin in deinem Herzen wohnt.«

Conrada glaubte, sich verhört zu haben. Als zart hatte sie noch niemand bezeichnet, aber Emilius schaute ihr vollkommen ernst in die Augen. Sie trat einen Schritt auf ihn zu und umfasste mit beiden Händen sein Gesicht. Ihre Lippen berührten sich, diesmal nicht in einem scheuen Kuss, sondern sie drückte ihre fest auf seine. Er erwiderte den Kuss leidenschaftlich, und dann fand sie sich in seinen Armen wieder. Ihre Lippen öffneten sich wie von selbst, und ihre Zungen umspielten einander. Ein köstliches Gefühl der Schwäche bemächtigte sich Conradas.

Hinterher tastete sie mit der Zunge über ihre Lippen, auf denen sie noch die seinen schmeckte.

Das junge Paar nahm seinen Wohnsitz vorerst im Hause Tiburti, bis sie sich darüber klar geworden waren, wo sie ihr Zuhause einrichten wollten. Auf Conradas Drängen hin hatte

Emilius seiner Großmutter wenigstens geschrieben, wenn er sich schon weigerte, sie auf Postelau zu besuchen. Conrada, die ihre Stellung als Ehefrau von Tag zu Tag mehr genoss, fühlte sich in der Lage, es mit Emilius' Großmutter aufzunehmen, aber mit ihm war darüber nicht zu reden. Fast schien es, als hätte er tatsächlich Angst vor Laetitia von Kobsdorff.

In der Eingangshalle trat er ihr mit besorgtem Gesicht und einem Schreiben in der Hand entgegen. »Da rein mit dir«, sagte er und öffnete ihr die Tür in jenes unbenutzte Esszimmer, in dem nun wieder ihr Porträt über dem Kamin hing.

Wortlos gehorchte Conrada, gluckste jedoch innerlich über ihren Ehemann. Weil er aussah, als fürchte er, seine Großmutter würde sich gleich aus den Falten des Briefes hervorschwingen, um ihm die Leviten zu lesen.

»Hast du endlich einen Brief aus Postelau bekommen?«, fragte sie mit einem mutwilligen Blitzen in den Augen.

»Ja – nein, das ist er nicht. Ich dachte, er wäre es, aber er ist gar nicht für mich. Nur die – die Schrift sieht aus wie die meiner Großmutter, und es steht nur Gut Tiburti drauf, so was sieht ihr ähnlich, weshalb ich dachte, er wäre von ihr. Deshalb habe ich ihn geöffnet.« Emilius sah nun wirklich bestürzt aus.

»Für wen ist denn der Brief?«

»Für deine Schwester. Ich sollte ihn ihr geben, nur fürchte ich, sie wird es schlecht aufnehmen. Sie ist sowieso nicht gut auf mich zu sprechen, und dass ich nun ihre Post gelesen habe …«

Unglücklich stand Emilius vor ihr. Er und Julia waren wie Hund und Katze. Seit ihrem ersten Zusammentreffen hatte sich daran nichts geändert.

»Lass mich das machen«, bot Conrada an. »Es kann sich nur um einen Brief ihres Verlobten handeln. Ich lasse mir etwas einfallen, wieso er geöffnet ist.« Sie wollte nach dem Schreiben greifen.

»Nein, das geht nicht! Nicht bei diesem Brief.«

»Also wirklich! Wenn du ihn ihr nicht geben willst und ich ihn ihr nicht geben soll ...«

»Das können wir ihr nicht geben, ohne uns zu versündigen.« Entschieden schüttelte Emilius den Kopf und hielt den Brief außerhalb ihrer Reichweite.

Conradas Interesse war nun endgültig geweckt. Es kam nicht oft vor, dass ihr Mann Zuflucht zur Religion nahm. Sie versuchte, ihn zu überlisten und den Brief an sich zu bringen.

»Wir können ihr den Brief nicht unterschlagen, das würde sie merken. Ihr Verlobter hat die Angewohnheit nachzufragen, wenn sie gewisse Aspekte seines letzten Schreibens in ihrer Antwort unbeachtet lässt.«

»So was kann man seiner Verlobten nicht schreiben. Ich rühme mich nicht, ein Meister galanter Korrespondenz zu sein, und bin auch wirklich sehr froh, dass ich mit dir keinen jahrelangen Briefwechsel unter Verlobten pflegen musste. Aber das ...« Sein schön geschwungener Mund verzog sich vor Abscheu. »... setzt allem die Krone auf. Das einer jungen Frau zu schreiben, ist unverantwortlich. Es gehört sich nicht, aber nachdem ich ihn schon einmal geöffnet hatte, habe ich ihn auch gelesen. Jede Zeile ist abscheulicher als die vorangegangene. Bisher habe ich immer gedacht, du und Madame Dhurokina übertreibt, wenn ihr von diesem Menschen spracht. Jetzt weiß ich, dass ihr noch viel zu milde über ihn geurteilt habt. Normale Hände weigern sich, so etwas niederzuschreiben.«

Emilius hatte sich in Rage geredet, und in einem Moment der Unaufmerksamkeit gelang es Conrada, den Brief an sich zu bringen.

»Du solltest ihn nicht lesen«, sagte Emilius sofort, als sie den Foliobogen auseinanderfaltete. »Es wird deine Gefühle verletzen.«

Conrada ließ sich nicht abhalten. Ihr Mund spitzte sich empört, bevor sie eine halbe Seite gelesen hatte. Die verwickelten Sätze Martin Immaus' waren kaum verständlich, aber an ihrem Tonfall konnte dennoch kein Zweifel bestehen. Von schlimmen Zuständen, die den Charakter einer jungen Frau für immer schädigen könnten, war die Rede; ein Skandal, der Kreise durch alle Stände ziehe, wurde erwähnt; und dass es gefährlich sei, mit gewissen Personen Umgang zu pflegen, davor müsse er sie dringlich warnen.

»Mit den Personen meint er uns«, sagte Emilius, der über ihre Schulter mitlas.

Weiter hieß es sinngemäß, dass Julia sich sehr bemühen müsse, damit kein Makel auf ihre Person falle und sie nicht von dieser Seuche der Unmoral angesteckt werde. Am besten wäre es, sie begebe sich in die Obhut einer sittenstrengen älteren Dame.

Conrada ließ den Brief sinken. »Das klingt … das klingt ja, als wären wir eine Horde Banditen.«

»Verstehst du nun, warum man deiner Schwester diesen Brief nicht geben kann? Was soll sie über ihren Verlobten denken? Sie muss ihn ja für den schrecklichsten Menschen unter der Sonne halten und Angst vor ihm bekommen. Kein Mann darf so mit seiner Verlobten sprechen.«

»Er schreibt ihr immer streng, aber das schlägt dem Fass den Boden aus. Als geistlicher Lehrer an der Universität Leipzig muss er auf seinen Ruf achten. Ebenso seine Verlobte. Julia muss sich züchtig und demütig geben, die Bibel auf den Lippen tragen und ihre Familie zum gleichen Tun anhalten. Alles außerhalb dieser engen Grenzen ist für Martin Immaus Teufelszeug.«

»Zukünftige Frau«, schnaubte Emilius. »Dieser Kerl soll froh sein, wenn er den Boden küssen darf, über den eine Frau gegangen ist. Dem muss der Kopf zurechtgesetzt werden. Ich weiß auch wie.« Ein Strahlen huschte über sein Gesicht.

In selben Augenblick begriff auch Conrada, was er meinte. Leise meldeten sich Skrupel, aber die schob sie entschlossen beiseite. Martin Immaus hatte nichts anderes verdient. Es wurde Zeit, dass ihm endlich jemand eine Antwort auf seinen Brief schrieb, die er verdient hatte. Sie holte Schreibzeug herbei und das Haushaltsbuch, das Julia gewissenhaft führte. Daraus entnahm sie die Schriftprobe. Es war nicht das erste Mal, dass sie Julias Handschrift nachahmte.

Eine Weile überlegten die beiden, und dann schrieb Conrada die passende Antwort.

ENDE

Historische Persönlichkeiten

Friedrich August I., genannt August der Starke (1670–1733) – König in Polen und Kurfürst in Sachsen

Beichling, Dietrich von – ehemaliger Höfling bei August dem Starken, ihm wurde übel mitgespielt

Boblick, Major Johann Heinrich – Kommandant der Festung Stolpen

Brockdorff, Christian Detlev von und Joachim von – Brüder der Cosel

Conradi, Friedrich – Stolpener Stadtschreiber

Cosel, Anna Constantia Reichsgräfin von (1680–1765) – Maitresse August des Starken, geborene von Brockdorff, verheiratete Hoym

Flemming, Jakob Heinrich Graf von (1667–1728) – einflussreichster Höfling August des Starken, dessen Minister und Armeechef

Friedrich IV. (1671–1730) – König in Dänemark

Haxthausen, Georg Ludwig von – treuer Freund der Cosel

Holm, Hauptmann Johann – bewacht die Cosel in Stolpen seit März 1717

Karl XII. (1682–1718) – seit 1697 König in Schweden

Löwendal, Woldemar Baron von (1660–1740) – seit 1712 sächsischer Oberhofmarschall

Perlheffter, Johann Löbel – Hofjude

Peter I., der Große (1672–1725) – russischer Zar seit 1682

Watzdorf, Christoph Heinrich Graf von (1670–1729) – bis
1729 sächsischer Kabinettsminister

Wehlen, Johann Friedrich von – Kommandant der Festung
Stolpen bis 1719

Winterfeldt, Oberst von – in preußischen Diensten, bewacht
die Cosel in Halle

Interview mit Birgit Jasmund

Warum schreiben Sie über die Gräfin Cosel?
Die Gräfin Cosel ist in meinen Augen eine Person, über die zu schreiben sich absolut lohnt. Sie hat einen bemerkenswerten Aufstieg getan und ist noch tiefer gefallen. Schon das lässt eine interessante Persönlichkeit vermuten. Als Juristin interessiert es mich zudem, dass ihr mit der Inhaftierung in Stolpen großes – eigentlich kann man auch himmelschreiendes sagen – Unrecht widerfahren ist. Für unser heutiges Rechtsempfinden widerspricht es allen Grundsätzen, ohne Anklage neunundvierzig Jahre lang eingesperrt zu werden. Aber auch nach damaligem Recht hätte es das nicht geben dürfen. Sie hätte angeklagt und verurteilt werden müssen. Das ist auch etwas, was sie in der Anfangszeit ihrer Haft immer wieder forderte: dass man ihr die Verbrechen mitteilt, derer man sie beschuldigt und sie anklagt. Darauf haben die hohen Herren in Dresden nie reagiert. Friedrich August sowieso nicht.

Ich hätte ihr die Flucht gegönnt, sie ihr gewünscht. Wenigstens literarisch sollte sie noch einmal die Luft der Freiheit atmen. Dieser Gedanke war für mich eine Triebfeder, diesen Roman zu schreiben. Dabei geriet ich in Versuchung, die Flucht gelingen zu lassen. Meine Testleserinnen und -leser haben mich auch bestürmt, sie mit Hauptmann Holm durchgehen zu lassen. Neben dem Wunsch nach einer spannenden Geschichte fühle ich mich aber auch der Historie verpflichtet.

Außerdem glaube ich, dass nach erfolgreicher Flucht ein Leben im Verborgenen nichts für die Cosel gewesen wäre. Sie hätte bescheiden und unauffällig leben müssen. In Stolpen lebte sie für ihre Verhältnisse bescheiden – notgedrungen. Unauffällig ganz sicher nicht. Davon zeugen die unzähligen Briefe, die sie geschrieben hat, und die dicken Aktenkonvolute, die von der Causa Cosel noch erhalten sind. Auch im Roman war sie deshalb in Stolpen besser aufgehoben.

Was fasziniert Sie an der Gräfin Cosel?
Da kann ich weit ausholen … Aber am meisten hat mich fasziniert, der Beziehung zwischen ihr und August dem Starken zu folgen. Ich konnte über die Cosel nicht schreiben, ohne mich zugleich auch mit ihm zu beschäftigen. Da gibt es die berührenden Momente, wenn er nach den Geburten an ihrem Krankenbett sitzt und um ihr Leben bangt. Da gibt es die glanzvollen Momente wie auf dem Großen Fest im Jahr 1709. Sicherlich der Höhepunkt in der Beziehung der beiden. Die Gräfin Cosel repräsentiert charmant und geistreich an seiner Seite, wie es vor und nach ihr keine andere konnte. Sie wusste aber auch ihren Vorteil zu wahren, was an dem Ehevertrag zu sehen ist, den sie ihm abluchste. Den sie auch gleich außer Landes und in Sicherheit schaffte. Da war sie berechnend.

Als es darum ging, den Ehevertrag wieder zurückzugeben, hat sie meiner Meinung nach ihre berühmte Klugheit verlassen. Oder warum hat sie diesen Zauber veranstaltet? Sie konnte offenbar auch nicht erkennen, dass sie sich auf dem einmal eingeschlagenen Weg immer tiefer hineinritt. Ich halte die Cosel auch für ichbezogen; sie agierte teilweise aus dem Bauch, wo es besser gewesen wäre, nach dem Kopf zu handeln, und sie reflektierte sich selbst wenig. Deshalb musste sie jemandem wie Flemming, der sich nur vom Verstand leiten ließ, letztendlich unterlegen sein.

Ihre Schwächen machen sie aber für mich als Schriftstellerin nur noch interessanter. Die besten Geschichten entstehen aus Konflikten, nicht wenn alles eitel Sonnenschein ist.

Eine schlüssige Erklärung für das Theater mit dem Ehevertrag kann ich allerdings auch nicht bieten. Dass der eine Vetter in der Festung Spandau einsaß, war kein Hindernis. In der Familie Rantzau gab es andere Mitglieder, an die sie sich wegen der Herausgabe des Vertrages hätte wenden können. So hat es August der Starke gemacht, nachdem er endlich herausgebracht hatte, wo sich der Vertrag befindet. Es dauerte nicht lange, bis er ihn in Händen hielt – und wohl verbrannte. Von dem Ehevertrag sind jedenfalls nur Konzepte erhalten.

Die Gräfin Cosel kann mit ihrem Verhalten nicht wirklich geglaubt haben, August den Starken zurückzugewinnen. Es muss auch ihr klar gewesen sein, dass sie nicht wirklich seine Frau war. Es lag ihr jedoch nicht, still in die zweite Reihe zurückzutreten, wie es die Maitressen vor ihr getan haben. Von einer einmal gefassten Meinung konnte sie wohl auch nicht abrücken. Sie bleib sich treu um jeden Preis. Dieses persönliche Drama lässt, glaube ich, niemanden kalt. Mich jedenfalls nicht.

Als zweite große Frage beschäftigte mich immer, was zur Entfremdung und letztendlich zur Trennung führte? Dazu gehört sicherlich, dass Flemming irgendwann entschied, die Cosel könne ihm nicht länger nützlich sein, störe sogar seinen Einfluss auf den König und müsse deshalb vom Hof entfernt werden. August der Starke war nach beinahe zehn Jahren vielleicht auch nicht mehr so angetan von seiner Maitresse. Ihre Ich-Bezogenheit, die Sucht, immer im Mittelpunkt stehen zu müssen, können bei einer jungen Frau charmant sein, ist sie erst einmal über dreißig, nicht mehr so. August der Starke war sicher genauso ichbezogen und geltungssüchtig – eine Menge Zündstoff zwischen den beiden.

Das Leben an einem Hof des 18. Jahrhunderts war ganz auf den Herrscher ausgerichtet. Ihm galt es zu gefallen. Dem war alles untergeordnet. Das wusste die Cosel, aber sie konnte nicht aus ihrer Haut. Nachdem sie erst einmal aus der Umgebung Augusts entfernt war, war sie aller Möglichkeiten beraubt. Sie schlug wild um sich – im übertragenen Sinne –, schrieb Briefe und machte Schwierigkeiten. Sicherlich wurde sie August dem Starken zunehmend lästig. Er offenbart hier in meinen Augen unschöne Charakterzüge: Von unangenehmen Dingen will er nichts wissen, also sorgt der Hof dafür, dass er damit nicht behelligt wird. Zu einem dieser unangenehmen Dinge wurde irgendwann die Gräfin Cosel. Deshalb blieb sie in Stolpen, obwohl der Ehevertrag längst erlangt war und kein Grund mehr für ihren Arrest bestand. Ich bin recht sicher, dass August der Starke um sein unrechtmäßiges Verhalten gegen seine ehemalige Maitresse wusste, er es aber wegdrückte, und womit er sich nicht beschäftigte, das gab es auch nicht. Er konnte seinen Fehler nicht eingestehen und ihn deshalb auch nicht korrigieren.

Diese Gemengelage besiegelte das Schicksal der Gräfin Cosel. Für mich war die Psychologie zwischen beiden eine spannende schriftstellerische Herausforderung.

Wie sind Sie auf die Geschichte der Gräfin Cosel aufmerksam geworden?
Das kann ich kürzer halten, denn wer in Dresden wohnt, kommt um August den Starken und seine Maitressen nicht herum. So ging es mir auch. Nachdem August der Starke bereits in meinem Roman »Das Geheimnis der Zuckerbäckerin« seinen Auftritt hatte, wollte ich mich noch weiter mit ihm und seiner Zeit beschäftigen.

Wie sind Sie bei Ihrer Recherche vorgegangen?
Da habe ich zunächst einmal viel gelesen. An Biographien über die Gräfin Cosel gibt es zwei führende Werke. Eines beschäftigt sich mit ihrem gesamten Leben und das andere hauptsächlich mit ihrer Stolpener Zeit. In beiden wird sie

sehr unterschiedlich gesehen. Zu August dem Starken konnte ich auf meine Recherchen zum Roman »Das Geheimnis der Zuckerbäckerin« zurückgreifen und diese ergänzen.

Ich beschäftigte mich mit dem Alltag im 18. Jahrhundert, dem Hof, mit Festen, mit Essen und Trinken. Was ich da gelesen habe, erschien mir in vielen Fällen für den heutigen Geschmack ungenießbar. Aber ich habe auch was ausprobiert, z. B. Pfannkuchen mit Parmesan, eine der Leibspeisen August des Starken. Die Cosel soll sie ihm mit eigener Hand zubereitet haben. Ich habe sie selbst gemacht und fand das Ergebnis schmackhafter als zuvor gedacht. Meine Leibspeise wird es aber nicht.

Für Frisuren und Mode schaue ich mir gerne zeitgenössische Bilder und Stiche an, z. B. im Kupferstichkabinett oder in der Galerie Alte Meister. Das Taschenbergpalais ist heute ein Grand Hotel in Dresden; Pillnitz ist Pillnitz, sieht aber nicht mehr so aus wie zu Zeiten der Gräfin Cosel. Bilder helfen mir auch hier. Die Burg Stolpen ist eine Ruine, und ich habe sie mehrmals im Verlauf der Arbeit an diesem Roman besucht. In der Ausstellung lässt sich viel erfahren über das Leben der Cosel. Ihre Zimmer im Coselturm verschafften mir einen Einblick in ihren Alltag. Im Jahr 1731 wohnte sie allerdings noch nicht im Turm, sondern im Zeughaus. Das existiert nicht mehr, aber damals wurde im Erdgeschoss Pulver gelagert, und die Cosel wohnte oben drüber. Ich habe aus ihren Fenstern geschaut, gesehen, was sie gesehen hat, um ihr nahe zu kommen.

Was entspricht im Roman den Tatsachen, und wo sind Sie von der Historie abgewichen?
Das hält sich ungefähr die Waage. Erfunden habe ich die Geschichte um Conrada, Emilius und die Flucht der Cosel. Hauptmann Holm verfolgte sie nicht, hatte aber in Stolpen

vierzig Soldaten unter sich, um die Gräfin zu bewachen. August der Starke sah sich gern selbst als griechischer Gott und kostümierte sich entsprechend. So ein Aufzug wie für Emilius wäre nach seinem Geschmack gewesen.

Die Geschichte um den Aufstieg und Fall der Gräfin Cosel ist wahr. Alles hat sich zugetragen in Karlsbad, in Pillnitz, in Dresden oder im Kriegslager. Es gab die Feste bei der Gräfin Reuß, die Cosel plante den Umbau und die Einrichtung des Taschenbergpalais oder lag krank darnieder. Was sie und der König oder andere Herrschaften untereinander besprachen, habe ich erfunden, aber die Gespräche hätten stattfinden können. Vielleicht haben sie auch? Das ist ein schöner Gedanke für mich. Insgesamt habe ich mir nur wenige dichterische Freiheiten erlaubt, die Wirklichkeit war spannend genug.

Ich danke Ihnen für Ihr Interesse an der Gräfin Cosel.

Birgit Jasmund
Luther und der Pesttote
Historischer Roman
432 Seiten
ISBN 978-3-7466-3189-9
Auch als E-Book erhältlich

Die Luther-Verschwörung

Wittenberg im Jahre 1517. Die Residenzstadt an der Elbe wird von der Pest heimgesucht. Alle nehmen an, dass auch der Student Tamme zu den Opfern gehört, obwohl seine Leiche nie auftaucht. Almuth, seine Verlobte, glaubt als Einzige an ein Komplott und schafft es, bei Martin Luther Gehör zu finden. Wenig später jedoch braucht der Geistliche selbst Almuths Hilfe. Denn nachdem seine 95 Thesen öffentlich wurden, fürchtet er um sein Leben.

Spannend und emotional: Eine Geschichte um Martin Luther zur Zeit der Reformation.

Regelmäßige Informationen erhalten Sie über unseren Newsletter. Jetzt anmelden unter: www.aufbau-verlag.de/newsletter

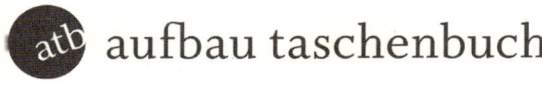

Birgit Jasmund
Das Geheimnis der Zuckerbäckerin
Historischer Roman
448 Seiten. Broschur
ISBN 978-3-7466-3461-6
Auch als E-Book erhältlich

Der Duft von Zimt und Mandeln

Dresden, 1730: Die junge Magd Christina träumt davon, Bäckerin zu werden. So oft es geht, schleicht sie sich in die Backstube und probiert neue Köstlichkeiten aus. Dann wird ihr ein ungewöhnliches Angebot gemacht: Sie soll in die Rolle einer Adeligen schlüpfen. Sie wird in die feudale sächsische Gesellschaft eingeführt, und mit einem Mal ist ihr Leben unbeschwert und voller Vergnügungen. Als sie sich jedoch verliebt, steht sie plötzlich vor einer schweren Entscheidung: Folgt sie ihrem Herzen oder kämpft sie für ihren Traum?

Die packende Geschichte über die Entstehung des berühmten Dresdner Stollens.

Regelmäßige Informationen erhalten Sie über unseren Newsletter. Jetzt anmelden unter: www.aufbau-verlag.de/newsletter

atb **aufbau taschenbuch**